U0739619

高管团队与企业发展的关系机制研究

潘清泉　著

中国财经出版传媒集团

经济科学出版社
Economic Science Press

图书在版编目（CIP）数据

高管团队与企业发展的关系机制研究/潘清泉著．
—北京：经济科学出版社，2017.12
ISBN 978 - 7 - 5141 - 8850 - 9

Ⅰ.①高… Ⅱ.①潘… Ⅲ.①企业 - 管理人员 -
关系 - 企业发展 - 研究　Ⅳ.①F272.1

中国版本图书馆 CIP 数据核字（2017）第 309163 号

责任编辑：周国强　程辛宁
责任校对：隗立娜
责任印制：邱　天

高管团队与企业发展的关系机制研究

潘清泉　著

经济科学出版社出版、发行　新华书店经销
社址：北京市海淀区阜成路甲 28 号　邮编：100142
总编部电话：010 - 88191217　发行部电话：010 - 88191522
网址：www. esp. com. cn
电子邮件：esp@ esp. com. cn
天猫网店：经济科学出版社旗舰店
网址：http://jjkxcbs. tmall. com
固安华明印业有限公司印装
710 × 1000　16 开　24.75 印张　410000 字
2017 年 12 月第 1 版　2017 年 12 月第 1 次印刷
ISBN 978 - 7 - 5141 - 8850 - 9　定价：82.00 元
（图书出现印装问题，本社负责调换。电话：010 - 88191510）
（版权所有　侵权必究　举报电话：010 - 88191586
电子邮箱：dbts@ esp. com. cn）

序　言

随着世界经济一体化和全球化的程度不断加深，我国企业面临着更为复杂的市场环境。因此，企业高管团队如何应对高度复杂化和动态化的环境和挑战就成为公司治理领域的研究重点。可以说，企业的高管团队是公司治理的核心，对企业战略决策与企业价值表现的优劣负有直接责任，因此企业高管团队一直是战略管理和公司治理领域的重点研究对象（Veltrop et al.，2015；Minichilli et al.，2010；Beers et al.，2014）。

高管团队也可能会因人员过杂而内耗严重，或因为过于同质化而群体思维严重。因此，"如何调整团队结构以及什么样的团队结构是合适的"就成为高管团队建设中的重要问题之一。高管团队建设如何支持企业更好更快发展，是企业研究与管理实践的重要关注点。而有效的高管团队建设需要综合考虑多方面的因素，包括团队层面的因素以及企业层面的因素。高管团队层面的因素，如高管团队的整体特征、团队过程、团队的构成与异质性结构特征、团队的能力、团队的智力资本、权力分布等等。而企业层面的因素，如知识基础、技术关联、技术资源、政治关联等等。而且针对具有新生劣势的创业企业而言，其发展的影响因素可能又有其特殊之外，需特别关注，如基于新创企业发展阶段视角下的高管团队资格匹配问题，企业创新投入与高管过度自信的认知特征等。基于此，本书聚焦于高管团队与企业发展的关系机制问题，首先重点探讨最新研究的高管团队整体特征——高管团队断裂带，探究高管团队断裂带对于企业多元化战略、国际化战略以及企业价值的影响机制；然后关注高管团队过程的影响，包括综合的团队过程影响机制剖析，针对性的团队冲突过程研究以及过程扩展观视角下的高管团队与中层管理者互动效应分析；接着梳理高管团队特征与企业发展的关系，包括人口学构成特征、人口学异质性结构特征、能力特征、智力资本特征以及权力分布特征的影响；之后引入了企业层面的影响探讨，包括企业技术关联、知识基础、技术资源以及政治关系对于企业发展的影响作用；最后，特别针对创业企业发展进行探讨，包括创业企业高管团队、创新投入以及高管过度自信特征对于企业发展的影响作用。

第一，高管团队整体特征的探讨。过往研究中由于团队的异质性在测量上采用单一的人口学统计指标，忽略了团队成员具有多重人口学的特征，导致团队异质性的研究仍没有取得一致的结论。团队断裂带于 1998 年由劳（Lau）和默宁翰（Murnighan）提出，是指基于团队成员一个或一组特征，将团队分化为若干个子团队的假象的分割线。团队断裂带则不同于团队异质性，其在测量方法上将多个团队成员特征进行动态聚合，因此可以更好地反映团队的特征。相比关注高管团队成员个体特征的异质性研究，团队断裂带可以更好地从团队层面对高管团队的行为与决策做出解释，使得研究结论更贴合实际。高管团队断裂带对于高管团队整体效能也可能产生影响，包括影响企业的战略决策以及企业价值等。

第二，高管团队过程特征观视角下的探讨。国外的研究发现，团队成员之间的团队过程中，如有效的沟通、密切的交流、充分的合作等互动行为，可以有效减少关系冲突和过程冲突，建立诸如认知冲突等有益冲突模式。尽管有关高管团队及其对组织的影响过程和结果的研究变得越来越丰富，但对高管团队如何能够更好地管理其复杂的团队过程，进而有效提高组织效能，学者们还不能很好的解释这一现状。综上所述，研究组织的高管团队互动行为，进而深入研究高管团队的交互行为如何去影响组织效能，他们之间存在着何种的关系机制有着十分重要的现实价值和理论意义。针对高管团队的具体过程来说，如高管团队内部冲突、高管团队与中层管理者之间的互动，对于有效的战略管理和企业发展起着重要作用。

第三，高管团队具体特征的探讨。高管团队的特征研究对于企业发展具有不可忽视的作用，也是早期相关研究的切入点。如有研究指出，高管团队的人口学构成特征、人口学结构异质性特征以及心理特征等对企业绩效产生重要影响。关于高管团队具体特征的研究，最初关注的是人口学特征，然后研究发现相关结论并不一致，为此由人口学特征代替心理特征的观点受到了质疑。之后学者们开始探讨具体的心理特征的影响。最近研究关注了高管团队能力、智力资本、权力等的影响。如研究发现，高管团队成员能力越强，有利于高管团队整体能力的提高，也会提升高管团队对企业做出的战略决策的质量，进而有利于促进企业的发展。高管团队智力资本与企业战略以及企业战略与企业绩效之间错综复杂的联系。企业高管团队权力分布的合理性和有效性，将直接影响到企业在竞争中能否取得优势地位。

第四，企业层面因素的探讨。除了高管团队之外，企业层面的一些因素也会对企业发展产生重要作用。研究指出，企业的知识基础是企业在创新过程中最独特也是最重要的资源，企业的知识基础对创新活动的多元化、专业化等都具有重要的影响。企业资源拥有量的多寡以及外部关系的强弱会直接影响到企业的生存与发展。从技术资源与政治关联出发，研究其对创业战略导向的影响，并考虑到中国特殊制度环境的作用，将对于创业战略的理论研究以及管理实践均有着重要意义。

第五，针对创业企业的探讨。新创企业发展问题一直以来都是学术界关注的重点，相关研究成果也较为丰富，比如创业者人格特征、行业状况、领导者风格问题、创业团队的异质性问题和企业内外部生存环境等方面。如研究指出，企业高管的过度自信和自恋在选择新创企业和领导新创企业成功和发展有着至关重要的作用。创新是一项战略选择用以推动创业企业的发展，除了受到内外环境的影响，还受制于企业高管的认知及有限理性。企业高管在做出决策时易高估自己能力的同时低估了自己对消息的预测误差，导致其过度自信这一行为特征对企业绩效的影响较为直接和显著。

出于上述考虑，本书从高管团队入手，融合了企业层面因素的考虑，同时还兼顾了创业企业的特殊性，探讨了高管团队与企业发展的关系机制问题，一方面有助于高管团队与企业层面视角下的企业发展理论研究，另一方面也对高管与企业治理实践有所借鉴。本书共包括16章，第1章导论，概括性地介绍了高管团队对于企业发展的影响作用，企业层面中对企业绩效有重要影响力的关键要素以及创业企业发展的重要影响因素。第2章、第3章、第4章和第5章聚焦于高管团队断裂带这一团队整体特征的影响问题，通过实证研究指出不同类型断裂带的不同作用与效应，对于企业高管团队的构建和培养具有重要的指导作用。其中，第 2 章高管团队断裂带、多元化战略与企业价值：基于沪深 300 成分股的经验证据，在相关文献梳理的基础上，提出了研究模型，并实证检验了高管团队断裂带与多元化战略和企业价值间的关系机制。第 3 章高管团队断裂带与多元战略：技术创新能力的调节作用，采用实证方法检验了技术创新能力的边界效应。第 4 章高管团队断裂带与企业价值：国际化战略的中介作用，通过实证检验了国际化战略在高管团队断裂带与企业价值关系间的中介传递机制。第 5 章高管团队断裂带、创新能力与国际化战略：基于上市公司数据的实证研究，实证检验了创新能力的边界条件作用。第 6 章、第 7 章和第 8 章是基于过程观视角下的探讨。其中，第 6 章高管团队过程及其对组织效能的影响研究，在对高管团队过程界定的基础之上，剖析了高管团队过程的影响因素及作用机制，并在此之上构建了高管团队过程视角下的组织管理效能提升模型。第 7 章高管团队冲突及其对企业绩效的影响机制研究，对高管团队冲突的概念及维度进行了介绍，并深入阐释了高管团队冲突的前因变量及其效应机制，并构建了高管团队冲突与企业绩效的关系效应管理模型。第 8 章高管团队、中层管理者与组织战略的关系机制研究，介绍了组织战略研究由高管团队视角向中层管理者视角的发展，以及最近关注的高管团队与中层管理者互动及其影响要素和影响结果。第 9 章、第 10 章、第 11 章和第 12 章关注于高管团队具体特征的影响。其中，第 9 章高管团队特征对企业绩效的影响机制研究，依据特征观研究视角的发展脉络，阐释了高管团队人口学构成特征、人口学异质性结构特征以及心理特征分别对企业发展的影响，并提出了未来相关领域的研究展望。第 10 章高管团队的能力对企业创新发展的影响研究，针对性地介绍了高管团队能力的内涵、影响因素，以及高管团队一般管理能力和知识管理能力的影响作用。第 11 章高管团队智力资本、企业多元化战略及企业绩效的关系机制研究，分别阐述了高管团队与企业多元化战略的内涵，然后探讨了高管团队智力资本、企业战略与企业绩效的内在关系。第 12 章高管团队权力分布及其效应管理研究，在介绍高管团队权力分布理论基础之上，分析了高管团队权力分布的影响因素和效应机制，并构建了高管团队权力分布的效应管理模型。第 13 章和第 14 章引入了企业层面因素的考虑。其中，第 13 章技术关联调节下的企业知识基础与技术创新绩效的关系研究，实验检验了技术关联在企业知识基础与技术创新绩效间的边界效应。第 14 章技术资源、政治关联与创业战略导向：基于制度环境视角，实证检验了技术资源、政治关联、制度环境对于创业战略导向的影响作用。第 15 章和第 16 章针对创业企业进行探讨。其中，第 15 章创业企业高管团队与新创企业发展的关系机制研究，剖析了创业企业高管团队对于新创企业发展的内在影响机制，特别纳入了新创企业发展阶段的动态影响要素。第 16 章创业企业创新投入、高管过度自信对企业绩效的影响，实证检验了企业层面的创新投入与高管层面的过度自信认知特征综合对企业绩效的影响作用。

本书根据高管团队研究的最新进展，首先对高管团队最新整体特征研究——高管团队断裂带问题进行了深入剖析，采用实证方面检验了高管团队断裂带对于企业战略和企业价值的影响机制。然后从外显的互动过程视角探讨团队整体互动过程以及特定的过程因素（如内部的冲突，向外与中层管理者的互动）的影响作用。之后根据特征观研究的发展进程探讨了高管团队人口学特征、心理特征、能力、智力资本以及权力分布等具体特征对于企业发展的影响。之后纳入更高层面的企业要素，探讨企业与团队两层面因素的综合影响作用，而且针对创业企业的独特征，针对性的探讨了创业企业的发展与创业高管团队的关系。总的来说，本书聚焦于高管团队与企业发展的关系机制，可以为高管团队的日常运营和决策提供积极的思路和启发，同时也可以为企业治理和创业管理提供指导和参考。高管团队对于企业的影响是重要而深远的，其中涉及的因素是多种多样的。我们的研究虽然视角比较宽广，也对某些因素做了一些比较深入的研究，但与其浩瀚如海的影响"黑箱"相比，我们的研究又显得非常粗浅，我们也期望通过后续研究的不断推进揭开其中问题的一些面纱，为管理实践提供一些有益的借鉴。

目 录
CONTENTS

|第 1 章|
导　　论

　　进入 21 世纪以后，我国及世界经济一体化的进程明显加快。在我国融入世界经济的过程中，经济体制的改革力度和对外贸易的开放程度均不断提升，这一方面为我国企业带来了宝贵的发展机遇，另一方面也带来了不小的挑战。尤其在当今的经济环境下：世界经济刚刚从之前的经济危机中缓慢恢复，但还十分脆弱，还有可能陷入衰退的泥沼；而我国正处于新常态之中，经济发展进入转型期，产业结构调整不可避免。可以说，我国企业目前正面临着高度复杂且动态的商业环境。在这样一个复杂且多变的环境中，每个企业都需要客观评估自身的实际情况，选择合适的企业战略以适应环境的变化和保证自身的发展。

　　综观我国企业的发展历程，伴随着我国经济的起飞，我国企业也进入了高速扩张阶段，而国际化和多元化正是我国企业在扩展阶段最常采用的两种扩展战略。从中海油频繁的海外收购，到联想大手笔买下 IBM 低端服务器业务，可以看出近几年来我国企业国际化的扩张势头愈发猛烈。而苏宁跨界电子商务，恒大进军快消市场则表明多元化战略也备受我国企业青睐。需要指出的是，虽然我国企业在国际化和多元化中取得了不俗的成绩，但也需要看到其中的不足之处。目前中国海外企业盈利的仅占55%，还有45%的企业处于亏损或盈亏平衡的状态。中国企业联合会所也指出"中国的失败企业绝大多数败于多元化"（周杰和薛有志，2011）。因此如何提高我国企业战略决策的质量，使企业战略符合企业实际并保证企业战略得到有效执行以保证企业的生存发展就成为一个亟待解决的问题。

正是在这样的经济形势下，在党的十八大上提出了"管理创新驱动，增强长期发展后劲"的发展要求，以期通过提升企业高管团队的管理能力为实现社会经济转型发展提供有力的支持。同时，国务院颁布《国家中长期人才发展规划纲要》明确提出"适应产业结构优化升级和实施'走出去'战略的需要，以提高现代经营管理水平和企业国际竞争力为核心，以战略企业家和职业经理人为重点，加快推进企业经营管理人才职业化、市场化、专业化和国际化，培养造就一大批具有全球战略眼光、市场开拓精神、管理创新能力和社会责任感的优秀企业家和一支高水平的企业经营管理人才队伍"（范磊，2014）。这说明高管团队的建设与治理不仅关乎企业自身的生死存亡，同时也关乎我国的经济转型成败和长期人才发展计划。

高管团队的成员们往往身怀绝技：他们或极具激情，善于激发和鼓舞员工的斗志；或专精技术，在特定领域造诣颇深；抑或经验丰富，在某一行业耕耘数十年等。但是，由这群能人志士所组成的团队却依然有可能将企业引向失败或是死亡的终点。这一现象不得不让人深思，究竟是什么导致了高管团队的失误并最终带来了毁灭。

回顾过去企业失败的实例可以发现，高管团队的失误主要表现在以下两个方面。首先，是高管团队能力难以满足企业发展的需要。这种高管团队"能力不足"的现象主要出现在企业的高速发展时期，最常见的情况是企业扩张速度超出高管团队的控制，使得高管无法及时获取、配置企业发展所需的资源，最终造成了企业的悲剧。如中国金属公司曾经是一家极具活力的钢铁企业，其在 2007 年实现销售 113 亿元，净利 4 亿元的高速增长，在行业内在排名全国第二。然而就在 2008 年，中国金属却因为其依靠融资、巨额贷款和海内外资本投资的"裂变式的增长"发展模式而导致资金链断裂，无力偿还高达数十亿元的负债，只得破产退市。更令人唏嘘的是，即便是债权人都认为中国金属的市场前景并不差，导致企业突然死亡的最终原因还是高管团队无法对高速发展中的企业运营与财务进行有效的管理和控制。

其次，是高管团队对企业环境的认知偏差。在某种程度上，环境对企业起着决定性的作用，许多世界级大企业的崛起都是顺应环境的结果。如 PC 时代的微软，互联网时代的谷歌，电商时代的阿里巴巴等。因此，顺应环境，改变自身就成为企业生存和发展的不二法门。然而，即便是同一行业同一地域同一规模的企业，对环境的解读也千差万别。高管梯队理论认为，由于高管们所面临的企业环境极端复杂，高管们更多的基于他们自身的价值观和价值偏好做出决策（Hambrick et al.，1984）。因此，高管们对环境的看法也是多种多样的，这种观点上的差异最终为企业带来了不同的命运。如忽略了智能手机的诺基亚和沉溺于胶片帝国昔日辉煌的柯达，最终也只得曲终人散黯然退场。

在学术界，有不少学者关注高管团队与企业价值之间的关系。如有研究指出，企业在实施多元化战略之初，企业经营业务和范围会突然扩大，企业对知识资源（Zahavi et al.，2013）、人力资源（Matsusaka et al.，2001）和社会资源（游家兴等，2014）等各种资源的需求也相应地会有所增加。这时，企业能否提供充足的资源以渡过多元化战略初期成为企业能否成功实行多元化的关键所在（Zahavi et al.，2013）。虽然我国企业在多元化中取得了不俗的成绩，但也需要看到其中的不足之处。如何提高我国企业战略决策的质量，使企业战略符合企业实际并保证企业战略得到有效执行以保证企业的生存发展就成为一个亟待解决的问题。高管团队断裂带作为一系列基于团队成员特质而将团队划分为多个子团队的假想分割线（Lau & Murnighan，1998），对于高管团队整体效能也可能产生影响，包括影响企业的战略决策。因此，聚焦高管团队断裂带，探讨不同维度断裂带对于多元化战略、国际化战略、企业价值的影响及其内在作用机制有着重要的理论价值和实践意义。

高管团队对于企业发展的影响研究中高管团队过程也是一个不可忽视的重要因素。马克思等（Marks et al.，2001）研究指出，团队过程作为一个较为广泛的意义行为，它包括团队内各成员之间进行的沟通、相互的交往交流和发生的合作等一系列行动。高管团队过程是指高管团队成员之间的互动行为，包括成员间的信息和情感的交流，有效沟通和合作甚至还有争论等（刘喜怀，2016）。高管团队互动就是一个聚合概念，是一个高管团队内各成员之间相互活动的过程，它受到很多因素的影响。探讨高管团队过程的发展并且把握高管团队过程有效性的重要影响因素将有助于更好地管理高管团队过程，促进基于高管团队视角的组织效能提升。为此，揭开高管团队过程被视为是改善高层理论的关键（Hambrick，2005）。不过，关于团队过程具体包括哪些变量，研究者的意见尚未统一，团队过程更像一个"黑箱"。基于高管团队过程的未来研究，一方面，探讨高管团队过程与组织效能之间的关系需要更为细化的研究设计，即首先细分团队过程，剖析不同类型团队过程可能产生的差异性影响。另一方面，团队过程的影响可能会通过综合各个因素而实现，综合探讨若干重要团队过程的协同作用也是一个不可忽视的研究视角。

对高管团队过程的研究中，高管团队冲突是特别受到关注的一个现象。企业高管团队制定决策过程中由于成员的年龄、性别、职能背景、受教育水平、价值观等方面的异质性不可避免地会出现对工作的看法不一致的情况，甚至引发人际间关系的紧张和摩擦，从而导致团队冲突的发生（刘咏梅等，2014；刘刚等，2017）。团队冲突有不同的分类，如有学者分为认知冲突和情感冲突，也有学者将冲突分为任务冲突和关系冲突。不同类型的冲突也并非完全独立的，具体的讲，认知冲突与情感冲突是相互联系，互相影响的，表现为认知冲突可能促进情感冲突的发展，而情感冲突也可能影响认知冲突。任务冲突与关系冲突也可能密切联系，如任务冲突可能进一步发展出关系冲突，而关系冲突也可能影响任务冲突。高管团队冲突也可以有不同的类型，对于不同类型的高管团队冲突可能有不同的影响前因，并且其间可能受到企业竞争环境和团队特征的调节影响，并进而影响企业绩效。

此外，基于过程观视角的高管团队研究视角也有了进一步拓展，即超越了对于高管团队内部的关注，进一步联系探讨了高管团队与中层管理者之间的互动效应。传统的组织战略研究范式认为，战略制定始于高层。汉布里克和梅森（Hambrick & Mason, 1984）总结提出"高管团队视角"，认为战略作为一种组织结果，是组织中有权力成员的价值和感知的反映，组织高层的管理背景特征会影响组织的战略选择与绩效水平。实际上，在企业战略管理过程中，中层管理者作为企业上层与基层的重要联络者，对于战略落地起着至关重要的作用。随着高层视角研究的不断发展，其对高层决策之后的发展过程方面的研究不足与局限性也逐渐受到关注。与"高管团队视角"不同，"中层管理者视角"更加关注在战略管理过程中的中层管理者所扮演的角色以及所起到的作用，这也引发了学者的关注并进行了相关研究。不过，研究虽然已经解决了高管团队和中层管理者的战略角色，但是它们在发挥战略角色的同时，几乎没有研究关注高管团队和中层管理者如何相互关联。而实际上，高管团队和中层管理者明确各自角色，并加强互动将有助于组织战略实施，以及组织绩效提升。只是高管团队与中层管理者互动及其企业发展效应还需要进一步深入研究。

高管团队特征对于企业发展的影响研究有着较长久的历史。早前关注的高管团队特征主要包括人口学构成特征、人口学异质性结构特征以及心理特征。相关研究取得了丰富的研究成果。如有研究发现，高管团队的性别、年龄、学历、经验等个体特征会影响高管团队的整体效能（李焕荣，2009）。孙海法等（2006）研究信息行业中高管团队成员任期异质性特征时发现，任期异质性越大，越有利于企业的发展。坎内拉（Cannella，2008）等学者则发现高层管理者职能背景差异化程度与企业绩效发展之间并没有联系。鉴于人口学特征的研究发现不一致，有学者指出应该直接研究可能影响企业发展的高管团队心理特征。如有研究者探讨自恋、自利和自利性偏差等心理特征的消极影响。最近研究开始逐渐关注积极特征变量，比如高管团队谦虚的积极影响。还有研究指出，高管团队的能力对企业战略决策与发展起着决定性的作用。因此，高管团队的能力，包括一般管理能力和知识管理能力等，作为企业的有效资源开始受到研究的关注。除了上述内在心理特征受到重视之外，目前有越来越多学者开始聚焦于高管团队智力资本特征和权力分布特征。高管团队智力资本的组成结构通常被分为以下两个维度：人力资本与关系资本。人力资本、关系资本相互作用、相辅相成，有效地保证了智力资本整体功能的发挥，以便更好地服务于企业绩效。安格斯等（Angus et al.，2016）的研究则认为，组织中权力的差异对团队以及团队工作的影响并不像看上去的那么简单。在高管团队中无论权力分布均衡或者是不均衡，都有可能对企业带来积极或消极的作用。高管团队权力到底要如何分布才能更有利于组织的发展？影响高管团队权力分布的因素还有哪些？这些问题仍有待未来研究的进一步厘清。

另外，企业效能还受到其他因素的影响。如知识基础理论认为，企业的知识基础正是企业在创新过程中最独特也是最重要的资源（Miller et al.，2007），企业的知识基础对创新活动的多元化、专业化等都具有重要的影响（刘岩等，2014）。技术关联会对企业技术创新产生重要影响，不同技术领域的技术可能会"跨界"产生协同作用，在相互关联的知识领域中，创新更可能实现。因此，考察知识基础与技术创新绩效之间的动态关系，具有一定的理论与实践价值。而除了内部企业技术资源外，外部关系与环境也成为企业在进行战略选择的时候所需要考虑的一个重要方面。研究董事长与总经理的政治关联这种外部关系会更有利于我们去认识创业战略导向的前因变量，同时也更有利于指导管理实践。

最后，创业企业相比成熟企业有着其独有的特征，促进创业企业发展的因素可能有其不同于成熟企业之处。创业者人格特征、行业状况、领导者风格、创业团队的异质性和企业内外部生存环境等都可能影响创业企业的生存与成长。如有研究指出，新创企业努力维持平衡的一个因素可能是其高管团队本身：具体来说，就是将自身的工作技能与正式角色结构相适应。阿曼达（Amanda，2016）认为，高管团队的构成和角色的变更来自企业的即时需求和抓住机遇之间的结合，企业的即时需求和机遇可以通过高管团队的正式角色与履行这些角色的管理者资格之间的匹配来获得。当成员构成和角色不匹配时，高管团队可能需要和抓住机会根据情境需要进行高管团队变更，以适应变化的创业企业发展的需要。又如有研究强调，创新是一项战略选择，可以用以推动创业企业的发展。但是其发展除了受到内外环境的影响，还受制于企业高管的认知及有限理性。企业层面的创新投入水平与高管过度自信这一认知特点在作用于企业发展战略时，彼此间是显著相关而非各自独立，即它们之间存在"交互效应"，共同影响企业绩效。

概括而言，学者们对高管团队人口统计学特征与企业绩效的关系研究的结论却不尽相同。能直接导致企业绩效不同的并不是高管团队成员在人口统计学特征上的不一致。高管团队的心理过程和高管团队人口统计学特征及其构成差异性之间还是有明显区别的，并不能进行简单的替代。企业绩效之所以会提高，很大程度上取决于高管团队成员形成良好且十分有效的团队互动过程。高管团队人口统计学特征及其构成差异性无法有效解释团队互动过程的影响力。在当前的研究中，绝大部分研究还停留在高管个体特征的探讨上，对个体特征的综合影响研究，以及个体特征在团队中的影响研究还不多。在中国企业情景下的针对高管团队与企业价值之间关系的系统性研究就更加稀少。因此，基于中国的企业环境，以及理论研究成果，关注高管团队整体特征对企业发展的影响有着重要意义。具体问题如在外部环境动态变化的情景中，从高管团队组成结构的视角出发，考察不同类型高管团队断裂带对企业价值的差异化影响效应以及影响机制；在上述情景中，探究企业能力是否能提高高管决策的容错率，即在企业行为和企业环境之间起到缓冲作用；研究分析高管团队断裂带、企业价值、企业能力和企业扩张战略四者之前的关系等。对这些问题的探讨可以促进相关理论研究的发展，同时为我国企业的公司治理和战略管理提供新的实证证据和决策建议。另外，在研究高管团队与企业发展关系时，除了探讨高管团队内部因素的影响之外，还可以采取更扩展的视角，如探讨高管团队与中层管理者间的互动效应。在此基础之上，研究者也可以融合企业层面在因素的影响作用，如企业的知识基础、技术关联、政治关联等的影响作用。并且由于创业企业与成熟企业相比有其新生劣势，面临着发展的机遇，同时也存在极大的挑战。对创业企业发展的影响研究除了借鉴成熟企业相关研究之外，还需要针对性的研究，以更有针对性地指导创业企业的管理实践。

第 2 章

高管团队断裂带、多元化战略与企业价值：基于沪深 300 成分股的经验证据

作为高管团队集中决策的产物与团队管理能力的集中体现，企业扩张战略（如国际化和多元化）的实施效果决定了企业价值的最终表现。可见，为了提高企业价值，可以通过扩张战略而实现。但是，研究和实践均表明，不论是多元化战略还是国际化战略，其实施效果往往不尽如人意。为此，如何借由恰当的扩张战略实现企业价值的提升成为理论研究与管理实践的重要问题。

2.1 引　　言

企业高管团队作为企业的中枢核心，承担着规划企业未来战略、统筹分配企业资源的任务。由于企业高管团队对企业战略制定和价值创造过程都有着重要影响，因此企业高管团队与企业战略、企业价值之间的关系研究也就成为战略管理和公司治理领域的研究热点（Veltrop et al. , 2015；Minichilli et al. , 2010）。过去的高管团队研究多从团队异质性角度出发，基于多样性视角研究高管团队与企业战略和企业价值之间的关系。然而，由于团队的异质性在测量上采用单一的人口学统计指标，忽略了团队成员具有多重人口学特征这一事实（李小青和周建，2014），使得团队异质性的研究仍没有取得一致的结论（Jehn & Bezrukova, 2010；Kaczmarek, Kimino & Pye, 2012）。如

有学者发现高管异质性对企业价值存在着积极作用（Tuggle，Schnatterly & Johnson，2010）；而蔡等（Cai et al.，2013）的研究则发现高管团队的功能异质性无法单独对企业的价值创造过程产生显著影响；汉布里克（Hambrick）等人的研究结论则更为复杂；他们发现在动态环境中，高管团队任期异质性对企业价值的影响并不显著；但在考虑到团队内部成员之间依存关系后，研究则发现在水平和垂直依存的情景下，任期异质性与企业价值呈现显著正相关。团队断裂带则不同于团队异质性，其在测量方法上将多个团队成员特征进行动态聚合，因此可以更好地反映团队的特征。相比关注高管团队成员个体特征的异质性研究，团队断裂带可以更好地从团队层面对高管团队的行为与决策做出解释，使得研究结论更贴合实际。撒切尔和帕特尔（Thatcher & Patel，2012）的研究就表明团队断裂带对组织产出的解释力度要强于团队异质性。然而团队断裂带是一个较新的管理学概念，学界对其研究仍处于初级阶段（Lau & Murnighan，1998），其作用机制和影响路径仍需要通过后续研究来进一步确定。有学者就特别建议未来高管团队断裂带的研究可以更为细化，考察不同维度的断裂带与企业战略和企业价值之间的关系（Hutzschenreuter & Horstkotte，2013）。

从管理实践中可知，企业价值并不是简单地通过高管团队开会讨论就能决定的，这说明高管团队对企业价值的直接影响是有限的。因此，高管团队断裂带对企业价值的影响必然有一个复杂的作用过程。本研究认为，高管团队断裂带影响了高管团队对环境认知与决策能力，并进一步反映在企业战略制定和战略执行上，之后通过企业战略执行这一中介机制，最终造成了企业价值上的差异。例如，多元化战略因其具有分散市场风险，探索新的市场增长点的特点，而成为我国企业普遍采用的企业战略之一。然而，正如中国企业联合会所指出的"中国的失败企业绝大多数败于多元化"。这意味着，贸然实行多元化战略不但不会带来企业价值的最大化，还会加速企业的死亡（周杰和薛有志，2011）。这一管理现实不禁让我们深思：企业高管断裂带强度影响企业战略决策和企业价值的深层作用机制究竟是怎样的？更进一步的，不同企业在高管断裂带强度上的差异是否正是导致不企业价值差异的原因之一？已有研究已经对这些问题进行了初步的探索：有研究表明企业产品多元化的绩效会受到团队断裂带的影响（Hutzschenreuter & Horstkotte，2013）；还有的学者研究指出，团队断裂带会对董事会绩效和投资回报产生负面影响（Veltrop et al.，2015）；陈悦明等（2012）的研究详细考察了高管团队断裂带对企业战略决策的影响。他们的研究表明人口特征断裂带与个性心理特征断裂带对战略决策的质量和效率均存在负面影响。周建等（2015）的研究发现，任务导向的团队断裂带会加速董事会内部的分裂，从而对企业价值造成负面影响。对已有研究进行回顾可以发现，现有研究或考察团队断裂带与企业战略的关系，或探究团队断裂带对企业价值的影响，而此三者同时纳入研究模型考察三者之间作用关系的研究还相对较少。因此，基于战略选择视角去分析高管团队断裂带对企业价值的作用机制这一"黑箱"就具有极高的理论价值与实践意义。综上所述，本研究以沪深 300 指数成分股为样本，通过其 2008 ~ 2013 年 5 年的面板数据对"高管断裂带—多元化战略—企业价值"这一作用路径进行实证考察，以明晰变量之间的作用关系，同时为中国企业的公司治理和战略管理提供指导和建议。

本研究的贡献体现在以下两点：第一，以往公司治理方面的研究往往选择高管团队异质性为变量，而本研究则基于团队断裂带这一概念。过去一些研究没有分维度讨论不同类型断裂带对企业价值或绩效表现的差异化影响（周建等，2015；李维安等，2014）。而本研究则关注任务相关断裂带（task-related faultlines）和生物统计特征断裂带（bio-demographic faultlines）两类断裂带、企业多元化战略和企业价值三者之间的关系，具有研究视角上的创新；第二，虽然高管团队断裂带的研究已经得到了越来越多学者的关注，但存在变量测量上的难点。撒切尔（Thatcher）等人提出的 Fau 算法虽然已成为学界公认定量计算断裂带强度的算法（李小表和周建，2014），但此算法需要进行穷举计算，因此导致计算量极大（Thatcher et al.，2003）。以往研究多采用类别编码或聚类分析再计算的方式进行研究（Barkema & Shvyrkov，2007；周建和李小青，2012），这虽然减少了工作量但也可能导致研究结论不能切实反映实际的情况。因此，本研究通过使用 Matlab 软件编程计算断裂带强度，不仅可以获得更为贴合实际研究数据，并且有助于更细致的研究各个变量之间的作用关系。

2.2 文献综述与假设提出

2.2.1 团队断裂带

团队断裂带于 1998 年由劳和默宁翰（Lau & Murnighan）提出，是指基于团队成员一个或一组特征，将团队分化为若干个子团队的假象的分割线（Lau & Murnighan，1998）。团队断裂带的提出是学界对过去团队异质性研究进行那个反思的结果（谢小云和张倩，2011）。威廉姆斯和欧·赖利（Williams & O'Reilly）在分析以往研究后发现已有的研究视角可以被归为两类：基于社会分类视角或基于信息加工视角。基于社会分类视角的研究强调人口学特征是团队成员划分"圈内—圈外"的主要依据，即多样化加速了团队内部的分裂，损害了团队的绩效表现；而基于信息加工视角的研究则持相反的观点，其认为多样化的团队构成为解决问题、完成任务提供了更多的技能、观点与资源，因此有助于提升团队的绩效表现。之后，有学者提出造成异质性研究不一致的原因是指标选取的差异。类似人口、年龄等人口统计学特征会造成企业绩效的下降，而任期、学历等与工作相关的特征则有助于企业绩效的提高。虽然这种观点可以很好地解释研究结论不一致的原因，但是这一假设并没有得到实证检验的支持（谢小云和张倩，2011）。正是在这一背景下，劳和默宁翰（Lau & Murnighan）提出了团队断裂带这一概念，其克服了过去团队异质性研究过度关注团队成员个体特征分布的离散程度，简化团队构成的弊端，通过将团队成员多重个特征有机复合以更好的描述团队的特质，是对团队异质性的一种深化与超越（Bezrukova et al.，2009）。

在测量方面，劳和默宁翰（Lau & Murnighan）指出，团队断裂带的强度可以通过考察组成断裂带的特征数量和聚合程度来进行定性判断。例如，考察由年龄、性别和种族构成的团队断裂带强度：第一，一个由 20 岁的白人女性所组成的团队。在这个团队中，年龄、性别和种族都是一致的，故不存在团队断裂带；第二，一个由40岁的白人男性和20岁的白人女性所组成的团队。在这个团队中，年龄和性别一同把团队分裂为两个子团队，团队断裂带强度较高；第三，一个由40岁的黑人男性和20岁白人女性组成的团队。在这个团队中，年龄、性别和种族共同构成了团队断裂带，是三个例子中团队断裂带强度最高的团队。而定量测量则主要采用撒切尔等（Thatcher et al.，2003）提出的Fau算法。Fau算法虽然计算过程复杂，但其使深入、细致的考察高管团队断裂带成为可能，因此本研究采用Fau算法来衡量企业的高管团队断裂带强度。

团队断裂带可以根据研究对象和需要划分为不同维度。例如，有学者针对家族企业进行的研究就以"是否为家族成员"为划分断裂带的依据（Minichilli et al.，2010）。而我国学者周建等人则从高管团队的任务属性出发，考察了任务导向的董事会断裂带与企业价值之间的关系（周建等，2015）。哈什鲁特（Hutzschenreuter）等人则依据成员特征将高管团队断裂带分为两类：一类直接与工作任务相关，称为任务相关断裂带。与高管团队工作任务相关的特质，如任期与学历，已被证明可以显著影响企业的战略决策过程。任务相关断裂带可以有效地提升高管团队的工作效率并增加高管团队可支配资源，因此任务相关断裂带更多的是发挥一种积极作用；另一类则基于高管成员的人口学特征，称为生物统计特征断裂带（Hutzschenreuter & Horstkotte，2013）。生物统计特征断裂带主要由年龄、性别等特征构成，其作用主要表现为强化了高管成员的"圈内—圈外"意识，使得团队内部的关系冲突得到激化，因此生物统计特征断裂带更多的是起到一种负面影响。由于哈什鲁特（Hutzschenreuter）等人的划分标准更具有普适性，同时可以更为详细的考察团队断裂带的作用路径，因此本研究采用哈什鲁特（Hutzschenreuter）等人的观点，将高管断裂带划分为任务相关断裂带和生物统计特征断裂带两个维度。

2.2.2　高管断裂带与企业价值

现有关于高管团队断裂带的研究多认为高管团队断裂带会对企业造成负面影响。例如，劳和默宁翰（Lau & Murnighan）基于社会分类理论指出，由断裂带所带来的团队分裂会造成不同子团队之间的误解和敌对行为，并可能引发严重的群体冲突进而给团队和整个企业带来负面影响（Kulkarni，2015；Lau & Murnighan，2005）。沃拉（Vora）等人的研究也发现团队断裂带会将团队成员间的沟通与交流限定在自己所在的子团队中，因此降低了整个团队的绩效（Vora & Markóczy，2012）。然而随着研究的不断深入，有学者开始提出不同的观点。例如，库珀（Cooper）指出高管团队断裂带并不一定会导致负面的企业绩效甚至会带来积极的影响（Cooper et al.，2014）；哈什鲁特（Hutzschenreuter）则通过实证研究发现不同类型的断裂带对企业战略产生了差异化的影响；我国学者韩立丰等人也对"高管断裂带对企业造成负面影响"这一论断提出了质疑：当团队断裂带处于低强度时，团队会处于"闲散状态"，使得团队资源无法得到有效聚合，同样会对企业绩效造成负面影响（韩立丰、王重鸣和许智文，2010）。因此高管断裂带对企业战略和企业价值的最终影响需要考虑其正反两个方面的效应后才能决定。

就任务相关断裂带而言，其可以促进高管团队成员之间的相互学习，有助于信息的有效汇集和不同观点整合。例如，老资格的高管对行业的洞察更为深刻，而年轻的高管则在评估新技术、新趋势方面更有优势。这种能力上差异使得高管们意识到企业的成功是集体的功劳，因而会以更积极的态度对待其他成员的意见和观点（Hutzschenreuter & Korstkotte，2013），进而促进了信息在高管团队内部的流动与整合。另外，任务相关断裂带虽然会引发团队内部的任务冲突，但任务冲突并不一定会给企业带来负面影响。根据德·威特（De Wit）等人的观点，团队中的任务冲突程度适中时可以刺激团队成员的批判性思考，对企业产生积极的影响（De Wit et al.，2013）。例如，苹果公司关于 iPad 平板电脑的前途之争使得其高管认识到虽然平板电脑在个人市场的比重不断缩水，但在企业市场上却仍处于上升时期，未来的前景依旧光明，并因此决定继续投资 iPad 项目。综上所述，任务相关断裂带通过加强信息、知识等认知资源在高管团队内部的流动提高了高管团队整体的决策能力，加速了决策过程并提升了决策质量，从而对企业价值产生了积极影响。

而对于生物统计特征断裂带，其所带来的团队冲突多属于关系冲突。而根据西蒙斯等（Simons et al.，2000）的观点，关系冲突无论其强弱均会带来诸如消耗成员的精力、影响其认知、造成成员之间的敌对态度等负面影响。因此当生物统计特征断裂带强度过大时，子团队内外部以及不同子团队之间、所形成的刻板印象以及敌对行为可能会引发严重的群体冲突。例如，当高管中的部分男性成员表现出性别歧视行为或言论时，会引发高管中女性高管的敌意，女性高管可能因此拒绝与男性高管进行合作。虽然生物统计特征断裂带同样能为团队提供异质化的信息和资源，许多关于女性高管的研究也证实了这一点（Dezsö & Ross，2012）。但是根据特质激活理论，只有当断裂带处于激活状态时，其才能产生影响。本研究认为，当高管们在讨论有关企业价值的决策时，更多的是激活了任务相关断裂带而不是生物统计特征断裂带，因此生物统计特征断裂带很可能没有被激活或者积极效应不明显。生物统计特征断裂带降低高管团队的内部凝聚力并增加了团队的沟通与协调成本（Bezrukova et al.，2009；Cooper et al.，2014）。当高管团队内部信息交流受阻后，需要花费大量时间和精力成本来保证团队内部沟通机制恢复正常。而团队生物统计特征断裂带强度越大，所花费的时间和精力成本也越高。有学者就指出，与任务无关的团队互动，负面偏见等会严重阻碍有价值的信息和知识在高管团队内部的流动与交换，减少了对关键任务的资源投入从而对企业的价值创造过程产生负面影响（Ren，Gray & Harrison，2015）。同时，在高管讨论企业价值相关问题时，团队的生物统计特征断裂带很可能处于未被激活的状态，因此其积极作用难以生效，无法有效地提升企业的企业价值。综上所述，本研究提出以下假设：

H1a：任务相关断裂带与企业价值正相关。

H1b：生物统计特征断裂带与企业价值负相关。

2.2.3 高管断裂带与多元化战略

苏敬勤和刘静（2012）在回顾中外多元化战略相关文献后指出，在实行多元化战略后，企业的营销市场和产品线会迅速扩张。而伴随着企业的扩张，企业高管所面临的市场环境和工作任务也极具复杂化：高管们即需要关注自身产品的更新换代与消费者偏好，以保证现有产品能够满足消费者的需求；

又需要整合企业内外部知识资源（Zahavi & Lavie，2013）、人力资源（Mat-susaka，2001）和社会资源（游家兴和邹雨菲，2014）等各种资源，以保证多元化战略的顺利执行，并在此基础上对自身战略做出及时的调整（苏敬勤和刘静，2012）。这无疑对高管团队的管理能力和资源整合能力提出了较高的要求。根据能力匹配理论，企业的能力与资源能否支撑战略发展的需要在很大程度上决定了多元化战略的成败（游家兴和邹雨菲，2014）。因此，高管团队断裂带作为影响高管团队工作效能的一大因素，必然也会影响到企业多元化战略执行效果。

具体而言，任务相关断裂带可以通过提升高管团队的管理能力和资源整合能力来对多元化战略产生积极影响。首先，根据高管梯队理论，高管们更多的基于他们自身的价值观和偏好做出决策（Hambrick & Mason，1984）。而高管价值观与偏好的形成和调整在很大程度上受到高管们的教育程度（学历）和工作经验（任期）的影响。故任务相关断裂带强度越高，高管们的信息处理效率更高，更善于处理复杂多变的工作事务，高管团队的管理能力也越强。其次，任务相关断裂带使得高管团队的资源整合能力得到提升。例如，高学历的高管对新兴技术的洞见更为深刻，但"学院派"往往具有过于"理论化"的弊病；而低学历的高管更多的是基层工作出身，更加"务实"，强调技术落地，更关注结果。但其对技术发展的认识有限，因此存在"抱残""守旧"的问题。这种差异化的互补可以帮助企业获得更多的企业，又可以在多元化战略的执行过程中全面理性地分析企业的内外部环境，使企业资源得到更好的配置。因此，具有高强度任务相关断裂带的高管团队可以更好地适应由多元化战略所带来的挑战。

然而，生物统计特征断裂带则会削弱高管团队的管理能力。厄利和闵可夫斯基（Earley & Mosakowski，2000）的研究表明，当团队中生物统计特征断裂带强度提高时，子团队内部会结合得更为紧密，团队成员会更多地考虑子团队的利益而不是整个团队的利益。当高管团队成员更多地为自己所在的子团队考虑而不顾整体利益时，高管团队成员之间的互动交流与讨论行为都将减少（陈悦明等，2012）。例如，基于年龄的生物统计特征断裂带将高管团队分为两个子团队后，年老团队的成员为了维持自身的权威性将不会向年轻团队中的高管成员分享自己的经验；而年轻团队的成员也不会对年老团队的成员透露新进的市场和科技信息等。还有学者的研究指出，基于人口学特征的断裂带或互动同质性而产生的团队分裂会造成团队意见的两极分化（Mäs et al.，2013）。高管团队之间的信息交流受阻后，高管团队难以全面掌握企业所处的内外部环境信息，而根据信息决定理论的观点，信息不充分将损害决策质量（Rink & Ellemers，2010），因此高管团队可能会忽视某些关键信息，做出错误的战略决策。综上所述，本研究提出以下假设：

H2a：任务相关断裂带与多元化战略正相关。

H2b：生物统计特征断裂带与多元化战略负相关。

2.2.4 多元化战略的中介作用

学界对多元化的研究取得了大量成果，现如今学界普遍认为分析多元化对企业的影响需要同时考虑多元化在实际经营中优劣势，权衡两者的强弱。多元化的优势主要包括三个方面：资源配置、内部资本市场、风险与税收优惠（方怡玲，2014）。资源配置方面，多元化存在范围经济性，这一方面使得企业的经营成本小于各个经营单元独立经营的成本之和（Teece，1982）；另一方面又使得企业可以在更广阔的范围内配置企业的资源，促进资源在企业不同业务单元的流通，使得资源的配置更有效率（Chandler，1973）。在内部资本市场方面，由于市场信息的不对称性，使得外部投资者对风险更为敏感，其投资决策也更为谨慎。而多元化经营可以使不同业务单元之间的资金调配成为可能，且其成本要低于外部资本投资的成本。奥利弗（Oliver）和斯坦（Stein）均认为，这种内部资本市场可以有效克服信息的不对称性，使得企业资金流向效益更好的业务单元，从而提高企业资金的投资回报率，因此其效率要高于外部资本市场（Oliver，1975；Stein，1995）。在风险与税收方面，企业多元化经营可以有效地分摊市场风险，避免某一业务的衰落给企业带来致命的打击。另外，多元化经营对风险的分摊提高了企业的债务承受能力，因此企业可以在较高的负债水平上运营。而企业负债可以起到抵税的作用，因此降低了企业融资成本（Lewellen，1971；Berger，1995）。

此外，还有许多学者不断提醒多元化运营可能给企业带来的损害，这类损害与多元化的优势相对应，包括资源配置效率低下；内部资本市场缺陷以及交叉补贴等。虽然范围经济性可以为企业带来竞争优势，但是如果企业内部也存在信息不对称的情况（如某业务经理隐瞒自身业务的负面信息，以换取总部更多的投入），那么企业的资源配置依旧可能是低效甚至无效的。而相对于外部资本市场，内部资本市场缺乏有效的监管机制，这就可能出现"以权谋私"的现象，企业资金被用于投入到一些无法为企业带来利益的项目之中，造成了企业资金的低效利用（Jensen，1986；Stulz，1990）。而交叉补贴是指企业的某一业务单元出现资不抵债时，并不会进入破产清算程序，而是不断通过其他盈利业务进行输血。这种高盈利业务补贴低盈利业务的行为往往会对企业造成损害（Meyer et al.，1992）。

由于多元化可能给企业带来优势也可能损害企业，因此相关研究的结论也不尽相同。奥梅尔特（Rumelt）就认为，多元化对企业的影响可以忽略不计。但是更多的研究认为多元化的确有企业存在着某种显著的影响（Rumelt，1989）。例如，有学者发现企业多元化有助于提升企业在利基市场的市场竞争力，从而提升企业的整体绩效。且在这一过程中，商业模式和产品战略的匹配对企业价值的影响至关重要（Vorhies et al.，2009）。而杨（Yang，2014）的研究发现企业的多元投资组合和企业价值之间呈现 U 形关系。扎哈维（Zahavi）则分析了企业多元化与企业价值之间的作用机制。他认为，由于企业多元化意味着要进入一个新的行业，所以在实施多元化之初，企业会在知识检索和利用上遇到困难。但是在度过困难期之后，多元化所带来的市场视野将有助于企业价值的提升，因此多元化扩展与企业价值之间是 U 形关系（Zahavi et al.，2013）。

虽然现有关于多元化战略和企业价值之间关系的研究并没有取得统一，但是研究均表明多元化战略可以对企业价值产生显著的影响。扎哈维等（Zahavi et al.，2013）从企业资源利用的角度出发，指出多元化战略与企业价值之间呈现倒 U 形关系；陈等（Chen et al.，2012）则对多元化战略进行了细分研究，发现相比非相关多元化，相关多元化对企业创新和企业成长的积极作用更为明显；有学者针对中国旅游行业的研究则发现相关多元化对企业绩效有积极作用而非相关多元化对企业绩效则存在消极作用（Zhang & Wang，2014），认为多元化战略会削弱企业价值，即造成"多元化折价"的研究主要从企业资源的视角出发，指出实行多元化战略会稀释原本就稀缺的企业关键资源，还会造成盈利部分补贴亏损部门的过度补贴现象以及因为信息不对称而导致资源在企业内部的低效配置（Berger & Ofek，1995；王布衣和沈红波，2007）。而认为多元化战略会增加企业价值，即造成"多元化溢价"的研究主要基于资本运作的角度考虑，表明企业实行多元化战略可以规避特定行业的经营风险，提高企业的举债能力并有助于内部资本市场的建立等（凌春华和周小珍，2004）。

本研究认为，虽然上述研究无法彻底阐明多元化战略与企业价值之间的关系，但是为明晰高管团队断裂带、多元化战略和企业价值之间的关系提供了新的研究思路。依据权变理论，企业战略的选择需要根据企业所面临的环境来制定（Menz & Scheef，2014；Donaldson，1999）。所以，多元化战略与企业环境是否匹配是其对企业价值产生积极或消极影响的关键。当多元化战略与企业的内外部环境相适应时，多元化战略不但不会降低企业的价值，反而可以加速企业的扩张步伐，提高企业的价值。需要强调的是，为了使企业战略与环境相匹配，企业的高管团队起着举足轻重的作用。这是因为当高管团队可以有效认知企业所处的市场环境时，就可以制定并保持企业战略与市场环境的匹配，从而削弱由企业资源低效利用而带来的负面影响，并强化企业的资本运作能力，达到提升企业价值的目的。因此，高管团队断裂带作为影响高管团队认知能力的重要因素，在保证多元化战略的实施效果上起着重要作用：任务相关断裂带可以帮助提高高管团队的战略前瞻性与灵活性，保证了多元化战略的实施效果，也就提升了企业的价值。反观生物统计特征断裂带容易造成高管团队内部的分裂与混乱，使得高管们不得不抽出时间和经历来应对团队内部的人际问题，因而导致高管团队对环境认知不足的可能性增加，使得多元化战略的效果不佳，也损害了企业的价值。综上所述，本研究提出以下假设：

H3a：多元化战略在任务相关断裂带与企业价值的关系中起中介作用，任务相关断裂带强度越大，多元化程度越高，企业价值也越高。

H3b：多元化战略在生物统计特征断裂带与企业价值的关系中起中介作用，生物统计特征断裂带强度越大，多元化程度越低，企业价值也越低。

2.3 研 究 设 计

2.3.1 样本选择与数据来源

本研究样本来自 2014 年 6 月公布的沪深 300 指数成分股，数据统计范围为 2009~2013 年。选择沪深 300 指数成分股作为研究样本是基于以下几点考虑：第一，沪深 300 指数成分股覆盖我国的沪深两市，相比上证综指和深证成指更能反映我国股市的整体动向；第二，沪深 300 指数成分股覆盖了沪深两市 6 成左右的市值，且每半年调整一次，具有良好的市场代表性；第三，沪深 300 指数成分股均为中国各行业的大型企业，对其进行研究不仅能反映市场的动向，也能为中小企业的发展提供参考与标杆；第四，采用股市指数成分股进行研究是学界通行的一种研究方式，国外学者多采用诸如标普指数、富时指数等进行研究（Wong et al. ，2011）。

在确定样本数据后，为了得到更精确的研究结论，保证研究的严谨性和有效性，本研究对样本进行了以下处理：第一，金融类企业具有特殊的资产负债表，因此本研究剔除沪深 300 成分股中的金融类企业；第二，剔除高管信息和财务数据不完全的企业；第三，剔除在数据窗口期间经历停牌、并购、特殊处理等的企业；第四，剔除上市时间晚于 2009 年的企业。经过筛选，本研究最终样本数目确定为 159 家企业总计 795 份样本数据。本研究财务数据来自 Wind 数据库和 CSMAR 数据库，高管信息和企业数据来自企业年报以及巨潮资讯网等财经网站。

2.3.2 变量测量

2.3.2.1 因变量

企业价值（enterprise value，EV）。企业价值的测量主要用 Tobin's Q 来表

示。Tobin's Q 法由经济学家詹姆斯·托宾（James Tobin）提出，其将企业价值定义为企业的市场价值，即企业市场价值和资产重置成本之比（Tobin，1969）。由于部分样本企业存在一部分非流通股份，因此直接使用国外学者的计算公式会造成数据"失真"。因此本研究的 Tobin's Q 计算公式依照邓新明等人的研究成果（邓新明等，2014），将 Tobin's Q 的计算设定为：

Tobin's Q(EV) = [年均股价 × 当年流通股股数 + 年均股价 × (1 − 82%) × 当年非流通股股数 + 总负债]/总资产

2.3.2.2 自变量

任务相关断裂带（task-related faultlines，TRF）。任务相关断裂带强度通过高管任期和受教育程度来进行测量（Hutzschenreuter & Horstkotte，2013）。如果高管任职时间不满一年，则任期赋值为 0；教育程度则根据高管在统计期所获得的最高学位进行测量，教育程度采用五点法进行编码：1 = 高中及以下，2 = 大专，3 = 本科，4 = 硕士，5 = 博士。

生物统计特征断裂带（bio-demographic faultlines，BDF）。在本研究中，生物统计特征断裂带通过年龄和性别来进行测量。高管年龄和性别信息通过企业年报获得，其中性别分别用 0（女性）和 1（男性）表示。在国外的研究中，国籍（种族）也是测量生物统计特征断裂带的常用指标，但是由于在研究样本中，这一指标的差异过小，因此国籍（种族）没有纳入本研究的测量体系之中。

目前对团队断裂带的测量均基于劳（Lau）等人的"二分模式"，即只考虑断裂带将整个团队分裂为两个人数均不小于 2 的子团队的情况。而具体定量计算则采用撒切尔（Thatcher）提出的 Fau 算法（Thatcher et al.，2003），其具体计算公式如下：

$$\text{Fau}_g = \frac{\sum\limits_{j=1}^{q} \sum\limits_{k=1}^{2} n_k^g (\bar{x}_{jk} - \bar{x}_j)^2}{\sum\limits_{j=1}^{q} \sum\limits_{k=2}^{2} \sum\limits_{j=1}^{n_k^g} (x_{ijk} - \bar{x}_j)^2}$$

其中，n 表示高管总人数，q 表示所考察的高管特征总数；g 表示分组编号，将一个具有 n 名成员的团队分为两个子团队，可能的分组方式一共有 $2^{n-1} - 1$

种，因此 g 的取值范围为 $[0, 2^{n-1}-1]$；n_k^g 表示以第 g 种方式分类下，子团队 k 中的成员总数；$\bar{x}_j$ 表示所有高管成员在特征 j 上的平均值；$\bar{x}_{jk}$ 表示子团队 k 中成员在特征 j 上的平均值；X_{ijk} 表示在子团队 k 中，第 i 个成员在特征 j 上的值。Fau_g 为在第 g 种方式分类下的团队断裂带程度，Fau 值越大表示团队断裂带强度越强（Thatcher et al.，2003；周建和李小青，2012）。由于该公式计算量极大，本研究特编制了 Matlab 程序用以完成计算工作。

2.3.2.3 中介变量

多元化战略（diversification strategy，DS）。目前学术界普遍采用 Herfindahl 指数法来测量样本企业的多元化战略程度（Beers et al.，2014；Chen et al.，2014），其公式如下：

$$DS = 1 - \sum_{j=1}^{N} \left(\frac{P_j}{P}\right)^2$$

其中，N 表示企业主营业务所涉及的行业总数；P_j 为企业在行业 j 的业务活动所取得的营业收入；P 则表示企业的营业总收入。需要说明的是，由于 Wind 数据库中只能获取企业收入前五的行业数据，因此在本研究中 N 的取值范围为 1~5 的整数。

2.3.2.4 控制变量

企业年龄（enterprise age，EA）。已有研究表明，企业成立的时间越长，企业就会累积越多的社会资本和政治资源，从而对企业价值产生影响（邓新明等，2014）。因此本研究将企业年龄纳入控制变量。同时考虑部分国企难以获得准确的成立时间，故用企业上市时间与研究设定时间之差的对数表示企业年龄。

企业规模（enterprise size，ES）。过去的研究表明，企业规模会影响企业决策和企业价值（Chen et al.，2014）。因此本研究将企业规模作为控制变量，用企业总资产的对数来表示。

团队规模（team size，TS）。相比小团队，大团队更难以取得共识并容易引发团队冲突（Hambrick et al.，2014），因此本研究将团队规模作为控制变量加入研究模型，团队规模用团队总人数的对数表示。

股权结构（ownership structure，OS）。高管团队的战略决策会受到大股东的影响，大股东的持股比例越高，其对企业决策的影响程度也越大（杨鑫等，2010）。因此本研究将股权结构作为控制变量，通过企业前十大股东的持股比例之和进行测量。

资本结构（capital structure，CS）。薛有志、周杰以及布里曼（Burgman）的研究均发现企业的资本结构会影响多元化战略与企业价值之间的关系（Burgman，1996；薛有志等，2007）。因此本研究将资本结构作为控制变量，并用资产负债率来衡量资本结构。

企业所有制（enterprise ownership，EO）。相关研究表明，企业所有制是影响企业战略决策的重要因素之一（杨林，2014；宋渊洋等，2011）。企业所有制被设置为一个虚拟变量，国企取值为 1，非国企取值为 0。

年度变量（year，Y）。为了控制时间变量对研究的影响，本研究将时间作为控制变量。以 2009 年为基准，设置 $Y_1 \sim Y_4$ 四个年度控制变量。

上述变量的定义具体如表 2.1 所示。

表 2.1 变量定义

变量类型	变量符号	变量名称	变量测量或说明
因变量	EV	企业价值	Tobin's Q
自变量	TRF	任务相关断裂带	Fau 法
	BDF	生物统计特征断裂带	
中介变量	DS	多元化程度	Herfindahl 指数法
控制变量	EA	企业年龄	ln（统计年份 - 企业上市年份）
	ES	企业规模	ln（企业总资产）
	TS	团队规模	Ln（高管团队人数）
	OS	股权结构	前 10 大股东持股比例之和
	CS	资本结构	资产负债率
	EO	企业所有制	虚拟变量，国企为 1，非国企为 0
	Y	年度	虚拟变量，$Y_1 \sim Y_4$

2.3.3 模型设定

根据前述假设和变量设定，本研究用于探究高管团队断裂带、多元化战略和企业价值之间关系的综合模型如下：

$$EV = \beta_0 + \beta_1 TRF + \beta_2 BDF + \beta_3 DS + \beta_{4\sim9} Control + \beta_{10\sim13} Y + \varepsilon_1$$

$$DS = \beta_{14} + \beta_{15} TRF + \beta_{16} BDF + \beta_{17\sim22} Control + \beta_{23\sim26} Y + \varepsilon_2$$

其中，β_0 和 β_{14} 为方程的截距项；β_1、β_2、β_{15} 和 β_{16} 分别为任务相关断裂带和生物统计特征断裂带的回归系数；β_3 为中介变量多元化战略的回归系数；$\beta_4 \sim \beta_{13}$ 和 $\beta_{17} \sim \beta_{26}$ 均为控制变量的回归系数；ε_1 和 ε_2 为误差项。

2.4 实证结果与分析

2.4.1 描述性统计分析

变量的均值、标准差、Pearson 相关系数以及因子膨胀系数结果如表 2.2 所示。从表 2.2 可知，企业价值的均值为 2.114，标准差为 1.497，所以样本企业的企业价值差距较大。任务相关断裂带与生物统计特征断裂带的均值分别为 0.638 与 0.655，而标准差分别为 0.136 和 0.138，这说明样本企业的断裂带强度均处于较高水平，且不同企业之间的差异程度并不大。Pearson 相关分析的结果表明，任务相关断裂带与企业价值在 99.9% 的置信区间内显著正相关，生物统计特征断裂带与企业价值在 95% 的置信区间内显著负相关，因此 H1a 和 H1b 得到了初步的验证。而任务相关断裂带和生物统计特征断裂带对多元化战略的相关程度均没有达到显著水平，因此需要通过层级回归进一步验证变量之间的相关关系。共线性诊断结果显示所有变量的因子膨胀系数均小于 3，因此本研究的变量之间不存在严重的多重共线性情况。

表 2.2　变量描述性统计与相关分析

变量	M	Sd	EV	TRF	BDF	DS	EA	ES	TS	OS	CS	EO	VIF
EV	2.114	1.497	1										
TRF	0.638	0.136	0.124***	1									1.036
BDF	0.655	0.138	−0.07*	−0.024	1								1.058
DS	0.323	0.335	−0.065+	0.002	−0.056	1							1.034
EA	2.265	0.596	−0.056	0.021	−0.063+	0.060+	1						1.31
ES	23.82	1.374	−0.56***	−0.089+	0.015	−0.116**	−0.055	1					2.075
TS	2.057	0.336	−0.153***	−0.108**	−0.134***	−0.028	−0.068+	0.283***	1				1.143
OS	0.621	0.164	−0.128***	−0.086*	0.128***	−0.044	−0.344***	0.359***	0.015	1			1.391
CS	0.51	0.195	−0.537***	−0.05	−0.011	0.006	0.060+	0.551***	0.163***	0.096**	1		1.524
EO	0.77	0.424	−0.177***	0.064+	0.121**	−0.006	0.056	0.32***	0.061+	0.222***	0.105**	1	1.199

注：$N = 795$；+ 为 $p < 0.1$，* 为 $p < 0.05$，** 为 $p < 0.01$，*** 为 $p < 0.001$。

2.4.2 OSL 回归分析结果

有学者指出，在采用高管团队数据进行回归分析时，很可能会由于变量之间的异方差性而导致回归结果"失真"，因此建议采用加权最小二乘法（WLS）进行回归分析（周建和李小青，2012）。而刘明的研究发现对于不存在异方差的数据进行加权最小二乘法回归时，会使得模型拟合程度更优，模型更好，因此其建议仅当发现模型存在异方差性问题后再采用加权最小二乘法进行回归（刘明，2012）。基于上述研究，本研究将假设检验的步骤设定为：第一，采用普通最小二乘法（OSL）进行回归；第二，进行异方差性检验；第三，根据检验结果决定是否采用加权最小二乘法进行改进回归。

依据温忠麟等（2005）的研究，本研究建立 5 个模型对研究假设进行检验。其中，模型 1 和模型 2 用于验证自变量与中介变量之间的关系：模型 1 中只放入控制变量；模型 2 中放入控制变量和两个自变量。模型 3 ~ 模型 5 用于验证自变量与因变量之间的主效应关系和中介效应：模型 3 中仅放入控制变量；模型 4 在模型 3 的基础上加入两个自变量；模型 5 在模型 4 的基础上加入中介变量。OSL 回归结果如表 2.3 所示。5 个模型均通过了 F 检验，这表明模型的整体拟合情况是显著的。但是在模型 2 中，任务相关断裂带对多元化战略的均不显著（$\beta = -0.011$，$p > 0.1$）。

表 2.3   OSL 回归结果

变量	因变量：DS		因变量：EV		
	模型 1	模型 2	模型 3	模型 4	模型 5
EA	0.073 [+]	0.070 [+]	− 0.066 [*]	− 0.066 [*]	− 0.058 [+]
ES	− 0.169 [**]	− 0.170 [***]	− 0.418 [***]	− 0.413 [***]	− 0.432 [***]
TS	0.014	0.005	0.009	0.006	0.006
OS	0.021	00.026	0.037	0.051	0.053 [+]
CS	0.088 [*]	− 0.088 [*]	− 0.309 [***]	− 0.309 [***]	− 0.300 [***]
EO	0.030	0.039	− 0.015	− 0.016	− 0.011
Y	控制	控制	控制	控制	控制

变量	因变量：DS		因变量：EV		
	模型1	模型2	模型3	模型4	模型5
TRF		− 0. 011	0. 073 **		0. 071 **
BDF		− 0. 061 +		− 0. 071 **	− 0. 078 **
DS					− 0. 111 ***
R^2	0. 029	0. 032	0. 430	0. 440	0. 452
Adjust R^2	0. 016	0. 018	0. 423	0. 431	0. 443
F	2. 330 ***	2. 183 ***	59. 094 ***	51. 217 ***	49. 539 ***

注：$N = 795$；+ 为 $p < 0.1$，* 为 $p < 0.05$，** 为 $p < 0.01$，*** 为 $p < 0.001$。

为了对模型可能存在的异方差问题进行检验，本研究对回归模型残差的绝对值与自变量了 Spearman 相关系数进行考察，具体结果见表 2.4。由表 2.4 中的数据可知，TRF 与模型 5 中的残差绝对值均表现出显著关系（$p < 0.01$），因此可以认为模型 1～模型 2 中不存在异方差现象，而模型 3～模型 5 中存在异方差现象。

表 2.4　　　　　　　　　　异方差检验结果

项目	因变量	TRF	BDF
残差绝对值	DS	− 0. 019	− 0. 058
	EV	0. 076 *	0. 005

注：+ 为 $p < 0.1$，* 为 $p < 0.05$，** 为 $p < 0.01$，*** 为 $p < 0.001$。

2.4.3　WLS 回归分析

本研究借鉴周建等（2012）的研究，以残差绝对值的倒数为权重，通过加权最小二乘法对模型进行改进，改进后的模型回归结果见表 2.5。由表 2.5 中的数据可知，改进后的模型 5 的 R^2 为 0.804，调整 R^2 为 0.800。相比改进前的模型，改进后的模型的解释力度大大提高，且 F 值均达到极端显著水平（$p < 0.001$）。因此本研究将基于改进后的模型对研究假设进行最终检验，并

对研究结果进行分析。

由表 2.5 可知，模型 4′中 TRF 的系数为正且在 99.9% 的置信区间内显著（$\beta = 0.115$，$p < 0.001$），因此 H1a 得到了支持；BDF 的系数为负且在 99.9% 的置信区间内显著（$\beta = -0.147$，$p < 0.001$），因此 H1b 得到了支持。以上结果说明，任务相关断裂带和生物统计特征断裂带对多企业价值起着相反的作用。任务相关断裂带会能优化高管决策过程，提高决策的合理性和科学性，因而对多元化战略和企业价值产生了积极作用；而生物统计特征断裂带虽然也据有一定的积极作用，但由其引发的高管团队关系冲突则能严重干扰团队的正常运作，最终导致了对多元化战略的企业价值的消极作用。

表 2.5　　　　　　　　　　　WLS 改进后的回归结果

变量	模型 3′	模型 4′	模型 5′
EA	-0.082^{***}	-0.100^{***}	-0.106^{***}
ES	-0.637^{***}	-0.692^{***}	-0.727^{***}
TS	0.006^{***}	0.006	0.010
OS	0.066	0.107^{***}	0.093^{***}
CS	-0.422^{**}	-0.415^{***}	-0.428^{***}
CO	-0.024^{***}	-0.019	0.002
Y	控制	控制	控制
TRF		0.115^{***}	0.116^{***}
BDF		-0.147^{***}	-0.146^{***}
DS			-0.167^{***}
R^2	0.758	0.780	0.804
Adjust R^2	0.755	0.776	0.800
F	245.144^{***}	230.479^{***}	245.759^{***}

注：$N = 795$；** 为 $p < 0.01$，*** 为 $p < 0.001$。

此外，模型 2 中的结果显示 TRF 的系数为负且不显著（$\beta = -0.011$，

p > 0.1），因此 H2a 没有得到支持；BDF 的系数为负且在 90% 的置信区间内显著（β = − 0.061，p < 0.05），故 H2b 得到了支持。在模型 5 中，DS 的回归系数为负且在 99.9% 的置信区间内显著（β = − 0.167，p < 0.001）。然而 TRF 对 DS 的影响效应不显著（β = − 0.011，p > 0.1），根据中介效应的检验步骤（温忠麟等，2005），需要通过 Sobel 检验来判别中介效应是否存在。Sobel 检验的统计量为：$z = ab/\sqrt{a^2 s_b^2 + b^2 s_a^2}$，此处 a = − 0.027，b = 0.647，s_a = 0.088，s_b = 0.101，计算得 z = − 0.306，p > 0.1，因此 DS 在 TRF 与 EV 的关系中的中介作用不显著，H3a 没有得到支持。而模型 5′ 中 BDF 的系数极端显著（p < 0.001），所以 DS 在 BDF 与 EV 的关系中起到了部分中介作用，H3b 得到了支持。以上结果不仅说明了多元化战略对企业价值存在着负面影响，这一点与中国企业联合会对我国企业多元化战略实施现状的描述相符；还进一步揭示了本研究的意义所在：过去的相关研究多聚焦于高管团队特征与企业价值的主效应研究，缺乏对其作用机制的探讨。而本研究则为打开这一黑箱提供了一个思路：企业高管团队特征（高管团队断裂带）—企业行为（战略选择与执行）—企业价值，而且发现不同类型的高管团队断裂带的具体作用机制并不相同。

2.4.4　稳健性检验

为了增强研究结论的稳健性，本研究通过替换指标法对模型进行了稳健性检验：第一，将两类断裂带强度设置为虚拟变量，以均值 ± 1 单位标准差为界分为弱、中、高三个等级（Hutzschenreuter & Horstkotte，2013），并分别赋值 0、1、2。新的自变量分别用 TRF2 和 BDF2 表示。第二，应用 Tobin's Q 计算公式来计算企业价值，其计算公式为 Tobin's Q = (资产的账面价值 + 普通股市场价值 − 普通股账面价值 − 递延税)/资产的账面价值，新的结果变量用 EV2 来表示（Dezsö & Ross，2012）。稳健性检验过程与上述假设检验步骤相同，但囿于篇幅，这里只给出最终回归结果，结果如表 2.6 所示。从表 2.6 可知，在替换变量后，稳健性检验的结果与本研究结论一致，因此本研究的结论是稳健的。

表 2.6 　　　　　　　　　　　　稳健性检验结果

变量	替换自变量		替换因变量
	DS	EV	
EA	0.168 ***	− 0.100 ***	− 0.142 ***
ES	− 0.382 ***	− 0.684 ***	− 0.645 ***
TS	0.039	0.021	0.030 **
OS	0.067	0.092 ***	0.139 ***
CS	0.172 ***	− 0.499 ***	− 0.350 ***
EO	0.053	− 0.010	− 0.068 ***
Y	控制	控制	控制
TRF			0.048 ***
BDF			− 0.078 ***
TRF2	− 0.016	0.117 ***	
BDF2	− 0.071 *	− 0.064 ***	
DS		− 0.142 ***	− 0.171 ***
R^2	0.197	0.866	0.909
Adjust R^2	0.184	0.864	0.907
F	15.957 ***	388.465 ***	595.711 ***

注：N = 795；+ 为 $p < 0.1$，** 为 $p < 0.01$，*** 为 $p < 0.001$。

2.5　结论与讨论

2.5.1　结论与贡献

高管团队成员的组成和更替由于会对团队效率和企业业绩产生重要影响而备受学术界和务实界的关注（Messersmith et al.，2013）。然而，正如前文所述，现有相关研究主要从高管异质性出发，独立地考察高管不同特征可能产生的影响，而忽略了不同特征的协同作用。鉴于此，本研究基于高管团队断裂带理论，以沪深300指数成分股中的131家企业为样本，利用样本企业2009~2013年5年间的面板数据考察了任务相关断裂带、生物统计特征断裂带这两类断裂带与多元化战略以及企业价值之间的动态关系，揭示了两类断裂带对企业战略的差异化影响和多元化战略在其中所起的中介作用。本研究的主要研究结论如下：第一，任务相关断裂带对企业价值有正向影响，而生物统计特征断裂带对多元化战略和企业价值均有负向影响。本研究的结论与周建等人的研究相悖（周建和李小青，2015）。他们的研究表明任务相关断裂带对企业价值存在负面影响。这可能是由于以下两个原因造成的：首先，研究范围差异，周建等人的研究聚焦于董事会断裂带。与高管团队相比，董事会可能对冲突的容忍程度更低，因此导致了董事会断裂带对企业价值的负效应；其次，测量指标上的差异。周建等人的研究选取了法定来源、职能背景、教育程度和任期4个指标进行任务相关断裂带的测量，因此变量测量上的差异也可能是导致最终结论不一致的原因。而生理特征断裂带与多元化战略的研究结论则与哈什鲁特等（Hutzschenreuter et al.，2013）的研究结论一致。同时，本研究还发现任务相关断裂带在中国企业情景中对多元化战略的影响不显著。结合上述发现，本研究认为不同类别的断裂带的确有着不同的作用机制，因此需要重新审视过去单纯认为"断裂带会给企业带来负面影响"的观点。第二，多元化战略在生物统计特征断裂带对企业价值的影响关系中起到了部分中介作用。即高管团队的生物统计特征断裂带强度越大，那么企业的多元化战略效果越差，并最终导致了企业价值的降低。

本研究的对管理实践的启示包括以下三点：第一，选拔新的高管成员需要注意与其他成员的协同作用。本研究发现不同类型的团队断裂带对企业价值有不同的影响，因此高管团队在选聘新成员时，需要考虑到新成员的加入对团队断裂带的影响，关注高管团队成员在任务属性和生理特征上的交叉与互补。第二，理性对待团队冲突。任务相关断裂带和生物统计特征断裂带会激发不同类型的团队冲突，并对企业价值产生相反的影响。因此，管理团队切不可为求和谐而一味地忽视或逃避团队冲突，仔细分别冲突的类型并加以正确的引导才是明智的做法。第三，创造公平公正的团队讨论氛围。生物统计特征断裂带对企业价值的负面影响主要是由于引发团队内部关系冲突而引起的。因此要削弱这种负面影响，需要培育一个公平公正的团队氛围，使团队成员感觉到其他成员的批评和意见是"对事不对人"的，以降低由生物统计特征断裂带所带来的负面影响。

2.5.2　研究不足与未来展望

本研究立足于企业高管团队视角，以我国沪深 300 指数成分股为样本，考察了高管团队断裂带、多元化战略和企业价值之间的关系，有效地扩展了现有研究思路，并丰富了高管团队和企业战略相关理论，并为公司治理、战略管理、高管团队培育和构建等领域的管理实践提供了有价值的借鉴与参考。当然，本研究也存在一些局限性：首先，在变量测量的精确性上还存在改进的余地。例如，高管们的任务相关特质并不只有任期和学历两种，未来研究可以加入诸如高管职能背景等新的特质以更全面的衡量高管团队任务相关断裂带。其次，本研究将高管团队断裂带分为任务相关断裂带和生物统计特征断裂带。实际上，团队断裂带的划分标准还有很多，因此未来研究可以考察其他类型团队断裂带对企业价值的影响。此外，我们的研究发现了两类团队断裂带具有不同的作用机制，因此继续研究这两类团队断裂带的差异化作用机制也是未来研究的方向之一；本研究的样本具有企业规模大、涉及行业多的特点。因此其研究结论可能并不适用中小型企业或某一特定行业的企业，因此未来可以针对某一行业或企业类型，如创业企业或制造业企业等进行研究。

| 第3章 |

高管团队断裂带与多元化战略：
技术创新能力的调节作用

3.1 引　　言

多元化正是我国企业在扩展阶段最常采用的一种扩展战略。虽然我国企业在多元化中取得了不俗的成绩，但也需要看到其中的不足之处。中国企业联合会所也指出"中国的失败企业绝大多数败于多元化"（周杰和薛有志，2011）。因此如何提高我国企业战略决策的质量，使企业战略符合企业实际并保证企业战略得到有效执行以保证企业的生存发展就成为一个亟待解决的问题。有研究指出，企业在实施多元化战略之初，企业经营业务和范围会突然扩大，企业对知识资源（Zahavi et al.，2013）、人力资源（Matsusaka et al.，2001）和社会资源（游家兴等，2014）等各种资源的需求也相应地会有所增加。这时，企业能否提供充足的资源以渡过多元化战略初期成为企业能否成功实行多元化的关键所在（Zahavi et al.，2013）。还有研究发现，高管团队的性别、年龄、学历、经验等个体特征会影响高管团队的整体效能（李焕荣，2009）。高管团队断裂带作为一系列基于团队成员特质而将团队划分为多个子团队的假想分割线（Lau & Murnighan，1998），对于高管团队整体效能也可能产生影响，包括影响企业的战略决策。

权变理论认为，企业决策必须与企业内外部环境因素相适应才能取得预期的效果。格罗姆和厄斯特勒（Glaum & Oesterle，2010）的研究也指出，高管决策会受到诸如市场压力、客户关系、企业能力等一系列战略环境因素的影响。而在如今这个讲求创新的时代，企业的技术创新能力已经成为企业拓展市场、保持竞争性的重要能力。技术创新能力作为"知识经济时代"企业最重要的能力之一，其关系到企业技术进步和产品更迭，也势必会对企业多元化产生影响。因此本研究认为，企业高管在决策时势必受到企业技术创新能力这一客观内部因素的影响。

综上所述，本研究将分维度研究任务相关断裂带、生理特征断裂带这两类高管团队断裂带对多元化战略的影响，以及技术创新能力在其中的调节作用就具有十分重要的理论价值和实践意义。基于此，本研究将在以往研究的基础上，基于中国企业的现实环境并结合企业能力因素，通过 I‐P‐O（input-process-output）视角来分析高管团队与企业扩张之间的作用机制。具体来说，本研究将以沪深 300 指数成分股为样本，利用面板数据来探究高管团队断裂带、技术创新能力和多元化战略三者之间的关系和作用机制。

3.2 研究假设

3.2.1 高管团队断裂带的提出与研究进展

早先对高管团队研究多从团队异质性角度出发，基于多样性视角研究高管团队与企业战略和企业价值之间的关系。然而，由于团队异质性在测量上采用单一的人口统计指标，忽略了团队成员具有多重人口学特征这一事实，使得团队异质性的研究仍没有取得一致的结论（Jehn et al.，2010；Kaczmarek et al.，2012）。如有学者发现高管异质性对企业价值存在着积极作用（Tuggle et al.，2010）；而另有学者的研究则发现高管团队的功能异质性无法单独对企业的价值创造过程产生显著影响（Cai et al.，2013）；汉布里克（Hambrick）等人的研究结论则更为复杂：他们发现在动态环境中，高管团队任期异质性对企业价值的影响并不显著；但在考虑到团队内部成员之间依存关系后，研究则发现在水平和垂直依存的情景下，任期异质性与企业价值呈现显著正相关（Hambrick et al.，2014）。威廉姆斯和欧·赖利（Williams & O'Reilly）对前人的研究进行了总结，其指出现有的研究视角大体可以分为两类：第一种是基于社会分类视角或基于信息加工视角。这类研究认为团队成员划分"圈内—圈外"的主要依据是其人口学特征，即团队成员倾向于通过肤色、教育经历和性别的人口学特征聚合成小团体，加速团队内部的分裂，损害了团队的绩效表现；而基于信息加工视角的研究则持相反的观点。其主要观点可以概括为：多样化的团队构成为解决问题、完成任务提供了更多的技能、观点与资源，因此有助于提升团队的绩效表现。在这之后，有学者认为造成异质性研究不一致的原因是指标选取的差异。类似人口、年龄等人口统计学特征会造成企业绩效的下降，而任期、学历等与工作相关的特征则有助于企业绩效的提高。虽然这种观点可以很好地解释研究结论不一致的原因，但是这一假设并没有得到实证检验的支持（谢小云和张倩，2011）。为了克服团队异质性的弊端，劳和默宁翰（Lau & Murnighan）提出了团队断裂带这一概念，用于解释由于多种团队成员特征（如年龄、性别、工作经历、受教育程度等因素）的相互作用，使得团队在合作过程中常常会出现团队内部分歧和疏离的现象。

由于高管团队断裂带造成了团队内部的分裂，因此在早期研究中，高管团队断裂带被认为会降低企业的效益和价值。劳和默宁翰（Lau & Mur-nighan）就认为，强断裂带会划分出的子团队比由弱断裂带所划分出的子团队在处理问题时具有更高的一致性，因此，在强断裂带所划分出的子团队中，子团队内部比整个团队结合得更为紧密（Lau et al.，2005）。这意味这两个子团队之间的差异性比个体之间的差异性更大，甚至可以达到对立的程度。正是这种子团队间的对立使得整个团队的内部冲突不断升级，从而产生的负面影响。有学者的研究也得到了类似的结论，他们的研究发现家族企业高管层的家族断裂带会削弱企业的绩效表现（Minichilli et al.，2010）。

随着研究的深入，部分学者通过实证研究发现高管团队断裂带对企业的影响并不是简单的线性关系。撒切尔等（Thatcher et al.，2003）通过对多个团队的团队断裂带进行研究，发现团队断裂带与团队特征之间存在曲线关系，即强断裂带或者不存在断裂带的团队与断裂带强度适宜的团队相比，具有更高的团队冲突水平、更低的团队士气与团队满意度（Thatcher et al., 2003）。另外，对断裂带进行分类，以分析不同类型的断裂带是否起着不同作用也成为研究的热点。例如，有学者的研究发现，基于认知而形成的断裂带在处理企业创业问题是具有积极影响（Tuggle et al., 2010）；而我国学者周建等人基于中国情境下的研究也得出的同样的结论，他们的实证研究发现董事会任务断裂带对企业价值存在负面影响。高管团队断裂带的研究进入了新的研究阶段。

3.2.2　高管团队断裂带与多元化战略

高管们更多的基于他们自身的价值观和偏好做出决策。而高管价值观与偏好的形成和调整在很大程度上受到高管们的教育程度（学历）和工作经验（任期）的影响（Hambrick et al., 1984）。当高管团队的任务相关断裂带强度提高时，高管们的工作、教育经历的差异程度也越大。这种差异是一把"双刃剑"：一方面，高管之间的差异会导致很长时间的争论与沟通，这变相增加了团队的决策成本。由于企业决策本来就囿于高管们的信息处理能力而无法做出完全理性的决定。因此在决策成本增加的情境下，高管们更难以有效的处理与决策相关的信息，从而导致错误决策或失败决策的产生概率大增。另一方面，这种差异在高管之间起到了互补作用，使得高管们能够更从容地处理复杂多变的工作事务，同时帮助企业获得更多的资源，并有助于更全面地分析企业环境。因此，高强度任务相关断裂带的高管团队具有更多元的工作经历、专业素养。在应对复杂的企业环境时，这类高管团队具有更高的决策效率，可以制定出更高效的，与环境相匹配的战略。

然而生理特征断裂带的作用则比较单一。有人研究指出，基于人口学特征的断裂带而产生的团队分裂会造成团队意见的两极分化（Mäs et al., 2013）。这意味着重要的战略信息会因为子团队之间的偏见而被忽视或抵制，从而导致高管团队无法理性评估企业所处的内外部环境。而根据信息决定理论的观点，信息不充分将损害决策质量（Rink et al., 2010），因此高管团队可能会忽视某些关键信息，做出错误的战略决策。

对于高任务相关断裂带的高管团队而言，过多的纠结于任务的细节可能

会导致企业错失扩张的好时机，或因为战略决策耽误了太多时间，导致高管
们的战略认识并没有跟上环境的变化从而进入一种盲目扩张的状态。高管团
队断裂带通过影响高管团队的认知能力、资源配置能力等管理能力达到了影
响企业战略制定的效果。而企业战略制定的科学性与执行力度决定了战略的
执行效果。有学者将高管团队断裂带分为两个维度，他们的研究发现了不同
维度对企业多元化战略的差异化影响：高管团队的任务相关断裂带对企业多
元化战略存在积极影响，而生理特征断裂带则存在消极影响（Hutzschenreuter
et al.，2013）。基于此，本研究提出以下假设：

H1a：任务相关断裂带与多元化正相关。

H1b：任务相关断裂带与多元化负相关。

H1c：生理特征断裂带与多元化负相关。

3.2.3　技术创新能力的调节作用

技术创新能力出众的企业，往往在探索新知识、开发新知识、应用新知
识以及吸收储备外部知识和信息的能力上出类拔萃（Zahra et al.，2002；Co-
heń et al.，1990）。而在企业扩张的过程中，如多元化，会遇到的一大难题
就是由于陌生的文化与消费习惯等原因，导致了很多畅销的商品很有可能在
另一个市场无人问津或反响平平。由此我们认为具有高技术创新能力的企业，
在企业扩张过程中具有以下几个优势：其一，具有高技术创新能力的企业更
愿意通过各种途径探索新知识，而在这种知识探索中，企业很有可能在发现
新的产品市场。例如，通过与竞争对手的合作研发，企业可以迅速扩大自身
的市场知识，而与研究机构的合作，则可以使企业针对某一特定的利益市场
开发新的产品。其二，高技术创新能力所带来的高知识吸收能力使得企业能
够更好地应对市场的变化。许（Xu）等人的研究就表明，具有高创新能力的
企业即可以相对灵活地对现有产品进行细微的改进，以使得其更为符合消费
者的需求，使得企业可以将产品投入到全新的市场（Xu et al.，2013）。

特质激活理论认为，只有当特质或特质的某一方面得到激活时，其作用
才能得到体现。断裂带激活理论认为，团队中的断裂带必然客观存在，但是
当断裂带处于休眠状态时，团队成员间的特质差异不会导致团队的分裂。因

此，要使团队断裂带对团队产生影响，必要的激活因素必不可少。例如，在讨论企业的退休和养老问题时，由年龄和平权主义倾向等构成的断裂带就可能被激活。在讨论企业国际化战略时，企业的技术创新能力可能会进一步激活团队的任务相关断裂带。由于不同技术背景的高管对企业技术创新能力的认识也不尽相同，因此高管团队很可能就企业技术创新能力究竟处于何种水平产生分歧。就任务相关断裂带而言，在高技术创新能力的企业中，关于任务细节的"异议"很可能被其他高管认为是技术上的"挑衅"。而为了维护自身在专业领域的权威，高管往往会表现出过激的反应，尤其是在"面子文化"的影响下。因此，可以认为，在高技术创新能力的情景下，任务相关断裂带更容易造成高强度的任务冲突，从而给高管团队和整个企业带来负面影响。同理，高技术创新能力也会激活生理特质断裂带不好的一面。在类似的情景中，来自高管的"异议"容易被归因于某些刻板印象，如"女性不懂技术""老人就是保守"等。而这会激发严重的人际冲突，使得高管成员拒绝合作与交流信息，导致高管的讨论决策过程无法正常高效的进行，最终损害了企业的绩效表现。具体来说，技术出身的高管可能会从技术创新能力的角度决定企业是否应当开始或继续实行国际化战略，而财务出身的高管则更可能会更多地考虑要维持企业的技术创新能力而投入的资金是否得不偿失。因此，高技术创新能力会强化任务相关断裂带所带来的正面效应。同时关于技术创新能力的争论通常只是看到问题的视角不同，并没有对错高低之分，因此不会因为伤害高管成员的"面子"，避免高管团队内部的冲突程度进一步升级。而企业技术创新能力并不会刺激高管团队生理特征断裂带的积极作用，相反，一些性别成见，如"女性在技术方面不在行"等则可能在高管团队内部产生性别歧视现象，加深高管团队内部的关系冲突，反而会对团队的决策过程造成负面影响。因此，我们提出以下假设：

H2a：企业技术创新能力在任务相关断裂带和多元化的关系中起调节作用；企业的技术创新能力越强，任务相关断裂带对多元化的正向影响就越强。

H2b：企业技术创新能力在任务相关断裂带和多元化的关系中起调节作用；企业的技术创新能力越强，任务相关断裂带对多元化的负向影响就越弱。

H2c：企业技术创新能力在生理特征断裂带和多元化的关系中起调节作用；企业的技术创新能力越强，生理特征断裂带对多元化的负向影响就越弱。

综合上述理论假设，本研究理论假设汇总表如表 3.1 所示。

表 3.1 理论假设汇总

序号	假设内容
H1	H1a：任务相关断裂带与多元化正相关
	H1b：任务相关断裂带与多元化负相关
	H1c：生理特征断裂带与多元化负相关
H2	H2a：企业技术创新能力在任务相关断裂带和多元化的关系中起调节作用；企业的技术创新能力越强，任务相关断裂带对多元化的正向影响就越强
	H2b：企业技术创新能力在任务相关断裂带和多元化的关系中起调节作用；企业的技术创新能力越强，任务相关断裂带对多元化的负向影响就越弱
	H2c：企业技术创新能力在生理特征断裂带和多元化的关系中起调节作用；企业的技术创新能力越强，生理特征断裂带对多元化的负向影响就越弱

综上所述，本研究提出如图 3.1 所示理论模型，考察高管团队断裂带、技术创新能力和企业扩张之间的关系。并且在实证检验该模型时加入一般企业类控制变量，包括企业年龄、企业规模、企业所有制、股权结构、团队规模、资本结构、年度收益和年度控制变量。另外，在研究中还增加了行业控制变量。这是因为不同行业由于业务原因对技术创新的需求和重视程度均不相同，通过把行业作为控制变量进行控制以消除行业差异所带来的影响。

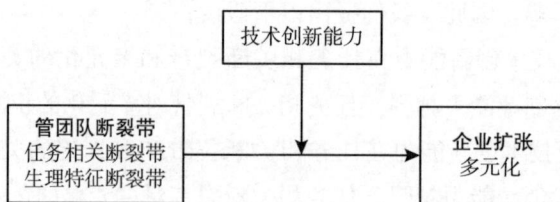

图 3.1 本研究的理论模型

3.3　研　究　设　计

3.3.1　样本选择与数据来源

本研究样本选取来自沪深 300 指数成分股。选择沪深 300 指数成分股作为样本是基于以下考虑：第一，沪深 300 指数覆盖了沪深两市六成以上的市值，同时成分股中的企业大都是各自行业中的标杆企业，以它们为样本进行研究，所得出的结论对其他企业具有较强的借鉴参考意义；第二，股市指数具有良好的市场代表性，更能反映市场现状。国外相关研究也往往采用美国标普 500、英国富时 300 等股市指数进行研究（Kaczmarek et al.，2012；Wong et al.，2011）；第三，沪深 300 指数的成分股均为中国企业，样本的中国背景可以使研究结果更贴近我国的实际情况。综上所述，本研究将 2013 年 6 月公布的沪深 300 指数成分股作为研究样本。

为了提高研究的严谨性和结论的有效性，我们对样本进行以下处理：一是金融行业因为自身业务特点的缘故具有特殊的资产负债表，因此本研究剔除了行业分类为金融业的企业；二是剔除了在研究窗口期间高管数据披露不完全的企业；三是剔除了在研究窗口海外营销数据不明以及财务数据不完全的非上市企业；四是剔除了上市时间晚于研究窗口期的企业；五是在研究窗口期间，样本企业没用经历兼并、资产重组、特殊处理，且主营业务没有发生改变。

本研究财务数据来自 Wind 数据库，高管信息和企业数据来自企业年报以及巨潮资讯网等财经网站。

3.3.2　变量测量

3.3.2.1　因变量

多元化战略。一般认为，"多元化"这一概念由安索夫（Ansoff）在 1957

年最早提出。在此之后，有关多元化的研究开始逐步得到学界的重视，其内涵和理论得到了大量学者的解释和丰富。霍斯金森（Hoskisson）等人认为企业的多元化战略也包括企业投资和合资等可以使企业实现增长或降低企业整体风险的业务（Hoskisson et al.，1990）。瑞格里（Wrigley）和鲁梅尔特（Rumelt）则从操作层面上给出了企业多元化战略的定义，他们将企业最主要产品销售额占总销售额 70% 以下的企业称为多元化企业（Wrigley et al.，1970；Rumelt et al.，1982）。而从总体上说，对多元化的研究可以分为两类（方怡玲，2014）：其一是将多元化视为一个战略过程，是企业在新行业新领域推出新产品的市场拓展行为。例如，潘罗斯（Penrose）将企业多元化定义为企业在原有产品线的基础上进行扩张，通过生产新的产品来实现企业产品数量的提升，企业一体化程度的加强和涉及领域的增加（Penrose，1995）；其二则把企业多元化视为一种企业状态，指企业在多个市场领域内同时进行经营活动或具有多个类别的产品。戈特（Gort）就指出多元化企业应当为多个异质性的市场提供产品或服务，这些异质性的市场需求交叉弹性很低，且相关要素难以相互流通（Gort，1962）。由于戈特的定义强调了市场的异质性，其也成为最早使用企业业务单元数目来测量多元化程度的学者。在国内，刘冀生的定义被广泛接受，其认为多元化是企业同时生产和提供两种以上基本经济用途不同的产品或劳务的一种战略（刘冀生，1995）。随着多元化内涵的丰富，多元化的测量手段也在不断进化。起初，学者只要通过企业所生产的产品数量来衡量多元化程度（Gort，1962）；而后，由于企业经营愈发复杂，企业所涉及的行业数目逐渐取代了产品数量成为新的衡量标准（尹义省，1998）；而现如今，主流的多元化测量方式是在行业数目的基础上使用赫尔芬达指数法或者指数法来对企业多元化程度进行测量（Beers et al.，2014；Chen et al.，2014；邓新明等，2014）。

目前学术界普遍采用 Herfindahl 指数法来测量样本企业的多元化程度（Beers et al.，2014；Chen et al.，2014），其公式如下：

$$DS = 1 - \sum_{j=1}^{N} \left(\frac{P_j}{P} \right)^2$$

其中，N 表示企业主营业务所涉及的行业总数；P_j 为企业在行业 j 的业务活动所取得的营业收入；P 则表示企业的营业总收入。需要说明的是，由于

Wind 数据库中只能获取企业收入前五的行业数据，因此在本研究中 N 的取值范围为 1～5 的整数。

3.3.2.2 自变量

高管团队断裂带。团队断裂带是指基于团队成员一个或多个特征，而将团队划分为若干个子团队的一组假想的分割线（Lau & Murnighan, 1998）。劳和默宁翰（Lau & Murnighan）最初从定性的角度提出了团队断裂带的测量方法（Lau et al., 1998），利用团队中的人口学特征综合评估团队的断裂带强度。例如以下三种情况：第一，一个由 20 岁的白人女性所组成的团队。在这个团队中，年龄、性别和种族都是一致的，故不存在团队断裂带；第二，一个由 40 岁的白人男性和 20 岁的白人女性所组成的团队。在这个团队中，年龄和性别一同把团队分裂为两个子团队，团队断裂带强度较高；第三，一个由 40 岁的黑人男性和 20 岁白人女性组成的团队。在这个团队中，年龄、性别和种族共同构成了团队断裂带，是三个例子中团队断裂带强度最高的团队。然而随着团队断裂带研究的不断深入，单纯的定性测量已经难以满足研究的需要，于是开发团队断裂带定量测量方法就成了一个亟待解决的问题。

撒切尔等（Thatcher, 2003）首先对团队断裂带的测量方法进行了研究，并提出了测量团队断裂带强度的 Fau 算法，即过在各种可能分类模式下子团队之间的组间平方和与总体平方和的比值来度量断裂带强度，其具体公式如下：

$$Fau = \frac{\sum_{j=1}^{q} \sum_{k=1}^{2} n_k^g (\bar{x}_{jk} - \bar{x}_j)^2}{\sum_{j=1}^{q} \sum_{k=1}^{2} \sum_{i=1}^{n_k^q} (x_{ijk} - \bar{x}_j)^2}$$

其中，n 表示团队中的高管总数，q 表示所考察的特征值总数，n_k^g 表示以第 g 种方式分类下，子团队 k 中的成员数目，$\bar{x}_j$ 表示所有高管成员在特征 j 上的平均值，$\bar{x}_{jk}$ 表示子团队 k 中的成员在特征 j 上的平均值，x_{ijk} 表示在子团队 k 中，第 i 个成员在特征 j 上的取值。Fau_g 为在第 g 种方式分类下的团队断裂带程度，Fau 值越大表示团队断裂带强度越强（Thatcher et al., 2003）。

2004 年，肖（Shaw）也提出了测量团队断裂带的 FLS 法（Shaw,

2004），该方法同时考虑了子团队内部的同质性与子团队之间的异质性，不过因为公式过于复杂，肖（Shaw）的 FLS 法并没有引起学术界的关注。

在肖（Shaw）提出 FLS 法的同时，撒切尔（Thatcher）在美国管理学年会上对 Fau 算法进行了修正，将子团队距离这一概念进入公式，以修正之前的算法只关注分化团队的特征指标而忽视子团队之间差异化程度的问题。团队断裂带的测量方法演进过程如表 3.2 所示。

表 3.2 团队断裂带的测量方法

年份	作者	类型	测量方式
1998	Lau & Murnighan	定性测量	根据团队成员差异将断裂带划分为低、中、高三类
2003	Thatcher，Jehn & Zanutto	定量测量	Fau 算法
2004	Shaw	定量测量	FLS 算法
2004	Thatcher，Bezrukova & Jehn	定量测量	在 Fau 算法的基础上，引入子团队距离概念，对 Fau 算法进行了优化

虽然 Fau 算法虽然计算过程复杂，但其使深入、细致地考察高管团队断裂带成为可能，因此本研究采用 Fau 算法来衡量企业的高管团队断裂带强度，具体测量指标如下：

任务相关断裂带（task-related faultlines，TRF）。任务相关断裂带强度通过高管任期和受教育程度来进行测量（Hutzschenreuter et al.，2013）。如果高管任职时间不满一年，则任期赋值为 0；教育程度则根据高管在统计期所获得的最高学位进行测量，教育程度采用五点法进行编码：1 = 高中及以下，2 = 大专，3 = 本科，4 = 硕士，5 = 博士。

生理特征断裂带（bio-demographic faultlines，BDF）。在本研究中，生理特征断裂带通过年龄和性别来进行测量。高管年龄和性别信息通过企业年报获得，其中性别分别用 0（女性）和 1（男性）表示。在国外的研究中，国籍（种族）也是测量生理特征断裂带的常用指标（Li et al.，2005），但是由于在研究样本中，这一指标的差异过小，因此国籍（种族）没有纳入本研究的测量体系之中。

Fau 算法的具体计算公式如下：

$$Fau_g = \frac{\sum\limits_{j=1}^{q} \sum\limits_{k=1}^{2} n_k^g (\bar{x}_{jk} - \bar{x}_j)^2}{\sum\limits_{j=1}^{q} \sum\limits_{k=2}^{2} \sum\limits_{j=1}^{n_k^g} (x_{ijk} - \bar{x}_j)^2}$$

其中，n 表示高管总人数，q 表示所考察的高管特征总数；g 表示分组编号，将一个具有 n 名成员的团队分为两个子团队，可能的分组方式一共有 $2^{n-1} - 1$ 种，因此 g 的取值范围为 $[0, 2^{n-1} - 1]$；n_k^g 表示以第 g 种方式分类下，子团队 k 中的成员总数；$\bar{x}_j$ 表示所有高管成员在特征 j 上的平均值；$\bar{x}_{jk}$ 表示子团队 k 中成员在特征 j 上的平均值；X_{ijk} 表示在子团队 k 中，第 i 个成员在特征 j 上的值。Fau_g 为在第 g 种方式分类下的团队断裂带程度，Fau 值越大表示团队断裂带强度越强（Thatcher et al.，2003；Hutzschenreuter et al.，2013；周建等，2012）。由于该公式计算量极大，本研究特编制了 Matlab 程序用以完成计算工作。

3.3.2.3　调节变量

技术创新能力（innovation capability，IC）。在熊彼特的创新理论的基础上，国内外的许多学者都试图对创新能力的内涵做出定义和诠释。有学者指出创新能力是一种包含技术、过程、知识经验等的企业特殊资产（Guan et al.，2003）。巴顿（Barton）则从构成要素出发，认为创新能力的核心要素包括研发人员、企业研发系统以及对该系统的管理能力（Barton，1992）。劳森（Lawson）等人则将企业创新能力要素分为企业愿景、企业战略、企业智能、创新管理、企业结构和制度、文化和氛围等（Lawson et al.，2001）。我国学者魏江则认为创新能力指的是创新决策能力、研发能力、生产能力、市场营销能力和组织能力（魏江等，1998）。而对于技术创新能力的定义也同样众说纷纭。普拉哈拉德和哈梅尔（Prahalad & Hamel）认为，技术创新能力也是企业的学习能力，是可以发展且难以被复制的（Prahalad et al.，2006）。我国学者罗正清则认为，技术创新能力是由企业的技术创新因素（如技术人员能力和技术系统能力）综合而成（罗正清，2009）。与技术创新能力的定义相比，技术创新能力的测量显得更为清晰。对技术创新能力的测量主要有两种角度：要素投入角度和成果产出角度。目前主流的测量方式中，根据企业的研发经费投入评估企业技术创新能力和依据企业技术人员占比测量技术创新能力均属于要素投入角度。而通过企业申请的专利数量考察企业的技术创新能力则属于成果产出角度。

目前对技术创新能力进行测量主要通过三种方式：其一是通过研发投入占企业主营业务收入的比例进行测量；其二是通过企业所申请的专利数来进行测量（Xu et al.，2013）；其三是通过企业研发技术人员占总员工人数的比例来进行测量（张平等，2014）。由于我国上市企业并没有被强制要求在年报中披露研发投入，因此难以获取企业研发投入的确切数字。另外，中国知识产权局可以查询企业的专利申报情况，但难以查询企业的海外专利。因此从数据可获得性和准确性角度考虑，本研究采用企业研发技术人员占总员工人数的比例来衡量企业的创新能力。

3.3.2.4　控制变量

根据以往研究成果，本研究选取以下变量作为研究可能会使用的控制变量：为了控制企业层面因素对研究结论的影响，本研究选择企业年龄、企业规模和企业所有制作为控制变量；在团队层面上，则选择了团队规模作为控制变量；在财务层面上，选择股权结构、资本结构、企业成长性和前一年度收益作为控制变量；为了控制时间变量对研究的影响，本研究设置年度变量为控制变量。

企业年龄（enterprise age，EA）。企业存续的时间越长，其在行业内的社会资源和运营经验也越丰富。因此本研究用企业上市时间与研究设定时间之差表示企业的年龄。

企业规模（company size，CS）。已有研究表明，企业规模会对企业的市场业绩产生影响（Deephouse，1996）。因此本研究采用企业总资产的自然对数作为企业规模的测量指标。

企业所有制（enterprise ownership，EO）。不同类型的企业获得资源的能力也不相同。一般来说，国企更容易获得国家补贴与银行贷款。因此为了控制政策与金融因素的影响，本研究将企业所有制作为控制变量。企业所有制则被设置为一个虚拟变量，国企取值为1，非国企取值为0。

股权结构（ownership structure，OS）。企业的大股东可以对高管决策施加影响，因此如果企业的股权越集中，那么大股东对企业决策的影响力也就越大。因此本研究将股权结构作为控制变量纳入研究模型，并用公司前十大股东所占股份比例之和作为代表。

团队规模（team size，TS）。团队规模过小，则无法发挥集体决策的优势，而团队过大，则容易出现冗余和"搭便车"的现象。因此本研究用团队总人数来测量团队规模。

资本结构（captal structure，CS）。企业资本结构会对企业的国际化战略产生约束作用。因为国际化战略需要大量的资金投入，而如果企业资本结构已经处于亚健康或者失衡的状态，那么高管在考虑国际化战略时必然会有很多的顾虑。因此本研究将企业的资本结构作为控制变量，对其采用目前通用的资产负债率进行测量。

年度收益（annual return，AR）。年度收益情况也会对企业战略产生影响（周建和李小青，2012）。这是因为业绩好的企业通常才有足够的资金以支持企业扩张。因此本研究将前一年度收益作为控制变量，采用总资产报酬率来衡量企业的年度收益。

年度控制变量（year，Y）。为了控制时间变量对企业扩张和企业价值的影响，本研究将以 2009 年为基准，设置 $Y_1 \sim Y_4$ 四个年度控制变量。

行业控制变量（industry，Ind）。为了控制行业差异对研究造成的影响，本研究将研究样本企业按照证监会《上市公司行业分类指引（2012 年修订）》所提供的分类标准归为 16 类，共设置 $Ind_1 \sim Ind_{15}$ 共 15 个行业控制变量。

所有变量的定义和测量如表 3.3 所示。

表 3.3 变量定义

变量名称	变量符号	变量测量方式或说明
任务相关断裂带	TRF	Fau 算法
生理特征断裂带	BDF	Fau 算法
多元化	D	Herfindahl 指数法
技术创新能力	IC	研发技术人员/员工总人数
企业年龄	EA	研究时点—上市时间

变量名称	变量符号	变量测量方式或说明
企业规模	ES	Ln（企业总资产）
企业所有制	EO	虚拟变量，国企取值为1，非国企取值为0
股权结构	OS	公司前十大股东所占股份比例之和作为代表。
团队规模	TS	团队总人数
资本结构	CS	资产负债率
年度收益	AR	总资产报酬率
年度	Y	虚拟变量，共计4个
行业	Ind	虚拟变量，共计15个

3.3.3　模型设定

根据研究模型的划分结果和理论假设，本研究的数理模型设定如下：

$$I = \beta_0 + \beta_1 TRF + \beta_2 BDF + \beta_3 IC + \beta_4 TRF \times IC + \beta_5 BDF \times IC +$$
$$\beta_{6-11} Control + \beta_{12-15} Year + \beta_{16-30} Ind + \varepsilon$$
$$D = \beta_0 + \beta_1 TRF + \beta_2 BDF + \beta_3 IC + \beta_4 TRF \times IC + \beta_5 BDF \times IC +$$
$$\beta_{6-11} Control + \beta_{12-15} Year + \beta_{16-30} Ind + \varepsilon$$

其中，β_0 为方程的截距项；$\beta_1 \sim \beta_{30}$ 分别为各个变量的回归系数；ε 为误差项。

3.4　结果分析

3.4.1　描述性统计分析

本研究的主要变量的均值、标准差、Pearson 相关系数以及方差膨胀因子如表 3.4 所示。从表 3.4 可以看出，就样本企业而言，其国际化程度均值为0.080，标准差为0.162；多元化程度均值为0.327，标准差为0.344。这说明

表 3.4

描述性统计与相关分析

变量	M	Sd	I	D	TRF	BDF	EA	ES	EO	OS	TS	CS	AR	VIF
I	0.080	0.162	—											—
D	0.327	0.344	-0.136***	—										—
TRF	0.638	0.136	0.002	-0.003	—									1.122
BDF	0.654	0.140	0.035	-0.072*	-0.057+	—								1.167
EA	11.194	4.725	-0.231***	0.089*	0.072	-0.085*	—							1.651
ES	23.701	0.364	-0.095**	-0.127***	-0.135	-0.034***	0.022	—						2.391
EO	0.740	0.436	0.002	-0.028	0.052	0.104+	0.078*	0.296***	—					1.363
OS	0.613	0.159	0.028	-0.055+	-0.156***	0.121***	-0.371***	3.24***	0.196***	—				1.666
TS	8.201	2.944	0.150***	-0.080*	-0.146	-0.147***	-0.070*	0.300***	0.037	-0.026	—			1.292
CS	0.498	0.186	-0.034	0.026	-0.080	-0.058*	0.101*	0.506***	0.051**	0.010	0.154***	—		2.079
AR	10.768	8.193	-0.115**	-0.063+	0.097***	0.010	-0.061+	-0.310***	-0.124+	0.017	-0.091**	-0.486***	—	1.472

注：$N = 670$；+为 $p < 0.1$，*为 $p < 0.05$，**为 $p < 0.01$，***为 $p < 0.001$。

样本企业普遍青睐于多元化,这与我国的企业现实相符,而我国企业国际化程度普遍还处于较低水平,企业开拓国际市场的任务依旧任重道远。任务相关断裂带和生理特征断裂带的均值分别为 0.638 和 0.655,标准差分别为 0.136 和 0.138,说明样本企业高管团队的断裂带强度普遍处于高位,且企业之间的差距较大。而技术创新能力的均值只有 0.192,标准差为 0.165,说明样本企业的技术创新能力普遍不高,但在不同企业之间的技术创新能力可能存在较大的差异。Pearson 相关系数显示,而在企业国际化、多元化与断裂带的关系中,仅有生理特征断裂带与多元化之间呈现显著相关($p < 0.05$),因此需要通过进一步地分析来检验变量之间的相关关系。此外,本研究自变量的方差膨胀因子取值均低于临界值 3,因此本研究模型不存在严重的多重共线性问题。

3.4.2　回归结果分析

为了更好地检验自变量和因变量的关系,以及不同变量对因变量的相对影响作用,本研究在检验高管团队断裂带与国际化、多元化的关系时,分别设定了 6 个模型来进行普通最小二乘法进行回归分析,具体操作步骤如下:模型 1 ~ 模型 3 用来考察技术创新能力在两类断裂带与国际化中的调节作用。其中模型 1 仅放入控制变量;模型 2 中则将控制变量、两个自变量和调节变量加入其中模型 3 在模型 2 的基础上,添加了任务相关断裂带和生理特征断裂带与技术创新能力的交互项。模型 4 ~ 模型 6 与前面类似,不过模型的因变量替换为多元化。以上 6 个模型的回归结果如表 3.5 所示。

表 3.5　　　　　　　　　　普通最小二乘法回归结果

变量名称	因变量:I			因变量:D		
	模型 1	模型 2	模型 3	模型 4	模型 5	模型 6
常数	0.747 ***	0.733 ***	0.753 ***	1.310 ***	1.345 ***	1.306 ***
EA	− 0.008 ***	− 0.008 ***	− 0.008 ***	0.007 +	0.007 +	0.007 *
ES	− 0.024 ***	− 0.024 ***	− 0.025 ***	− 0.050 ***	− 0.051 ***	− 0.049 ***
EO	0.026 +	0.023	0.027 +	0.008	0.014	0.008

续表

变量名称	因变量：I			因变量：D		
	模型 1	模型 2	模型 3	模型 4	模型 5	模型 6
OS	− 0.019	− 0.011	− 0.002	0.141	0.159	0.147
TS	0.008 ***	0.008 ***	0.008 ***	− 0.001	− 0.003	− 0.003
CS	− 0.027	− 0.028	− 0.027	0.160	0.161	0.160
AR	− 0.004 ***	− 0.004 ***	− 0.004 ***	− 0.003 +	− 0.003 +	− 0.003 +
I				− 0.263 **	− 0.258 **	− 0.241 **
D	− 0.054 **	− 0.053 **	− 0.049 **			
Y	控制	控制	控制	控制	控制	控制
Ind	控制	控制	控制	控制	控制	控制
TRF		0.007	0.007		− 0.004	− 0.004
BDF		0.002	0.000		− 0.029 *	− 0.027 *
IC		− 0.002	0.000		− 0.008	− 0.009
TRF × IC			− 0.006			0.013
BDF × IC			− 0.017 *			0.022
R^2	0.203	0.205	0.214	0.124	0.131	0.135
Adj R^2	0.170	0.168	0.175	0.087	0.090	0.091
F	6.072 ***	5.500 ***	5.419 ***	3.365 ***	3.201 ***	3.100 ***

注：N = 670；+ 为 $p < 0.1$，* 为 $p < 0.05$，** 为 $p < 0.01$，*** 为 $p < 0.001$。

表 3.5 的回归结果并不理想，这可能是因为回归模型的异方差现象所造成的。因此本研究将残差绝对值与自变量、调节变量进行 Spearman 相关分析，以考察变量之间是否存在异方差现象，相关分析如表 3.6 所示。根据表 3.6 中的结果，可以发现在模型 3 和模型 6 中，残差绝对值分别与 BDF 和 IC 均存在显著的正相关性，这说明回归模型存在异方差现象。

表 3.6   研究二异方差检验结果

项目	因变量	TRF	BDF	IC
残差绝对值	I	− 0.040	0.075 [+]	0.104 [***]
	D	− 0.001	0.039	0.156 [***]

为了得到更为精确的回归结果，本研究利用加权最小二乘法对原回归模型进行改进（周建和李小青，2012），结果如表 3.7 所示。由表 3.7 的回归结果可知，改进后的模型 3 和模型 6 的 F 值分别为 37.854 和 268.295，且均在 0.1% 的置信水平下显著；调整 R^2 分别为 0.638 和 0.927，表明模型的拟合效果大大提高。因此本研究基于改进后的模型对研究假设进行检验，并对结果进行相应的分析。

表 3.7   加权最小二乘法回归结果

变量名称	模型 1′	模型 2′	模型 3′	模型 4′	模型 5′	模型 6′
常数	0.596 [***]	0.569 [***]	0.630 [***]	0.741 [***]	1.672 [***]	1.649 [***]
EA	− 0.006 [***]	− 0.006 [***]	− 0.006 [***]	0.009 [***]	0.010 [***]	0.010 [***]
ES	− 0.021 [***]	− 0.019 [***]	− 0.022 [***]	− 0.053 [***]	− 0.054 [***]	− 0.053 [***]
EO	0.024 [***]	0.022 [***]	0.023 [***]	− 0.006	− 0.008	− 0.009
OS	− 0.019	− 0.013	− 0.003	0.213 [***]	0.241 [***]	0.225 [***]
TS	0.008 [***]	0.008 [***]	0.008 [***]	0.000	− 0.003	− 0.003
CS	− 0.008	− 0.023	− 0.019	0.081 [+]	0.093 [+]	0.103 [*]
AR	− 0.003 [***]	− 0.003 [***]	− 0.004 [***]	− 0.005 [***]	− 0.005 [***]	− 0.004 [***]
I				− 0.302 [***]	− 0.273 [***]	− 0.257 [***]
D	− 0.033 [***]	− 0.033 [***]	− 0.031 [***]			
Y	控制	控制	控制	控制	控制	控制
Ind	控制	控制	控制	控制	控制	控制
TRF		0.008 [***]	0.008 [***]		− 0.001	0.001
BDF		0.000	− 0.001		− 0.036 [***]	− 0.029 [***]
IC		− 0.004 [+]	0.001		− 0.029 [**]	− 0.026 [*]

续表

变量名称	模型 1′	模型 2′	模型 3′	模型 4′	模型 5′	模型 6′
TRF × IC			− 0.005 *			0.013 +
BDF × IC			− 0.012 ***			0.018 +
R^2	0.623	0.635	0.655	0.926	0.930	0.931
Adj R^2	0.607	0.618	0.638	0.923	0.927	0.927
F	39.270 ***	37.109 ***	37.854 ***	297.913 ***	284.134 ***	268.295 ***

注：N = 670； + 为 p < 0.1， * 为 p < 0.05， *** 为 p < 0.001。

在模型 3 中，TRF × IC 的交互项为负，且在 95% 的置信水平下显著（β = − 0.005，p < 0.05）；而 BRF × IC 的交互项为负且在 99.9% 的置信水平下显著（β = − 0.012，p < 0.001）。而在模型 6′ 中，TRF × IC 的交互项为正，且在 90% 的置信水平下显著（β = 0.013，p < 0.1）；而 BRF × IC 的交互项正负且在 90% 的置信水平下显著（β = 0.018，p < 0.1），因此 H2a 和 H2c 得到支持而 H2b 没有得到支持。

3.4.3　稳健性检验

为了进一步验证本研究的结论，本研究根据劳和默宁翰（Lau & Murnighan）对团队断裂带的定性计量方法（Lau & Murnighan，1998），将 TRF 和 BDF 分为低、中、高三个等级。各个等级则以"均值 ± 1 个标准差"为界（Zhou et al.，2010），分别赋值为 0、1、2。然后以新的断裂带变量替代旧断裂带变量进行回归。由于新的自变量为类别变量，而调节变量为连续变量，因此按照温忠麟等人的观点（温忠麟等，2005），需要设置 6 个虚拟变量来进行回归。6 个虚拟变量分别用 TRF0、TRF1、TRF2、BDF0、BDF1 和 BDF2 表示。稳健性回归结果如表 3.8 所示。根据表 3.8 的结果来看，稳健性检验的结果与本研究结论一致，因此本研究的结论是稳健的。

表3.8 稳健性检验

因变量	I	D
常数	0. 619 ***	1. 367 ***
EA	− 0. 006 ***	0. 009 ***
ES	− 0. 022 ***	− 0. 052 ***
EO	0. 009	− 0. 022
OS	0. 010	0. 235 ***
TS	0. 008 ***	− 0. 001
CS	0. 003	0. 124 *
AR	− 0. 004 ***	− 0. 004 ***
I		− 0. 305 ***
D	− 0. 033 ***	
Y	控制	控制
Iud	控制	控制
TRF0	− 0. 021 ***	− 0. 036 +
TRF1	0. 009 +	0. 022
TRF2	—	—
BDF0	0. 030 ***	− 0. 060 ***
BDF1	—	
BDF2	0. 035 ***	− 0. 039 +
IC	− 0. 015 ***	− 0. 063 ***
TRF0 × IC	0. 032 ***	0. 084 ***
TRF1 × IC	—	—
TRF2 × IC	0. 016 ***	0. 064 *
BDF0 × IC	0. 029 ***	− 0. 034
BDF1 × IC	—	—
BDF2 × IC	− 0. 009	0. 064 ***
R^2	0. 680	
Adj R^2	0. 662	
F	37. 332 ***	

注：变量 TRF2、BDF0、TRF2 × IC 和 BDF2 × IC 因为多重共线性问题而被排除出模型。
$N = 670$；+ 为 $p < 0.1$，* 为 $p < 0.05$，*** 为 $p < 0.001$。

3.5 讨论与未来研究展望

3.5.1 讨论与分析

本研究首先关注企业所遇到的现实问题，从我国企业高管团队自身的问题入手，发现高管团队断裂带是一个研究较少但十分重要的研究命题。在确定主要研究对象后，本研究结合我国企业多元化扩张效果不佳的现实，同时考虑企业技术创新能力这一情景变量的因素，提出了本研究的研究构思框架与理论假设。在数据收集完毕之后，紧接着利用 SPSS 21.0 统计软件对研究假设进行检验，通过描述性统计分析—最小二乘法回归分析—模型修正—稳健性分析的分析步骤，保证研究结论的可靠性和普适性。最后则是对研究结果进行分析和讨论，阐述研究结论对管理实践和理论发展的积极意义并指出研究存在的不足之处，并提出未来模型的改进和修正方向并对未来研究进行了展望。具体来说，本研究基于高管团队断裂带视角，以沪深 300 指数成分股企业在 2009~2013 年间的数据为样本，探究任务相关断裂带、生理特征断裂带这两类断裂带与企业价值之间的关系，以及技术创新能力在其间的调节作用。研究的结论如下：技术创新能力在两类高管团队断裂带与多元化的关系中均起正向调节作用。即技术创新能力越强，任务相关断裂带对多元化的正面作用就越大；而生理特征断裂带对多元化的负面作用就越小。总的来说，本研究深入探究了高管团队断裂带与企业扩张以及技术创新能力的作用机制，拓展了中国情境下的高管团队断裂带的研究内容，同时也为我国企业的战略管理、企业决策以及公司治理实践提供了有益的参考。

本研究的理论贡献主要在于：

第一，本研究顺应了高管团队断裂带研究的最新发展趋势，探讨高管团队断裂带对企业扩张的具体影响机制，以进一步明晰高管团队断裂带的可能差异性影响作用。在高管团队断裂带的研究方面。现有研究呈现出理论深化，聚焦差异的趋势。过去的高管团队断裂带研究囿于测量手段和理论研究的局限性，从高管团队"分裂"这一现象出发，简单地认为高管之间的差异必然会带来团队的分裂，而没有看到由于团队差异就带来的积极效应，高管团队断裂带与企业价值的关系呈现单一负相关关系。而后，随着理论和测量方式的不断进步，学者们开始意识到团队分裂是不可避免，因此研究高管团队断裂带的积极作用并寻找抑制其消极作用的方法就成为研究的主题（谢小云和张倩，2011）。例如，吉布森和韦尔默朗（Gibson & Vermeulen）的研究就指出，中等程度的团队断裂带可以促进团队学习行为（Gibson et al.，2003）；霍曼（Homan）则发现当团队成员对团队多样性产生认同时，团队断裂带就能发挥积极作用（Homan et al.，2007）。

第二，深入探析了高管团队断裂带影响效应可能存在的边界条件。已有与高管团队断裂带相关的因素的研究逐渐增多。这类研究大致可分为两类：其一，研究高管团队断裂带与结果变量之间的关系。迈耶（Meyer）等人就发现造成高管团队断裂带之所以对个体绩效产生消极影响，其原因之一就是团队内的信息交流减少（Meyer et al.，2015）。其二，考察企业环境中的情景变量是否影响到了高管团队断裂带的作用效果。例如，周建和李小青的研究发现高管努力程度在高管团队断裂带与企业价值的关系中起着中介作用并指出决策冲突与信息共享也可能对高管团队断裂带有着潜在影响（周建等，2015；李小青等2014）。这些研究均深入研究团队断裂带的内部作用机制，在充分了解团队断裂带的基础上，抑制其本身的负面效应并充分发挥其积极作用。而且已有关于技术创新能力的研究视角单一。以往的研究多强调哪些因素会影响企业的技术创新能力，却没有考虑技术创新能力会给企业带来哪些影响或简单归结与企业创新绩效。权变理论的观点认为，任何机制都不能单独发生作用，其会受到所处环境的影响（李小青和周建，2014）。因此，作为企业能力的组成部分之一，技术创新能力必然会对企业的运行发展产生影响。本研究认为，不论企业采用何种扩张方式，新产品的研发和已有产品的更新换代都是必不可少，而这一切都需要企业创新能力的支持。这意味着，企业高管团队在决策企业的扩张策略时，必然会考虑到企业自身的技术创新能力，创新实力相差悬殊的企业很可能会采取不一样的扩张路线或选择同一路线却取得了不同的效果。所以，从深入理解企业运行机制和探究企业发展过程的角度来看，考察技术创新能力在其他变量关系中的影响作用就显得极为迫切和必要。本研究基于此，具体探究了企业技术创新能力在高管团队断裂带与多元化战略关系中的调节作用，推进了高管团队断裂带的影响效应机制理论研究。

从管理实践上来看，本研究的实践意义在于以下方面：第一，研究表明不同类型的高管团队断裂带对企业扩张存在差异化的影响。因此，企业高级管理层在吸纳新成员时不仅需要考虑新成员的个人能力，同时需要从团队整体层面考虑新成员的加入是否会扩大或削弱现有高管团队内部的团队断裂带，并评估未来随着高管成长而可能带来的一系列影响。具体来说，任务相关断裂带对企业绩效的积极作用可以为企业高管团队成员的组建与选拔提供参考。高管团队在吸收新成员时需要考虑新成员的加入对现在团队断裂带的影响，同时需要注意加强对高管团队的进一步培养与建设，以更进一步的提升高管团队的整体效能，从而达到提高企业绩效的目的。第二，本研究表明技术创新能力在高管断裂带与企业多元化的关系中起到了正向调节作用。这说明在企业高管团队保持动态稳定的基础之下，通过提升企业的技术创新能力是提升企业多元化程度的有效办法。

3.5.2　未来研究展望

第一，探讨高管团队断裂带对不同类型的企业扩张战略的差异性影响。本研究发现高管团队断裂带对企业的多元化扩张战略影响并不显著，而相关研究表明高管团队断裂带显著影响企业的国际化扩张战略。未来研究可以对比细化探究高管团队断裂带对于企业扩张战略可能存在的不同影响效应。

第二，研究路径的拓展。本研究只是考察了技术创新能力这一个变量在高管团队断裂带与多元化战略中的作用，而其中的运行机制远比我们的研究更为复杂。影响企业扩张战略的因素是多方面的，所以未来的研究可以进一步探究高管团队断裂带与多元化战略的作用机制与作用路径，或者采用更宏观的视角，研究高管团队断裂带与企业各类战略之间的关系。如探讨外部因素（国家宏观政策、市场需求等），也可以深入解析内部因素（企业动态能力、学习能力等）。

第三，本研究在数据上还存在着改进的空间。如企业技术创新能力和绩效等变量，如果能够获得第一手数据进行测量，那么可以更进一步的提高研究的严谨性和有效性。

第四，企业技术创新能力在高管团队断裂带与企业扩张战略关系中的边界影响效应差异。本研究发现高管团队断裂带与企业多元化战略的关系受到企业技术创新能力的显著正向调节。而高管团队断裂带与企业的其他扩张战略（如国际化战略）之间的关系可能受到企业技术创新能力的影响并不相同。如可能负向调节高管团队断裂带与国际化战略的关系。这可能是因为我国企业尚未在国际市场站稳脚跟，因此维护已有核心产品在国际市场上的地位比开发新的产品技术更为重要，因此如果在技术研发上投入过多的精力，反而分散了自身对已有产品的注意程度，造成了得不偿失的局面。当然这还需要进一步的实证检验。

3.6 结　　语

本研究首先关注企业所遇到的现实问题，从我国企业高管团队自身的问题入手，发现高管团队断裂带是一个研究较少但十分重要的研究命题。在确定主要研究对象后，本研究结合我国企业多元化扩张效果不佳的现实，同时考虑企业技术创新能力这一情景变量的因素，提出了本研究的研究构思框架与理论假设。本研究以高管团队断裂带理论为基础，结合高管梯队理论、特质激活理论等管理学理论，以沪深 300 成分股为样本，综合考察了企业高管团队断裂带、多元化、技术创新能力之间的关系，深化了对高管团队断裂带作用路径的认识，扩展了中国情景下的高管团队研究视野并同时为企业公司治理、战略管理等领域的实践提供了建议和参考。本研究的主要研究结论如下所列：

第一，两类断裂带对多元化的影响不显著。由于本研究发现的两类断裂带对多元化的影响却不显著，这与之前的一些学者的研究不符（Hutzschenreuter et al.，2013），因此需要继续研究高管断裂带与企业扩张之间的关系。

第二，企业技术创新能力在两类断裂带与多元化的关系中起到了正向调节作用。其中技术创新能力对多元化的正向作用与相关研究一致（Xu et al.，2013）。高技术创新能力的企业即可以相对灵活地对现有产品进行细微的改进，以使得其更为符合消费者的需求，使得企业可以将产品投入到全新的市场（潘清泉等，2015）。

| 第 4 章 |
高管团队断裂带与企业价值：
国际化战略的中介作用

4.1 引　言

自 20 世纪 90 年代末期，劳和默宁翰（Lau & Murnighan）提出了团队断裂带这一概念，用于解释由于多种团队成员特质（如年龄、性别、工作经历、受教育程度等因素）的相互作用，使得团队在合作过程中常常会出现团队内部分歧和疏离的现象（Lau & Murnighan，1998）。随后，公司治理领域的学者们将这个概念引入高管团队的研究之中，以克服一直以来高管团队研究中的缺陷与不足（Thatcher & Patel，2012；Bezrukova et al.，2009）。

在企业管理的研究中，企业绩效或者企业价值是一个重要的因变量。如果一个研究问题与企业价值无关，那么便表明这一问题不重要或缺乏研究意义（贾建锋等，2015）。因此，关于高管团队断裂带与企业绩效或者价值关系的讨论一直是一个热门的研究领域。在早期的研究中，学者多认为高管团队断裂带对企业存在负面影响。例如，劳和默宁翰（Lau & Murnighan）就认为，强断裂带会划分出的子团队比由弱断裂带所划分出的子团队在处理问题时具有更高的一致性，这意味着在强断裂带所划分出的子团队中，子团队内部比整个团队结合得更为紧密（Lau & Murnighan，2005）。之前的一些学者研究也得到了类似的结论，他们的研究发现家族企业高管层的家族断裂带会削弱企业的绩效表现（Minichilli et al.，2010）。然而随着研究的深入，部分学者通过实证研究发现高管团队断裂带对企业的影响十分复杂。Thatcher 等（2003）通过对多个团队的团队断裂带进行研究，发现团队断裂带与团队特质之间存在曲线关系，即强断裂带或者不存在断裂带的团队与断裂带强度适宜的团队相比，具有更高的团队冲突水平、更低的团队士气与团队满意度（Thatcher et al.，2003）。有学者的研究发现，基于认知而形成的断裂带在处理企业问题时具有积极影响（Tuggle et al.，2010）。正因如此，此后的研究将关注点聚焦于影响过程，探究高管团队断裂带影响企业价值的影响路径和作用机理。

　　作为高管团队集中决策的产物与团队管理能力的集中体现，企业扩张战略（如国际化）的实施效果决定了企业价值的最终表现。因此分维度研究任务相关断裂带、生理特征断裂带这两类高管团队断裂带对企业价值的影响机制，并考察国际化战略在其中的作用就具有十分重要的理论价值和实践意义。基于此，本研究将在以往研究的基础上，基于中国企业的现实环境并结合企业扩张战略因素，通过 I－P－O（input-process-output）视角来分析高管团队与企业价值之间的作用机制。

4.2　理论基础与研究假设

4.2.1　团队断裂带分类

　　团队断裂带是一系列基于团队成员特质而将团队划分为多个子团队的假想分割线（Lau & Murnighan，1998），其作用类似于地理学中的断裂带，故称为团队断裂带。由于团队断裂带的划分是基于团队成员的一个或多个特质的，因此基于不同的特质组合可以将团队断裂带划分为不同维度。例如，有学者在针对家族企业的研究中把高管团队断裂带作为一个单维度变量，以CEO 是否为控股家族成员为特质来进行断裂带划分（Minichilli et al.，2010）；而有学者的划分标准则更为复杂（Hutzschenreuter et al.，2013）。他们认为高管团队成员的特质可以大体分为两类：一类直接与任务相关，如学历、任期等。由这类特质组合而造成的断裂带被称为任务相关断裂带；另一类则基于高管成员的人口学特质，如性别，年龄等。由这类特质所产生的断裂带则被称为生理特质断裂带。由于哈什鲁特（Hutzschenreuter）等人的划分标准区别了高管团队中的两类主要特质，因此本研究采用其分类标准进行研究。

4.2.2 高管团队断裂带与企业价值

由于高管团队断裂带造成了团队内部的分裂，因此在早期研究中，高管团队断裂带被认为会降低企业的效益和价值。随着研究的深入，部分学者通过实证研究发现高管团队断裂带对企业的影响并不是简单的线性关系。对于高管团队断裂带与企业价值的关系，过去的研究倾向于认为高管团队断裂带会导致团队的分裂，从而使得团队内耗加重，团队效能降低，并最终对企业整体运营带来深远的影响。例如，某一专业领域的高管为维护自身的权威，减少与其他成员在专业知识的信息沟通；而老资格的老高管也可能因此向新任高管隐瞒高管团队内部的一些信息等。长此以往，这些行为必然会对高管成员的团队认同感和合作欲望产生负面影响。同理，生理特征断裂带通过带来团队关系冲突来达到类似的效果。当生理特征断裂带强度过大时，子团队内外部以及不同子团队之间会由于彼此的刻板印象以及敌对行为而引发严重的群体冲突。根据以往研究，关系冲突无论其强弱均会带来诸如消耗成员的精力、影响其认知、造成成员之间的敌对态度等负面影响（Simons et al.，2000）并降低了高管团队的内部凝聚力和增加团队的沟通与协调成本（Bezrukova et al.，2009；Cooper et al.，2014）。而根据 Ren 等人的观点：与任务无关的团队互动，负面偏见等会严重阻碍有价值的信息和知识在高管团队内部的流动与交换，减少了对关键任务的资源投入从而对企业的价值创造过程产生负面影响（Ren et al.，2015）。

但现如今的研究也发现了任务相关断裂带的积极一面：任务相关断裂带可以促进高管团队成员之间的相互学习，有助于信息的有效汇集和不同观点整合。例如，老资格的高管对行业的洞察更为深刻，而年轻的高管则在评估新技术、新趋势方面更有优势。这种能力上差异使得高管们意识到企业的成功是集体的功劳，因而会以更积极的态度对待其他成员的意见和观点（Hutzschenreuter et al.，2013），进而促进了信息在高管团队内部的流动与整合。另外，任务相关断裂带虽然会引发团队内部的任务冲突，但任务冲突并不一定会给企业带来负面影响。根据德·威特（De Wit）等人的观点，团队中的任务冲突程度适中时可以刺激团队成员的批判性思考，对企业产生积极的影响（De Wit et al.，2013）。综上所述，任务相关断裂带通过加强信息、知识等认知资源在高管团队内部的流动提高了高管团队整体的决策能力，加速了决策过程并提升了决策质量，从而对企业价值产生了积极影响。

任务相关断裂带也可能阻碍高管团队内部信息的交流，而恢复团队内部沟通机制需要花费大量时间和精力成本，且团队分裂程度越大，所花费的时间和精力成本也越高。因此，两类断裂带均可能抑制企业价值的提高，甚至可能造成企业价值的下降。然而任务相关断裂带也有其积极的一面，因此其对企业的最终作用效果如何仍然有待确定。综上所述，本研究提出以下假设：

H1a：任务相关断裂带与企业价值正相关。

H1b：任务相关断裂带与企业价值负相关。

H1c：生理特征断裂带与企业价值负相关。

4.2.3 国际化战略的中介作用

在理论研究中，一般认为国际化对企业价值有积极影响。产品生命周期理论的提出者弗农（Vernon）指出，企业的产品在一国进入衰退期，其市场潜力会不断减少。但是同一种产品可以在其他国家或地区（一般是经济相对不发达的国家或地区）仍具有市场潜力，因此企业国际化可以延长产品的生命周期，从而带来积极的绩效表现（Vernon，1966）。垄断优势理论的提出者海默和金德尔伯格（Hymer & Kindelberger）则从市场角度发出，指出由于市场的不完全性使得一部分企业具有了产品或规模经济上的垄断优势，这使得企业可以通过这些垄断优势克服跨国经营中的不利因素，在东道国获取垄断利润（Hymer，1976）。巴克利和卡森（Buckley & Casson）则从交易成本的角度提出了内部化理论来解释企业国际化。他们认为，企业会因为交易费用过高而选择把原本的外部交易改为子公司之间的内部交易，用组织成本代替交易成本。当这种内部交易跨越国界时，国际化便随之产生（Buckley，1976）。总而言之，由于企业国际化可以为企业带来更低的生产成本与更广阔的销售市场（Porter，1985；Bobillo et al.，2008），因此对企业财务表现，市场业绩，企业价值等均具有促进作用。

然而实证研究的结果却显示出了矛盾的结果。在早期研究中，学者们主要通过简单的线性关系分析国际化对企业价值的影响。例如，有学者的研究表明随着企业国际化程度的提升，企业的业绩会变得更好，因此二者正向相关（Bobillo et al.，2008）。而道格拉斯（Douglas）的研究结论则完全相反，其发现实行国际化的企业在这一过程中并没有充分利用国际资源，因此国际化与企业价值呈现负向相关（Thomas et al.，2004）。安博（Abor）的研究也发现企业的国际化程度对企业的生产率和企业绩效均有正向影响（Chen et al.，2014）。

随着理论的发展和国际化研究的不断加深，学界普遍认为国际化与企业价值之间并不是简单的线性关系，国际化研究进入了一个新的阶段。由于企业国际化过程十分复杂，因此有学者认为可能有某种企业因素或情景因素在影响着国际化与企业价值的关系。陈（Chen）等人的研究则就推论造成早期研究结论不一致的一个原因是存在其他因素的干扰。他们的研究结果表明，企业资源和企业的多元化战略均可以调节国际化与企业价值的关系（Chen et al.，2014）。我国学者对企业价值的研究也取得了丰硕的成果，薛有志等人发现资本结构在国际化与企业价值的关系中起中介作用（薛有志和周杰，2007）。邓新明等人则将高管团队，企业战略与企业价值纳入统一模型中进行考察，发现了"高管政治关联—国际化—企业价值"这一作用路径（邓新明等，2014）。除了研究情景变量的作用，另一部分学者开始考虑国际化与企业价值的非线性关系。瓦格纳（Wagner）发现国际化程度与公司业绩间存在 U 形关系（Wagner，2007）。另外有学者的研究则发现国际化与绩效呈 S 形关系（Bobillo et al.，2008）。

高管团队断裂带与企业国际化这种扩张方式的关系研究，更多地取决于企业内外部环境与扩张方式的匹配程度。权变理论认为，由于企业面临着一个动态的外部环境，因此并不存在可以广泛适用于所有企业的战略选择。而企业战略的制定，意味着企业高管团队对企业环境中的机会的认知和把握。因此好的企业战略必然是企业自身能力与外部环境相匹配的（贾建锋等，2015）。

根据高管梯队理论，高管们更多的基于他们自身的价值观和偏好做出决策。而高管价值观与偏好的形成和调整在很大程度上受到高管们的教育程度（学历）和工作经验（任期）的影响（Hambrick et al.，1984）。当高管团队的任务相关断裂带强度提高时，高管们的工作、教育经历的差异程度也越大。这种差异是一把"双刃剑"：一方面，高管之间的差异会导致很长时间的争论与沟通，这变相增加了团队的决策成本。由于企业决策本来就囿于高管们的信息处理能力而无法做出完全理性的决定。因此在决策成本增加的情境下，高管们更难以有效的处理与决策相关的信息，从而导致错误决策或失败决策的产生概率大增。此外，在这一过程中所造成的冲突可能从工作领域蔓延至私人领域，从而产生关系冲突危害团队的战略决策质量。另一方面，这种差异在高管之间起到了互补作用，使得高管们能够更从容地处理复杂多变的工作事务，同时帮助企业获得更多的资源，并有助于更全面地分析企业环境。因此，高强度任务相关断裂带的高管团队具有更多元的工作经历、专业素养。在应对复杂的企业环境时，这类高管团队具有更高的决策效率，可以制定出更高效的，与环境相匹配的战略。

然而生理特征断裂带的作用则比较单一。有人的研究指出，基于人口学特征的断裂带而产生的团队分裂会造成团队意见的两极分化（Mäs et al.，2013）。这意味着重要的战略信息会因为子团队之间的偏见而被忽视或抵制，从而导致高管团队无法理性评估企业所处的内外部环境。而根据信息决定理论的观点，信息不充分将损害决策质量（Rink et al.，2010），因此高管团队可能会忽视某些关键信息，做出错误的战略决策。综上所述，本研究提出如下假设：

H2a：任务相关断裂带与国际化正相关。

H2b：任务相关断裂带与国际化负相关。

H2c：生理特征断裂带与国际化负相关。

托马斯和拉马斯瓦米（Thomas & Ramaswamy）发现，企业管理层特质与企业战略匹配将能够极大地提升组织绩效（Thomas et al.，1996）。这种积极效应需要通过两个步骤得以实现：其一，企业制定的战略能够匹配企业实际；其二，企业管理层有能力坚定地执行既定战略。在这一过程中，企业的高管团队起着举足轻重的作用。

对于高任务相关断裂带的高管团队而言，过多的纠结于任务的细节可能会导致企业错失扩张的好时机，或因为战略决策耽误了太多时间，导致高管们的战略认识并没有跟上环境的变化从而进入一种盲目扩张的状态。无论哪种情况一旦发生，对企业而言都是难以承受的灾难；另一种可能则是，高任务相关断裂带可以有效消除执行过程中的阻碍。这是因为尽管可能有部分高管对目前的企业战略导向持质疑态度，但基于专业知识和客观数据的讨论使得自身的观点得到了充分的表达，因此更容易接受最终团队的决定。进一步的，高管职能上的差异意味着制定的战略已经得到了各个职能部门负责高管的认可，这就使得企业运营的各个环节都会被严格监督，保证了企业战略的执行效果。

而生理特征断裂带所造成的高管团队内部分裂与混乱，往往与工作任务无关。这可能导致子团队始终无法对既定的战略产生认同感，并可能对企业战略采取消极抵制的策略。此外，由于生理特征断裂带所产生的子团队成员通常无法覆盖企业的所有部门，因此还可能出现某些部门严格遵守既定战略，而另一些部门消极怠工的情况，从而使得战略无法得到有效的执行。

综上所述，高管团队断裂带通过影响高管团队的认知能力、资源配置能力等管理能力达到了影响企业战略制定的效果。而企业战略制定的科学性与执行力度决定了战略的执行效果，并最终会对企业价值产生影响。因此，本研究提出以下假设：

H3a：国际化在任务相关断裂带与企业价值的关系中起中介作用，任务相关断裂带强度越大，多元化程度越低，企业价值也越高。

H3b：国际化在任务相关断裂带与企业价值的关系中起中介作用，任务相关断裂带强度越大，国际化程度越低，企业价值也越低。

H3c：国际化在生理特征断裂带与企业价值的关系中起中介作用，生理特征断裂带强度越大，国际化程度越低，企业价值也越低。

综合上述理论假设，本研究理论假设汇总表如表 4.1 所示。

表 4.1　　　　　　　　　　　　　理论假设汇总表

序号	假设内容
H1	H1a：任务相关断裂带与企业价值正相关
	H1b：任务相关断裂带与企业价值负相关
	H1c：生理特征断裂带与企业价值负相关
H2	H2a：任务相关断裂带与国际化正相关
	H2b：任务相关断裂带与国际化相关
	H2c：生理特征断裂带与国际化负相关
H3	H3a：国际化在任务相关断裂带与企业价值的关系中起中介作用，任务相关断裂带强度越大，多元化程度越低，企业价值也越高
	H3b：国际化在任务相关断裂带与企业价值的关系中起中介作用，任务相关断裂带强度越大，多元化程度越低，企业价值也越低
	H3c：国际化在生理特征断裂带与企业价值的关系中起中介作用，生理特征断裂带强度越大，多元化程度越低，企业价值也越低

　　综上所述，本研究提出如图 4.1 所示理论模型，考察高管团队断裂带、企业扩张和企业价值之间的关系。并且在实证检验该模型时加入控制变量，包括企业年龄、企业规模、企业所有制、股权结构、团队规模、资本结构、年度收益和年度控制变量。

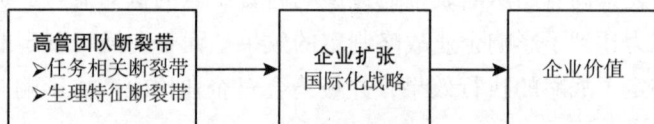

图 4.1　本研究的理论模型

4.3　研 究 设 计

4.3.1　样本选择与数据来源

　　本研究样本选取来自沪深 300 指数成分股。选择沪深 300 指数成分股作为样本是基于以下考虑：第一，沪深 300 指数覆盖了沪深两市 6 成以上的市值，同时成分股中的企业大都是各自行业中的标杆企业，以它们为样本进行研究，所得出的结论对其他企业具有较强的借鉴参考意义；第二，股市指数具有良好的市场代表性，更能反映市场现状。国外相关研究也往往采用美国标普 500、英国富时 300 等股市指数进行研究（Kaczmarek et al.，2012；Wong et al.，2011）；第三，沪深 300 指数的成分股均为中国企业，样本的中国背景可以使研究结果更贴近我国的实际情况。综上所述，本研究将 2013 年 6 月公布的沪深 300 指数成分股作为研究样本。

为了提高研究的严谨性和结论的有效性，我们对样本进行以下处理：第一，金融行业因为自身业务特点的缘故具有特殊的资产负债表，因此本研究剔除了行业分类为金融业的企业；第二，剔除了在研究窗口期间高管数据披露不完全的企业；第三，剔除了在研究窗口海外营销数据不明以及财务数据不完全的非上市企业；第四，剔除了上市时间晚于研究窗口期的企业；第五，在研究窗口期间，样本企业没用经历兼并、资产重组、特殊处理，且主营业务没有发生改变。

本研究财务数据来自 Wind 数据库，高管信息和企业数据来自企业年报以及巨潮资讯网等财经网站。

4.3.2 变量测量

4.3.2.1 因变量

企业价值（enterprise value，EV）。企业价值，又称公司价值，原本是以经济学意义为重点，研究企业价值评估的概念，最初仅指某一商业实体的市场价值。后随着其研究范围不断扩大，企业价值的内涵也不断扩大，成为一个以价值评估为手段、以价值最大化为目标、以价值创造为核心的价值管理概念（孙艳霞，2012）。其应用范围也随之从财务管理领域延伸到战略管理领域以及企业经营管理过程之中。

对于企业价值的测量，主要有财务指标法和市场指标法两种（宋海旭，2013）。财务指标法主要通过企业的关键财务指标如息税前利润、资产收益率、净资产收益率来代表企业价值。财务指标法由于直接使用现成的财务数据，而这部分数据一般可以由资产负债表和利润表等获得，因此具有容易取得、计算简单的优点。但是，财务指标法将企业财务状况等同于企业整体价值，没有考虑市场和投资者对企业价值的影响。此外财务数据还可以被企业高管认为操纵，因此财务指标法存在对企业价值的代表性不强的缺点。有学者的研究就指出，单纯使用财务指标代表企业价值可能会对研究结论造成扭曲和误差（Benston，1985）。因此，现在的研究以不单独使用财务指标法来测量企业价值。

目前主流的市场指标法包括 Tobin's Q 和 EVA 法。Tobin's Q 值由经济学家詹姆斯·托宾（James Tobin）提出，其将企业价值定义为企业的市场价值，即企业市场价值和资产重置成本之比（Tobin，1969）。但是由于 Tobin's Q 值的数据获取较为困难，因此在实证研究中通常采用替代指标法来计算 Tobin's Q 值。例如，有学者用企业的资产账面价值加上普通股的市场价值再减去普通股的账面价值和递延税的值代表企业的市场价值，用企业资产的账面价值代表企业的重置成本（Dezsö et al.，2012；Bertrand et al.，2003）。而我国学者李诗和邓会明等的 Tobin's Q 值计算方法则有所区别，其企业的市场价值用流通股与非流通股的市场价值与企业账面负债之和表示（李诗等，2012）。EVA 法则由思腾思特（Stem Stewart）公司所提出，将企业经济增加值的折现值来反映企业的市场价值。由于 EVA 法以股东利益最大化经营目标为基础，所以一经推出便大受欢迎，成为高盛、JP 摩根等大型投资银行分析企业价值的基本工具之一（徐青，2005）。思腾思特（Stem Stewart）公司甚至建立了 EVA/MVA 排名数据库，并公布全美排名前 1000 的上市公司。但是，EVA 法存在计算复杂，需要的信息量大的缺点，因此在研究中的应用并不如 Tobin's Q 值广泛，国内外的主要研究基本集中于 EVA 指标与实际企业价值相关性程度的检验上（刘圻等，2011）。

综上所述，本研究采用 Tobin's Q 法测量企业的企业价值。需要指出的是，由于国内外的制度差异，部分样本企业存在一部分非流通股份，因此直接使用国外学者的计算公式会造成数据"失真"。故本研究的 Tobin's Q 计算公式依照邓新明等人的研究成果（邓新明等，2014），将 Tobin's Q 的计算设定为：

$$\text{Tobin's Q(EV)} = [\text{年均股价} \times \text{当年流通股股数} + \text{年均股价} \times (1-82\%)$$
$$\times \text{当年非流通股股数} + \text{总负债}] / \text{总资产}$$

4.3.2.2 自变量

高管团队断裂带。团队断裂带是指基于团队成员一个或多个特征，而将团队划分为若干个子团队的一组假想的分割线（Lau & Murnighan，1998）。劳和默宁翰（Lau & Murnighan）最初从定性的角度提出了团队断裂带的测量方法（Lau et al.，1998），利用团队中的人口学特征综合评估团队的断裂带强度。例如以下三种情况：第一，一个由 20 岁的白人女性所组成的团队。在这个团队中，年龄、性别和种族都是一致的，故不存在团队断裂带。第二，一个由 40 岁的白人男性和 20 岁的白人女性所组成的团队。在这个团队中，年龄和性别一同把团队分裂为两个子团队，团队断裂带强度较高。第三，一个由 40 岁的黑人男性和 20 岁白人女性组成的团队。在这个团队中，年龄、性别和种族共同构成了团队断裂带，是三个例子中团队断裂带强度最高的团队。然而随着团队断裂带研究的不断深入，单纯的定性测量已经难以满足研究的需要，于是开发团队断裂带定量测量方法就成了一个亟待解决的问题。

撒切尔等（Thatcher et al.，2003）首先对团队断裂带的测量方法进行了研究，并提出了测量团队断裂带强度的 Fau 算法，即过在各种可能分类模式下子团队之间的组间平方和与总体平方和的比值来度量断裂带强度，其具体公式如下：

$$\text{Fau} = \frac{\sum_{j=1}^{q} \sum_{k=1}^{2} n_k^g (\overline{x_{jk}} - \overline{x_j})^2}{\sum_{j=1}^{q} \sum_{k=1}^{2} \sum_{i=1}^{n_k^g} (x_{ijk} - \overline{x_j})^2}$$

其中，n 表示团队中的高管总数，q 表示所考察的特征值总数，n_k^g 表示以第 g 种方式分类下，子团队 k 中的成员数目，$\overline{x_j}$ 表示所有高管成员在特征 j 上的平均值，$\overline{x_{jk}}$ 表示子团队 k 中的成员在特征 j 上的平均值，x_{ijk} 表示在子团队 k 中，第 i 个成员在特征 j 上的取值。Fau_g 为在第 g 种方式分类下的团队断裂带程度，Fau 值越大表示团队断裂带强度越强（Thatcher et al.，2003）。

2004 年，肖（Shaw）也提出了测量团队断裂带的 FLS 法（Shaw，

2004），该方法同时考虑了子团队内部的同质性与子团队之间的异质性，不过因为公式过于复杂，肖（Shaw）的 FLS 法并没有引起学术界的关注。

在肖（Shaw）提出 FLS 法的同时，撒切尔（Thatcher）在美国管理学年会上对 Fau 算法进行了修正，将子团队距离这一概念进入公式，以修正之前的算法只关注分化团队的特征指标而忽视子团队之间差异化程度的问题。团队断裂带的测量方法演进过程如表 4.2 所示。

表 4.2 团队断裂带的测量方法

年份	作者	类型	测量方式
1998	Lau 和 Murnighan	定性测量	根据团队成员差异将断裂带划分为低、中、高三类
2003	Thatcher，Jehn 和 Zanutto	定量测量	Fau 算法
2004	Shaw	定量测量	FLS 算法
2004	Thatcher，Bezrukova 和 Jehn	定量测量	在 Fau 算法的基础上，引入子团队距离概念，对 Fau 算法进行了优化

虽然 Fau 算法虽然计算过程复杂，但其使深入、细致地考察高管团队断裂带成为可能，因此本研究采用 Fau 算法来衡量企业的高管团队断裂带强度，具体测量指标如下：

任务相关断裂带（task-related faultlines，TRF）。任务相关断裂带强度通过高管任期和受教育程度来进行测量（Hutzschenreuter et al.，2013）。如果高管任职时间不满一年，则任期赋值为 0；教育程度则根据高管在统计期所获得的最高学位进行测量，教育程度采用五点法进行编码：1 = 高中及以下，2 = 大专，3 = 本科，4 = 硕士，5 = 博士。

生理特征断裂带（bio-demographic faultlines，BDF）。在本研究中，生理特征断裂带通过年龄和性别来进行测量。高管年龄和性别信息通过企业年报获得，其中性别分别用 0（女性）和 1（男性）表示。在国外的研究中，国籍（种族）也是测量生理特征断裂带的常用指标（Li et al.，2005），但是由于在研究样本中，这一指标的差异过小，因此国籍（种族）没有纳入本研究的测量体系之中。

"Fau"算法的具体计算公式如下：

$$Fau_g = \frac{\sum\limits_{j=1}^{q} \sum\limits_{k=1}^{2} n_k^g (\bar{x}_{jk} - \bar{x}_j)^2}{\sum\limits_{j=1}^{q} \sum\limits_{k=2}^{2} \sum\limits_{j=1}^{n_k^g} (x_{ijk} - \bar{x}_j)^2}$$

其中，n 表示高管总人数，q 表示所考察的高管特征总数；g 表示分组编号，将一个具有 n 名成员的团队分为两个子团队，可能的分组方式一共有 $2^{n-1} - 1$ 种，因此 g 的取值范围为 $[0, 2^{n-1} - 1]$；n_k^g 表示以第 g 种方式分类下，子团队 k 中的成员总数；$\bar{x}_j$ 表示所有高管成员在特征 j 上的平均值；$\bar{x}_{jk}$ 表示子团队 k 中成员在特征 j 上的平均值；x_{ijk} 表示在子团队 k 中，第 i 个成员在特征 j 上的值。Fau_g 为在第 g 种方式分类下的团队断裂带程度，Fau 值越大表示团队断裂带强度越强（Thatcher et al.，2003；Hutzschenreuter et al.，2013；周建等，2012）。由于该公式计算量极大，本研究特编制了 Matlab 程序用以完成计算工作。

4.3.2.3 中介变量

国际化战略。虽然学界对企业国际化的研究已经持续了近半个世纪，但是对于"什么是国际化"这一问题却还没有定论，许多国内外学者从不同角度对国际化进行定义和诠释。弗农（Vernon）从企业成本的角度出发，把国际化定义为企业利用不同国家和地区的劳动力价格差异，为降低成本而转移到别国进行生产的行为（Vernon，1966）。约翰生（Johanson）将其定义为企业越来越多的参与国际业务的过程（Johanson et al.，1975）。这一定义将企业的国际化理解为一个渐进的过程，但是随着时代的发展，这一定义的局限性也越来越明显（Toulova et al.，2015）。保诺维奇（Paunovic）等人则将企业的国际化定义为基于国际化营销的所有在母国以外的商业活动。和韦尔奇（Welch）的定义相比，保诺维奇（Paunovic）承认并不是所有的国际化企业都存在一个增加国际业务投入的过程，即国际化并不是一个渐进的过程（Paunovic et al.，2010）。而卡洛夫（Calof）等人对国际化的定义则更加具有普适性，他们认为国际化是企业通过战略、结构和资源等适应国际环境的过程（Calof et al.，1995）。以上各位学者的研究方向各不相同，但都针对国际化的某些特点对其进行定义和阐述。然而上述定义均只考虑到了企业市场扩大，参与国际竞争这一种国际化的表现形式，而张萍的定义则更符合我国的实际。其将国际化的形式分为两种：内向国际化和外向国际化。内向国际化包括进口外国产品、吸引外国资金，引进国际先进技术和管理经验等；而外向国际化则包括对产品的海外销售，直接投资等（张萍，2014）。在本研究中企业国际化指狭义上的国际化，即外向国际化。

国际化（internationalization，I）。沙利文（Sullivan，1994）认为国际化可以从海外销售占总销售额的比重，海外资产占总资产的比重以及海外子公司数目的比重三方面进行测量。辛格拉等（Singla et al.，2014）则在此基础上加入了外国市场维度，形成 DOI 指数来测量企业的国际化程度。但是由于中外会计准则的差异，难以直接采用国外的测量方法来进行测量。因此本研究对国际化的测量借鉴了邓新明等（2014）的观点，在考虑数据的可获得性后，将在中国大陆以外地区的主营业务收入与企业总主营业务收入的比值作为国际化战略的替代指标，并对获得数据进行无纲量化以消除纲量的影响。

4.3.2.4 控制变量

根据以往研究成果，本研究选取以下变量作为研究可能会使用的控制变量：为了控制企业层面因素对研究结论的影响，本研究选择企业年龄、企业规模和企业所有制作为控制变量；在团队层面上，则选择了团队规模作为控制变量；在财务层面上，选择股权结构、资本结构、企业成长性和前一年度收益作为控制变量；为了控制时间变量对研究的影响，本研究设置年度变量为控制变量。

企业年龄（enterprise age，EA）。企业存续的时间越长，其在行业内的社会资源和运营经验也越丰富。因此本研究用企业上市时间与研究设定时间之差表示企业的年龄。

企业规模（company size，CS）。已有研究表明，企业规模会对企业的市场业绩产生影响（Deephouse，1996）。因此本研究采用企业总资产的自然对数作为企业规模的测量指标。

企业所有制（enterprise ownership，EO）。不同类型的企业获得资源的能力也不相同。一般来说，国企更容易获得国家补贴与银行贷款。因此为了控制政策与金融因素的影响，本研究将企业所有制作为控制变量。企业所有制则被设置为一个虚拟变量，国企取值为 1，非国企取值为 0。

股权结构（ownership structure，OS）。企业的大股东可以对高管决策施加影响，因此如果企业的股权越集中，那么大股东对企业决策的影响力也就越大。因此本研究将股权结构作为控制变量纳入研究模型，并用公司前十大股东所占股份比例之和作为代表。

团队规模（team size，TS）。团队规模过小，则无法发挥集体决策的优势，而团队过大，则容易出现冗余和"搭便车"的现象。因此本研究用团队总人数来测量团队规模。

资本结构（captal structure，CS）。企业资本结构会对企业的国际化战略产生约束作用。因为国际化战略需要大量的资金投入，而如果企业资本结构已经处于亚健康或者失衡的状态，那么高管在考虑国际化战略时必然会有很多的顾虑。因此本研究将企业的资本结构作为控制变量，对其采用目前通用的资产负债率进行测量。

年度收益（annual return，AR）。年度收益情况也会对企业战略产生影响（周建和李小青，2012）。这是因为业绩好的企业通常才有足够的资金以支持企业扩张。因此本研究将前一年度收益作为控制变量，采用总资产报酬率来衡量企业的年度收益。

年度控制变量（year，Y）。为了控制时间变量对企业扩张和企业价值的影响，本研究将以 2009 年为基准，设置 $Y_1 \sim Y_4$ 四个年度控制变量。

所有变量的定义和测量如表 4.3 所示。

表 4.3　　　　　　　　　　　　变量定义

变量名称	变量符号	变量测量方式或说明
企业价值	EV	Tobin's Q
任务相关断裂带	TRF	Fau 算法
生理特征断裂带	BDF	Fau 算法
国际化	I	中国大陆以外地区的主营业务收入/企业总主营业务收入
企业年龄	EA	研究时点 − 上市时间
企业规模	ES	Ln（企业总资产）

变量名称	变量符号	变量测量方式或说明
企业所有制	EO	虚拟变量，国企取值为1，非国企取值为0
股权结构	OS	公司前十大股东所占股份比例之和作为代表
团队规模	TS	团队总人数
资本结构	CS	资产负债率
年度收益	AR	总资产报酬率
年度	Y	虚拟变量，共计4个

4.3.3　模型设定

根据研究模型的划分结果和理论假设，本研究的数理模型设定如下：

$$EV = \beta_0 + \beta_1 TRF + \beta_2 BDF + \beta_3 DS + \beta_{3\sim9} Control + \beta_{10\sim13} Y + \varepsilon$$

$$DS = \beta_0 + \beta_1 TRF + \beta_2 BDF + \beta_{3\sim9} Control + \beta_{10\sim13} Y + \varepsilon$$

其中，β_0 为方程的截距项；$\beta_1 \sim \beta_{13}$ 分别为各个变量的回归系数；ε 为误差项。

4.4　结果分析

4.4.1　描述性统计分析

变量的均值、标准差、Pearson 相关系数以及因子膨胀系数结果如表4.4所示。从表4.4可知，企业价值的均值为2.114，标准差为1.497，所以样本企业的企业价值差距较大。任务相关断裂带与生物统计特征断裂带的均值分别为0.638与0.655，而标准差分别为0.136和0.138。与美国企业相比，我国企业的任务相关断裂带强度更高而生理特征断裂带强度更低，且不同企业之间的差异程度更大[①]。Pearson 相关分析的结果表明，任务相关断裂带与企

---

① Hutzschenreuter 等人的研究显示，美国企业的任务相关断裂带强度均值为0.540，标准差为0.114；而生理特征断裂带强度均值为0.679，标准差为0.108。

表 4.4　描述性统计与相关分析

变量	M	Sd	EV	TRF	BDF	I	D	EA	ES	EO	OS	TS	CS	AR	VIF
EV	2.114	1.497	—												—
TRF	0.638	0.136	0.124***	—											1.046
BDF	0.655	0.138	-0.070**	-0.024	—										1.066
I	0.075	0.153	-0.012	-0.008	0.034	—									1.152
D	0.323	0.335	-0.065**	0.002	-0.056+	-0.118***	—								1.065
EA	11.050	4.780	-0.093***	0.051+	-0.069*	-0.190***	0.083*	—							1.353
ES	23.820	1.374	-0.560***	-0.089**	0.015	-0.099**	-0.116**	-0.050+	—						2.196
EO	0.770	0.424	-0.177***	0.064*	0.121***	0.005	-0.006	0.046+	0.320***	—					1.209
OS	0.621	0.163	-0.127***	-0.085	0.127	0.032	-0.044	-0.344***	0.357***	0.220***	—				1.409
TS	8.289	2.971	-0.151***	-0.130***	-0.151***	0.138***	-0.041	-0.074*	0.285***	0.050+	0.004	—			1.203
CS	0.510	0.195	-0.537***	-0.050+	-0.011	-0.034	0.006	0.054+	0.551***	0.105**	0.094**	0.156***	—		1.810
AR	10.305	8.022	0.653***	0.080*	-0.007	-0.102*	-0.059*	-0.042	-0.345***	-0.154***	-0.016	-0.079*	-0.503***	—	1.470

注：N=795；+ 为 $p<0.1$，* 为 $p<0.05$，** 为 $p<0.01$，*** 为 $p<0.001$。

73

业价值在99.9%的置信区间内显著正相关，生物统计特征断裂带与企业价值在95%的置信区间内显著负相关，因此H1a和H1b得到了初步的验证。而在企业国际化、多元化与断裂带的关系中，仅有生理特征断裂带与多元化之间呈现显著相关（p<0.1），因此需要通过进一步地分析来检验变量之间的相关关系。此外，共线性诊断结果显示所有变量的因子膨胀系数均小于3，因此本研究的变量之间不存在严重的多重共线性情况。

4.4.2　回归结果分析

有学者指出，在采用高管团队数据进行回归分析时，很可能会由于变量之间的异方差性而导致回归结果"失真"，因此建议采用加权最小二乘法（WLS）进行回归分析（周建和李小青，2012）。而刘明的观点认为对于不存在异方差的数据进行加权最小二乘法回归时，会使得模型拟合程度更优，模型更好，因此其建议仅当发现模型存在异方差性问题后再采用加权最小二乘法进行回归（刘明，2012）。基于上述研究，本研究将假设检验的步骤设定为：第一，采用普通最小二乘法（OSL）进行回归；第二，进行异方差性检验；第三，根据检验结果决定是否采用加权最小二乘法进行改进回归。

依据温忠麟等（2005）的研究，本研究建立7个模型对研究假设进行检验。其中，模型1和模型2已国际化为因变量，检验高管断裂带与国际化之间的关系：模型1中仅放入控制变量，而模型2中加入了高管断裂带变量；同理，模型3和模型4用于研究高管断裂带与多元化之间的关系：模型3中同样只放入控制变量，模型4中则加入了高管断裂带变量；模型5到模型7则用于研究企业国际化和多元化的中介效应：模型5中只放入控制变量，模型6中加入了两个高管断裂带变量，模型7中则置入了国际化和多元化两个变量。OSL回归结果如表4.5所示。

表4.5　　　　　　　　　　普通最小二乘法回归结果

变量	因变量：I		因变量：D		因变量：EV		
	模型1	模型2	模型3	模型4	模型5	模型6	模型7
常数	0.844***	0.801***	1.461***	1.559***	11.390***	111.516***	12.263***
EA	-0.006***	-0.006***	0.005+	0.005+	-0.039***	-0.040***	-0.040***

续表

变量	因变量：I		因变量：D		因变量：EV		
	模型 1	模型 2	模型 3	模型 4	模型 5	模型 6	模型 7
ES	−0.033***	−0.033***	−0.052***	−0.052***	−0.411***	−0.408***	−0.435***
EO	0.021	0.019	0.020	0.025	0.128	0.137	0.151+
OS	0.051	0.049	0.097	0.106	−0.002	−0.090	−0.041
TS	0.009***	0.010***	0.004	0.003	−0.005	−0.008	−0.004
CS	0.004	0.004	0.069	0.068	−0.682**	−0.701**	−0.677**
AR	−0.004***	−0.004***	−0.005**	−0.005**	0.088***	0.087***	0.084***
Y	控制	控制	控制	控制	控制	控制	控制
TRF		0.017		−0.014		0.481+	0.482+
BDF		0.041		−0.135		−0.756**	−0.789**
I			−0.311***	−0.305***			−0.392+
D	−0.060***	−0.058***					−0.347***
R^2	0.131	0.132	0.058	0.061	0.593	0.600	0.588
Adj R^2	0.117	0.116	0.043	0.044	0.588	0.593	0.599
F	9.786***	8.475***	4.006***	3.609***	103.805***	90.076***	79.974***

注：$N = 795$；+为 $p < 0.1$，** 为 $p < 0.01$，*** 为 $p < 0.001$。

由表 4.5 可知，7 个模型的 F 值均极端显著，这表明模型的整体拟合情况是显著的。但是在模型 2 和模型 4 中，TRF 和 BDF 的系数均没达到显著性水平（$p > 0.1$）。这可能是由于模型存在异方差问题而导致的。为了对模型可能存在的异方差问题进行检验，本研究对回归模型残差的绝对值与自变量了 Spearman 相关系数进行考察，具体结果见表 4.6。由表 4.6 中的数据可知，在模型 2 中，BDF 与残差绝对值之间的相关系数达到了显著水平（$p < 0.1$）。模型 4 中 TRF 与 BDF 的系数均没有达到显著性水平。模型 7 中 TRF 的系数达到了显著水平（$p < 0.05$）。由此可知，模型 2 和模型 7 中均存在异方差现象，而模型 4 中不存在异方差现象。因此，TRF 和 BDF 与 D 的关系并不显著。

表 4.6   研究一异方差检验结果

项目	因变量	TRF	BDF
残差绝对值	I	0.012	0.069 [+]
	D	−0.028	−0.048
	EV	0.076 [*]	−0.024

注：+ 为 p < 0.1，* 为 p < 0.05。

　　为消除异方差性对研究结果的影响，本研究借鉴周建等人的研究，以残差绝对值的倒数为权重，通过加权最小二乘法对模型进行改进（周建和李小青，2012），改进后的模型回归结果见表 4.7。由表 4.7 中的数据可知，改进后的模型 2 的 R^2 为 0.710，调整 R^2 为 0.705；模型 7 的 R^2 为 0.874，调整 R^2 为 0.871。相比改进前的模型，改进后的模型的解释力度大大提高，且 F 值均达到极端显著水平（p < 0.001）。因此本研究将基于改进后的模型对研究假设进行最终检验，并对研究结果进行分析。

　　从表 4.7 中可以发现，模型 2 中 TRF 的系数为负且在 99% 的置信区间内显著（β = −0.028，p < 0.01），因此 H1a 得到了支持；BDF 的系数为负且在 99.9% 的置信区间内显著（β = −0.060，p < 0.001），因此 H2e 得到了支持。而在模型 6′ 中，TRF 的系数为负且在 99.9% 的置信区间内显著（β = 0.656，p < 0.001），因此 H1a 得到了支持；BDF 的系数为负且在 99.9% 的置信区间内显著（β = −0.723 p < 0.001），因此 H1c 得到了支持。

　　而在模型 7′ 中的中介效应检验结果则显示 TRF 和 BDF 的系数均达到显著水平（p < 0.001）。又 I 的系数为负，且在 99.9% 的置信区间内显著（β = −0.308，p < 0.001）。结合两类断裂带与 I 的负向关系可知，I 在高管断裂带与 EV 的关系中起到了负向中介作用，企业高管断裂带的程度越高，则国际化程度越低，企业价值就越高。因此 H3a 和 H3e 得到支持而 H3b 没有得到支持。

　　由于 TRF 和 BDF 对 D 的影响效应不显著（p > 0.1），根据中介效应的检验步骤（温忠麟等，2005），需要通过 Sobel 检验来判别中介效应是否存在。Sobel 检验的统计量为：

　　$Z = ab/\sqrt{a^2 s_b^2 + b^2 s_a^2}$，此处计算 Z_{TRF} 时，a = −0.027，b = 0.647，s_a = 0.088，s_b = 0.101；计算 Z_{BDF} 时，a = −0.027，b = 0.647，s_a = 0.088，s_b =

0.101。计算得 $Z_{TRF} = -0.161$，$p > 0.1$；$Z_{BDF} = 1.534$，$p > 0.1$。因此多元化在高管断裂带和企业价值的关系中的中介作用不显著，H3c、H3d 和 H3f 均没有得到支持。

表 4.7　　　　　　　　　　加权最小二乘法回归结果

变量	因变量：I		因变量：EV		
	模型 1′	模型 2′	模型 5′	模型 6′	模型 7′
常数	0.797 ***	0.718 ***	9.918 ***	10.429 ***	11.871 ***
EA	− 0.005 ***	− 0.005 ***	− 0.042 ***	− 0.038 ***	− 0.039 ***
ES	− 0.032 ***	− 0.031 ***	− 0.337 ***	− 0.365 ***	− 0.421 ***
EO	0.019 ***	0.018 **	0.070 +	0.080 ***	0.136 ***
OS	0.064 ***	0.053 ***	− 0.162 +	− 0.087	− 0.011
TS	0.008 ***	0.008 ***	0.008 *	0.000	− 0.005
CS	0.007	− 0.004	− 00790 ***	− 0.620 ***	− 0.552 ***
AR	− 0.003 ***	− 0.004 ***	0.071 ***	0.080 ***	0.080 ***
Y	控制	控制	控制	控制	控制
TRF		− 0.028 **		0.656 ***	0.435 ***
BDF		− 0.060 ***		− 0.723 ***	− 0.721 ***
I					− 0.308 ***
D	− 0.058 ***	− 0.060 ***			− 0.318 ***
R^2	0.702	0.710	0.828	0.856	0.874
Adj R^2	0.698	0.705	0.826	0.854	0.871
F	153.811 ***	136.359 ***	343.444 ***	357.672 ***	359.842 ***

注：N = 795；+ 为 $p < 0.1$，* 为 $p < 0.05$，** 为 $p < 0.01$，*** 为 $p < 0.001$。

4.4.3　稳健性检验

为了增强研究结论的稳健性，本研究通过替换指标法对模型进行了稳健性检验．将两类断裂带强度设置为虚拟变量，以均值 ±1 单位标准差为界分为弱、中、高三个等级（Zhou et al.，2010），并分别赋值 0、1、2。新的自变量分别用 TRF2 和 BDF2 表示。稳健性检验过程与上述假设检验步骤相同，但囿于篇幅，这里只给出最终回归结果，结果如表 4.8 所示。从表 4.8 可知，在替换变量后，稳健性检验的结果与本研究结论一致，因此本研究的结论是稳健的。

表 4.8   稳健性检验

因变量	I	D	EV
常数	0.661 ***	1.419 ***	11.650 ***
EA	− 0.005 ***	0.006 ***	− 0.039 ***
ES	− 0.027 ***	− 0.049 ***	− 0.416 ***
EO	0.012 ***	0.011	0.125 ***
OS	0.041 **	0.111 **	− 0.119
TS	0.008 ***	0.003	− 0.003
CS	− 0.002	0.017	− 0.572 ***
AR	− 0.002 ***	− 0.007 ***	0.082 ***
Y	控制	控制	控制
TRF2	0.004 +	0.016 +	0.043 **
BDF2	0.009 ***	− 0.009	− 0.103 ***
I		− 0.292 ***	− 0.317 ***
D	− 0.054 ***		− 0.314 ***
R^2	0.450	0.405	0.866
Adj R^2	0.440	0.395	0.864
F	45.578 ***	37.974 ***	337.027 ***

注：N = 795；+ 为 $p < 0.1$，** 为 $p < 0.01$，*** 为 $p < 0.001$。

4.5　讨论及未来研究展望

4.5.1　讨论与分析

本研究采用定性研究与定量研究相结合的方式：首先在文献研究的基础

上，寻找公司治理领域的实际问题与挑战，并结合以往研究的不足与进步，提出本研究的关键问题和理论假设。其次，将理论假设进一步完善本研究的理论模型，并确定本研究的自变量、因变量、中介变量、调节变量和控制变量的概念定义与测量方式。在此基础上，确定研究的样本范围，数据收集方式，并着手开始收集、处理研究数据。最后，通过实证研究对研究假设进行验证，以检验研究假设的可靠性和普适性。具体来说，本研究基于高管团队断裂带视角，以沪深 300 指数成分股企业在 2009～2013 年的数据为样本，探究任务相关断裂带、生理特征断裂带这两类断裂带与企业价值之间的关系，以及国际化战略在其中的中介作用。研究的结论如下：第一，高管团队断裂带对企业价值存在着显著的影响，但不同类型断裂带的影响效应并不相同。具体而言，任务相关断裂带与企业价值正相关，企业任务相关断裂带强度越高，企业价值也越高；而生理特征断裂带与企业价值负相关，企业生理特征断裂带强度越高，企业价值就越低。第二，高管团队断裂带对国际化战略这种企业扩张战略的影响趋于一致。两类断裂带均与国际化战略存在着显著的相关关系，且均为负相关关系。即任务相关断裂带或生理特征断裂带强度越高，企业国际化的表现就越差。第三，国际化战略在高管团队断裂带与企业价值的关系中起部分中介作用。即国际化在任务相关断裂带与企业价值的关系中起部分中介作用，任务相关断裂带强度越大，国际化程度越低，企业价值也越高；国际化在生理特征断裂带与企业价值的关系中起部分中介作用，生理特征断裂带强度越大，国际化程度越低，企业价值也越低。本研究假设检验结果见表 4.9 所示。本研究主要考察高管团队断裂带、企业扩张和企业价值三者之间的关系。由表 4.9 可知，本研究中任务相关断裂带与生理特征断裂带与企业价值之间的关系，两类高管团队断裂带与国际化的关系以及国际化在两类断裂带与企业价值中的中介作用均得到了验证。

表 4.9　　　　　　　　　　　　　假设检验结果汇总

序号	假设内容	结果
H1	H1a：任务相关断裂带与企业价值正相关	支持
	H1b：任务相关断裂带与企业价值负相关	不支持
	H1c：生理特征断裂带与企业价值负相关	支持

续表

序号	假设内容	结果
	H2a：任务相关断裂带与国际化正相关	不支持
H2	H2b：任务相关断裂带与国际化负相关	支持
	H2e：生理特征断裂带与国际化负相关	支持
	H3a：国际化在任务相关断裂带与企业价值的关系中起中介作用，任务相关断裂带强度越大，国际化程度越低，企业价值也越高	支持
H3	H3b：国际化在任务相关断裂带与企业价值的关系中起中介作用，任务相关断裂带强度越大，国际化程度越低，企业价值也越低	不支持
	H3e：国际化在生理特征断裂带与企业价值的关系中起中介作用，生理特征断裂带强度越大，国际化程度越低，企业价值也越低	支持

　　总的来说，本研究深入探究了高管团队断裂带与企业扩张、企业价值的作用机制，拓展了中国情境下的高管团队断裂带的研究内容，同时也为我国企业的战略管理、企业决策以及公司治理实践提供了有益的参考。

　　从理论角度上来看，本研究的意义主要体现在以下方面：

　　首先，有助于高管团队断裂带理论与我国企业实际的结合。中国情境下的高管团队断裂带研究相对缺乏。团队断裂带的概念提出还不到20年，因此关于团队断裂带的研究还处于起步阶段，国内关于高管团队断裂带的研究则更为稀少。韩立丰等人以及谢小云和张倩分别于2010年和2011年发表关于团队断裂带的综述文章（谢小云等，2011；韩立丰等，2010），将团队断裂带这一概念介绍到中国，并明确地指出现阶段团队断裂带理论处于蓬勃发展时期，但现有实证研究还不够多，未来需要进行大量相关实证研究，使该理论可以为我国的企业团队建设和人力资源管理实践服务。之后，中国情境下的高管团队断裂带的研究逐渐多了起来。在已有的相关研究中，陈悦明等人的研究显示，高管团队断裂带会对企业战略决策过程产生负面影响（陈悦明等，2012）。李维安等人的研究则发现高管团队断裂带与企业跨国并购负相关（李维安等，2014）。周建等人的研究则更进一步，指出董事会断裂带对企业价值有负面影响，并且董事会努力程度在其中起到中介作用。回顾国内研究可以发现，国内研究不仅在数量上少于国外研究，且质量上也不尽如人意。

国内研究仍注重于高管团队断裂带的主效应研究，对其关系的内部作用机制的探索还不够，因此未来需要加大对中国情境下高管团队断裂带的相关研究。而以往我国公司治理方面的研究往往选择高管团队异质性为变量。而高管团队断裂带的代表性要强于高管团队异质性，所得出的结论也更稳健，因此本研究选取高管团队断裂带作为研究变量，考察其在中国情景下的作用就极具创新意义。

其次，有助于更好地分析高管团队与企业价值之间的关系。过去一些研究没有区分维度来讨论不同类型断裂带对企业价值或绩效表现的差异化影响（周建等，2015；李维安等，2014）。高管团队、战略和绩效三者关系的作用机制还不够深入。目前关于高管团队断裂带与企业价值的研究大都强调由于断裂带会加深团队的内部矛盾从而给企业价值造成负面影响，但是也有学者指出适当的团队冲突可能是有利于企业的，一味强调高管团队断裂的负面影响也许不合适。我国学者韩立丰、王重鸣等就指出中等程度的团队断裂带对企业而言是最合适的，断裂带强度过高或过低均对企业有负面影响（韩立丰等，2010）。哈什鲁特（Hutzschenreuter）也证实在一定情境下，高管团队的任务断裂会对企业产生积极影响。同样的，关于高管团队与企业多元化、国际化的实证研究也出现了不一致的研究结论。产生这一现象的原因可能是因为这些变量之间的关系受到了其他环境变量或组织变量的影响，从而导致针对不同样本所做的实证研究得出了不一样的结论。此外，正如邓新明等（2014）和杨丽丽等（2010）所述，我国的国际化战略研究过多的侧重于对国际化战略与企业绩效关系的研究，而对国际化战略的前因变量即"哪些因素影响了企业国际化战略"问题研究不足。因此有必要对国际化战略的前因变量进行进一步研究，以丰富和完善现有的研究体系。但就目前而言，关于高管团队断裂带与企业价值、企业扩张的内部机制研究还不是很多，其具体作用过程仍不清晰，因此需要进行更深入的研究。而本研究则关注任务相关断裂带、生理特征断裂带两类断裂带与企业战略和企业价值三者之间的关系，是对过去高管团队研究的补充和完善。

再次，有利于高管团队断裂带在我国学术界的推广。团队断裂带通过对多个团队成员特征进行动态聚合，以试图更好地反映企业高管团队的真实情况。相比关注高管团队成员个体特征的异质性研究，团队断裂带可以更好地从团队层面对高管团队的行为与决策做出解释，使得研究结论更贴合实际（Thatcher et al.，2012）。团队断裂带克服了过去团队异质性研究过度关注团队成员个体特征分布的离散程度、简化团队构成的弊端，将团队成员多重特征有机复合以更好的描述团队的特质，是对团队异质性的一种深化与超越（Bezrukova et al.，2009）。

最后，必须承认，高管团队断裂带仍是一个新兴的研究领域，中国学者对其的研究还不是很多。且由于高管团队断裂带存在变量测量上的难点，因此许多学者对这一变量敬而远之。撒切尔（Thatcher）等人提出的 Fau 算法虽然已成为学界公认定量计算断裂带强度的算法（李小青等，2014），但此算法需要进行穷举计算，因此导致计算量极大（Thatcher et al.，2003）。而本研究通过使用 Matlab 软件编程计算断裂带强度，不仅可以获得更为贴合实际研究数据，并且有助于更细致的研究各个变量之间的作用关系，并且有助于让更多人发现高管团队断裂带的研究潜力。

从管理实践上来看，本研究的实践意义在于以下两点：第一，为高管团队成员的选拔和培养提供了建议。高管团队也可能会因人员过杂而内耗严重，或因为过于同质化而群体思维严重。因此，"如何调整团队结构以及什么样的团队结构是合适的"就成为高管团队建设中的重要问题之一。本研究则通过实证研究指出不同类型断裂带的不同作用与效应，对于企业高管团队的构建和培养具有重要的指导作用。第二，本研究给出了提升企业价值的方案。企业的高管团队是公司治理的核心，对企业战略决策与企业价值表现的优劣负有直接责任，因此企业高管团队一直是战略管理和公司治理领域的重点研究对象（Veltrop et al.，2015；Minichilli et al.，2010；Beers et al.，2014）。然而高管团队对企业价值的影响机制的不明确制约了相关研究的应用推广。毕竟企业价值不是简单地通过高管们开会就能决定的。正因如此，本研究对其作用机制过程的研究使得为管理实践提供可行的方案成为可能。实际上，本研究从企业战略方面提出了提高企业价值的方案，可以为高管团队的日常运营和决策提供积极的思路和启发。最后，国际化在两类高管团队断裂带与企业价值的关系中起到了部分中介的作用。这一方面说明，要提高企业价值，注重企业扩张的实施效果，除了高管团队人员变动和能力提升以外，还可以通过采用诸如增加战略柔性，监控战略与环境的匹配程度并及时调整等提升多元化战略实施效果的策略。

4.5.2 未来研究展望

本研究立足于企业高管团队视角，以我国沪深 300 指数成分股为样本，考察了高管团队断裂带、多元化战略和企业技术创新能力之间的关系，有效地扩展了现有研究思路，并丰富了高管团队和企业战略相关理论，并为公司治理、战略管理、高管团队培育和构建等领域的管理实践提供了有价值的借鉴与参考。不过，囿于一些主客观因素的限制，本研究还存在着一些局限，需要未来进一步研究：

第一，进一步拓展高管团队断裂带与企业价值关系的中介机制研究。对企业国际化与多元化的研究日趋丰富。由于实证研究中出现了研究结论不一致的现象，因此许多学者试图对这一现象进行解释。这就促进了相关理论研究的发展，而新理论解释的提出，又势必要通过实证研究进行检验，从而促成了相关实证研究的繁荣。目前，对国际化与多元化研究结论不一致这一问题的解释主要包括三种：其一，将国际化和多元化进行维度分解，不同的维度可能起着不同的作用，而过去研究在测量上的差异正是造成研究不一致的原因所在。其二，则是根据权变理论，考察在不同情景下国际化和多元化的差异化表现。如康（Kang）的研究发现，企业对短期利润的重视程度会影响多元化与企业社会绩效的关系。通常而言，多元化与企业社会绩效是正相关关系，但是如果企业过于重视短期利润，企业则可能无法及时对一些社会问题做出及时响应，从而会、削弱这种正向关系（Kang, 2013）。其三，深入研究国际化和多元化的影响机制，从机制入手指出差异化影响的来源。如扎哈维和拉维（Zahavi & Lavie）认为，实行多元化之初，由于负面的迁移效应，企业的绩效表现会出现下降。而之后受规模经济的影响，企业绩效会显著上升，因此多元化与企业绩效呈现倒 U 形关系（Zahavi et al., 2013）。综合企业扩张的国际化战略与多元化战略在高管团队断裂带与企业价值中的综合中介机制将是一个有趣的未来研究主题。

第二，拓展研究样本。本研究选取的样本来自沪深 300 指数中的成分股企业，这使得研究结果虽然更具典型性，且同时对中小企业的国际化战略制定有一定的示范和借鉴意义，但是国家工信部 2010 年的数据显示，我国企业总数的 99% 以上都是中小型民营企业，其创造的产品与服务价值相当于国内生产总值的 60% 左右，而中小型民营企业更是占据了 70% 的进出口贸易额（张瑾华等，2014）。而大型企业和中小型企业的国际化战略必然存在区别，因此未来对中小型企业的国际化战略研究就显得很有必要。

第三，变量设定与测量的改进。首先，国际化战略变量在测量时没有考虑国际化广度的影响；其次，高管们的任务相关特质并不只有任期和学历两种，未来研究可以加入诸如高管职能背景等新的特质以更全面的衡量高管团队任务相关断裂带；最后，本研究将高管团队断裂带分为任务相关断裂带和生理特征断裂带。实际上，团队断裂带的划分标准还有很多，因此未来研究可以考察其他类型团队断裂带对企业价值的影响。因此，未来研究可以从其他团队断裂带维度，或通过更严谨的变量测定来进行深入研究。

4.6 结　　语

本研究以高管团队断裂带理论为基础，结合高管梯队理论、特质激活理论等管理学理论，以沪深 300 成分股为样本，综合考察了企业高管团队断裂带、国际化和企业价值之间的关系，深化了对高管团队断裂带作用路径的认识，扩展了中国情景下的高管团队研究视野并同时为企业公司治理、战略管理等领域的实践提供了建议和参考。本研究的主要研究结论如下：

第一，任务相关断裂带对企业价值有正向影响，而生理特征断裂带对企业价值有负向影响。本研究的结论与周建等人的研究相悖（周建等，2015）。他们的研究表明任务相关断裂带对企业价值存在负面影响。这可能是由于以下两个原因造成的：首先是研究范围差异，周建等人的研究聚焦于董事会断裂带。与高管团队相比，董事会可能对冲突的容忍程度更低，因此导致了董事会断裂带对企业价值的负效应。其次是测量指标上的差异。周建等人的研究选取了法定来源、职能背景、教育程度和任期 4 个指标进行任务相关断裂带的测量，因此变量测量上的差异也可能是导致最终结论不一致的原因。

第二，两类断裂带均对国际化产生的负面影响。两类断裂带对国际化的负效应支持了"断裂带会给企业带来负面影响"的观点。

第三，国际化在两类断裂带对企业价值的影响关系中起到了部分中介作用。以上结果暗示了我国企业国际化往往会对企业价值产生负面作用，这说明我国企业的国际化进程普遍处于不健康的状态，这可能是由于企业策略和执行的问题，也可能是由于国际大环境的影响，其具体原因还有待深入研究，但适当降低企业国际化扩张程度有助于短期内提高企业的价值。

此外，国际化战略对企业价值存在着负面影响这一我国企业的现实，还进一步揭示了本研究的意义所在：过去的相关研究多聚焦于高管团队特征与企业价值的主效应研究，缺乏对其作用机制的探讨。而本研究则为打开这一黑箱提供了一个思路：企业高管团队特征（高管团队断裂带）—企业行为（战略选择与执行）—企业价值，并发现不同类型的高管团队断裂带的具体作用机制并不相同。

第 5 章

高管团队断裂带、创新能力与国际化战略：
基于上市公司数据的实证研究[①]

国际化战略已经成为我国企业发展扩张的主流企业战略之一。但是实践表明，中国企业的国际化发展状况却并不理想。许多企业大张旗鼓地发展国际化，但是常常却是惨淡的退出。究其原因，企业最高管理层对于国际化发展承担着不可忽视的重要影响。探讨高管团队断裂带与国际化战略之间的作用机制，可以为公司治理与战略管理提供建议与决策依据。

5.1 引　言

从中海油频繁的海外收购，到联想大手笔买下 IBM 低端服务器业务，可以看出近几年来我国企业国际化的扩张势头愈发猛烈。企业国际化可以为企业带来更低的生产成本与更广阔的销售市场，所以关于企业国际化的相关主题备受学界的关注（Porter，1985；Jones，2005）。伴随着我国"走出去"的发展战略，我国学者取得了很多的关于企业国际化战略研究成果。然而，正如邓新明等（2014）和杨丽丽（2010）等人所述，我国的国际化战略研究过多的侧重于对国际化战略与企业绩效关系的研究，而对国际化战略的前因变

---

① 部分内容参见：潘清泉，唐刘钊，韦慧民. 高管团队断裂带、创新能力与国际化战略——基于上市公司数据的实证研究. 科学学与科学技术管理，2015，36（10）：111 - 122.

量即"哪些因素影响了企业国际化战略"问题研究不足。因此有必要对国际化战略的前因变量进行进一步研究，以丰富和完善现有的研究体系。

由于高管团队是企业战略的主要制定者，企业战略制定过程本质上是高管团队的认知整合过程，因此高管团队也必然会对企业国际化战略的制定与执行产生影响（周建等，2015；Li et al.，2009）。高管梯队理论就认为，高管团队成员的心理学因素决定他们的认知模式和战略选择偏好（Hambrick et al.，1984）。为了详细考察团队内部各种特质对团队过程和组织行为等方面的影响，劳和默宁翰（Lau & Murnighan）提出了团队断裂带这一概念，用以分析团队构成特质对团队整体效能的影响。而高管团队断裂带即是产生于高管团队内部的团队断裂带，目前学界对于高管团队断裂带的探索性研究以取得了较为丰富的成果，已有研究表明高管团队断裂带对于团队效能，战略管理以及企业绩效均有影响（周建等，2015；Van Knippenberg et al.，2011；Minichilli et al.，2010；陈悦明等，2012）。

权变理论认为，并不存在普遍适用于所有企业的战略，因此高管团队与企业战略之间的关系必然会企业情景因素的影响（Menz et al.，2014）。有学者对跨国企业高层的访谈也研究发现，企业国际化并不是预先所设定好的，而是高管团队基于发展前景、市场压力，客户关系等一系列战略环境因素共同作用的结果（Glaum et al.，2007）。这意味着企业要成功实行国际化战略，在海外市场站稳脚跟，需要对自身产品与服务进行改动或者重新设计。而这无疑对企业的创新能力提出了一定的要求。因此，本文预期企业的创新能力以某种方式影响着高管团队断裂带与国际化战略之间的关系。这使得高管团队在设计企业国际化战略时需要考虑自身创新能力在国际化过程中所带来的潜在收益与能力限制。

综上所述，本研究基于 I－P－O（input-process-output）视角，将以沪深300 指数成分股为样本，利用样本企业在 2009～2013 年这 5 年间的面板数据来探究高管团队断裂带与国际化战略之间的关系，并在中国情境下考察企业创新能力在这一关系中的作用，以明晰高管团队、创新能力和国际化战略三者之间作用机制，这不仅可以为回答"哪些因素影响了企业国际化战略"这一问题进行有益的探索，同时也为企业治理实践与战略管理提供参考与建议。

5.2　理论分析与研究假设

5.2.1　团队断裂带

团队断裂带这一概念最初由劳和默宁翰（Lau & Murnighan，1998）提出，用于解释由于多种团队成员特征（如年龄、性别、工作经历、受教育程度等因素）的相互作用，使得团队在合作过程中常常会出现团队内部分歧和疏离的现象。团队断裂带即指基于团队成员一个或多个特征，而将团队划分为若干个子团队的一组假想的分割线（Lau et al.，1998）。例如，在一个由黑人和白人组成的团队中，种族差异将团队划分为两个子团队；而在一个由年老的女性白人和年轻的男性黑人组成的团队中，性别、种族和年龄差异联合构成了团队的断裂带。

高管团队断裂带已经成为企业战略管理领域的一大研究热点，许多顶级期刊如 AMR、SMJ 和 OS 等均刊登过相关研究成果（Lau et al.，1998；Hutzschenreuter et al.，2013；Kaczmarek et al.，2012；Bezrukova et al.，2009）。这是因为以往基于高层梯队理论的研究虽然关注了高管团队内部的异质性，但由于采用单一人口学统计指标使得对于高管团队异质性的研究结论难以取得一致，甚至相互矛盾（Bezrukova et al.，2009；Jehn et al.，2010）。而采用由高管团队成员多重人口学特征动态聚合而成的团队断裂带作为研究指标替代传统的单一人口学指标（李焕荣，2009），则可以克服单一人口学指标的固有弊端（Thatcher et al.，2003）。通过将多种人口学特征进行组合，形成新的指标，可以有效地解决高管团队异质性研究结论不一致的问题（Lau et al.，1998）。例如，有学者的研究显示，高管团队断裂带对企业的生产能力和盈利能力均有影响，而高管团队目标共享程度在这一过程中起着调节作用（Van Knippenberg et al.，2011）；而另有学者从不同角度对高管团队断裂带进行分维度研究，发现家族断裂带对企业财务绩效存在负面影响（Minichilli et al.，2010；Hutzschenreuter et al.，2013），生理特征断裂带对企业多元化战略存在负面影响而任务相关断裂带对企业多元化战略存在正向影响（Hutzschenreuter et al.，2013）。目前，我国也取得了一些关于高管团队断裂带的研究成果，如李维安等人发现董事会断裂带对企业跨国并购具有负效应（李维安等，2014）；陈悦明等人发现高管个性心理断裂带与人口特征断裂带均对决策过程和决策质量有负面影响（陈悦明等，2012）。但总体来说，我国针对高管团队断裂带的研究还不是很多，对高管团队断裂带分维度的研究就更加稀少（李小青等，2014）。因此，在中国情境下考察高管团队断裂带对企业战略的影响，对未来企业高管团队断裂带的研究具有独特且重要的意义。

5.2.2　高管团队断裂带对国际化战略的影响

哈什鲁特（Hutzschenreuter）等人认为，高管团队断裂带可以分为任务相关断裂带（task-related faultlines）和生理特征断裂带（bio-demographic faultlines），这两类断裂带都会对企业的扩张战略产生重要影响（Hutzschenreuter et al.，2013）。因此本研究将分别考察高管团队断裂带两个维度对国际化战略的影响。

任务相关断裂带是指由于团队成员特质上的差异而在与工作任务相关的知识和观点上出现分歧而产生的断裂带（Hambrick et al.，1984；Jackson et al.，1995）。任务相关断裂带对国际化战略的影响可以从两个方面进行考量。首先，根据多样化理论，团队多样化程度越高，由多样化所带来知识和专业视角的积极作用也越明显（Harrison et al.，2007），因此，任务相关断裂带对国际化战略存在着正向的促进作用。在制定国际化战略的过程中，高管团队遇到的一大难题就是信息过载，即由于国际市场环境的高度不确定性，使得高管团队成员要面对超过自身信息处理能力上限的大量信息和数据，使得决策质量大打折扣。而强任务相关断裂带则可以缓解由信息过载而给高管们带来的负面影响，进而对企业国际化战略产生正向影响。首先，在现实管理实践中，要求高管团队对所有成员的意见和观点等同重视和关注几乎是不可能的（Klein et al.，2007）。强任务相关断裂带将高管团队划分成了数个子团队，在子团队中，成员会将自己搜集和掌握的知识和信息传播给其他成员。

此外因为子团队内部成员对任务持有相同的看法，其他成员会对这些知识和信息慎重对待。其次，因为子团队的成员对所当前的任务已经取得了一定的共识，因此子团队的内部交流活动是在一种友好的氛围中进行的，这使得成员可以诚布公的交流观点分享知识，并就细节进行详尽的讨论，加深团队成员对问题的认识与见解。这有效避免了信息过载情况的发生，并提高了决策效率，使得企业资源得到更有效的利用，从而保证了企业的国际化战略顺利实行。

不可否认的是，任务相关断裂带确实给高管团队带来了分歧。社会分类理论认为，团队成员之间的差异使得团队成员容易形成内部子团体，对团队决策过程产生阻碍（Van Knippenberg et al., 2007）。从组织冲突的视角来看，由于任务相关断裂带所形成的分歧与具体的工作任务有关。例如制定国际化战略时，财务负责人会更为关心财务预算，销售主管会在意目标市场的市场潜力，而人力总监则注意国际化对企业人事结构的影响等。因此，任务相关断裂带对企业国际化的最终影响取决于这两个正负效应的强弱。考虑到我国独特的文化背景，如"面子文化""以和为贵"等，本研究预期相异或对立的观点会让当事人觉得面子上挂不住，因此难以理性地对待其他观点，反而会以为其他高管团队成员是在针对自己，不仅使得多样化的积极影响减弱，还同时加深了团队内部的任务冲突，使得负面影响进一步增强。综上所述，我们提出以下假设：

H1：任务相关断裂带对国际化战略有负向影响。

生理特征断裂带由高管团队成员与生俱来的特质所形成，如年龄，性别，国籍（种族）等，这些特质可以立刻被其他成员察觉、感知，并且几乎是不可改变的（Milliken et al., 1996）。生理特征断裂带会对高管团队的影响同样由两方面构成。其一，社会心理学的相关研究指出，团队成员对其他成员的看法和情感反应通常是基于显而易见的生理特征而形成的（Fisk et al., 1990）。这种刻板印象会影响高管团队成员之间的互动活动，从而导致了高管团队成员之间产生偏见与歧视。而基于生理特征的情感反应也可能产生同样的效果：通常来说，团队成员会为自己营造一种积极的个人形象，但是这一过程可能会影响其对外部的认知，而对某一生理特征持有肯定意见，进而形成了晕轮效应（Hutzschenreuter et al., 2013）。在管理实践中，一个常见的例子即为男性高层管理者普遍认为男性的管理能力强于女性，而女性高管通常持有相反的观点。这些偏见与歧视无疑对团队内部的信息的交流与处理造成了负面影响。

其二，生理特征上的差异也是高管团队和企业的宝贵资源。例如，很多关于女性高管的研究都表明高管团队中女性比例的提升对企业业绩和企业价值均存在正向影响（Dezs et al.，2012）。此外，当企业推行国际化战略时，如果企业高管团队中有着对目标市场十分熟悉的外籍人士时，其专业知识和信息会促进企业的国际化战略的实行。许多外国企业的中国区负责人往往选择中国本土公民或华裔当任正基于此。考虑到中国有"尊老爱幼""女性能顶半边天"的传统与思潮，本文预期在中国背景下，高管团队生理特征断裂带的负面影响将会被削弱。因此，我们提出以下假设：

H2：生理特征断裂带对国际化战略有正向影响。

5.2.3 创新能力的调节作用

企业的创新能力是指企业获取和利用知识与技术以支持新产品研发的能力（Xu et al.，2013）。创新能力出众的企业，往往在探索新知识、开发新知识、应用新知识以及吸收储备外部知识和信息的能力上出类拔萃（Zahra et al.，2002）。而在企业实行国际化战略的过程中，一大难题就是由于陌生的文化与消费习惯等原因，导致了很多在国内畅销的商品很有可能在海外无人问津或反响平平。因此可以推测，具有高创新能力的企业，在企业国际化方面具有以下几个优势：其一，具有高创新能力的企业更愿意通过各种途径探索新知识，而在这种知识探索中，企业很有可能在发现新的产品市场。例如，通过与竞争对手的合作研发，企业可以迅速扩大自身的市场知识，而与研究机构的合作，则可以使企业针对某一特定的利基市场开发新的产品。其二，高创新能力所带来的高知识吸收能力使得企业能够更好地应对国际市场的变化。Xu 等人的研究就表明，高创新能力的企业即可以相对灵活地对现有产品进行细微的改进，以使得其更为符合消费者的需求，使得企业可以将产品投入到全新的市场（Xu et al.，2013）。

断裂带激活理论认为，团队中的断裂带必然客观存在，但是当断裂带处于休眠状态时，团队成员间的特质差异不会导致团队的分裂。因此，要使当团队断裂带对团队产生影响，必要的激活因素必不可少。例如，在讨论企业的退休和养老问题时，由年龄和平权主义倾向等构成的断裂带就可能被激活。在讨论企业国际化战略时，企业的创新能力可能会进一步激化团队的任务相关断裂带。因为不同技术背景的高管对企业创新能力的认识也不尽相同，因此高管团队很可能就企业创新能力究竟处于何种水平产生分歧。技术出身的高管可能会从创新能力的角度决定企业是否应当开始或继续实行国际化战略，而财务出身的高管则更可能会更多地考虑要维持企业的创新能力而投入的资金是否得不偿失。因此，高创新能力会强化由任务相关断裂带所带来的正面效应。同时关于创新能力的争论通常只是看到问题的视角不同，并没有对错高低之分，因此不会因为伤害高管成员的"面子"，避免高管团队内部的冲突程度进一步升级。

而企业创新能力并不会刺激高管团队的生理特征断裂带。这是因为高管团队在讨论创新能力与国际化战略时，焦点往往会放在一些技术性问题上，而这些技术性问题和高管团队的生理特征无关，因此生理特征断裂带所带来的多样化很难提供额外的有用信息。另外，一些性别成见，如"女性在技术方面不在行"等则可能在高管团队内部产生性别歧视现象，加深高管团队内部的关系冲突，反而会对团队的决策过程造成负面影响。因此，我们提出以下假设：

H3a：企业创新能力在任务相关断裂带和国际化战略的关系中起调节作用；企业的创新能力越强，任务相关断裂带对国际化战略的负向影响就越弱。

H3b：企业创新能力在生理特征断裂带和国际化战略的关系中起调节作用；企业的创新能力越强，生理特征断裂带对国际化战略的正向影响就越弱。

5.3 研究方法

5.3.1 样本选择

本研究样本选取来自沪深 300 指数成分股。选择沪深 300 指数成分股作为样本是基于以下考虑：第一，沪深 300 指数覆盖了沪深两市 6 成以上的市值，同时成分股中的企业大都是各自行业中的标杆企业，以它们为样本进行研究，所得出的结论对其他企业具有较强的借鉴参考意义。第二，股市指数具有良好的市场代表性，更能反映市场现状。国外相关研究也往往采用美国标普 500、英国富时 300 等股市指数进行研究（Kaczmarek et al.，2012）。第三，沪深 300 指数的成分股均为中国企业，样本的中国背景可以使研究结果更贴近我国的实际情况。综上所述，本文将 2013 年 6 月公布的沪深 300 指数成分股作为研究样本。

为了提高研究的严谨性和结论的有效性，我们对样本进行以下处理：第一，金融行业因为自身业务特点的缘故具有特殊的资产负债表，因此本研究剔除了 CSRC 行业分类为金融业的企业；第二，剔除了在研究窗口期间高管数据披露不完全的企业；第三，剔除了在研究窗口海外营销数据不明以及财务数据不完全的非上市企业；第四，剔除了上市时间晚于研究窗口期始的企业；第五，在研究窗口期间，样本企业没用经历兼并、资产重组、特殊处理，且主营业务没有发生改变。本研究所包含的样本企业总数为 83 个。

5.3.2 变量测量

5.3.2.1 因变量

国际化战略（internationalization strategy，IS）。沙利文（Sullivan）认为，国际化战略可以从海外销售占总销售额的比重，海外资产占总资产的比重以及海外子公司数目的比重三方面进行测量（Sullivan et al.，1994）。辛格拉（Singla）等人则在此基础上加入了外国市场维度，形成 DOI 指数来测量企业的国际化程度（Singla et al.，2014）。但是由于中外会计准则的差异，难以直接采用国外的测量方法来进行测量。因此本研究对国际化战略的测量借鉴了邓新明等人的观点（邓新明等，2014），在考虑数据的可获得性后，将在中国大陆以外地区的主营业务收入与企业总主营业务收入的比值作为国际化战略的替代指标，并对获得数据进行无纲量化以消除纲量的影响。

5.3.2.2 自变量

任务相关断裂带（task-related faultlines，TRF）。本研究采用哈什鲁特（Hutzschenreuter）的方法，通过任期与教育程度来测量任务相关断裂带（Hutzschenreuter et al.，2013）。任期是指某位高管在高管团队中任职的总年数，如果高管任职时间不满一年，则任期为 0；此外，考虑到企业上市前的高管信息难以获得，因此将高管任期的最长时间设为统计年份与企业年份之差。教育程度则是高管在统计时期所取得的最高学位，学位采用五点算法编码：1 = 高中及以下，2 = 大专，3 = 本科，4 = 硕士，5 = 博士。

生理特征断裂带（bio-demographic faultlines，BDF）。在本研究中，生理特征断裂带通过年龄和性别来进行测量。需要说明的是，国籍（种族）也是测量生理特征断裂带的常用指标（Li et al.，2005），但是由于在研究样本中，国籍（种族）差异过小，因此国籍（种族）没有纳入本研究的测量体系之中。

目前对团队断裂带的测量均基于劳（Lau）等人的"二分模式"。即只考虑断裂带将整个团队分裂为两个人数均不小于 2 的子团队的情况，并通过在各种可能分类模式下子团队之间的组间平方和与总体平方和的比值来度量断裂带强度。其具体计算公式如下：

$$Fau_g = \frac{\sum_{j=1}^{q} \sum_{k=1}^{2} n_k^g (\bar{x}_{jk} - \bar{x}_j)^2}{\sum_{j=1}^{q} \sum_{k=2}^{2} \sum_{j=1}^{n_k^g} (x_{ijk} - \bar{x}_j)^2}$$

其中，n 表示团队中的高管总数，q 表示所考察的特征值总数；g 表示分类方式，对于一个具有 n 名成员的团队而言，分类方式一种有 $2^{n-1} - 1$ 种；n_k^g 表示以第 g 种方式分类下，子团队 k 中的成员数目；$\bar{x}_j$ 表示所有高管成员在特征 j 上的平均值；$\bar{x}_{jk}$ 表示子团队 k 中的成员在特征 j 上的平均值；x_{ijk} 表示在子团队 k 中，第 i 个成员在特征 j 上的取值。Fau_g 为在第 g 种方式分类下的团队断裂带程度，Fau 值越大表示团队断裂带强度越强（Hutzschenreuter et al.，2013；Thatcher et al.，2003；周建等，2012）。

5.3.2.3　调节变量

创新能力（innovation capability，IC）。对创新能力的测量主要有三种方式：其一是通过研发投入占企业主营业务收入的比例进行测量；其二是通过企业所申请的专利数来进行测量（Xu et al.，2013）；其三是通过企业研发技术人员占总员工人数的比例来进行测量（张平等，2014）。由于我国上市企业并没有被强制要求在年报中披露研发投入，因此难以获取企业研发投入的确切数字。同时虽然中国知识产权局可以查询企业的专利申报情况，但难以查找企业子公司或以外文名称所申请的专利。因此从数据可获得性和准确性角度考虑，本文采用企业研发技术人员占总员工人数的比例来衡量企业的创新能力。

5.3.2.4　控制变量

企业规模（company size，CS）。已有研究表明，企业规模会对企业的市场业绩产生影响（Deephouse et al.，1996）。因此本研究采用企业总资产的自然对数作为企业规模的测量指标。

资本结构（captal compositon，CC）。企业资本结构会对企业的国际化战略产生约束作用。因为国际化战略需要大量的资金投入，而如果企业资本结构已经处于亚健康或者失衡的状态，那么高管在考虑国际化战略时必然会有很多的顾虑。因此本研究将企业的资本结构作为控制变量，对其采用目前通用的资产负债率进行测量。

企业成长性（grow，G）。企业成长性同样会对企业战略产生影响。成长性好的企业，更倾向于采取扩张性的企业战略。因此相比于成长性不佳的企业，企业成长性更好的企业采取和推行国际化战略的可能性也更高。因此本研究将企业成长性作为控制变量，采用营业收入增长率来衡量企业的成长性。

前一年度收益（return on assets，ROA）。前一年度的收益情况也会对企业战略产生影响（周建等，2012）。这是因为业绩好的企业通常才有足够的资金以支持国际化战略。同时对于已经实施了国际化战略的企业而言，前一年度收益的好坏可以成为评判企业国际化成功与否的标准。因此本研究将前一年度收益作为控制变量，采用总资产报酬率来衡量企业的前一年度收益。

企业多元化战略（diversification strategy，DS）。企业多元化战略一直被认为与企业国际化战略之间存在某种联系（邓新明等，2014）。因此在研究国际化战略时，必须考虑到多元化战略对其可能的潜在影响。本研究利用 Herfindahl 指数法来测量样本企业的多元化战略程度（Chen et al.，2014），具体公式如下：

$$DS = 1 - \sum_{j=1}^{N} \left(\frac{P_j}{P} \right)^2$$

其中，N 表示企业主营业务所涉及的行业总数，P 为企业主营业务收入，P_j 表示行业 j 所贡献的收入。

年度控制变量（year，Y）。为了控制时间变量对企业国际化战略的影响，本研究将年度虚拟变量作为控制变量。

具体变量定义如表 5.1 所示。

表 5.1　　　　　　　　　　　　　　　变量定义

变量类型	变量符号	变量名称	变量取值或说明
因变量	IS	国际化战略	中国大陆以外地区的主营业务收入与企业总主营业务收入的比值
自变量	TRF	任务相关断裂带	考察特征为教育背景、任期
	BDF	生理特征断裂带	考察特征为性别、年龄
调节变量	IC	创新能力	企业研发技术人员占总员工人数的比例
控制变量	CS	企业规模	企业总资产的自然对数
	CC	资本结构	资产负债率
	G	企业成长性	营业收入增长率
	ROA	前一年度收益	总资产报酬率
	DS	多元化战略	Herfindahl 指数法
	Y	年度控制变量	虚拟变量，Year13，Year12，Year11，Year10

5.3.3　模型设定

根据研究假设和变量设定，本研究为检验高管团队断裂带、企业创新能力和国际化战略之间关系而设定的模型为：

$$IS = \beta_0 + \beta_1 TRF + \beta_2 BDF + \beta_3 IC + \beta_4 TRF \times IC + \beta_5 BDF \times IC +$$
$$\beta_{6-10} Control + \beta_{11-14} Year + \varepsilon$$

其中，β_0 为常数项，β_1 为任务相关断裂带对国际化战略的影响系数，β_2 为生理特征断裂带对国际化战略的影响系数，β_3 为调节变量对对国际化战略的影响系数，β_4、β_5 为两个自变量与调节变量的交互项对国际化战略的影响系数，$\beta_6 \sim \beta_{14}$ 分别为各个控制变量对国际化战略的影响系数，ε 为误差项。

5.4　实证结果与分析

5.4.1　描述性统计分析

本研究主要变量的均值、标准差、Pearson 相关系数以及方差膨胀因子如表 5.2 所示。从表 5.2 可以看出，就样本企业而言，其国际化程度均值为 0.166，标准差为 0.178，说明样本企业的国际化程度普遍还处于较低水平，企业开拓国际市场的任务依旧任重道远。任务相关断裂带和生理特征断裂带的均值分别为 0.637 和 0.656，标准差分别为 0.130 和 0.135，说明样本企业高管团队的断裂带强度普遍处于高位。而创新能力的均值只有 0.191，标准差为 0.158，说明样本企业的创新能力普遍不高，但在不同企业之间的创新能力可能存在较大的差异。Pearson 相关系数显示，任务相关断裂带显著负相关于国际化战略（p < 0.1），这表明本研究的假设 1 得到了初步的验证。此外，本研究自变量的方差膨胀因子取值均低于临界值 3，因此本研究模型不存在严重的多重共线性问题。

表 5.2　　　　　　　　　　　　　　描述性统计结果

变量	M	Sd	IS	TRF	BDF	IC	CS	CC	G	ROA	DS	VIF
IS	0.166	0.178	1									—
TRF	0.637	0.130	−0.099 +	1								1.04

变量	M	Sd	IS	TRF	BDF	IC	CS	CC	G	ROA	DS	VIF
BDF	0.656	0.135	-0.004	0.163 **	1							1.05
IC	0.191	0.158	0.120 *	-0.033	-0.040	1						1.02
CS	24.064	1.477	-0.084	-0.034	0.118 *	-0.049	1					1.48
CC	0.511	0.186	0.004	0.048	0.100 +	-0.002	0.528 ***	1				1.81
G	0.296	0.581	0.016	-0.022	0.032	-0.037	-0.077	0.011	1			1.02
ROA	0.069	0.059	-0.058	-0.001	-0.064	0.005	-0.279 ***	-0.506 ***	-0.057	1		1.37
DS	0.247	0.270	0.071	-0.044	0.051	-0.105 +	0.129 *	-0.069	0.066	-0.074	1	1.08

注：N = 332；+ 为 p < 0.1，* 为 p < 0.05，** 为 p < 0.01，*** 为 p < 0.001。

5.4.2 OLS 回归结果分析

为了更好地检验自变量和因变量的关系，以及不同变量对因变量的相对影响作用，本研究在检验高管团队断裂带与国际化战略关系时，首先设定了 3 个模型来进行普通最小二乘法进行回归分析，具体操作步骤如下：第一，模型 1 中仅放入控制变量；第二，模型 2 中则将控制变量、两个自变量和调节变量加入其中；第三，模型 3 在模型 2 的基础上，添加了任务相关断裂带和生理特征断裂带分别与创新能力的交互项。以上 3 个模型的回归结果如表5.3 所示。

表 5.3　　高管团队断裂带、企业创新能力和国际化战略 OLS 回归分析结果

变量名称	模型 1	模型 2	模型 3
_cons	（ -0.065 ）	（ -0.076 ）	（ -0.137 ）
CS	-0.143 * （ -2.145 ）	-0.147 * （ -2.205 ）	-0.146 * （ -2.213 ）
CC	0.055 （0.738）	0.062 （0.845）	0.064 （0.884）
G	-0.003 （ -0.050 ）	-0.002 （ -0.039 ）	-0.004 （ -0.067 ）
ROA	-0.061 （ -0.932 ）	-0.057 （ -0.878 ）	-0.066 （ -1.025 ）
DS	0.089 （1.559）	0.097 + （1.710）	0.083 （1.473）

续表

变量名称	模型 1	模型 2	模型 3
TRF		-0.102^{+}（-1.838）	-0.117^{*}（-2.122）
BDF		0.021（0.367）	-0.007（-0.121）
IC		0.120^{*}（2.184）	0.140^{*}（2.536）
TRF × IC			0.005（0.087）
BDF × IC			-0.186^{**}（-3.343）
Year	控制	控制	控制
R^2	0.022	0.048	0.080
Adust R^2	-0.002	0.015	0.042
F	0.920	1.451	2.126^{*}

注：$N=332$；$+$ 为 $p<0.1$，$*$ 为 $p<0.05$，$**$ 为 $p<0.01$，括号内为 t 值。

在模型 2 中，TRF 的系数为负，且在 10% 的置信水平下显著（$\beta = -0.102$，$p<0.1$），但是 BRF 的系数为正却不显著（$\beta = 0.021$，$p>0.1$）。而在模型 3 中，BRF × IC 的交互项的系数为负且在 1% 的置信水平下显著（$\beta = -0.186$，$p<0.01$），而 TRF × IC 的交互项系数虽然为正，但不显著（$\beta = 0.005$，$p>0.1$）。从表 5.3 的结果来看，虽然模型的拟合效果逐渐递增，但仍不理想，且只有模型 3 通过 F 检验，因此本研究不宜采用该模型对研究假设进行最终检验。

5.4.3 异方差检验与 WLS 回归分析

表 5.3 的回归结果并不理想，根据周建等人的观点，这可能是因为回归模型的异方差现象所造成的（周建等，2012）。因此本研究将残差绝对值与自变量、调节变量进行 Spearman 相关分析，以考察变量之间是否存在异方差现象，相关分析如表 5.4 所示。根据表 5.4 中的结果，可以发现在模型 2 和模型 3 中，残差绝对值与 TRF 和 IC 均存在显著的正相关性，这说明原回归模型存在异方差现象。

表 5.4 残差绝对值与自变量的 Spearman 相关系数

变量		TRF	BDF	IC
残差	模型 2	− 0. 155 **	0. 004	0. 156 **
	模型 3	− 0. 155 **	0. 043	0. 156 **

注：N = 332；** 为 $p < 0.01$。

为了得到更为精确的回归结果，本研究以残差绝对值的倒数为权重，利用加权最小二乘法对原回归模型进行改进（周建等，2012），结果如表 5.5所示。由表 5.5 的回归结果可知，改进后的模型 2 和模型 3 的 F 值分别为1139. 506 和 1622. 225，且均在 0. 1% 的置信水平下显著；调整 R^2 分别为0. 974 和 0. 985，表明模型的拟合效果大大提高。因此本研究基于改进后的模型对研究假设进行检验，并对结果进行相应的分析。

表 5.5 高管团队断裂带、企业创新能力和国际化战略 WLS 回归结果

变量名称	WLS 改进后的模型 2	WLS 改进后的模型 3
_cons	（ − 1. 483）	（ − 4. 357）
CS	− 0. 492 *** （ − 13. 576）	− 0. 174 *** （ − 12. 136）
CC	0. 354 *** （6. 353）	0. 142 *** （6. 314）
G	0. 009 （0. 991）	− 0. 005 （ − 0. 729）
ROA	− 0. 232 *** （ − 7. 502）	− 0. 756 *** （ − 18. 939）
DS	0. 291 *** （8. 707）	0. 160 *** （12. 719）
TRF	− 0. 340 *** （ − 11. 154）	− 0. 198 *** （ − 9. 251）
BDF	0. 085 *** （4. 038）	0. 008 （0. 406）
IC	0. 190 *** （15. 738）	0. 376 *** （33. 035）
TRF × IC		0. 014 （0. 847）
BDF × IC		− 0. 382 *** （ − 15. 446）
Year	控制	控制
R^2	0. 975	0. 985
Adj R^2	0. 974	0. 985
F	1139. 506 ***	1622. 225 ***

注：N = 332；*** 为 $p < 0.001$；括号内为 t 值。

在改进后的模型 2 中，TRF 的系数为负且在 0.1% 的置信水平下显著（$\beta = -0.340$，$p < 0.001$），BRF 的系数为正，同样在 0.1% 的置信水平下显著（$\beta = 0.190$，$p < 0.001$）。因此，H1 和 H2 均得到支持。这表明，不同类型的高管团队断裂带会对企业的国际化战略产生不同的影响。任务相关断裂带对国际化战略产生负面影响，这与大多数高管团队断裂带的研究相一致。而生理特征断裂带对国际化战略产生正向影响，则与高管性别异质性和年龄异质性的研究相符合（Dezs et al.，2012）。而在改进后的模型 3 中，TRF × IC 的交互项为正，但不显著（$\beta = 0.014$，$p > 0.1$）；而 BRF × IC 的交互项为负且在 0.1% 的置信水平下显著（$\beta = -0.382$，$p < 0.001$），因此 H3a 没有得到支持而 H3b 得到支持。这说明企业的创新能力会弱化生理特征断裂带对国际化战略的正面影响。

5.4.4 稳健性检验

为了进一步验证本研究的结论，本研究根据劳和默宁翰（Lau & Murnighan）对团队断裂带的定性计量方法（Lau et al.，1998），将 TRF 和 BDF 带分为低、中、高三个等级，用 TRF2 和 BDF2 表示。各个等级则以"均值 ± 1 个标准差"为界，分别赋值为 0、1、2。然后以新的断裂带变量替代旧断裂带变量进行回归，结果如表 5.6 所示。根据表 5.6 的结果来看，在替换变量之后普通二乘法回归的结果依旧不是很理想：模型 4 和模型 5 的调整 R^2 分别只有 0.022 和 0.032，模型的拟合效果不佳；模型 4 中，自变量只有 TRF2 的系数是显著的（$\beta = -0.242$，$p < 0.05$）。在模型 5 中，也只有 BDF2 × IC 的系数达到显著水平（$\beta = -0.283$，$p < 0.05$）。

表 5.6 高管团队断裂带、企业创新能力和国际化战略的稳健性检验 OLS 回归结果

变量名称	模型 4	模型 5
_cons	0.210 (1.209)	(1.534)
CS	−0.140 * (−2.129)	−0.141 * (−2.135)
CC	0.067 (0.900)	0.069 (0.934)

续表

变量名称	模型 4	模型 5
G	0.033 (0.596)	-0.006 (-0.109)
ROA	-0.041 (-0.621)	-0.049 (-0.744)
DS	0.091 (1.608)	0.090 (1.589)
TRF2	-0.242* (-2.303)	-0.145* (-2.580)
BDF2	0.032 (0.342)	-0.006 (-0.112)
IC	0.188* (2.155)	0.090** (1.589)
TRF2 × IC		-0.105 (-0.752)
BDF2 × IC		-0.283* (-0.283)
Year	控制	控制
R^2	0.054	0.070
Adj R^2	0.022	0.032
F	1.662+	2.864+

注：$N = 332$；*为 $p < 0.05$，**为 $p < 0.01$；括号内为 t 值。

为了防止异方差现象所带来的误差，我们对稳健性检验回归过程同样进行了异方差检验，检验结果如表 5.7 所示。表 5.7 的结果显示稳健性检验所使用的原回归模型同样存在异方差问题，因此，需要通过加权最小二乘法进行模型改进，改进后的模型回归结果如表 5.8 所示。

表 5.7　稳健性检验残差绝对值与自变量替代变量的 Spearman 相关系数

变量		TRF2	BDF2	IC
残差	模型 4	-0.232***	0.056	0.146**
	模型 5	-0.206***	0.062	0.117*

注：$N = 332$；*为 $p < 0.05$，**为 $p < 0.01$，***为 $p < 0.001$。

表 5.8 高管团队断裂带、企业创新能力和国际化
战略的稳健性检验 WLS 回归结果

变量名称	WLS 改进后的模型 4	WLS 改进后的模型 5
_cons	0.197 *** （8.831）	0.262 *** （15.157）
CS	− 0.148 *** （− 12.742）	− 0.394 *** （− 10.724）
CC	0.069 *** （5.141）	0.171 *** （4.611）
G	0.018 （0.794）	0.037 * （2.115）
ROA	− 0.043 *** （− 5.371）	− 0.194 *** （− 6.223）
DS	0.083 *** （18.722）	0.253 *** （12.947）
TRF2	− 0.228 *** （− 22.471）	− 0.402 *** （− 12.214）
BDF2	0.028 ** （2.733）	− 0.061 ** （− 3.013）
IC	0.123 *** （18.722）	2.174 *** （12.708）
TRF2 × IC		− 0.435 * （− 2.594）
BDF2 × IC		− 1.159 *** （− 15.900）
Year	控制	控制
R^2	0.918	0.967
Adj R^2	0.915	0.965
F	326.333 ***	713.374 ***

注：$N = 332$；* 为 $p < 0.05$，** 为 $p < 0.01$，*** 为 $p < 0.001$；括号内为 t 值。

由表 5.8 可知，在改进后的模型 4 中，TRF2 的系数为负，在 0.1% 的置信水平下显著（$\beta = -0.228$，$p < 0.001$）；BDF2 的系数为正，在 1% 的置信水平下显著（$\beta = 0.028$，$p < 0.01$）。在模型 5 中，BDF × IC 的系数为 − 1.159，在 0.1% 的置信水平下显著（$\beta = -1.159$，$p < 0.001$），这表明本研究的假设 H1、H2、H3b 的结论均是稳健的。同时在稳健性检验中，任务相关断裂带与创新能力的交互项为负且在 5% 的置信水平下显著（$\beta = -0.435$，$p < 0.05$），这与原回归的研究结果不一致，这表明创新能力在任务相关断裂带与国际化战略的影响中的作用还不能确定，需要进一步研究来解释这三个变量之间的关系。

5.5 研究结论与讨论

5.5.1 研究结论与贡献

改革开放 30 多年来，我国企业已经取得了长足的进步。伴随着全球一体化的潮流，越来越多的企业开始走出国门，进军海外。但是根据郑准等人所提供的数据，目前中国海外企业盈利的仅占55%，还有45%的企业处于亏损或盈亏平衡的状态（郑准等，2009）。这表明我国企业的国际化进程并不顺利。因此对我国企业国际化战略的研究就显得极为重要和迫切。本研究立足于高管团队视角，以沪深 300 指数成分股中的 83 家企业为样本，通过分析2009~2013 年间的面板数据来探究高管团队断裂带、与国际化战略之间的动态影像关系，同时也考察了企业创新能力在其中所起到的调节效应。本研究的结果表明：第一，任务相关断裂带对国际化战略有负向影响而生理特征断裂带对国际化战略有正向影响。第二，企业创新能力在生理特征团队断裂带与国际化战略之间的关系中起调节作用，在任务相关断裂带与国际化战略之间的作用尚不明确。

本研究的理论贡献有以下四个方面：第一，本研究探究了高管团队断裂带与国际化战略的影响作用。考虑到以往研究大都关注国际化战略与企业绩效之间的关系（Lyon et al.，2000），而忽略了对其前因变量的研究，因此我们考察高管团队与国际化战略之间关系的研究无疑是对相关研究的一大拓展。第二，以往基于高管团队视角的研究，大多从团队异质性出发，借用心理学对群体研究的理论成果来解释异质性对团队的影响，这使得异质性对团队的影响研究出现了正负相应相左的情况出现（王海珍等，2009）。而本研究则从高管团队断裂带这一变量出发，考察多种团队异质性对团队的综合影响，具有理论视角上的创新性。目前我国基于高管团队断裂带的研究还不多，相关实证研究就更为稀少，因此本研究基于高管团队断裂带视角进行的实证研究具有积极的理论意义和现实意义。第三，本研究还同时考察了创新能力的调节作用，这有助于揭示高管团队断裂带与国际化战略之间的"黑箱"，为未来关于两者之间作用机制与路径的研究提供一定的参考。第四，我们采用面板数据进行研究，数据信度高，并且将时间年度作为控制变量，这样的研究结果可信度更高，研究结果也更为稳健。

本研究结论在管理实践上的积极意义有以下三个方面：第一，研究表明不同类型的高管团队断裂带对国际化战略存在差异化的影响。因此，企业高级管理层在吸纳新成员时不仅需要考虑新成员的个人能力，同时需要从团队整体层面考虑新成员的加入是否会扩大或削弱现有高管团队内部的团队断裂带，并评估其对企业将要或正在实行的战略的影响。第二，本研究表明生理特征断裂带对国际化战略存在正向影响。由于影响生理特征断裂带强度的主要因素有性别和年龄，考虑到目前我国企业的高管团队中女性高管的现状，本文认为未来企业应当允许更多有能力的女性领导者进入高管团队，这既能够对企业的国际化战略的决策与执行产生有益的影响，同时也能为企业树立积极的正面形象。第三，本研究表明创新能力会弱化生理特征断裂带对国际化战略的积极影响。但是，由于技术创新能力的强弱与企业的市场竞争能力高度相关。因此，通过降低创新能力来维持生理特征断裂带对国际化战略的正面作用显然是不可取的。要消除或减弱因为创新能力的提升而带来的负面效应，需要从其产生的原因入手。创新能力之所以会对生理特征断裂带与国际化战略产生负面影响，是因为在讨论技术创新等专业性问题时，一些与性别、年龄有关的成见（例如，女性不擅长技术类工作；年轻人冒进，而老年人守旧等）使得团队内部出现了无关任务的情感冲突，使得高管团队难以进行理性的讨论与决策。因此，高管团队成员在讨论工作问题时要做到"对事不对人"，摒弃错误的成见，树立性别平等思想，以削弱潜在的负面影响。

5.5.2 研究限制与未来研究方向

本研究由于一些主客观因素的限制，还存在着以下局限：首先，研究样本问题。本研究选取的样本来自沪深 300 指数中的成分股企业，这使得研究结果虽然更具典型性，且同时对中小企业的国际化战略制定有一定的示范和借鉴意义，但是国家工信部 2010 年的数据显示，我国企业总数的 99% 以上都是中小型民营企业，其创造的产品与服务价值相当于国内生产总值的 60% 左右，而中小型民营企业更是占据了 70% 的进出口贸易额（张瑾华等，2014）。而大型企业和中小型企业的国际化战略必然存在区别，因此未来对中小型企业的国际化战略研究就显得很有必要。其次，本研究的国际化战略变量在测量时没有考虑国际化广度的影响，因此未来的研究可以将国际化广度纳入研究体系，使得研究结果更加准确。最后本研究只是考察了创新能力这一个变量在高管团队断裂带与国际化战略中的作用，而其中的运行机制远比我们的研究更为复杂，因此未来的研究可以进一步探究高管团队断裂带与国际化战略的作用机制与作用路径，或者采用更宏观的视角，研究高管团队断裂带与企业各类战略之间的关系。

| 第6章 |
高管团队过程及其对组织效能的影响研究

6.1 引 言

早前对高管团队（top management team，TMT）与企业绩效这两者的关系研究中，从研究的视角来看，有很多的共性，即大多是从人口统计学特征的视角进行研究。但学者们对高管团队人口统计学特征与企业绩效的关系研究的结论却不尽相同（Carpenter et al.，2004；贺远琼等，2009）。例如，荣鹏飞和葛玉辉（2012）研究发现，高管团队的结构性因素，如人口统计学特征，以及人口统计学所表现出来的典型特点对组织中高管团队的工作效能及组织绩效的影响，截至目前学者们对其结论仍然持不同的意见。一些学者强调高管团队的有关因素研究表明，其人口统计学特征与组织绩效存在明显的正相关关系，还有些观点指出高管团队的人口学特征与企业绩效零相关，有些研究结果表明是负向相关。实际上，瑞和欧·赖利（Trui & O'Reilly，1989）研究就指出，能直接导致企业绩效不同的并不是高管团队成员在人口统计学特征上的不一致。企业绩效之所以会提高，很大程度上取决于高管团队成员形成的良好且十分有效的团队互动过程。马克斯等（Marks et al.，2001）研究指出，团队互动过程作为一个较为广泛的意义行为，它包括了团队内各成员之间进行的沟通、相互的交往交流和发生的合作等一系列行动。这些互动行为不仅可以有效减少成员间的不良冲突，还可以增强成员间的信任。有效的团队活动与其他的人际关系一样，在实质上也是一种社会关系。有效的团队人际互动过程可以帮助团队成员彼此增加了解和包容，使其异质性可能带来的潜在矛盾得到有效的稀释，避免团队成员之间造成不良的冲突。

有学者指出，高管团队的心理过程和高管团队人口统计学特征及其构成差异性之间还是有明显区别的，并不能进行简单的相互替代（熊斌、葛玉辉和陈真英，2012）。此外，高管团队人口统计学特征及其构成差异性无法有效解释团队互动过程的影响力。正因为如此，一些研究者把探讨的问题不再局限于人口统计学特征，而是逐步开始关注团队成员之间彼此的互动行为上来（Carmeli，2008；Parayitam & Dooley，2009；王重鸣和刘学方，2007；孙海法，刘海山和姚振华，2008）。高阶理论也清晰表明，高管团队的关键作用在于对工作过程的塑造并进而影响组织结果（Hambrick & Mason，1984；Finkelstein & Hambrick，1996）。

现有对团队过程的研究大多数是从某一方面或者几个方面进行的。例如，陈璐等（2010）认为，只有减少企业的高管团队成员之间的关系冲突和过程冲突，才能使他们把更多的注意力放在制定决策和执行决策任务过程上，这样才可以提高决策质量和满意度。德·威特等（De Wit et al.，2013）发现，在团队成员之间的团队互动过程中，如有效的沟通、密切的交流、充分的合作等互动行为，可以有效减少关系冲突和过程冲突，建立诸如适度认知冲突等有益冲突模式。刘喜怀、葛玉辉和赵丙艳（2016）把高管团队的团队过程分为两个维度：内部团队过程和外部团队过程。刘喜怀等（2016）研究发现，高管团队的内部、外部团队过程对决策的质量和满意度均有显著的正向作用。尽管有关高管团队及其对组织的影响过程和结果的研究变得越来越丰富，但对高管团队如何能够更好地管理其复杂的团队过程，进而有效提高组织效能，学者们还不能很好的解释（Carmeli & Schaubroeck，2006；Carmeli & Halevi，2009）。综上所述，研究组织的高管团队互动行为，进而深入研究高管团队的交互行为如何影响组织效能，他们之间存在着何种的关系机制有着十分重要的现实价值和理论意义。在此，本研究首先梳理了高管团队及其团队过程的内涵，然后剖析高管团队过程有效性的关键影响因素，并在此基础上进一步阐述高管团队过程对组织效能的影响机制，最后构建了一个基于高管团队过程视角的组织管理效能提升模型，以期对组织管理实践提供一定的借鉴，同时促进高管团队与组织效能关系的理论研究。

6.2　高管团队及其团队过程的界定

6.2.1　高管团队的界定

何谓高管团队？它是指组织中的高层管理人群，他们负责制定和执行企业的战略发展方向和决策。高管团队以促进企业的生存和发展，提升组织的绩效来实现组织目标的经营管理团队（Hambrick & Mason，1984）。对于企业中的高管团队的构成，业界存在一些不同的看法。有些人认为，高管团队的成员应该包括企业中的董事、监事和各类高管人员（李维安和李汉军，2006）。也有些研究认为高管团队泛指副总裁、副总经理、财务总监等级别的管理者及其以上的高管人员（王晶晶和杜晶晶，2009；李卫宁等，2014）。可见，高管团队可能会因公司的现实情况，岗位的安排以及规模的不同而有所不同，即不同公司的高管团队包括的成员可能有所不同。

毫无疑问，高管团队在企业战略决策中处于核心地位，但目前很多企业中存在着这样一种现象，既是企业的董事还兼任着高管。这就容易导致职能交叉和混乱。为此，在这一背景下，企业就没有必要去明确企业的董事和高管团队的分别，因为，这既没有必要也是不明智的。因此，本研究对高管团队的定义采用刘喜怀、葛玉辉和赵丙艳（2016）的观点，把高管团队界定为：参与制定企业的战略决策并执行战略决策来实现企业发展的经营管理群体。高管团队成员包括那些对企业有决策和控制权的高级管理人员，如董事长、副董事长、总经理、副总经理和其他的高级经理。

6.2.2　高管团队过程的界定

随着企业研究的不断发展和全球化的发展，研究人员在对高管团队的研究中更加关注团队的互动过程。特别是近些年来，高管团队互动行为逐渐成为研究的热点问题。研究结果表明，高管团队互动的有效性对组织绩效产生积极影响作用。团队过程的研究始于 20 世纪 60 年代 IPO（输入—过程—输出）模型的提出。从 IPO 模型可知，"输入"和"输出"由团队过程相连，这个团队过程隐含着从"输入"到"输出"转变中的一切活动。这其中既有团队成员之间交往互动，也有团队成员与团队外部之间的交往互动行为等。Hambrick（1994）引入行为整合（behavioral integration）的概念来表征综合的团队过程。"行为整合"是一个心理学概念，运用在管理学的高管团队，我们可以理解为"在高管团队中，团队成员共同参与和合作互动的程度"（Hambrick，1994）。行为整合可以更好地体现出团队过程的本质和精神（Hambrick，1994）。行为整合反映了团队成员互动的程度，所谓高度的高管团队行为整合就是对解决问题的方案和决策的有效互动，以及大量且有效的信息交流活动（成瑾和白海青，2013）。可以说，高管团队过程不同于组织中的其他群体动力学水平。

关于高管团队过程的定义有很多（Marks et al.，2001；刘喜怀和葛玉辉，2015；刘喜怀，2016）。最初的研究是从团队过程中的某一点进行研究的，而不是直接对团队过程的定义进行描述。例如，团队互动是团队成员在协调完成工作的过程中，在各方面的活动中互相依赖，提高团队的投入产出效率，以便提前且有效地完成共同的目标（刘电芝等，2008）。研究可以从三个方面来区分高管团队互动的程度：第一，成员间信息交流的频繁程度和质量；第二，合作行为；第三，集体决策（Hambrick，1994）。刘电芝等（2008）虽然是对团队互动下的定义，但可以明显看出这里的团队互动是团队过程的一部分。不过，对团队互动的定义的研究可以为团队过程的定义描述提供新的思路。

高管团队过程是指高管团队成员之间的互动行为，包括成员间的信息和情感的交流，有效沟通和合作甚至还有争论等（刘喜怀，2016）。刘喜怀和葛玉辉（2015）把高管团队过程分成两个维度：内部团队过程和外部团队过程。高管团队的内部团队过程是指企业战略的主要决策者们（如董事长、总经理、副总经理等成员）之间的互动行为和互动过程；而高管团队外部团队过程是相对内部团队过程来区分的，是指高管团队与企业中其他层次的管理者甚至是普通员工的互动行为和互动过程。

总之，从前文中高管团队过程的定义和行为整合的概念来看，两者都是团队成员的互动行为，只是行为整合更强调团队成员互动的程度。与团队沟通、协调等概念相对比，行为整合在全面性和具体性方面优于对团队过程概括的其他概念，且行为整合更强调三个子维度的互补和整体性（姚振华和孙海法，2009）。综上所述，高管团队过程是一个高管团队内各成员之间相互活动的过程，它受到很多因素的影响，从这个角度理解，高管团队互动就是一个聚合概念。研究人员为了深入揭示高管团队行为过程的机制，在不同的实证研究的案例中，基于原有研究成果上，逐步把冲突、信任以及反映团队内部互动状况的沟通、凝聚力等内在变量放进高管团队过程研究模型和框架里面。研究发现，这些影响到团队成员的关系质量的变量对企业战略和企业绩效比高管团队人口学特征变量的影响更为深远和直接，同时通过这些变量的发展变化和影响效应可以更直接看到高管团队管理过程中的决策过程及其有效性的重要影响要素。

6.3 高管团队过程有效性的关键影响因素

通过对文献的梳理归纳我们发现，高管团队互动行为对于企业的效能和绩效起着非常明显的影响作用。因此，探讨高管团队过程的发展并且把握高管团队过程有效性的重要影响因素将有助于更好地管理高管团队过程，促进基于高管团队视角的组织效能提升。为此，高管团队过程有效性中的关键影响因素研究受到了学者们高度的重视。

6.3.1 团队反思的影响作用

在发挥集体成员的共同作用力方面，团队起到推动作用，可以有效促进团队绩效的提升。但是团队成员会在一些方面遇到障碍或问题，例如，团队成员的某些行为破坏了团队合作，人际关系的沟通上出现了问题，或者无法统一决策和取得一致意见，从而可能影响到团队绩效表现。面对这些可能会出现的问题，团队应及时发现及时妥善解决（Barney，Clark & Alvarez，

2003）。萨拉斯等（Salas et al.，1992）明确指出，沟通、合作及团队协调等因素是影响团队过程的关键。为了提高工作效率，团队必须要关注各种变动，包括外界的环境变化以及团队内部的变化。韦斯特等（West et al.，1996）把这种对团队的管理称为"团队反思"（team reflection），即团队成员公开反思团队目标、战略和执行过程是否合理，并调整内外部预期，以满足高效团队的需要。

卡特和韦斯特（Carter & West，1998）研究指出，提高实现团队目标可能性的一个有效途径是，团队成员始终关注团队过程，并定期公开讨论团队的目标和行动。在外界环境处在不断变化的情况下，团队反思的作用更明显，可以促进团队产生新的想法并实施行动。德勒（De Dreu，2002）认为，在团队反思水平高的团队中，其他成员的不同意见更容易得到重视。因为这样的团队往往会更积极的思考，更多关注不同的想法和意见建议，能够引起更多人的认真对待和讨论，团队成员能够在更加和谐的氛围中沟通，大大减少由于团队成员的看法无法被其他人重视而可能引发的矛盾。可以这么说，高反思水平的团队对大家更好地沟通和互动有积极影响。

赫格尔等（Hoegl et al.，2006）研究发现，团队反思程度高的团队在预测行动结果方面更准确，并可以提前采取行动；而团队反思程度低的团队更可能墨守成规，更不会自觉行动。此外，团队反思程度高的团队对环境的关注更多，并不断评估目前环境状况，这就会促使团队提出适应目前环境的新的目标，也会督促团队成员调整自己的行为以适应目前的新目标，从而促进团队过程的有利进行。对此，有学者运用大量的调查数据分析验证了以上观点，发现了团队反思在团队过程的有效运行中起到促进作用（Parboteeah et al.，2006）。

概括而言，团队反思（也有叫做团队反省）是一种重要的团队管理方式。团队反思对高管团队中的沟通起到促进作用，另外团队反思还减少了高管团队内部的冲突，从而可以正向影响团队过程，提升团队的有效性。

6.3.2　授权型领导的影响作用

有学者提出，授权型领导会对高管团队过程产生重要影响（Abraham，

John & Asher，2011）。授权领导的关键就在于，当领导不在场的情况下团队内能够培养一个具有领导能力的成员，并据此锻炼团队自治的能力（Manz & Sims，1987）。它类似于参与式领导，"涉及决策过程的使用，旨在允许其他人对领导决策产生影响"（Yukl，1998）。参与型领导可以有多种形式，从单纯的协商参与到职场民主（Cotton，Vollrath，Froggatt，Lengnick–Hall & Jennings，1988）。在高管团队背景下，当 CEO 鼓励高管团队成员去行使领导权力，控制决策过程并促进他们积极实践决策权力时授权就出现了（Abraham et al.，2011）。行使控制的权力，不仅包括咨询也包括在成员间决策权力的分享，鼓励成员间相互影响，通常是通过小组互动来制定决策，也有可能是在高管团队会议情景下制定决策。

大量的研究结果表明，授权型领导会正向影响团队过程（如团队学习）和绩效（Stewart，2006）。研究还表明，被授权的团队表现出更好的团队过程改进（Spreitzer，Noble，Mishra & Cooke，1999）和更多的知识共享和集体效能（Srivastava，Bartol & Locke，2006）。由授权领导人领导的团队成员，也会变得更加积极主动，发展起良好的工作满意度和对组织的忠诚（Kirkman & Rosen，1999）。与先前的研究一致，亚伯拉罕等（Abraham et al.，2011）通过研究发现，CEO 通过展现授权领导行为的能力来促进高管团队行为整合，从而提高组织效能或者组织绩效。可以说，CEO 的授权领导与高管团队行为整合显著正相关，并可以通过授权行为发展起有利的团队成员的组织效能信念。这种组织效能信念指的是一个群体对于成功克服挑战和执行任务的能力的共同看法和信心。研究表明，员工的工作效能很大程度上取决于领导者的培养。领导的鼓励支持以及员工成功地执行工作任务，在员工的心里更能形成组织效能信念（Eden，2001），进而让团队成员更有信心促进团队和组织更好地发展。由此可见，团队成员的组织效能信念的提升可以促进团队更好地运行，授权型领导可以通过提升团队成员的组织效能信念来达到团队高效运行的目的。

概括而言，授权型领导能够加速和扩大团队成员之间的交往行为和信息交流以及行动协作等，其目的就是要建立一个具有良好合作的高效率团队。通过展示授权领导力，CEO 可以更好地促进团队行为整合，从而培养高管团队成员之间的信心，提高高管团队成功实现组织目标的能力。可以说，授权型领导有助于高管团队更好地实现行为整合，推进团队过程的有效发展。

6.3.3　团队沟通技术的影响作用

随着科学技术的发展，现在的高管团队成员的交流，不再像以前那样仅采用面对面的方式进行沟通。由于高管团队成员分工的不同，工作场所难免有时会不在同一个地方，再仅仅采用面对面的方式进行沟通费时费力，电子沟通方式应运而生。在现代社会中，沟通技术的发展大大提高了高管团队沟通形式的多样化。沟通技术是指人们在沟通过程使用的沟通方式和工具。这种技术的产生和使用状况可能会显著影响团队过程和组织绩效。这种影响是通过团队成员间信息的传递效率和效果来实现的。从目前的结果看，这方面的研究还存在一些分歧和不同的声音（刘咏梅和胡尊爽，2009）。

沟通技术的运用能够有效减少地位差距和地理距离的影响，还可以使员工更多地把注意力放在工作本身，积极参与工作讨论。拉克尔等（Raquel et al.，2002）的系列研究揭示，决策群体借助媒介的沟通和讨论比面对面讨论问题显得更为充分，时间更充裕，过程更为详细，讨论结果更加多样化。杰弗里等（Jeffrey et al.，2001）认为，面对面沟通有时反而会带来信息的缺失，这是因为人们难以同时进行信息回忆、信息交换以及信息处理这3个相互影响的认知过程。有研究表明，在新产品开发决策过程中，运用电子沟通方式的高管团队比团队成员面对面坐着进行讨论的效果更佳。普宁娜（Pnina，2008）研究指出，当团队成员存在文化背景差异的时候，恰当运用沟通技术可以有效降低因口音等语言能力造成的理解错误，使信息传递更准确，从而积极影响群体决策。

但是事物总是两面的，研究发现，在使用沟通技术进行沟通时，也会存在一些问题，它往往因为缺少传统面对面沟通中的语言和动作信息，从而会提高信息传递的难度，最终影响沟通效率。同时，在进行电子媒介的沟通时，大家容易缺少一些共同的情景线索，容易导致误解和冲突，特别是团队内成员的动机和行为受到误解时常常会引起比较大的问题（Malhotra & Majchrzak，2005）。在这种情况下，大家更倾向于推卸责任，把问题归因于他人，觉得是由于别人的能力不足导致，在工作和合作中产生抵触情绪（刘咏梅和胡尊爽，2009）。

总而言之，沟通技术能够影响团队的整个过程，包括成员的信任和组织的绩效，这种影响是通过团队成员之间信息的交流和传递实现的。不过，这一影响的性质并不确定，即沟通技术可能对高管团队过程产生正向或者负向的影响。团队合作过程中的有效开放性，在很大程度上取决于对团队的信息处理需求（Gladstein，1984）。当团队的活动过程更开放的时候，活动效率更高，组织绩效往往更好。因为开放的团队，成员之间的互动和联系更好，信息沟通更顺畅，矛盾和问题容易控制，形成的决议和战略能够实施到位，大家对团队的计划和方案认可度更高。借助于沟通技术，可以促使团队过程更开放有效，但是如果不恰当地利用沟通技术也可能产生负面的影响。因此，沟通技术是正向影响高管团队的团队过程还是负向影响，还需要研究者采用更慎重的态度。

6.4 高管团队过程对于组织效能的影响机制

对于高管团队的研究，关于人口统计学特征的影响效应目前已经有了很多的探讨，其对组织结果的影响也有了比较丰富的结论（Certo，Lester，Dalton & Dalton，2006）。这其中大量的实证结果存在着相互矛盾地方。有学者据此认为，人口统计学特征的统计变量无法解释高管团队对企业效率产生有益或者有害的影响。此后，高管团队过程在高管团队对企业效能的影响力方面上开始逐渐受到学者们的关注。至今为止，有关高管团队相关研究很多，而其中对团队过程的探讨非常丰富，如孙海法等（2008）专门就高管团队发展的内部互动及其变化特征的相关问题开展了比较系统的研究。卡梅利（Carmeli，2008）的研究主要涉及高管团队互动过程的行为整合与组织效能的关系问题。帕罗伊坦和杜利（Parayitam & Dooley，2009）对于团队过程中冲突和信任等变量在企业战略决策中的活动机制进行了深入的研究。王重鸣和刘学方（2007）主要关注高管团队行为中的两个因素：内聚力和冲突是怎样去影响团队绩效的，它对组织决策的质量产生什么的影响作用。综上所述，在对前人研究进行全面归纳分析梳理的基础上，本研究具体探讨了高管团队活动对企业效能所产生的影响，把团队过程细分为可以操作的几个变量：团队冲突、团队信任以及沟通和内聚力等，对它们的影响进行具体的探讨，以明确各个变量对企业效率的影响机制。

6.4.1　团队冲突对组织效能的影响

对于团队冲突的界定，还存在较大的分歧，至少目前业界在这个问题上的研究结果还没有达成一致。陈云（2007）认为，团队冲突是团队成员之间出现对立或不一致的相互作用的过程，这些对立或不一致是由成员间不相容、相互冲突的认识、目标或情感等因素所引起的。陈权（2013）通过研究发现，团队冲突是团队成员的矛盾、争执、抵触或攻击事件在其成员心理或行为上发生的，是由于团队内部成员的认知不同、目标不一致和愿望不调和的感知所引起的。

在团队中，冲突是一种非常普遍的现象。因为在战略制定的过程中，高管团队成员之间由于性别、年龄、受教育程度、价值观以及职业背景等多样性致使在决策商讨过程中对于任务本身有不同的观点或看法（Li et al.，2009；De Wit, Jehn et al.，2013；陈建勋等，2016）。从文献研究发现，美国组织学家施密特研究表明，在企业事务的处理中，高管团队内部的冲突是一块重要的内容，统计数据显示高管团队处理内部成员的冲突问题占了他们每天的 1/5 时间（苏东水，2000）。从这些数据不难看出，处理团队成员冲突是组织工作中的一个重要组成部分。

团队冲突有各种类型，有研究认为高管团队冲突有两种：认知冲突和情绪冲突（Amason，1986），也有研究把团队冲突分为任务冲突和关系冲突。进一步的研究发现，高管团队冲突对组织效能的影响是显而易见的，而不同变量的高管团队冲突对企业效率影响也各异，又积极的影响，也有消极的影响。

有研究发现，高管团队冲突能够促进组织效能的提高，两者之间是正相关关系。艾茉森等（Amason et al.，1997）的研究结果表明，团队成员之间的认知冲突与团队任务的性质存在明显关联，认知冲突表现出来的是团队成员之间在实现团队目标上的差异和不同的想法。很明显，一定的认知冲突对高管团队做出更好的决策起到促进作用。例如，王国锋等（2007）研究发现，当认知冲突是与工作内容有关时，团队成员认知冲突会发挥成员的想象力，提出更多的决策方案，权衡利弊，从而有效提升战略决策的质量。与王国峰等人一样，德·威特等（De Wit et al.，2013）也认为，与工作内容有关的认知冲突会提高决策绩效，因为这里的认知冲突会促使团队成员形成批判性思维并产生具有创造性的想法。

也有研究认为，高管团队冲突会负面影响组织效能，两者之间存在负相关关系。高层管理团队内部如果存在不同意见甚至是有情感上的冲突，会导致成员之间信任水平下降，甚至是形成对彼此的敌意，影响到团队内部的信息共享和讨论，进而干扰企业的决策的质量（肖璐，2010）。周明建等（2007）提出，关系冲突不利于团队成员之间的信任，逐渐会形成一系列负面情绪，影响团队成员处理团队工作的能力，降低决策的质量和满意度。郎淳刚等（2014）研究发现，在中国情境下，关系冲突往往被当作严重的问题来对待，关系冲突不仅会对团队的决策产生重要影响，而且会负向影响团队成员对决策结果的认同程度。

总而言之，团队冲突的研究成果比较丰富，但存在着很不一致的看法，研究结果所揭示其对组织效能的影响的结论有正相关也有负相关，还有待进一步的研究去考证。这其中是否还存在着其他的中介或调节变量，目前已有一些学者开始了细化研究。例如，西蒙斯（Simons，2000）的研究认为，团队的认知冲突和组织绩效的关系到底是什么受到高管团队中的决策速度的影响。刘军等（2007）的研究发现，团队内的情绪冲突对组织绩效产生的是负面作用，但进一步的研究，却没有发现认知冲突对企业绩效的正面影响作用。他们的研究同时揭示了情绪冲突在其中起到中介作用，但与上面的研究结论相似，认知冲突的中介作用无法得到验证。与此相反，李等（Li et al.，2007）研究却证实了，企业家优秀战略的制定离不开团队成员的认知冲突。跨文化情境的我国高层管理团队研究结果与上述的研究发现并不一致，没有发现情绪冲突在团队过程中的负面作用。这有可能是文化传统不同导致的，因为中国人更能忍让，从而可能可以缓冲冲突的负面影响。莫里斯等（Morris et al.，1998）对中国的企业研究表明，在团队发生冲突过程中，高管成员为了人际和谐以及避免矛盾激化采取了更为缓和的"回避"的方式；而在美国，高管人员则更倾向于弘扬个性，体现个人的能力和价值，故可能采取更加激进的方式去处理问题。富萍萍等（2004）则发现了跟上述不一致的结论。在研究中，通过小样本抽样研究他们发现，在中国背景下，高管团队更多首选是"合作"，其次是"适应"和"竞争"，很少有人采取"回避"和"妥协"的处理方式。可见，团队冲突的不同维度的影响作用存在矛盾。随着研究的深入，团队冲突对组织效能的影响分为了正反两个方面，既有认为认知冲突会对组织效能产生正向影响，也有认为会产生负向影响。同样道理，情绪冲突在对组织效能的影响中情况也一样，也是有正向有反向影响组织效能。因此，未来研究还需要进一步澄清相关研究结论，如对上述存在矛盾结果的发现，可以深入探讨其间是否存在边界条件导致了这不一致的发现。

6.4.2　团队信任对组织效能的影响

信任反映了对他人信心的程度和按照他人所说的采取行动的程度（McAllister，1995）。迪克斯等（Dirks et al.，2004）将团队信任定义为一种心理状态，是个体对其他团队成员的充满信心和积极期望的状态。麦卡利斯特（McAllister，1995）认为，团队信任可以分为两个维度：认知信任和情感信任。认知信任是一个人对另一个人经过信息收集和分析之后建立起来的信任关系，强调对另一个人能力和责任的评估。情感信任则是一个人与另一个人互相注意和关心建立起来的信任关系，是个人和另一个人的情感纽带。有研究人员为了方便，他们将认知信任和情感信任分别称为工作导向信任和关系导向信任（Lewis & weigert，1995）。迈尔等（Mayer et al.，1995）提出，工作导向信任是一个跟工作密切相关的变量，体现的是理性和智慧的特征，它涵盖有可信度、诚信、胜任力、责任性等几个变量。关系导向信任则关于情感和社会交往技巧的元素，是在和团队其他成员交往过程中形成的与照顾关心相关的变量，基于关心和细心上的社会性因素。研究发现，在工作团队的活动过程中关系导向信任正向影响团队福利和绩效，工作导向信任则影响团队的决策质量的提高。

对于信任与绩效的关系，学者们进行了大量的研究，其结果和结论没有明显的分歧，总体上是比较一致的。威廉姆斯（Williams，2003）认为，信任是一种内在的心理机制，能够促进团队的团结和共同奋斗，能有效提高组织的绩效，信任与组织绩效是正向相关关系。埃伦（Elron，1997）研究发现，信任在企业管理中的作用是显而易见的，高信任的高管团队组织绩效有明显提升，这种贡献包括：促进战略决策和实施；增加分析和解决问题的视角；提高目标的执行力度。史密斯等（Smith et al.，1994）通过一系列的研究发现，与信任水平低的团队相比，高信任水平团队具有非常明显的优势：解决问题的方式更好；更有生产力和高效率；更加灵活。另外，信任的作用还体现在：信任可以促进团队学习；信任可以增强组织公民行为；高水平信任氛围下冲突双方往往可以通过更好地沟通，消除误解和分歧，以实现更好地合作；信任还可以缩短决策所需的时间并能够提高决策的质量（邓靖松和刘小平，2007）。有关团队信任的研究表明，团队信任对于团队自省、团队监控、团队努力等团队过程变量有较强的预测作用，并对团队绩效起到间接的作用（De Jong & Elfring，2010；Langfred，2004）。

总而言之，团队信任是一个具有内在驱动力的因素，对组织效可以产生正向影响。高管团队信任可以分为不同的维度，如认知信任与情感信任。不同维度的信任基础有所不同。认知信任基于理性评价之上形成，而情感信任则是来源于彼此的关心与照顾而发展起来的。高管团队信任对组织效能提升的促进作用主要是通过高水平的信任促进团队信息共享、高水平的开放与合作而实现的。加强高管团队信任有助于团队互动更有效，从而发挥团队信任的积极影响作用。

6.4.3　团队沟通对组织效能的影响

麦格雷戈（McGregor，1967）认为，所有的社会互动都涉及沟通行为。凯阿希等（Kahai et al.，1997）也指出，团队沟通是非常重要的。如果团队运作失败，其关键性因素不是团队成员的专业技术水平和技能问题，最主要的是团队之间人与人的协作问题。尤其是当团队的异质性很高时（如团队成员之间可能在年龄、性格、价值观和专业技能等方面存在很大的差异）。团队成员之间的沟通在团队运作中起到关键作用。沟通不畅将是团队最大的问题。为此，提高沟通效率和沟通质量将是团队和谐发展的重要保障。沟通从形式上分可以为正式沟通和非正式沟通。正式沟通如会议，非正式沟通如日常交流。在团队发展过程中，在不同的阶段，需要运用不同的沟通方式，或者说侧重于不同的共同方式，这要根据具体的事件和内容而言。另外，沟通的方式选择还要考虑传递信息的类型和性质。如正式沟通方式更适合传递正式严肃的文件信息。

刘军等（2007）的研究发现，要使团队冲突能够有效解决，使冲突由坏事变好事，更具有社会意义，沟通能够发挥决定性作用。有效的沟通和交流能够促使团队成员之间建立真正的友谊和信任，彼此敞开心扉，分享快乐和分担痛苦，加强工作的责任感和使命感，更容易实现组织的共同目标。格林（Green，2003）研究表明，沟通可以整合成员间的专业知识和信息，而这一整合对跨职能团队的绩效会产生正向影响。斯塔瓦等（Srivastava et al.，2006）指出，团队成员之间密切的沟通和知识分享会降低人际间的冲突和促进目标的达成。施罗德（Schroeder，2004）强调，团队内部的有效沟通更容易使成员消除摩擦和冲突，思想和情感上的融合度更高，容易达成发展共识，人与人之间的协调和合作效率更高，积极影响和提升团队的绩效。但是，并不是沟通越多，效果会越好，研究发现，沟通频率与绩效的关系成反比，意味着沟通频率负向影响组织绩效。可能的原因是，沟通频率高意味着可能团队内部存在的矛盾和冲突比较多，才需要更多的沟通去解决问题，而频繁的沟通花费过多的时间在日常事务，与团队的业务无关，无法为团队创造价值，影响任务的完成。如果团队的沟通较少则说明团队内部运作良好，可以把时间和精力都放在团队业务和扩展人力资源方面，提升团队的资源和影响力。

总而言之，一个有效的团队是一群人的集合，需要沟通和交流，但是这些沟通要适可而止。以往的结果表明，大多数研究者认可，团队沟通与团队绩效正相关。团队沟通不但可以解决冲突（刘军、李永娟和富萍萍，2007）也会实现团队成员的知识和信息的整合（Green，2003），从而对组织结果产生重要的积极影响。但团队沟通也有一定的度，通过前人研究的沟通频率对组织效能的影响，可以清晰地知道，过度的沟通反而会对组织结果产生不好的影响。因此，高管团队沟通与组织效能之间关系的探讨可能还需要进一步的澄清，如细化研究设计，探讨沟通频率与沟通内容对于组织效能提升可能存在的不同影响或者内在作用机制。

6.4.4　团队内聚力对组织效能的影响

团队内聚力是一个心理学概念。博伦和霍伊尔（Bollen & Hoyle，1990）指出，团队内聚力是一种心理上的依附感，是对自己所在团体的归属感，或者是他在共同的生活、学习和工作中与团队成员一道共同形成的情感。团队成员之间互相吸引和喜欢，成员愿意待在团队的愿望和团队具有对其成员的强烈吸引力等都说明一个团队具有良好的内聚力（Cohen et al.，2003）。博伦和霍伊尔（Bollen & Hoyle，1990）研究认为，团队内聚力有团队归属感和团队士气两个维度。

团队内聚力在行为实践中具有很强预测作用。团队内聚力可以促进良好的群体规范和群体文化的形成，大家会积极响应群体的要求和任务，促使群体遵守群体规范。团队成员在这样的氛围里工作和生活，有助于形成对团队和组织的认可态度。斯密斯等（Smith et al.，1994）认为，高内聚力的团队会有更高效率的工作和互动。马伦等（Mullen et al.，1994）对于团队的早期研究成果也显示，内聚力这个变量与企业绩效存在显著的正相关。但是，也有一些研究结果对此持不同的观点。较早的研究所探讨两者关系已经指出两者之间没有显著关联，詹尼斯（Janis，1982）就是一个代表人物，他强调，内聚力有时候会成为成员发表自己独特观点的障碍，个体因为害怕自己离经叛道，更多的是形成集体意见，从而导致决策质量达不到最优。有人也提出，内聚力使得当违背团队大多数人的看法时不敢直陈自己的观点，因此，内聚力对企业绩效的影响是双面的，既有正向积极的团队合作，也会有受到团体压力而不敢表现从而影响决策质量消极作用（肖璐，2010）。

总之，团队内聚力是一种内生力量，它能够起到缓冲作用，减少团队内部成员的摩擦和冲突。一旦团队成员出现矛盾或冲突，团队内聚力就能够发挥强大向心力的作用（Hambrick，1997）。国内学者王国锋等（2007）的研究发现，情绪冲突在高管团队内聚力中的归属感作用下会减少，从而间接提高了决策质量。在当前全球都面临着复杂环境和不确定因素的条件下，高管团队形成强大的内聚力能够为团队运行带来很好的作用，共同应对问题和困难，共同承担风险和做出决策。很难想象如果高管团队内部缺乏应有的内聚力，企业如何去发展和成长，如何去实现目标和价值最大化，如何去形成高质量的决策建议（陈忠卫和贾培蕊，2004）。不过，一方面，有证据表明，内聚力越强的团队，其组织效能更高（Smith et al., 1994；王国峰等，2007）；另一方面，也有学者从不同的角度出发，提出相反的观点，认为内聚力可能导致群体思维，降低决策质量（Janis，1982；肖璐，2010）。总的来说，团队内聚力在企业发展中起到重要的影响作用。团队内聚力包括两个维度：团队归属感和团队士气，因此，不管是从理论研究还是实践来说，企业要提升团队内聚力，一个比较可行的方法是增强团队成员的归属感和团队士气。不过，由于过高的内聚力确实可能导致成员不愿意提出与他人不同的意见，从而可能降低决策质量，影响组织效能提高。因此，高管团队内聚力提升的同时还需要强调成员间沟通的开放性与互动过程中的组织目标导向性，以充分发挥团队内聚力的积极影响。

6.4.5　高管团队内部与外部过程对组织效能的影响

以上是从团队过程的冲突、信任、沟通和内聚力四个方面阐述团队过程对组织结果的影响。也有学者把高管团队过程分为高管团队内部团队过程和外部团队过程（刘喜怀和葛玉辉，2015；刘喜怀、葛玉辉和赵丙艳，2016）。其中，高管团队内部团队过程是指企业战略的主要决策者们如董事长、总经理、副总经理等成员之间的互动行为；而高管团队外部团队过程是相对内部团队过程来区分的，是指高管团队与企业中其他层次的管理者甚至是普通员工的互动行为。他们认为高管团队内部成员由于不同的认知、信仰、价值观、立场而形成认知差异，进而导致认知冲突。要解决这个问题，使团队成员认同企业文化，不管是物质文化还是精神文化，并能够取得一致的想法，通过提升高管团队内部的交流、进行友好沟通、充分讨论甚至是剧烈争论等团队过程是一个好的办法。

鉴于团队过程对企业绩效的重要影响作用，企业高管团队必须高度重视团队的运行和协作，更好地促进企业效能的提升。一方面，要改变以往只注重优化高管团队人口统计学特征结构（结构优化）以提升团队效能的做法，要注重高管团队成员之间的内部团队过程。高管团队内部团队过程通过形成高效的信息交流、收集集体智慧，形成统一的战略共识，从而有利于提高决策制定的质量和满意度，最后对企业的业绩产生正向影响。其实，高管团队是通过团队成员之间互动过程的多重作用影响企业业绩，而不是单一的、直接的、简单的关系。另一方面，不仅要重视团队内部过程，同时也应该发挥外部过程的影响作用，即通过高质量内部过程形成团队合力，共同推进外部过程的良性发展，最终实现组织效能的提升。

6.5 基于高管团队过程视角的组织管理效能提升模型构建

综上所述，对于高管团队的研究已经非常深入，从国内外研究人员的成果看，目前在高管团队的研究，概括起来有两个方面：一是关注高管团队的人口统计学特征变量，它主要展现的是高管团队的认知问题（Tsui & Gutech，1999；Tihanyi et al.，2000）；二是对团队过程的研究，它表现出对团队决策过程的重要影响（Amason，1986；Jehn，1994）。研究结果表明，高管团队中的一种重要基本变量——人口统计学特征对企业绩效的影响问题，目前尚未取得一致的意见和结论，已有的研究结果有时展示出了它与企业绩效较为明显的正相关关系，但有的结论却认为它与组织绩效毫无关系甚至是负向关系。随着研究的进一步发展，高管团队过程的研究得到了进一步改善，从开始对人口统计学特征的静态分析和研究逐步到团队动态的过程研究，这其中研究层次的飞跃，体现了学者们对高管团队的重视，大量学者正逐步深入探究。而这其中高管团队过程的研究至关重要，因为它对于组织效能的影响是显而易见的。通过改善高管团队互动过程将有利于组织效能的提升，以更好地发挥高管团队的积极影响作用。为此，本研究按照 IPO 模型在此构建基于高管团队过程视角的组织管理效能提升模型，如图 6.1 所示。

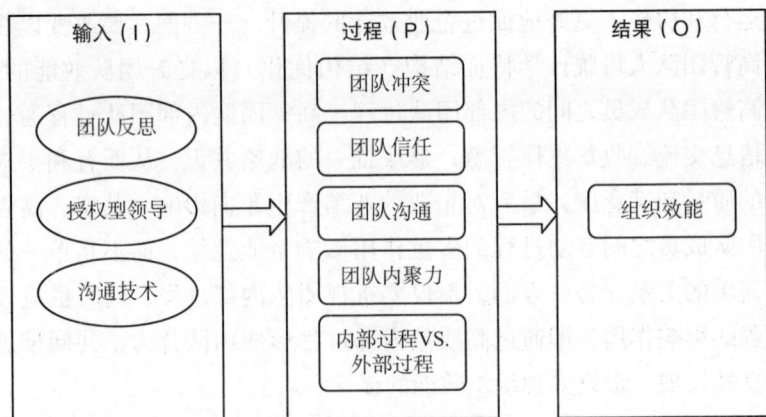

图 6.1　基于高管团队过程视角的组织管理效能提升模型

　　首先，高管团队输入——过程关系。按照前人的观点，影响高管团队过程的因素有团队反思（任文凭和李程骅，2010），授权型领导（Abraham，John & Asher，2011）和沟通技术（刘咏梅和胡尊爽，2009）等因素，这是从整体上去考虑对高管团队过程的影响。团队反思是从外界环境变化的角度出发，为适应不断变化的环境和情况，团队需要不断自我反思，从而对高管团队过程持续性的输入合适的战略变化与调整，最终使得团队反思对高管团队过程产生正向影响。授权型领导是从授权型这一领导方式出发，对高管团队这一整体内部产生影响，进而促进高管团队过程良性发展。在互联网的快速发展为团队管理带来了新的机遇，由此而发展起来的团队沟通技术对团队产生深远的影响，它通过互联网技术向高管团队成员的传递信息，广泛影响高管团队的各种行为和决策。结合前人的观点，高管团队过程既不能忽视外部环境的影响，也不能忽视内部领导方式的影响，更不能缺少团队内部成员间的有效信息传递。高管团队可以通过加强团队反思，授权型领导和沟通技术，恰当促进高管团队过程的良性互动。

　　其次，高管团队过程——结果关系。正如上面所论述的高管团队过程，它是一个聚合概念，包括多种变量，冲突、信任、沟通以及内聚力就是几个比较有代表性的因素。这些变量会对组织效能产生非常深刻的影响作用。不过，这些团队过程变量与组织效能之间的关系并不是确定的。如团队冲突可以分为认知冲突与情感冲突，不同类型冲突对于组织效能的影响作用不同，认知冲突可以提高组织效能，而情感冲突则可能阻碍组织效能的提升。另外，高管团队过程可以分为内部团队过程和外部团队过程。内部过程强调团队内成员间的互动，而外部过程则体现为成员与团队外的联系与互动。这一分类视角强调了不仅仅是重视高管团队内部的互动，还有高管团队与外部的互动也需要关注。同时激发内部过程与外部过程的作用，可以更好地提高组织效能。

最后，为了更好地提高组织效能，包括高管团队绩效以及组织绩效，高管团队需要综合考虑"输入—过程—结果"关系。高管团队可以通过提高团队反思意识与反思能力，对团队过程进行过程监控与调整，以更好地适应变化的情境，保证组织效能的提高。同时高管团队要注重发挥授权型领导的积极影响，充分发挥成员的积极主动性，管控团队过程，如提高内聚力和信任水平，以实现组织效能的最优化发展。此外，高管团队还可以恰当地借助于现代沟通技术促进团队过程的良性发展，如尽力减少对组织效能有害的情感冲突，提高团队成员的信任水平和沟通的有效性等，以实现组织绩效和团队绩效的提高。

6.6 结论与未来研究展望

6.6.1 结论

早前对高管团队的大部分研究都是集中在高管团队成员的人口学变量和组织结果之间的关系上。在上述这些研究中较少深入仔细考虑中介过程的影响（Jarzabkowski & Searle，2004）。可以说，早前研究忽视了"用来使团体特征转换为组织结果的真实的机制"（Hambrick，1994）。实际上，高管团队过程的研究证据是一个"慢慢积累的"过程（Barrick，Bradley & Colbert，2007）。揭开高管团队过程被视为是改善高层理论的关键（Hambrick，2005）。高管团队过程是一个综合的概念，其内包含着多个变量，如研究者常常探讨的团队沟通、团队冲突等均是团队过程中包括的重要研究变量。不过，关于团队过程具体包括哪些变量，研究者的意见尚未统一（林绚辉等，2008），团队过程更像是一个"黑箱"。

团队过程的重要性越来越受到学者们的重视，如前面提到大部分学者还是从单一方面或者某几方面来进行研究，也有学者对团队过程的研究定位到某一高管成员而不是高管这个团队。由于每个成员有限的时间、精力、知识，仅凭单个高管团队成员难以做到收集详细信息，全面、准确、及时的分析信息，不能有效应对战略决策中的非结构化、不确定性问题。因此，需要借助高管团队过程来整合团队成员的知识、经验和信息，运用群体的智慧来弥补单个团队成员才智和经验的不足。这样就为接下来的研究的展开提供了一个方向，从整体上去研究团队过程对整个高管团队的影响。可以说，一方面，探讨高管团队过程与组织效能之间的关系需要更为细化的研究设计，即首先细分团队过程，剖析不同类型团队过程可能产生的差异性影响。另一方面，团队过程的影响可能会通过综合各个因素而实现，综合探讨若干重要团队过程的协同作用也是一个不可忽视的研究视角。

总之，面对高管团队过程的研究越来越重要，本文首先通过对高管团队过程界定的阐述，进而介绍了高管团队过程的影响因素：团队反思，授权型领导和沟通技术。以及目前高管团队过程几大分类对组织效能的影响，构建基于高管团队过程视角的组织管理效能提升模型，为以后的研究提供新的思路。本研究对高管团队过程的影响因素分析，是对现有研究的有力补充，通过分析高管团队过程的影响因素，为高管团队过程的驱动因素研究提供有力支撑。对高管团队过程的分类，然后逐一讨论对组织效能的影响，为研究组织效能的影响因素提供重要参考，为实现组织高效运营提供解决问题的思路。例如，从高管团队内外部团队过程分析其对组织效能的影响，有效补充了以往高管团队过程对组织效能关系研究上的不足。不仅要重视高管团队内部团队过程，还要对高管团队外部团队过程给予高度关注。从目前的研究成果高管团队的内部过程研究较多，而外部团队过程关注得比较少，外部过程还没有得到学者们的重视，未来研究可以对高管团队与中层管理者之间关系互动问题开展研究，因为企业作为一个整体，高管团队与中层干部的沟通和交流质量，直接影响团队战略决策方案的质量。而信任是其中的一个重要变量，它是中高层管理者之间的沟通和交流是否顺畅的重要影响因素，因为高管团队要想和中层管理者之间形成高水平的互动，没有相互之间的信任是不可能的。中高层管理者之间如果形成高水平信任的话，中层管理团队就愿意把自己在企业管理一线看到的信息与高管团队进行，让高层也清楚企业生产和销售信息，便于做出正确的决策；高管团队如果足够信任中层的话，就会乐于授权，并及时反馈自己掌握的信息，给予中层管理者中肯的评价和相对宽松的管理氛围，两个层面的领导彼此所掌握的信息更容易分享和整合，扩大信息的范围、数量和质量，为企业战略决策的制定带来更多有价值的资料和线索，提高战略决策的正确性，提升组织的效能。

6.6.2 管理启示

高层管理团队直接影响到企业的战略决策的制定、执行和组织绩效的提高，因此要求高管团队必须是一个高效的战斗团队，合作的团体，是一个优秀的管理团队。团队运行是影响组织绩效的核心要素，它受到两类过程变量的影响：一是有关团队成员之间信息交换的变量；二是关于团队氛围的变量。团队运行的研究可以重点关注"信息交换"和"团队氛围"变量，运用这两个因素来具体探讨高管团队内部的活动状况（熊斌、葛玉辉和陈真英，2012）。

信息交换可以说是团队成员工作的主要过程，它是指团队成员之间的信息交换的过程，是一个在不同的时空上分享信息和分析信息的过程，沟通和讨论式两种重要的表现形式。信息交换作为企业管理的重要环节，是战略决策信息收集与处理不可或缺的重要过程，信息交换对高管团队成员的人际交往和互动产生重要的影响，当然最终也会影响组织绩效。信息交换往往会因为各自信息掌握的不对称，他们更可能讨论他们共享的信息，关注大家重视的信息，但却不利于对那些非共享的信息的讨论和共享。要解决这个问题，团队可以通过彼此之间的沟通、分享信息等互动活动促使高管团队内部去分享不同经验，可以大大减少由于高管团队成员所掌握信息的不对称性所带来的影响。

团队氛围是团队成员对团队交往状况的一种心理认知，是团队成员与环境交互作用的结果，是体现团队实施管理过程中的内在感受（schneider），表现在内聚力、团队冲突等。冲突规范是团队管理的准则，是反映团队开放程度的一个指标。有关高管团队氛围的研究显示，"开放"这个变量正向影响组织内的任务冲突（Miller & Shamsie，2001），良好的团队氛围无疑对团队合作能够起到很好的促进作用，并最终提高组织的绩效。

中高管团队管理者之间的互动，从组织战略微观角度去分析，如基于人际交往理论及信息加工理论的视角看，本质上是一种人及交往，其实质就是人与人之间信息交流，他们之间是一个相互影响的过程。研究结果显示：在企业战略决策中，团队管理者拥有的信息量和信息类型、对信息的解释及整合质量对高管团队战略决策的制定、实施和最后的组织绩效产生重要影响。虽然这样的结论可能很少用以解释中高管团队的相互作用，从信息加工理论的角度去分析，就很容易得到一个合理的逻辑关系：因为如果企业的战略决策的制定是一个开放的，是在充分听取了中层管理者的意见和建议的基础上，肯定会提高企业战略决策含金量。同时，中层管理者的信息如果能够纳入，这就已经说明高管团队和中层管理者已经产生了良好的互动，这样的中高层互动会形成一个双方交替影响的良性循环过程，这种互动关系对战略执行质量产生重要影响。

从高管团队内外部团队过程的定义出发，引出其与组织效能之间的关系，是一种更为综合而宽泛的视角，其研究发现有助于更全面地指导高管团队的过程管理实践。有研究是从人际交往理论视角着手的，还有一些研试图从信息加工理论视角进行探讨，并详细分析了信息加工理论视角下的高管团队和中层管理者之间的信息交换，从而对组织效能产生影响。因此在管理实践上，企业要加强各个层面的信息交换和人际互动，并对此过程进行管理和监督，切实提高管理团队成员之间信息交换的质量，这样既有利于打造高管团队内部良好的人际氛围，也可大大组织的绩效和组织效能。

6.6.3　未来研究展望

首先，基于 IPO 视角探讨基于团队过程中介的组织效能提升模型。本研究对高管团队过程的研究，只是提出了一个未来研究的 IPO 模型，模型中输入、过程和输出变量之间的关系只是从理论上分析得出的。虽然从理论上来说，各变量之间关系逻辑性强（例如，沟通技术会影响高管团队过程中的冲突和信任，进而对组织效能产生影响），但是为了科学性，还需要进一步的实证研究，以确定数据的支撑，这也是未来研究需要进行补充的部分。

其次，本研究只是提及了有限的几个过程变量（团队冲突、团队信任、团队沟通、团队内聚力和内部团队过程以及外部团队过程）。虽然这些变量是从前人研究中提及的重要的过程变量，但是难免会忽视其他重要的过程变量，未来研究还可以补充其他重要的会对组织效能产生重要影响的高管团队过程变量。如有研究提出了团队过程可以分为不同维度阶段，如转换阶段、人际阶段等。不同阶段的团队过程又可以细分为不同变量构成，那么不同阶段间团队过程变量的内在关联机制如何，将是未来的一个有趣研究主题。

再次，对高管团队过程的影响因素，本研究只是涉及了三个变量（团队反思，授权型领导和沟通技术）。这三个变量也是学者重点提出的，会对高管团队过程产生重要影响的因素，不过以后的研究可以补充更多的高管团队过程影响因素。为高管团队过程影响因素研究的开展，提供新的方向。如组织情境中可能对于高管团队过程的影响要素包括哪些，其具体作用机制如何等。通过这些研究的探讨可以更好地指导组织利用情境的塑造促进高管团队过程的良性发展，以更好地支撑组织发展。

最后，基于更综合全面地视角探讨高管团队过程的作用机制。如行为整合更全面、更具体的对团队过程进行概括，更能体现团队过程。但很少有人注意到高管团队行为整合的决定因素（Simsek，Veiga，Lubatkin & Dino，2005；Carmeli & Shteigman，2010）。未来研究可以探讨 CEO 的行为如何影响高管团队动力，并在何种程度上对企业绩效产生影响（Peterson，Smith，Martorana & Owens，2003）。因为 CEO 可能对高管团队动力影响更大（Hambrick & Finkelstein，1987）。亚伯拉罕等（Abraham et al.，2011）的研究就是检查 CEO 的角色在促进高管团队行为整合并最终有利于企业绩效提升方面的关系。他们认为只有高管团队行为整合导致更高水平的团队效能，高管团队行为整合才会积极影响企业绩效。目前基于互动过程视角的研究只是开始，尤其是从高管团队外部运营来说，其研究非常少见，如从高管团队和中层管理者之间的互动对企业的具体影响及影响的机制问题。通过系统研究对高管团队内部的人际交往及互动，以及高管团队与中层管理者的互动过程来研究他们对企业战略决策和战略执行存在什么样的影响？这是高层管理团队理论的研究者一直努力的目标，也为研究高层管理团队和中层管理者探索出一条创新的研究路径。

第 7 章

高管团队冲突及其对企业
绩效的影响机制研究

7.1 引　　言

在互联网技术的快速发展背景下，我们迎来了知识经济时代。知识多元化、知识更新快等特点逐渐成为企业未来发展所面临的趋势。在此背景下，企业绩效的提高很难仅仅通过个体员工的工作绩效得以实现，所以学者提出企业只有采取团队的工作形式更有利于增强企业竞争优势，维持企业的长久发展（倪旭东等，2016；王佳锐等，2016）。组织中很多工作是通过团队成员合作以实现超越个人工作能力的任务。在组织中的多种团队类别中，高管团队（top management team，TMT）作为企业的战略制定者，其所制定的战略决策的质量和结果显著影响着企业绩效，因此在学术界受到很多学者的关注与研究（朱世香等，2012；陈建勋等，2016）。

关于高管团队对企业绩效的影响要素研究中，早期的理论主要是高层梯队理论，核心观点是研究高管团队特征变量和结果变量（企业绩效）两者之间的关系。如有学者研究高管团队中团队成员的年龄、性别、受教育水平等要素的差异性和相似性会给企业的最终绩效带来怎样的影响（朱晋伟等，2017；刘凤朝等，2017）。但是，自从高层梯队理论提出以来，学者们一直关注于团队特征直接影响组织绩效的静态视角，大多数研究往往忽略了动态的团队过程对企业绩效的影响（如冲突、协调、沟通等）（刘军等，2007；向常春等，2010；宝国坤和余顺坤，2017）。实际上，最近的一些研究表明，团队过程对于企业绩效有着重要的影响作用。如有学者发现，高管团队成员在年龄、性别、职业教育等特征的差异性，一方面，会促进战略决策的制定更加全面和创新；另一方面，团队成员之间高度的差异性会使得团队成员在决策过程中对于问题的解决有不同的解读和见地，所以难免会导致成员之间的不协调（刘刚等，2017）。为此，关注高管团队的运作过程，探讨高管团队过程对于企业发展的影响有着更为显著的理论与现实意义。

根据马克斯等（Marks et al.，2001）对于团队过程的分类，团队冲突作为人际过程的一个重要维度，是团队过程普遍而且影响重要的因素。在企业中其高管团队在决策制定过程中由于成员的年龄、性别、职能背景、受教育水平、价值观等方面的异质性不可避免地会出现对工作的看法不一致的情况，甚至引发人际间关系的紧张和摩擦，从而导致团队冲突的发生（刘咏梅等，2014；刘刚等，2017）。基于信息处理视角，李等（Li et al.，2009）认为，企业战略的制定受到高管团队成员之间信息传递和共享程度的共同影响，在团队决策过程中，成员之间关于某一问题产生分歧而发生冲突的现象势必影响高管人员各自拥有的独特信息的传递与共享，这样不但发挥不了高管团队差异性有可能给企业带来的优势，而且也不利于决策质量和效率的提高，最终给企业绩效带来了负面的影响。

综上所述，目前有关高管团队冲突的研究主要集中在其作用效果上，而对其概念演变、测量发展以及影响因素等方面的研究还较为零散。为了丰富和拓展高管团队冲突的相关研究，本书将通过对国内外有关高管团队冲突理论的研究做系统的回顾与梳理，理清高管团队冲突这个变量的概念、维度与测量、影响因素以及作用效果，以期弥补国内有关高管团队冲突理论研究的"断档"，并为未来的研究提供参考。

7.2　高管团队冲突的概念以及维度的划分

7.2.1　高管团队冲突的概念

基于个体或团队之间互动的层面，国外学者拉希姆（Rahim，1992）认为冲突是社会个体间在互动过程中发生的不兼容、不和谐。耶恩（Jehn，1995）认为冲突是一方在观念方面感觉到与另一方不一致，并且致使双方在人际关系上的紧张和对立。罗宾斯（Robins，1997）认为冲突发生的原因在于一方在对关心的事情上面感知到另一方却持有消极的态度的过程。国内学者认为，冲突一般是指在团队中，某一成员在与其他成员互动过程中感觉到彼此之间有着某种不一致以及由此导致彼此之间情绪的对立和攻击行为（刘军等，2007；杜运周等，2009）。

基于国内外学者对于冲突的理解，我国学者孙海法等（2003）学者对高管团队冲突进行了定义。高管团队成员之间是一种相互依赖的互动关系，冲突是由于成员之间的互动而导致的处于战略的制定与执行层面的核心团队成员间的竞争与合作关系。陈云（2007）则认为，高管团队冲突是团队成员之间出现任务看法不一致而产生人际紧张、焦虑以及不和谐的情绪时所引起的对立或不一致的相互作用的过程。陈权（2013）通过对团队冲突的梳理把高管团队冲突定义为高管对团队内部认知差异、目标不兼容和愿望不一致的感知，并会致使高管团队成员在心理和行为上产生诸如矛盾、抵触、争执甚至攻击事件。实际上，高管团队成员之间是一种互依性很高的关系（孙海法等，2003）。处于战略的制定与执行层面的核心团队成员间既存在竞争又有合作，从而使得互依性的互动关系中更容易产生冲突，并且冲突可能导致的后果也更为严重。

7.2.2　高管团队冲突的维度划分

阿玛森（Amasom，1996）和西蒙斯（Simons，2000）基于冲突主体的视角将高管团队冲突分为认知冲突（cognitive conflict）和情感冲突（affect conflict）。认知冲突是与成员的工作相关联，具体指对于组织的共同目标，团队成员对此而产生的不同观点或者看法；情感冲突是指由于当事人双方在人际关系上的紧张和对立，冲突主要是由于双方对于工作理解的差异（王国锋等，2007；向常春等，2010；Carmen et al.，2015；陈建勋等，2016）。阿玛森（Amasom，1996）认为，高管团队成员之间的有关任务目标产生的分歧往往会导致认知冲突继而引发情感冲突，情感冲突是与团队成员情绪和人际关系相关联的，它关注于人际不兼容或成员之间的争执或辩论。

耶恩（Jehn, 1995）从冲突客体的视角认为，高管团队冲突可以划分为以下两类：团队成员对于任务本身有不同的解读，致使成员之间形成的任务冲突，以及与个人情绪相关的，团队成员在人际关系方面紧张时产生愤怒、挫折感情绪的关系冲突。任务冲突鼓励团队成员在决策过程中发出他们的声音和开发对问题更加完整的理解，有利于充分发挥高管成员自身差异性有可能给团队带来的优势（Jehn, 1995; Schweiger & Sandberg, 1989）。

基于上述有关冲突定义以及维度的梳理回顾，认知冲突与情感冲突是相互联系，互相影响的，表现为认知冲突可能促进情感冲突的发展，而情感冲突也可能影响认知冲突。任务冲突与关系冲突也可能密切联系，如任务冲突可能进一步发展出关系冲突，而关系冲突也可能影响任务冲突。此外，对于冲突维度划分的两种方式也有可能是互相关联的。例如，从冲突定义角度分析，发现任务冲突和认知冲突内容相类似，都是因为对于工作问题的见解不同而导致的；而关系冲突则与情感冲突相关，均是反映了团队成员间的人际关系方面的紧张与摩擦。然而对于冲突类型的分类，学者们认为还是有区别的，如关系冲突可以理解为冲突双方关于任务本身的意见分歧导致的人际不和谐，但情感冲突在某些情况下也可以因为个人情绪上的不稳定而发生的（刘军等，2007；向常春等，2010；朱世香等，2012；Carmen et al., 2015；陈建勋等，2016）。除此之外，耶恩等（Jehn et al., 2001）在后续的研究中，加入了第三种冲突，即过程冲突。过程冲突是指在决策执行过程中有关资源分配和授权的分歧，以及这些分歧是功能性的还是破坏性的问题（向常春等，2010；朱世香等，2012）。不过，过程冲突对决策效果的影响仍然是一个有待研究的部分，但得到大部分学者认可的是过程冲突与任务冲突相似，都会引起个人的个性碰撞和情感冲突（Papenhausen & Parayitam, 2015）。

7.2.3 高管团队冲突的测量

关于团队冲突维度的划分主要基于阿玛森（Amason, 1996）和耶恩（Jehn, 1995）的文献，对于其维度的测量也主要是两位学者开发的测量工具。王国锋等（2007）采用对耶恩（Jehn, 1995）的群体内冲突量表进行修改后的量表来测量冲突，采用了五个题项来测量情绪冲突："贵企业高管团队成员在讨论工作时，个人间摩擦的程度""贵企业高管团队成员在讨论工作时，团队成员存在的情绪程度"等；另外，采用三个题项来测量认知冲突，如"贵企业高管团队成员在讨论工作时，是否会由于对于工作的见解不同而发生意见冲突"等。

杜运周和陈忠卫（2009）学者的高管团队冲突量表是在耶恩（Jehn，1995）和阿玛森（Amason，1996）开发的量表基础上进行改编的。其中有关认知冲突的题项包含"高管成员由于讨论特定问题时观点不一致的现象""团队成员对于战略抉择方面存在着不一致现象"等 3 个项目；高管团队情感冲突测量项目包括"某一成员提出的看法或观点会招致其他高管成员的不赞同和嘲讽"等 6 个项目。以上测量的所有项目均采用 5 点李克特量表，让回答者在"非常不符合 = 1"到"非常符合 = 5"之间进行选择。李等（Li et al.，2009）采用的是阿玛森（Amason，1996）的量表进行测量，其中认知冲突包含"对于决策有不同想法会产生多少成员之间的对立"等 3 个测量条目；"在决策问题上的高管成员愤怒的程度有多大"等 4 个条目测量情感冲突。卡门等（Carmen et al.，2015）采用的是李和汉布里克（Li & Hambrick，2005）的量表，采用"高管成员之间是否存在着很多紧张、愤怒等情绪问题"等 3 个题项测量关系冲突；"有关影响创新发展的战略、政策和决策执行存在不同意见"等 2 个题项测量任务冲突。陈建勋等（2016）采用乔斯弗德（Tjosvold，2006）的量表进行测量，高管团队关系冲突测量项目包括"本企业中高管成员之间是否存在着很多摩擦"等 4 个题项；高管团队任务冲突测量项目包括"本公司高管团队成员对所进行的工作是否常常观点不一致"等 4 个题项。王敏等（2017）参考耶恩（Jehn，1995）的维度划分方式和量表，其维度的测量工具也是基于耶恩（Jehn，1995）进行改编，将维度划分为任务、关系和过程三个冲突，其中"高管成员对于工作发生观点不一致的频率如何"等 3 个题项测量任务冲突；"你们团队成员间的摩擦有多少"、"你们团队中的个性冲突事件有多少"等 5 个题项测量任务冲突；"你们团队分配资源持异议的频率如何"3 个题项测量过程冲突。

基于以往有关冲突量表的搜集与梳理，本研究发现对于高管团队冲突的测量，其量表主要来源于阿玛森（Amason，1996）和耶恩（Jehn，1995）的量表。不过，在具体施测前会根据需要进行相应的改编以适应测量对象要求。并且需要强调的是，高管团队冲突测量量表的选择首先要确定冲突的内涵及划分类别，选择适应相应内涵及类别的测量量表。

7.3 高管团队冲突的前因变量

7.3.1 高管团队人口统计特征

耶恩等（Jehn，1999）从个体因素研究视角出发探讨团队生产率和冲突之间的关系，研究结果发现年龄、种族等方面的不同与关系冲突存在着显著的相关关系；而教育和职能背景的异质性对任务冲突正向相关。有学者选取45个高管团队作为样本进行研究，结果发现高管团队成员任期异质性和职业背景多样性会导致任务冲突的发生，而年龄、性别、种族异质性导致关系冲突的出现（Pelled，Eisenhardt & Xin，1999）。

国外学者德·威特和耶恩（De Wit & Jehn，2013）认为，高管团队多样性可以给组织带来新颖的、独特的认知视角，提高决策方案的创新性，但正是由于每个成员职能背景、受教育程度、价值观等方面的差异会导致其对于决策问题的探讨有不同的观点或看法。而这种不同可能进一步转换为人际摩擦，由此会造成团队成员之间人际关系不和谐，即产生关系冲突，更加不利于提高决策质量。

陈璐等（2010）和陈建勋等（2016）认为，当今企业面临着多变的市场环境，战略决策的本质是模糊的、非结构化以及复杂化的，为了提高决策的质量，需要发挥高管团队每个成员的敏锐的嗅觉、专业知识以及丰富的管理经验等优势，为企业带来多样的信息资源和创新性的解决方案。然而高管团队多样性在带来高质量决策的同时难免会因为对于问题的不同看法而产生分歧，发生冲突。

基于以上相关的文献回顾与梳理，团队成员在人口统计学特征方面的差异性很可能会致使团队内部冲突的发生。具体来说，团队成员的人口特征多样性和异质性可能导致成员对于决策问题的看法有所不同，进而可能由于分歧过多而促进冲突的产生。朱世香和张勇（2012）在对企业高管团队冲突的文献梳理中，对于冲突的前因变量研究主要从个体因素和群体因素两个角度出发，其中，学者将团队人口统计学特征归类于个体因素中。由此可见，高管团队冲突前因变量的探讨需要关注仅限于高管团队成员的人口统计学特征探讨所带来的后续问题。

7.3.2 高管团队成员的性格

在性格研究中，大五人格特质模型对人格的划分具有很强的说服性（Aeron & Pathak，2016）。因此，有关人格及其影响效应的研究中，大多采用大五人格特质的分类方式。特里默等（Trimmer et al.，2002）的研究发现，人格和冲突的相关性取决于冲突的类型。其中，大五人格中的责任心和情绪稳定性与关系冲突更加相关，高水平的亲和力会导致更少的关系冲突。德·琼等（De Jong et al.，2011）研究发现，大五人格中经验、开放性、有责任心这三个人格特质有利于减少成员之间任务冲突的发生，而神经质特质会提高关系冲突发生的水平。奎格利（Quigley，2013）研究表明，团队成员在亲和力、责任心和情绪稳定性方面的同质性以及外向性方面的异质性可以削弱关系冲突对于团队成员的情感反应。

总之，高管团队成员的人格也是团队冲突发生的很重要的前因变量，在冲突理论的未来研究中不可忽略。正如艾龙和帕塔克（Aeron & Pathak，2012）所强调的，能够显著区分团队成员的人格特征对于个人和组织绩效有着强有力的影响。然而以往文献并没有对人格影响冲突的关系进行深入的探索与探究。因此，未来可以对高管团队成员人格及人格异质性与团队冲突的内在关系机理进行深入探讨。

7.3.3 高管团队成员的信息分享

就目前有关信息分享与冲突之间关系的研究多把冲突看作信息分享发生的前因变量。但是根据任务冲突的定义可以发现，信息分享是先于任务冲突而发生的，即任务冲突是指成员感知到的关于决策的分歧或者观点、想法以及观点的不同（Simons & Peterson，2000）。同时，阿玛森（Amason，1996）指出，信息分享首先影响冲突，然后冲突导致更多的信息分享，随之引起更丰富的讨论并使得团队做出更好的决策。

随着研究的推进，相关研究设计更为细化。如进一步区分信息分享对于不同类型的冲突的差异性影响作用。莫伊等（Moye et al.，2003）认为，信息分享会导致任务冲突的增加，尤其是在刚刚建立的新创团队中。在新创团队中，不稳定的外部环境使得团队内部往往充斥着关于任务的不同解读，此时信息分享造成冲突的效应会很强。但是，这种效应会随着时间以及团队的稳定性而有所减少。这是因为在已经建立的团队中，随着团队成员互动的增多，对于彼此的观点或意见不同持有理解和支持的态度，并且随着分享的信息增多也会减少错误，协调错误和失败的可能性更大。因此在决策过程中，信息分享越多，成员会感知到更少的意见分歧以及更低的冲突发生现象（Andres & Zmud，2002）。

研究表明，与任务相关的信息分享会直接地影响任务冲突，而信息分享对关系冲突的影响则较为间接。关系冲突涉及对其他人的动机感知和行动以及分享的信息等的归因（Simons & Peterson，2000）。因此，关系冲突更多是由感知和归因所间接驱动的，而不仅仅是因为信息分享的内容所直接导致。例如，莫伊等（Moye et al.，2003）的实证研究结果表明，与关系相关的误解和错误归因会导致关系冲突，高水平的信息分享可以减少误解和错误归因的可能性，从而也减少关系冲突的发生。

可见，高管团队成员的信息分享可能导致冲突的发生，并且信息分享对于不同类型的冲突产生的影响作用也是有一定差异的。如信息分享可能导致更多的任务冲突，不过随着共处时间的增加，这种影响作用可能会有所减弱，即随着相处时间的增加，信息分享可能带来的任务冲突会有所降低。另外，信息分享可能减少误解，降低关系冲突的可能。

7.3.4 高管团队成员的工作负荷

王敏和李淑敏（2017）提出，工作负荷也是团队冲突的一个前因变量，并且在实证研究中运用资源保存理论、注意能量分配模型以及归因理论对其进行解释。团队目标的实现需要全体成员共同的努力，然而，当团队成员工作负荷增大时，需要成员投入更多的时间与精力放到工作中，并且要与其他成员进行沟通协商。但是，基于资源保存理论和注意能量分配模型理论，在工作负荷过大时，他们会选择保护自己所拥有的有限资源，并将资源损失最小化，同时，他们也不愿意花费太多的时间和精力放到其他需要耗费资源的活动上，例如，不太愿意抽出时间讨论工作的进展、与其他成员之间的情感交流以及如何实现组织目标的资源分配等问题上，从而在一定程度上减弱三种团队冲突发生的概率。此外，基于归因理论，团队目标把每个成员的工作紧密联系起来，当团队成员感知到工作压力加大时，他们会认为自己分配的任务过多或者认为其他成员对工作存在懒惰懈怠的现象。由于团队成员的这种错误归因不仅会引发与工作相关的任务冲突，更有可能使得与工作相关的任务冲突转化为由人际关系不和谐导致的关系冲突。

总之，高管团队成员的工作负荷会影响成员对于自身有限资源的分配意愿，同时也会在认知上影响成员对于相关信息的归因，从而影响团队任务冲突、关系冲突和过程冲突的产生可能性。

7.4 高管团队冲突对企业绩效的影响及其作用机制研究

7.4.1 高管团队冲突对企业绩效的直接影响效应

7.4.1.1 高管团队认知冲突或任务冲突对企业绩效的直接影响效应

关于认知冲突或者任务冲突与企业绩效的关系就目前文献而言有三种不同的声音。

首先，任务冲突或者认知冲突对于企业绩效发挥着正向的、积极的影响。杜运周和陈忠卫（2009）认为，在决策过程中，高管团队成员因为对于工作的认知方面不同发生的认知冲突能够通过成员之间分享信息达到互补的效果，从而有利于团队决策质量的提高。李等（Li et al.，2009）认为，认知冲突鼓励成员在决策过程中表达自己的观点和看法，有利于对问题的彻底理解，并且认为发生过任务冲突的高管团队会更加遵守承诺去执行决策。虽然认知冲突有引起关系冲突的风险，但是在中国集体主义的情境下，中国的高管团队更加重视和谐，因而认知冲突有利于企业的战略制定。陈璐等（2010）认为，认知冲突能够给团队带来充分的信息，可以对于多样的选择进行权衡，同时也有利于团队成员集思广益，提出建设性建议，从而提高决策的质量。另外，戴佩华（2016）通过现场决策的方法也得出了任务冲突与绩效关系显著正相关的结论。他和杜运周等（2009）观点一致，认为任务冲突可以刺激团队成员之间的信息分享达到成员之间互补的效果，进而提高决策绩效。然而，在任务冲突期间又有引起关系冲突的风险，当任务冲突引起信息分享的作用大于引起关系冲突的时候，任务冲突才有可能积极影响团队绩效。所以在有关企业高管团队冲突的解决过程中，最好就是尽量最大化任务冲突刺激信息分享的作用，最小化任务冲突引起关系冲突的作用。

其次，团队任务冲突不利于企业绩效。部分学者研究发现，团队任务冲突并不会对企业绩效产生积极地影响（De Dreu & Weingart，2003；刘军等，2008；肖璐，2010），并且认为其中可能的原因是冲突两维度之间存在着高度的相关性。虽然任务冲突有助于创新想法的产生、问题解决和决策制定，然而高水平的团队任务冲突包含着情感冲突的风险。任务冲突带来的大量信息使得成员感到信息处理压力加大，同时，也会刺激更加激烈的辩论和敌意，这将导致情感的介入，从而影响决策效果（De Dreu，2006）。此外，德·威特和耶恩（De Wit & Jehn，2013）等人认为，在团队任务冲突期间，由于关系冲突的出现会使得在决策制定过程中，成员会更加倾向于坚持自己的观点，不太接受来自于其他成员的观点。卡门等（Carmen et al.，2015）也指出，更高水平的任务冲突的团队将会遇到更多的关系冲突，从而有损团队绩效。

最后，团队任务冲突对企业绩效不存在着任何关系（王国锋等，2007；刘军等，2007；De Wit，Jehn & Greer，2012）。虽然王国锋等（2007）发现，高管团队任务冲突和决策质量之间的相关性并不显著，但是对两者关系描点作图后发现两个变量之间呈现倒 U 形关系，即随着任务冲突水平的提高，高管团队决策质量呈现出先上升然后再下降的趋势。此结论与信息处理视角一致，适度的任务冲突有利于团队决策的质量，当任务冲突变得强烈后，信息量过大，因为过大的信息量要求成员相应的提高自身的信息处理能力，此时团队成员可能因为需要处理大量的信息而有可能偏离最初的工作目标，从而致使决策质量的下降，影响团队绩效的提高。同样，刘军等（2007）学者也得出了适度的任务冲突有助于组织绩效。

概括而言，团队认知冲突或者任务冲突对于企业绩效关系的研究结果并不一致。究竟团队认知冲突或者任务冲突与企业绩效的关系如何，是否存在一些重要的边界条件影响两者间的关系，值得未来进一步地深入研究。

7.4.1.2 高管团队关系冲突对企业绩效的直接影响效应

李等（Li et al.，2009）选取中国企业作为样本，研究在中国情境下有关高管团队冲突的问题。结果显示，在中国新创技术行业的背景下，虽然关系冲突与企业战略制定负相关，但是其关系并不显著。因此，在中国新创技术企业中，高管团队成员之间的关系冲突消极影响企业战略制定的假设并没有得到支持。这个研究结果可能是由于中西方的市场发展环境、文化等存在着显著差异，从而中国企业对战略制定的问题上有着不同的问题及解决方式（Quer，Claver & Rienda，2007）。譬如，研究发现维护和谐的人际关系和社会面子的中国价值观可能会促进中国团队成员对开放式的冲突持有支持的心态，并且在此环境下，中国的高管成员能够对成员之间不同观点的表达持有尊重和包容性的看法（Chen et al.，2005，Tjosvold et al.，2006）。类似地，国内学者陈建勋等（2016）给出的一种可能理论解释是，团队冲突具有社会嵌入性和情境匹配性，冲突本身并无好坏之分，关键在于冲突发生的社会情境以及采取的冲突处理方式。

基于以上的回顾与分析，高管团队冲突对企业绩效会产生正面、负面或者相关关系不显著的影响，这种模糊不确定的结果表明在两者关系之间可能存在着某些边界条件或中介条件。关于团队冲突与企业绩效之间的作用机制研究就目前文献来看相对较少，对于两者在高管团队中的研究更是少之又少。所以，为了更好地发挥冲突的积极一面而抑制其消极的一面，通过梳理分析以往的相关文献后可以为未来的研究提供理论依据和指导方向，并且在进一步深入挖掘相关内在机制方面有着重要意义。

7.4.2　高管团队冲突影响企业绩效的边界条件分析

7.4.2.1　企业竞争环境

企业置身于当下这样一个激烈以及时刻变化的竞争环境中，组织会面临着各种不确定性，因而团队成员对于企业所面临的各种有利或不利的变化变得很敏感（刘军等，2005），并且组织成员也会产生如紧张、焦躁等情绪，但此时又需要组织快速的做出决定（Brashers，2001），在此情况下，与工作目标相关的任务型冲突往往由于个人原因更加重视保护自己的观点，从而使得高管团队很难做出一致的结果，进而做出的最后的决策往往时效性不太强，从而破坏决策质量。与人际关系相关的关系型冲突，使得团队成员之间关系紧张、焦虑，甚至是精神崩溃，也影响决策的质量，最终不利于企业绩效的提高。综上所述，刘军等（2007）提出高管团队冲突与组织绩效的关系受到企业竞争环境的调节，在激烈的竞争环境下，任务冲突与高管团队绩效的积极关系会被削弱，而关系冲突与高管团队绩效的消极关系会强化。然后通过问卷调查进行假设检验，结果得到了部分支持，即在企业所面临的外部环境呈现激烈竞争时，高管团队的关系冲突对团队绩效的破坏性作用会加大。因此在管理实践中，当企业置身于激烈竞争环境时，高管团队成员之间的人际分裂将会给企业带来更大的破坏性，所以，企业的最高领导人的主要使命之一就是明晰组织的目标，创造和谐良好的工作氛围，从而提高企业绩效。

国外钱等（Qian et al.，2013）也把企业环境当作调节变量对高管团队冲突与组织创新之间的关系进行了实证研究。关于任务冲突与组织创新的关系探究发现，不确定性和不利的环境可能会对高管人员分派更多的工作任务与需求，因为他们需要进行更严厉的扫描、搜索、解释和选择处理大量信息来解决企业当前所面临的动态环境问题（Keck，1997）。这种处理可能变得非常耗时，并且阻碍高管团队成员形成在企业战略领域高管团队执行创新想法时所需的共识。相比之下，当环境不确定性程度低时，高管人员不用处理大量的外部信息，可能会更多地关注有效的机制来整合不同观点以解决问题。

对于关系冲突和组织创新而言，不利的外部环境可能会促进高管团队成员之间更强大的团队认同（Hogg & Terry，2000）。

7.4.2.2　冲突管理方式

冲突管理学者认为，冲突必须得到有效处理才能使得冲突对团队效能的消极作用最小化（Alper，Tjosvold & Law，2000；Chen，Liu & Tjosvold，2004）。基于此，刘军等（2008）实证研究了冲突管理方式对于冲突—绩效的调节效应。冲突管理方式划分依据托马斯（Thomas）的二维模型，以"满足他人"和"坚持信念"两个维度划分了竞争、妥协、合作、回避、适应五种冲突管理方式。经过阶层回归模型分析，对于两种冲突和冲突管理方式的交互效应，结果显示，当团队冲突管理采取合作方式时，任务型冲突对团队绩效产生正相关影响，但是关系型冲突与合作方式的交互效应并不是显著关系；当团队冲突管理采取回避方式时，两种冲突类型的破坏性更强，但相对来说，采取不回避，可能冲突的破坏性更弱。从实践意义的角度出发，尤其在中国企业管理的大背景下，如果对于冲突选择回避，那么使得成员之间关系破裂，同时也不利于提高企业的绩效；当团队冲突管理采取妥协方式时，如果采取折中的妥协方式，相比绝对不妥协，更加能够抑制关系冲突的负面作用。此外，在问卷调查过程中采用高管团队成员自我陈述的方式，通过统计分析发现，高管团队成员首选的冲突解决方式是合作，其次是妥协，很少选择回避，此结论与富萍萍等（2004）的研究结论一致。在中国传统的中庸哲学文化中，竞争侧重于坚持自己的信念，适应侧重于极度的满足他人，这两种极端的处理方式显然不适于中国情景，因此，竞争和适应对于任务冲突和关系冲突均未有明显影响。

有学者研究了合作和竞争两种冲突管理方式在认知冲突与情感冲突、过程冲突和情感冲突之间的调节效应（Papenhausen et al.，2015）。他们通过问卷形式，分层回归结果显示，在高而不是低水平的合作冲突管理方式下，认知冲突正向影响情感冲突将会减弱，高水平的过程冲突将导致高水平的情感冲突，反而低水平的过程冲突将导致低水平的情感冲突；在低水平的竞争性冲突管理方式中，认知冲突正向影响情感冲突的程度会减弱；过程冲突正向影响情感冲突的程度也会减弱。总的来说，冲突管理这两种方式也在文献中得到了验证，并且支持了冲突管理方式会影响团队效能和结果的看法。决策制定过程中，团队成员会无意识地进入到竞争和合作的冲突管理方式中。比如，当成员要求别人赞同他的观点时，他们就会把冲突看作一输一赢的比赛或夸大他们的立场达到自己的目的，因而他们会参与到竞争性的冲突管理中。另外，当团队成员鼓励共同寻求方案解决问题时，就会把冲突看作一个共同的问题，因而会参与到合作性的冲突管理方式中（Tjosvold，Law & Sun，2006）。合作的冲突管理方式倾向于减少认知冲突对情感冲突的消极作用。同时，竞争性的冲突管理方式倾向于增加过程冲突对情感冲突的消极作用。

7.4.2.3 凝聚力

巴里克等（Barrick et al.，2007）认为，凝聚力是一种情感，心理状态，反映了团队成员之间由于经验和互动而产生的共同承诺，吸引力和团队自豪感。凝聚力是团队成员之间结合的重要指标，影响后续团队合作过程和结果的执行（Beal et al.，2003；Gully et al.，1995）。马克斯等（Marks et al.，2001）具体地将凝聚力作为一种涌现状态，因为它是动态的，并且作为团队输入、过程、结果和环境的函数而变化。涌现状态描述了团队的认知、激励和情感状态，而团队过程描述的是团队成员之间互动的本质，理解涌现状态的关键在于其并不描述团队成员互动的本质，所以团队过程与涌一状态是有区别的。同时，两者又是有联系的。因为涌现状态可以被认为是团队投入和近期成果，虽然不代表导致成果的团队互动，但涌现状态是团队过程的产物，并且是后续过程和结果的新投入。高管团队冲突作为一种团队人际过程，其与团队绩效的关系必然也会受到涌现状态的影响。因此，本研究认为涌现状态是团队过程和团队绩效关系之间的重要调节因素。

王国锋等（2007）梳理先前文献后得出凝聚力与团队绩效存在正相关关系的结论。他们将凝聚力划分为归属感（个体对于自己属于团队一员的认识，强调认知层面）和士气（个体作为团队一员的精神状态，强调认知层面）。结果表明高管团队凝聚力调节着团队冲突与决策质量之间的关系，具体表现为团队凝聚力越强，越有利于决策质量的提高。具体来说，虽然人际不和谐的关系冲突不利于决策质量的提高，但是感知的凝聚力中的士气可以减弱关系冲突的负面效应，并且也有利于决策质量的提高；虽然相关性的分析表中显示着凝聚力与冲突的关系并不显著，但是凝聚力中的归属感可能有利于减少关系冲突的发生，从而会间接地有利于决策质量的提高。

7.4.2.4 行为整合

汉布里克（Hambrick, 1994）将行为整合定义为"组织参与互动和集体互动的程度"。行为整合是一个综合构念，包含三个过程元素：信息交换的数量和质量，合作行为和成员共同决策。一个高度行为整合的高管团队，成员之间呈现出强烈的互动，因而产生更加开放自由的信息交换和基于协作的解决方案（Carmeil et al., 2006）。卡门等（Carmen et al., 2015）实证研究结果表明，团队认知冲突与组织创新的关系在行为整合水平高和低两种情况下的确是存在差异的。当团队中存在低水平的行为整合时，任务冲突对组织创新的影响是不显著且消极的，即在低水平行为整合的高管团队中，随着成员之间任务冲突的增加，组织的创新绩效也在下降；然而，当团队中存在高水平的行为整合时，任务冲突对组织创新的影响略有显著且积极正相关，即在高度行为整合的团队中，随着任务冲突的增加，组织创新也在不断地提高。虽然实证结果没有证明行为整合有助于减少冲突对组织创新的消极影响以及减少任务冲突引发关系冲突的可能性，但是，研究发现，当团队出现高水平的行为整合时，冲突两维度对组织创新的共同作用不是有害的。这可能是因为行为整合刺激了团队成员在建设性讨论背景下，成员之间的信息、知识的传递，同时还可以将成员的多样性纳入到战略决策和创新互动中，从而更有利于做出创新性决策，提高组织的创新绩效。其他研究学者也认为，如行为整合这样的团队互动过程有助于管理和解决团队冲突，并会对组织最终的绩效产生正面的影响（Chen et al., 2005）。如李等（Li et al., 2009）认为，任务冲突在企业战略决策过程中产生什么样的作用，关键在于高管团队成员理解和支持彼此的程度。德勒和温加特（De Dreu & Weingart, 2003）也认为，一些与个人互动或团队动态相关的因素可以减弱任务冲突和关系冲突的相关程度，有助于两者之间的有效平衡，从而提高任务冲突对组织绩效的积极影响。可见，行为整合可以缓冲高管团队冲突与企业绩效之间的负面关系，即降低冲突可能的负面效应。

7.4.2.5　团队熟练程度

团队熟练程度被定义为团队集体自信、彼此信任以及执行任务的流利程度（McGrath，Macmillan & Venkataraman，1995），代表着团队有效性的一个重要的前因。虽然任务冲突能够使得高管团队获得对战略决策更好的理解力和更多的选择，但是这样的作用取决于团队成员理解彼此的价值观以及团队成员之间的集体自信和相互信任（Li et al.，2009）。对于缺乏实践和团队管理经验的新创企业来说，团队内部的沟通与信任更是关键所在。高水平的团队熟练程度有助于为高层管理者建立一个合作和心理安全的氛围，这种氛围使得团队成员能够自由交换他们的观点以及参与到更加开放的讨论中。有研究表明，集体自信和相互信任的团队往往有利于解决共同利益的冲突，并且能够整合不同的观点开发新的解决方案（Tjosvold，Law & Sun，2006）。当成员感知到他们的团队有着高水平的熟练程度时，任务冲突会变得特别的重要。此时，高管团队成员能够勇敢发表自己的见解，也能够虚心接纳其他成员的批评，有益于成员间的信息有效传递，从而有助于决策质量的提高。相反，在低熟练水平的团队中，会发生更多任务冲突，从而更容易引发关系冲突，导致成员间信息沟通不畅。综上所述，新创企业高管团队熟练程度能有效调节任务冲突和企业战略制定的关系。

7.4.2.6　信任

在战略决策制定过程中，由于成员之间的异质性会造成对任务不同的观点和看法，如何发挥成员异质性带来大量信息的优势，关键在于信息分享的程度以及对其他人观点的接受程度，而这又取决于成员彼此之间的信任程度（戴佩华，2016）。因为当成员之间建立起对彼此的能力和情感上的信任之后，就会对其他成员的观点持有理性的、客观的判断，也不会视别人的意见为针对个人的不满（Dooley & Fryxell，1999；McEvily，2003），另外，能力和情感上的信任使得成员在执行决策时更加积极主动（Satyanrayana，Parayitam et al.，2009）。因此，戴佩华（2016）研究表明，在团队任务冲突与团队决策绩效之间，信任能够起到重要的调节作用。

7.4.3　高管团队冲突影响企业绩效的中介机制分析

7.4.3.1　独特信息加工

戴佩华（2016）认为，任务冲突对独特信息加工具有显著的影响。这证明任务冲突的加剧可以有效刺激成员努力挖掘和任务相关的各类信息，尤其是独特信息；并能增加对独特信息的反复讨论和分析。独特信息是团队成员各自拥有的不为他人知晓的信息和知识，独特信息分享和独特信息利用的水平越高，决策质量和决策承诺的水平就越高。类似地，德勒（De Dreu，2006）同样认为任务冲突能够使得成员之间信息的交流与分享，有利于给团队带来新颖的观点和想法，同时，关于工作的探讨成员之间会产生对立的看法，但正是对立的观点引起成员对彼此的独特信息的重视，促使成员更进一步地交流与分享信息，信息的进一步交换有助于成员对任务的内容、目标等产生更深的认识。可见，高管团队冲突可能促进独特信息加工进而提升企业绩效。

7.4.3.2　关系冲突

阿玛森（Amason，1996）认为任务和关系两冲突的出现常常是相伴而生的，并且任务冲突会引发关系冲突。关于任务冲突引起关系冲突的原因，德．威特和耶恩（De Wit & Jehn，2013）认为有以下几个原因：第一，团队成员可能会把任务冲突误认为关系冲突。有关任务相关的观点通常含有成员个人的看法，基于自我验证理论以及归因理论，有学者认为，当成员的观点受到批判或否定时，这将会使得团队成员正面的自我评估，所以成员通常会对自己的观点带有维护的情感在里面（Swann，Polzer，Seyle & Ko，2004；De Dreu & Van Knippenberg，2005）。因此，当团队成员在对其他成员有关任务的不同观点进行批判或评论太过于个人化时，被批判的团队成员会觉得对方是在个人层面上进行评论，表达的是针对个人的批评，此时，成员把有关任务的评论看成对个人的人身攻击，从而被误解为关系冲突（Jehn，1997；Simons & Peterson，2000；Yang & Mossholder，2004）。第二，任务冲突可能进一步引发原本并不相关的关系冲突。例如，由于团队成员在政治、艺术等方面的偏好不同也会对问题产生不同的看法，或者来自于成员之间人际关系不和谐的冲突带到与任务相关的工作中。第三，关系冲突会引起成员的焦虑。工作冲突通常会引起成员的焦虑，尤其是当冲突变得私人化和情绪化的时候（Dijkstra，Van Dierendonck & Evers，2005；Narayanan，Menon & Spector，1999），因为冲突引发的焦虑会缩小群体成员的关注范围，并减少他们使用的信息渠道的数量（Kamphuis，2010；Staw，Sandelands & Dutton，1981）。如有研究表明，焦虑会造成个体成员坚持自己最初的观点和关注与他们观点相一致的信息（De Wit，Scheepers & Jehn，2012；Fischer et al.，2011）。

团队成员间任务冲突引发关系冲突，进而影响成员的心理、组织承诺与信任，最终降低决策效率和质量（De Dreu，2006；Li & Li，2009）。基于这些依据，卡门等（Carmen et al.，2015）实证研究中，首先验证任务冲突对组织创新绩效的影响，结果显示，任务冲突负向影响组织创新，此时两者之间相关性存在着微弱的显著性，但是当把关系冲突加入到任务冲突和组织创新关系中时，任务冲突与组织创新的关系变得不再显著。研究发现关系冲突完全中介了任务冲突对组织创新的影响。类似地，有学者的实证研究中也得出了相似的结论，即认知冲突与团队有效性之间关系不显著，当把关系冲突到任务冲突和团队有效性中时，任务冲突将会消极地影响团队有效性（Papenhausen & Parayitam，2015）。

7.4.3.3 团队效能

沙利和吉尔森（Shalley & Gilson，2004）认为，在任务冲突发生的过程中，成员之间会加深对彼此专长、性格等方面的了解；同时工作目标以及流程会变得清晰，不仅有利于更好地工作的执行，同时也有利于成员产生更具有创造性的想法。此外，胡等（Hu et al.，2011）的研究表明，具有团队目标清晰和办事流程清晰特征的团队往往对组织具有较高的信任感和团队效能感，同时成员在团队中遇到问题时能够重新审视和思考，降低人们面对压力和沮丧情绪的脆弱性，从而可以提高团队绩效。当一个团队成员对自己所属团队具有的能力非常信任时，他们往往会更愿意为自己所在的组织去努力工作，并且碰到困难时也会坚持下去，所以这样的团队会更加具有创造力。周明建等（2014）在研究团队冲突和团队创造力关系时通过实证检验了团队效能的中介角色。他认为，团队冲突在组织中是一个非常普遍的现象，并且在有关任务发生冲突的过程中，如果团队成员拥有较高团队效能感时，就会勇往直前，为团队绩效而努力。

7.5　高管团队冲突与企业绩效的关系效应管理模型

高管团队冲突可以有不同的类型，对于不同类型的高管团队冲突可能有不同的影响前因，并且其间可能受到企业竞争环境和团队特征的调节影响，并进而影响企业绩效。为此，本研究构建了如图 7.1 所示的理论模型。

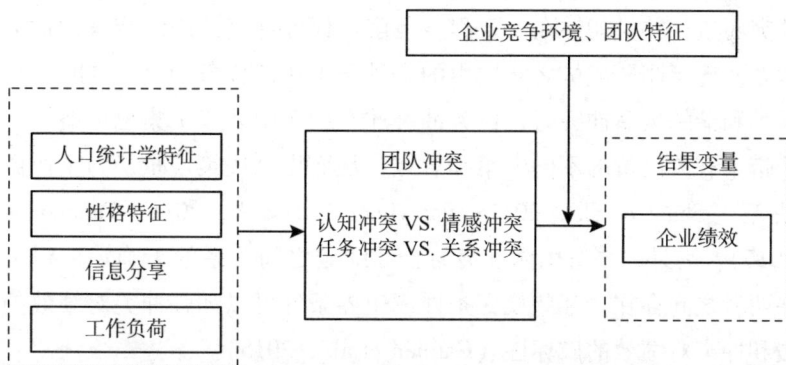

图 7.1　高管团队冲突与企业绩效的关系效应管理模型

首先，影响高管团队冲突的因素有多个方面，如人口统计学特征、性格特征、信息分享以及工作负荷等。先前许多学者的研究把团队人口统计特征当作团队发生冲突的一个重要前因变量。韩玉涛（2013）认为，团队人口统计特征通常指团队成员年龄、任期、职能背景等显性的特征。考虑到不同人口统计学特征存在其特殊性作用，未来研究需要更细化地探讨高管团队人口统计学特征的差异性影响。

其次，不同类型高管团队冲突对企业绩效的影响也存在着差异性效应。根据冲突起因的不同经常分为不同的类型，一般地将高管团队冲突主要分为团队成员关于任务本身的不同意见而产生的任务冲突以及团队成员由于人际关系不和谐而产生的关系冲突（Amason，1996；Jehn，1995）。但是，团队冲突在高管团队决策过程中既有其建设性的一面又有破坏性的一面，而且有关高管团队冲突的不同类型对企业绩效的影响，不同学者由于研究视角不同所得结论也不同，例如，多数研究表明高管团队任务冲突对企业绩效具有积极影响，而关系冲突消极影响企业绩效（Parayitam & Dooley，2009）。然而，也有研究认为团队任务冲突对组织绩效产生负面（De Dreu & Weingart，2003；Liu et al.，2009；肖璐，2010）和不显著的作用（De Wit & Greer et al.，2012）。关系冲突和企业绩效之间关系并不显著（Li et al.，2009）。此外，也有学者研究表明高管团队冲突对企业绩效的影响并非线性相关，任务冲突与关系冲突在研究中并不是两个独立的变量；相反，两者之间存在着高度的相关性，任务冲突与关系冲突之间往往存在正面效应，关系冲突极可能伴随任务冲突而生，并且能够在一定程度上削弱任务冲突给组织带来的优势。所以，学者发现当团队成员之间发生的是基于工作的任务冲突，同时不存在基于人际不和谐的关系冲突时，任务冲突才有助于团队成员集思广益，并且会给团队带来有关决策的不同方案和观点，从而提高决策质量，为企业做出更好地决策（Shaw et al.，2011；Parayitam & Dooley，2011；Papenhausen et al.，2015）。另外，高管团队冲突与企业绩效之间关系的不确定性很可能是因为在两者之间存在着某些权变条件或边界条件可以加强冲突对绩效的建设性，缓和冲突对绩效的破坏性（Carmen et al.，2015）。

再次，高管团队冲突与企业绩效关系间还存在一些重要的边界条件，包括组织环境因素及团队特征因素。相关研究结果表明，组织环境有效调节高管团队冲突与企业绩效之间的关系。高管团队人员从企业外部获得的挑战和压力越大，他们越强调团队内部的相似之处，他们的注意力将脱离关系摩擦，而转向共同解决企业面临的问题。在我国组织情境中，受传统集权观念影响，当高管团队成员共同面对高度不利的外部条件时，与任务冲突相比，和睦的重要性似乎会使关系（情感）冲突更容易使团队成员感到沮丧（Tjosvold et al.，2006）。因此，在一个不确定的竞争环境中，或者一个公司缺乏制度支持，高管人员不太可能发生关系冲突，这将对创新的破坏性影响减轻。相反，在良好的竞争环境中，高管团队成员反而将精力集中于内部问题，更倾向于转为内战，导致产生更多关系冲突。所以，当企业所面临的外部环境竞争性和不确定性程度低时，任务冲突有益于组织的创新性；当企业所面临的外部环境竞争性和不确定性程度高时，关系冲突有利于组织的创新性。

最后，高管团队冲突可能通过一些重要的中介变量影响企业绩效。如高管团队任务冲突可能促进独特信息加工进而提升企业绩效；任务冲突可能引发关系冲突进而阻碍企业绩效等。可见高管团队冲突对于企业绩效的间接影响。研究结果更加丰富了高管团队冲突理论，进一步明确了任务冲突与关系冲突之间的关系，对于相关管理实践活动具有重要的指导意义。

7.6　结论、管理启迪及未来研究展望

7.6.1　结论

在高管团队决策过程中发生的冲突能否解决对决策质量及企业绩效有着重要的影响作用（刘军等，2007）。为此，高管团队冲突成为组织管理研究的一个重点。本研究在前人研究基础上对有关高管团队冲突的研究进行了一个系统地、完整地梳理，丰富和拓展了未来高管团队冲突的研究视角。虽然高管团队冲突可以有不同的分类，如包括了任务冲突和关系冲突。但是，在高管决策制定过程中，任务冲突与关系冲突之间的相关性是必须要考虑到研究当中的，而不能够将两种冲突完全隔裂开。任务冲突过高可能导致关系冲突也过高，而与人际关系不和谐的关系冲突通常又会使得团队成员将工作重心转移到个人攻击上，必然不利于团队决策的制定以及企业绩效的提高（De Dreu，2006；戴佩华，2016）。另外，导致高管团队冲突产生的因素有许多，如团队人口学特征、性格特征等。对于高管团队冲突影响因素的探讨有利于更深入地理解高管团队为何会产生冲突，并进而有助于团队冲突的管理。此外，在研究冲突的过程中，应该把社会情境因素加入到研究中。由于中西方文化、价值观等不同，维护人际关系和社会面子的中国情境下，高管团队成员可能对于其他成员的意见分歧持有尊重和包容性，所以在决策过程中任务

冲突不太可能会引起人际间不和谐的关系冲突，进而也不会对团队决策造成负面影响。最后，有关高管团队冲突对企业绩效的作用机制研究很多，但是高管团队冲突影响企业绩效的结果不确定性意味着未来需要更加深入挖掘其他的边界条件或者中介变量，以期能够提高结果的稳定性；同时，减少任务冲突向关系冲突转化的可能性。

7.6.2　实践意义

艾龙和帕塔克（Aeron & Pathak，2017）认为，团队成员给团队所带来的不同观点和背景只有得到合理地处理才能够促进团队目标的高效完成。高管团队成员人口学特征对于高管团队绩效的影响研究表明，高管团队异质性或者多样性价值的发挥需要注意避免有害的团队冲突的阻碍作用。

由于组织环境的复杂性和成员之间的互依性，在组织内经常可以看见冲突。并且斯图尔特（Stewart，2006）认为组织冲突对团队效能、凝聚力和绩效有着重要的作用。有学者研究发现，团队中高水平的冲突会给组织绩效带来消极的作用，例如团队成员之间人际关系不和谐、工作满意度不高、信息量负荷以至于偏离工作目标等组织表现（朱晋伟等，2017）。不过，团队中的冲突水平过低，则易出现群体思维的现象，同样不利于解决问题的创新性和决策质量的提高，从而降低团队成员的工作满意度和企业绩效（De Dreu，1997；刘军等，2008）。为此，组织管理者需要重视高管团队冲突可能存在的积极效应与消极影响，即高管团队冲突可能是一把"双刃剑"，需要组织管理者权变地对待高管团队冲突。

概括而言，本研究通过梳理有关高管团队冲突的国内外参考文献后对于今后企业中的冲突管理具有一定的实践指导意义：第一，在管理中需要重视高管团队冲突的影响作用。因为在高管团队决策过程中的冲突或多或少是存在的，并且冲突类型不同，其对企业绩效的影响也不同。所以，企业领导者在今后的企业管理中应该学会如何发挥和加强任务冲突能够对企业绩效发挥的积极或建设性作用，抑制和预防关系冲突给企业带来的负面效应。第二，企业的领导者应该尽可能为高管团队提供人性化服务环境，譬如为团队成员创造良好的、和睦的工作氛围，增加成员与他人共享信息的意愿；同时，管理者也应注意团队讨论的进程，当意识到有成员在商讨过程中过于私人化和情绪化时，领导者应及时制止和调节紧张的氛围，以防任务冲突向关系冲突转化。第三，中国集体主义和儒家文化的大情境下，高管团队成员可能对于其他成员的意见分歧持有尊重、客观和包容性，因此，与任务相关的冲突可能更会给企业带来创新和全面的解决方案，不太会引发关系冲突的发生，从而降低对团队的负面影响。

7.6.3　未来研究展望

第一，冲突两维度与企业绩效之间的关系机制探讨。通过之前的文献分析发现，任务冲突与关系冲突之间并非两个独立的变量，它们之间存在着显著的正相关关系，并且过多的任务冲突往往会激起成员之间的人际关系不兼容，引发关系冲突，而关系冲突会负向影响企业绩效。未来可以证实检验两种冲突间的关系，及其对企业绩效的影响。

第二，基于团队综合视角下的企业绩效提升的驱动机制。本研究表明，高管团队冲突在企业现在和未来发展中都扮演着不可或缺的角色。但除此之外，影响企业发展的高管团队因素有许多，如学者研究发现高管团队权利分布（曹晶等，2015）、人力资本（陈梦媛和唐贵瑶，2016）和社会资本（杨隽萍等，2013）对企业绩效产生重要影响。未来研究可以综合探讨影响企业发展的高管团队的多个要素，以利于更好地指导高管团队对企业发展的影响。

第三，基于团队过程视角探讨，探讨不同团队过程间的相互影响。马克斯等（Marks et al.，2001）将团队过程定义为成员的相互依赖行为，通过认知，口头和行为活动将投入转化为成果，旨在组织任务工作以实现集体目标。根据马克斯等（Marks et al.，2001）对于团队过程的分类大致分为过渡阶段、行动阶段和人际阶段，并且认为这些过程在过渡期和行动阶段发生的可能性不同，但是人际过程在整个过渡阶段和行动阶段都会发生的。然而，因为团队合作提供了可能发生冲突的人际关系环境，所以团队冲突属于人际过程的一个维度，并且是团队过程中经常可以看到的现象。那么，作为一种人际过程，团队冲突与过渡阶段和行动阶段的团队过程间的关系影响机制如何，值得深入探讨。

| 第 8 章 |

高管团队、中层管理者与组织
战略的关系机制研究

8.1 引　言

什么是战略以及战略在组织中是如何形成的这一问题在学术界已经得到较为丰富的研究。传统的战略管理过程一开始认为战略制定和战略实施是互不关联的两个部分,二者相互独立。战略制定与战略实施在企业战略管理过程中常常分别由高管团队和中低层管理者分别实施。其中,高管团队负责对企业的战略环境进行分析,并在分析基础上制定企业的战略决策和战略规划安排。中层管理者以及低层管理者则主要是对企业高管团队制定的战略决策和战略规划具体实施。在企业战略管理过程中,中层管理者作为企业上层与基层的重要联络者,对于战略落地起着至关重要的作用。在这一过程中,中层管理者要认真而且准确地理解企业高管的战略决策与规划,同时将此决策与规划变为具体的工作计划,便于企业各级人员准确实施。同时,中层管理者还需要发挥监督和检查职责,促使所管理的部门与员工认真执行战略规划,贯穿战略决策精神到日常的所有工作相关活动之中,从而保证战略落实。

过去高管团队的行为研究,一直是进行组织战略相关研究的关注重点。传统的组织战略研究范式认为,战略制定始于高层,而战略执行则更多的是组织中低层的任务,高管团队和中层管理者的区别在于高管团队是制定战略,

而中层管理者则是实施战略（Fulop，1991）。汉布里克和梅森（Hambrick &
Mason，1984）总结提出"高管团队视角"，认为战略作为一种组织结果，是
组织中有权力成员的价值和感知的反映，组织高层的管理背景特征会影响组
织的战略选择与绩效水平。芬克尔斯坦和汉布里克（Finkelstein & Hambrick，
1990）在"高层视角"框架的基础上又进一步研究了高管团队的团队任期的
影响，并发现高管团队任期对组织战略与绩效有显著影响。斯玛和巴特尔
（Wiersema & Bantel，1992）研究检验了高管团队人口统计学特征与公司战略
变革之间的关系，并发现当高管团队更加年轻化、具有更短的组织任期、更
高的团队任期、更高的教育水平和更高的教育专业异质性时，企业的战略发
生变革的可能性就会越大。卡彭特和弗里德里克松（Carpenter & Fredrickson，
2001）又从全球化战略的角度研究了高管团队的人口统计学特征对企业全球
化战略姿态的影响，并发现高管团队的国际化经验、教育背景和任期的多元
性对公司的全球化战略选择具有正向的影响。

　　随着高层视角研究的不断发展，其对高层决策之后的发展过程方面的研
究不足与局限性也逐渐受到关注。与"高管团队视角"不同，"中层管理者
视角"更加关注在战略管理过程中中层管理者所扮演的角色以及所起到的作
用，这也引发了学者的关注并进行了相关研究。伍德里奇和弗洛伊德（Woo-
dridge & Floyd，1990）是基于"中层管理者视角"进行研究的卓越学者，他
们认为中层管理者在积极参与组织战略后能够从多个方面改善组织绩效，同
时阐释和形成了中层管理者参与战略决策的理论模型。通过提高决策制定效
率来推动组织制定更有的战略，以及通过与高管团队保持更高的战略一致性
从而更好地执行组织战略。弗洛伊德和伍德里奇（Floyd & Wooldridge，
1997）之后又进行了中层管理者正式职位和战略管理过程影响以及组织绩效
之间的关系。通过对 259 名中层管理者的研究发现，跨领域子单元中具有正
式职位的管理者相比其他管理者具有更高水平的战略影响活动。在组织层面
的研究中发现，中层管理者在对下一层级的战略影响与公司绩效的一致性更
高，中层管理者在对上层级的战略影响与公司绩效则有很大的差异。作为企
业管理层级中的中层管理团队，在整个管理团队中占据很大比例，并且承担
着联系企业高管团队与基层管理者的关键角色，对于保持企业沟通的顺畅至
关重要。

"高管团队视角"和"中层管理者视角"两种视角分别从组织两个层级对组织战略的制定与战略形成做了大量的研究，产生了丰富的研究成果。综合来看，两类视角都是主要研究了组织中管理人员通过影响组织战略制定或战略执行过程来影响组织战略，进而对组织绩效产生正向或者负向的影响。两种视角的区别主要在于关注主体的不同，即分别关注高管团队和中层管理者。从这一点看，目前还很少有研究从两个层级的交互作用角度出发，对两个层级之间的交互作用对组织战略形成的影响进行研究。本研究首先关注了组织战略研究视角的拓展，然后进一步深入分析中层管理者视角下的组织战略研究发展，进而探讨高管团队和中层管理者互动中的角色行为及其影响要素，最后分析了高管团队和中层管理者的战略共识对组织战略实施的影响，期望借此促进高管团队与中层管理者互动的相关研究。

8.2 组织战略及其研究视角的拓展

8.2.1 组织战略的内涵

战略作为一种连贯、统一、整合的决策模式，被许多商业人士认为是为组织整体提供一个完整综合蓝图的主要力量。战略所形成的计划为公司整体的基本目标得以实现提供保证。从组织长期目标角度看，战略被视为一种建立组织目的的手段，涉及组织的长期目标、行动方案和资源分配计划。在公司竞争研究领域，战略的核心问题是定义公司现有的业务或即将进入的业务，要求战略制定者关注公司成长、多元化及业务剥离。在考虑组织外部环境与内部能力的基础上，战略被定义为对组织外部机遇与威胁和内部优势与劣势的一种响应，同时也是增强企业竞争力，占据竞争有利地位的方式之一。战略的核心就是获取竞争优势，提升企业的可持续竞争力。具体来说，战略可以依据决策时所强调的不同层级管理者的管理责任差异而进一步细分为公司层战略、业务层战略以及职能层战略三类。从组织整体利益相关者的角度出发，战略则定义了公司需要对其利益相关者做出的经济与非经济贡献。

大量的研究从众多角度对战略做出了定义，本研究认为对组织战略最为经典的定义来自明茨伯格（Mintzberg，1978）的研究，通过将战略区分为谋划中的战略（Intended Strategy）和已实现的战略（Realized Strategy）。在对组织已实现战略跟踪研究的基础上，明茨伯格（Mintzberg，1978）将战略定义为"一系列决策中的模式"，即当某个领域的一系列决策显示出一种随时间推移的连续性，就可以认为战略已经形成了。基于这一定义，战略并非高深莫测。传统意义上的战略制定与战略执行可能并不具备清晰的界限，组织战略在一系列循序渐进的组织决策中自然而然地形成了。因此，可以通过对战略形成（strategy formation）的研究将组织战略研究关注于切实的组织现象：决策流，组织战略也就成为该种决策流中所观察到的模式。

8.2.2　组织战略研究由高层管理者视角到中层管理者视角的发展

在进行战略管理的相关研究中的"中层管理者视角"最初是由伍德里奇等（Wooldridge et al.，2008）在2008年提出的。他们指出在过去的25年里，战略过程研究的范围已经由高管团队拓展到中层管理者及其他中层专业人员，他们的活动和行为对组织内战略形成有重要的影响。巴特利特和戈沙尔（Bartlett & Ghoshal，1993）对不同层次管理者的战略角色进行了再定义，中层管理者不仅仅只关注于控制，而且为一线管理者提供了资源，辅导并帮助一线管理者的创新活动；高管团队不只是代表运营策略制定和战略创新，而且更多地关注于管理创新过程，比如设立更广阔的目标及设定绩效标准。

与"中层管理者视角"相对应的是"高管团队视角"，而"高管团队视角"研究的前提是高管团队通过制定和执行战略来影响组织绩效（Mintzberg，1978）。高层是指组成公司统治集体的高级管理人员（Carpenter，Geletkanycz，Sanders，2004）。艾森哈特等（Eisenhardt et al.，1997）将高管团队定义为组织内部共同制定、宣布和执行组织战略行动的管理者圈子。大多数"高管团队视角"的研究都假设高管团队的角色是进行战略决策，而高管团队决策背后的交互作用和过程则通常被当作黑箱子（Carpenter et al.，2004）。而"中层管理者视角"的研究则可以更深入的理解战略管理过程，特别是执行过程，有助于厘清高管团队与中层管理者互动在高管战略决策中所发挥的积极作用。

中层管理者是企业高管团队与基层人员之间的联络者，承担着连通企业上下层的角色。弗洛伊德和伍德里奇（Floyd & Wooldridge，1992）认为中层管理者的纽带作用体现在理解和执行战略规划，维持企业日常运作，在战略制定与战略实施中发挥纽带性作用。有学者研究认为，中层管理者更临近生产或者市场一线，对于企业日常经营管理活动比高管团队了解更仔细，因而也能更及时地发现企业中存在的问题，提出更具变革性和创造性的改革方案（Rouleau，2005），因而关注中层管理者的行为是进行战略分析的重要内容。柯里和Currie和普克特（Procter，2005）研究指出目前的研究主要关注高管团队在组织变革战略分析中的作用，探究高管团队如何在变革和领导协调成员中创造价值。对于中层管理者在其中所发挥的重要作用关注不是特别多。对于中层管理者在战略管理过程中所发挥的提出有借鉴意义的变革建议，解读战略规划方案，保证战略规划落地的作用研究不多。也有部分学者意识到中层管理者的重要性，帕帕斯和伍德里奇（Pappas & Wooldridge，2007）等人认为中层管理者应该承担起组织变革中的重要作用，主动发挥战略性支持作用。

企业的战略规划是基于高管团队的决策和规划而形成的，同时也是中高层管理者相互协商，相互沟通行成的。尽管学术界关注到了中层管理者和高管团队的沟通协作能够对企业战略规划和战略实施产生积极作用。然而，在企业战略管理过程中，研究依旧是沿着两条相互平行的研究思路。一种思路是聚焦于企业战略管理中的高管团队功能；另一种思路则是注重企业战略管理中的中层管理者功能。这种平行研究思路导致的后果即是缺乏对企业战略管理中两者互动的关注（Raes et al.，2011）。为弥补这一不足，有学者提出了高管团队与中层管理者的互动模型，重点分析高管团队与中层管理者互动对于企业战略管理的意义，以及两者互动对企业战略管理的影响机制，包括对企业战略规划和战略实施可能存在的影响作用及内在作用机理（Anneloes et al.，2011）。这在一定程度上填补了当前研究中的空白。不过，高管团队与中层管理者互动对企业战略管理的影响作用研究还相对较少，还需要进一步的研究分析来揭示这种交互在战略制定给战略实施中所起到的影响作用，探讨这一交互的工作机制及其影响作用。还需要更加深入了解战略管理过程中高管团队和中层管理者在战略制定和战略实施中的作用以及所担当的不同战略角色，以及相互影响相互作用的内在协作机制。

8.3 中层管理者视角下的组织战略研究发展

8.3.1 中层管理者的定义

中层管理者视角下的组织战略研究的前提是对中层管理者的定义进一步明确。有学者提出，企业的中层管理者是位于企业管理层级中间部分的管理者，即处于高管团队与基层管理者之间的那一部分管理者（Uyterhoven，1972）。明茨伯格（Mintzberg，1989）将中层管理者定义为那些在组织序列中介于组织操作核心层与高层管理团队之间的管理人员。

中层管理者的特征不在于其在组织图表中的位置，而是他们能够既接触到高管团队又具备运营知识，正是这种结合使他们能够作为组织中战略活动与日常活动的中介人（Nonaka，1994）。中层管理者依据所在部门职能的差异可以分为不同类型：业务线经理（比如部门总经理或战略业务单元总经理）、职能线经理（比如分管市场的副总经理）以及团队或项目为基础的管理人员（比如战略创新负责人）（Wooldridge & Schmid Floyd，2008）。

8.3.2 与战略相关的中层管理者的角色行为

中层管理者依据战略职能的不同可以分为不同的战略职能角色：拥护备选方案、整合信息、推动战略适应和战略实施，其中拥护备选方案和整合信息是中层管理者通过向上影响高管团队进而实现其战略职能（Floyd & Wooldridge，1992）。拥护备选方案、整合信息、推动战略适应和战略实施每个职能角色都有自己的感知特点和行为特点（Wooldridge & Schmid Floyd，2008）。拥护备选方案是一种向上影响的过程，中层管理者在理解高管团队战略规划基础上进行自我解读，是对高管团队战略规划的二次重构。整合信息角色，中层管理者在对高管团队的信息进行解读后，向高管团队反馈所理解的信息。战略实施角色，中层管理者在高管团队战略规划指导下，整合资源，围绕战略规划要求指导下属行为，使的战略规划和制定的战略能够落到实处。推动战略适应角色下，中层管理者鼓励下属及周围人员参与到想法探索与形成中去。

进一步的研究发现中层管理者的以上四种角色职能对于组织核心能力的提升有着某种关联，中层管理者的角色行为积极合理的发挥能够串联企业高层与基层，能够降低成本，同时促进组织成员更高的积极性，实现提升组织核心能力的目的（Floyd & Wooldridge，1994）。中层管理者的角色和影响已经被用于公司企业家精神（Burgelman，1983）、创新和组织学习（Kanter，1982）、战略执行（Balogun & Johnson，2004；Huy，2002）、和战略制定过程（Currie & Procter，2005；Pappas & Wooldridge，2007）等研究领域。弗洛伊德和伍德里奇（Floyd & Wooldridge，1999）研究发现中层管理者能从三个方面来促进组织创新能力提升，促进组织知识整合，激发创新能力，这三个角色分别是：识别机会，发现创新机会以及整合更新组织能力。赫斯（Homsby，2002）开发了一种评估工具，用来评估中层管理者如何感知组织内部环境对中层管理者企业家精神支持的力度，并通过研究表明，适当的奖励、高管团队支持、资源可获得性、支持性的管理结构和对风险的容忍度，这些共同作用下影响公司的中层管理者进行创新过程得到支持的感知程度。

以弗洛伊德和伍德里奇（Floyd & Wooldridge，1992）的四种战略职能角色为基础，韦勒等（Weilei et al.，2009）提出了中层管理者的八种代理角色，即下级巡回者、下级看门人、代表人、向上联络员、上级巡回者、上级看门人、向下联络员和协调员。这八种不同的角色从不同的角度影响中层管理者参与战略过程，发挥战略角色作用。

在中层管理者的多种角色行为中，建议推销行为得到了较多的关注。中层管理者"建议推销"角色行为由达顿和阿什福德（Dutton & Ashford，1993）提出，并分析了它的概念内涵。这一概念与中层管理者四种战略职能角色中的拥护备选方案和整合信息角色相一致，都是中层管理者向上影响高管团队。达顿和阿什福德（Dutton & Ashford，1993）认为，建议推销是早期组织决策制定过程的关键活动，中层管理者可以通过影响高管团队注意哪些议题来塑造组织的战略议程。中层管理者是否向上进行建议推销行为，以及中层管理者在担当建议推销角色有效性背后的心理机制也得到了研究者的关注。主要研究影响中层管理者扮演建议推销行为的有效性的各种要素，以及在何种组织环境下愿意进行建议推销行为（Dutton，1997）。达顿等（Dutton et al.，2001）通过研究 82 份建议推销行动的案例描述，总结了成功的建议推销行动需要考虑的行动要素。建议推销行为要考虑以下几个方面的影响因素，这些影响因素与传统意义上的销售活动相类似。具体指建议包装、推销参与及推销过程。建议包装即如何将所形成的建议在推销前加以包装美化，包括建议的表现形式及建议绑定，以计划书形式呈现且与组织盈利目标绑定的建议更容易得到高管团队的接纳；推销参与需要考虑参与的目标和参与的形式，寻求上级一起参与到推销中来更有利于建议推销行动的成功；推销的方式可以分为正式与非正式。具体推销的时机和方式应该结合企业具体情况进行有针对性的选择。

此外，研究除了关注中层管理者的建议推销行为向上的影响作用，扮演向上影响的组织角色。同时也有研究关注中层管理者向下的影响作用，以及在向下影响过程中所扮演的组织角色。贝蒂和李（Beatty & Lee，1992）研究发现中层管理者领导方式的不同进行变革的有效性也会不同，变革型领导方式相比交易型领导方式进行技术变革更有效。许伊（Huy，2002）研究了中层管理者如何帮助组织成员理解和应对变革。结果发现，在组织经历重大变革时中层管理者通过情感平衡过程帮助组织成员管理自身情绪。

最后，企业战略过程包括战略决策和战略实施两个重要部分，研究者也进行了中层管理者在战略管理过程中各个环节的角色分析，包含三个基本的方面。主要指战略决策环节中层管理者的角色行为，在战略实施环节中层管理者的角色行为，以及在战略决策和战略实施行为过程中中层管理者的角色行为。

第一，战略决策环节中层管理者的角色行为。施利特（Schilit，1987）对于中层管理者上行影响进行了研究，阐释了在战略决策过程中中层管理者对于高管团队的影响。他认为，中层管理者在低风险战略决策过程中的影响大于在高风险战略决策过程中的影响，他们施加上行影响的前提是有利于自身的职位稳定与晋升，显得非常理性。施利特（Schilit，1987）的研究还指出在进行战略决策时，中层管理者对高管团队施加影响的人员比不对高管团队施加影响的人，他的职业生涯往往会更加成功。韦斯特利（Westley，1990）研究了中层管理者在参与战略决策中会遇到的窘境，高管团队采用不同的态度对待中层管理者的建议，以及可能由此导致的对中层管理者的影响。从社会学的角度进行分析，采用"战略对话"来进行相关研究。他提出了中层管理者在向高管团队进行战略决策建议过程中的四种不同类型的反应情形。在战略对话过程中，将中层管理者建言分为两个不同维度，被吸纳或者被排斥，被动的屈服或者积极主动的服从，以及由此形成的四种不同反应类型。同时分析了中层管理者在战略决策中被高管团队排斥或者意见被接纳的具体情形。达顿等（Dutton et al.，1997）探讨分析了中层管理者有效进行建议推销行为的具体情境，在战略决策中向高管团队提出建议所要考虑的组织因素和环境因素。从政治学视角出发，将企业文化、环境和高管团队作为分析对象，分析中层管理者在不同情境中建议推销行为的有利性或者不利性。他们的工作把 Westley（1990）的研究向前推进了一步。塔库尔（Thakur，1998）从动态演变的视角出发，根据中层管理者在战略管理过程中的角色的演变，构建了中层管理者参与战略决策方式选择与时机选择的研究框架。该研究框架主要包括以下几个方面：高管团队的心理特征；中层管理者的行为特征；组织结构与组织过程的相关假设；对于市场份额增长的信心和投资收益增长的信任。

第二，在战略实施环节中层管理者的角色行为。古兹和米兰（Guth & Millan，1986）基于政治学的视角探讨了中层管理者在战略实施方面所扮演的角色以及有效程度的分析研究。研究指出中层管理者在战略实施过程中有效性如何关键在于中层管理者能否正确处理个人利益与组织利益之间的关系。高管团队为了激励中层管理者，使中层管理者能够有效地进行战略实施，高管团队需要利用政治工具，获得中层管理人员的支持与信任。需要中层管理者对战略认可，同时承诺在实践中认真贯彻战略规划的指导。施利特（Schilit，1987）对多达六十家不同产业结构和不同产权结构的企业中的中层管理人员进行具体调查研究，研究结果指出在中层管理者进行战略实施过程中会更多地与上层高管团队进行交流沟通，在战略决策过程中中层管理者的上行影响明显要少很多。

第三，在战略决策和战略实施行为过程中中层管理者的角色行为。弗洛伊德和伍德里奇（Floyd & Wooldridge, 1992）就此问题两度发表观点。弗洛伊德和伍德里奇（Floyd & Wooldridge, 1992）将中层管理者在战略管理过程中的行为分为四个方面，具体指上行性、下行性、认知分散性和认知整合性。同时也提出了与这四个维度相对应的在战略管理过程中的四个作用，即提供可供选择的战略方案，整合信息，增强适应能力以及落实战略决策执行既定战略。并且进一步分析研究了在战略管理过程中这些作用的表现形式。同时与米莱和斯诺（Mile & Snow, 1978）提出的四种战略性组织类型进行了比对分析，这四种战略性组织类型分别是反应型、战略型、开拓型以及防御型。弗洛伊德和伍德里奇（Floyd & Wooldridge, 1994）认为企业要重视中层管理者的战略性角色，中层管理者在企业战略过程中扮演着操作性角色和战略性角色。他们认为中层管理是企业核心竞争力的体现之一，必须重视中层管理者在管理过程中的战略性角色。将中层管理者纳入提升企业核心竞争力的培养过程中，充分挖掘中层管理者的潜力，提升企业核心竞争力。

8.3.3 中层管理者与组织战略的关系研究

弗洛伊德和伍德里奇（Floyd & Wooldridge, 2000）认为有诸多的研究文献为"中层管理者视角"的战略管理过程研究提供了一些相关的研究的基础。首先，中层管理者处于管理层级的序列的中间，是高管团队和基层管理者相互衔接的环节，起着承上启下的作用（Floyd & Wooldridge, 1999）。其次，复杂组织无法通过个人或小群体实现有效管理，而需要在组织内建立分散且互动的领导模式，中层管理者就是这种模式下的重要中介人（Balogun Johnson, 2004）。最后，中层管理者比高管团队更有可能认清组织能力和其经济绩效的模糊关系（King Zeitheml, 2001），因此中层管理者在组织能力和开发相关活动中起着不可忽视的重要作用。

中层管理者与战略的相关性研究始于 20 世纪 70 年代，钱德勒（Chandler, 1962）、蔡尔德（Child, 1972）和安德鲁（Andrews, 1980）等学者提出自上而下的分析过程。将决策制定与行动分开，将战略制定假设为决策制定过程，涉及一名高层管理者或者小群体的高层人员，主要问题是如何形成并实施高质量的战略决策。伍德里奇等（Wooldridge et al.，2008）将这种研究范式概括为"选择视角"。在这种选择视角下，认为在战略管理过程中中层管理者角色主要在于战略执行，在战略决策和战略形成的阶段只限于提供信息。

明茨伯格（Mintzberg，1978）的战略研究框架开始关注组织中已实现的战略，他认为已实现的战略的形成既来自于组织中的高层的影响也受到组织中的中层和低层人员的影响（Mintzberg Waters，1985）。从这个研究角度出发的战略制定更多的是一种社会学习的过程而非一个选择过程，即组织中的管理者和其他人学习如何适应变化的过程。斯利特（Shilit，1987）首次借助大样本研究了中层管理者的战略影响，研究结果表明中层管理者影响组织战略的尝试往往都很成功。

伍德里奇（Wooldridge，1990）提出研究假设，他认为中层管理者影响组织战略过程，一方面，是提升战略决策的质量；另一方面，是保证战略执行的执行质量和执行效率。最终研究结果表明中层管理者积极参与战略决策能够改善组织绩效。而中层管理者的共识，即对战略的理解与承诺，与其对战略过程的参与相关，与组织绩效却并不相关。研究揭示，在战略管理中，中层管理者对于战略决策制定的质量以及战略决策的执行均有影响，只是对前者的研究力要大于对后者的影响。

哈特（Hart，1992）将组织成员的参与作为战略制定模型的三个影响维度之一。通过严密的理论推理，哈特（Hart，1992）明确呼吁组织战略的研究不仅应评估高层管理者对战略的感知，而且应该考虑中层和执行层管理者对战略的感知。巴特利特等（Bartlett et al.，1993）对 ABB 集团的管理责任研究发现，曾经仅作为执行者的 ABB 集团一线管理者是公司创新计划的主要来源，这一结果也支持了哈特（Hart，1992）的理论。有学者从知识创造的角度出发，分析综合中层管理者横向以及纵向两个方向的影响，研究结果表明中层管理者通过纵向影响高管团队，概念化知识和组织底层的运营知识来影响组织战略过程（Nonaka，1991，1994）。中层管理者进行组织知识创造通过纵向和横向交互来形成，同时这也是企业在进行战略变革和知识创造的重要动因。

有学者研究发现中层管理者对于公司战略推出能产生重要的影响，这是

基于他们对于英特尔公司存储器市场的战略实证研究发现的（Burgdman，
1994）。同样的，有学者对某爱尔兰通讯公司的研究发现，尽管该公司没能清
晰设定公司层战略目标，中层管理者所设计的新兴战略却为公司新的战略愿
景奠定了基础（Boyett & Currie，2004）。安德森（Andersen，2004）通过对
185 个组织的研究，证实了"激进分散"这一组织原则，他发现对处于动态
环境下的大型组织而言，更广的战略制定及当局分布能够促进组织绩效。随
着新的更为扁平的组织结构与知识化竞争的外部环境的出现，中层管理者在
组织战略过程中更为实质性的地位日益凸显。格尔曼（Burgelman，1994）对
英特尔公司（Intel）推出存储业务的改革所进行的跟踪研究表明，中层管理
者核心能力的提升有助于其更好地发挥高管团队与基层管理者之间联络角色
的作用。

　　尽管基于中层管理者视角，大部分的研究结果表明中层管理者对于组织
战略有积极的影响作用，但部分研究结果也发现中层管理者的参与对组织战
略具有反作用。古兹和麦克米兰（Guth & MacMillan，1986）认为中层管理者
不一定对战略执行有积极作用，甚至在某些特别情况下会阻碍战略执行，产
生消极影响。例如，为了个人利益和部门利益做与组织战略相违背的事情，
故意拖延甚至破坏战略落到实地。也有学者认为中层管理者出于自身自己个
人利益或者部门利益在战略管理过程中做出一些消极行为，例如，迈耶
（Meyer，2006）研究了中层管理者的个体和群体层面的利己主义如何引发了
对组织的破坏性干预，并进而导致高管团队并购战略的最终失败。有学者对
一个负责自上而下的战略创新的中层管理者的研究发现，该中层管理者将该
战略创新职责加以重塑从而与团队自身目标相吻合，表明了在缺乏明确的高
层管理授权情况下，中层管理者的机会主义和语言影响力对组织战略产生负
面影响（Sillince & Mueller，2007）。

　　概括而言，与"高管团队视角"研究将高层管理者决策背后的交互作用
和过程当作"黑箱子"不同，"中层管理者视角"是将战略过程当作一个社
会学习的过程。"中层管理者视角"的研究关键内容在于探究中层管理者如
何参与和影响组织战略管理过程（Wooldridge，2008）。正由于"中层管理者
视角"对于战略过程的关注比较多，理解和认识识别中层管理者在战略过程
中的相关结果就会比较困难。中层管理者视角下的诸多与组织战略相关的研

究，使得研究者对于战略制定以及战略实施能有更加深刻的认识。另外，值得注意的一点是中层管理者与组织战略存在的不一致，未来需要进一步澄清导致这一不一致发现的可能原因，如探究其间可能存在的边界条件。

8.4 高管团队和中层管理者互动中的角色行为

角色期望对于个体的角色行为有着重要的影响。为此，可以运用角色及其期望来更好地解释高管团队和中层管理者在独立工作以及互动过程中的行为。角色行为可以描述为"个人的反复行为，与他人的重复活动相适应地相关联，以产生可预测的结果"（Katz Kahn，1978）。角色理论假定角色行为从角色在其组织中所处的社会地位演变而来，角色行为基于角色自身对自己和他人行为的期望而产生（Biddle，1986；Katz Kahn，1978）。高管团队和中层管理者的角色行为不是静态的，而是随着时间的推移而发展，因为个体会动态评估及调整自己的角色行为，同时对于互动方的角色期望也可能发生变化（Turner，1990）。这种评估可能集中发生在高管团队和中层管理者直接接触时期，因为在这一时期，可以直接根据实际情况和直接沟通测试角色期望。因为中层管理者的组织职位意味着他们既是高管团队的合伙人，同时也是自己组织单位的代表（Sims，2003），所以高管团队与中层管理者对自己和彼此之间的角色期望差异不可能不存在。当高管团队或中层管理者观察到这种差异时，他们将尝试通过调整自己的角色行为或通过角色更新的过程来消除这种差异（Tsui，Ashford，Clair & Xin，1995；Turner，1990）。

在过去的研究中，高管团队和中层管理者的战略角色已经得到了概述（Currie Procter，2005；Floyd Lane，2000；Wooldridge et al.，2008）。研究结果显示，战略制定和战略实施是战略管理过程两个重要部分。高管团队主要参与战略制定，同时也参与战略实施。中层管理者主要负责战略实施，当然也可能适度参与到企业战略制定中。并且制定战略决策的主要责任在于高管团队，而战略制定也是高管团队工作内容重要的一部分（Amason，1996；Floyd Wooldridge，1992）。中层管理者的主要保障战略决策落到实地。曼特瑞（Mantere，2008）表明，大多数中层管理者了解其作为"实施"的战略角色，并且中层管理者认为参与战略实施的期望是中层管理者最首要的期望，他们希望自己能够在战略实施过程中得到重视和被给予信任。因此，虽然战略实施的责任可能取决于高管团队，但中层管理者在实践中负责执行，中层管理者角色行为对于战略实现有着关键作用。

虽然以前的研究已经解决了高管团队和中层管理者的战略角色，但是它们在发挥战略角色的同时，几乎没有研究和关注高管团队和中层管理者如何相互关联。此外，以前的研究并没有解决如何根据高管团队和中层管理者对彼此角色行为的评估，随着时间的推移更新战略角色和关系角色。在交互模型中，安尼洛斯（Anneloes，2011）提出关系角色行为决定了高管团队和中层管理者在互动期间如何发挥战略作用，高管团队与中层管理者在互动的过程中也会表现出各自角色行为。此外，高管团队和中层管理者之间的相互作用和互动不仅满足了环境不连续性和管理能力动态变化的相关要求，还满足了沟通和评估角色的关系功能。这种关系功能是必要的，因为在没有联系的情况下，高管团队成员和中层管理者依赖对方的角色行为来有效地进行战略制定和执行战略实施。当互动没有得到恰当的管理，或者当存在不充分的互动时，高管团队和中层管理者的角色行为可能会变得不对称，这可能导致中层管理者不太参与其战略实施中的角色，而是更多地关注他们在自己的组织单位中的角色。因此，高管团队和中层管理者明确各自角色，并加强互动将有助于组织战略实施，以及组织绩效提升。

8.5 高管团队与中层管理者互动中的影响要素

8.5.1 认知灵活性对中高层管理者之间互动的影响

根据信息处理理论（Dooley & Fryxell，1999；Leifer & Mills，1996）和战略实施的人际过程视角（Floyd & Wooldridge，1992；Noble，1999），在直接接触时期，高管团队和中层管理者之间相互作用的特征在于信息交换和相互影响的交互过程。交互过程的成功与否取决于信息交流过程中的认知灵活程度和相互影响过程中的整合协商。

信息处理理论指出，复杂性以及多面性是战略决策的两个特点。由于所处的企业管理层级的不同，高管团队和中层管理者的工作职责和工作内容也会存在差异。在进行战略决策时，中层管理者和高管团队能够提供的信息也会不同，但是其目的都在于提高战略决策的质量（Floyd & Wooldridge，1992）。在沟通研究领域，研究人员使用认知灵活性来描述小组成员在情景问题处理、适应新情境的意愿和适应新情境的各种可能的选择，以及他们从不同概念和案例事件中表达知识的能力（Martin & Anderson，1998；Spiro, Feltovich, Jacobson & Coulson，1992）。认知灵活性是高管团队与中层管理者互动模型中信息交换的一个重要特征。高管团队与中层管理者互动模型中的认知灵活性用来反映、审查不同信息，采纳不同观点，改变看法和意见，新增多样性的解释。认知灵活性在高管团队——中层管理者互动模型中的作用至关重要，因为它能了解组织成员解释其环境的能力。

认知灵活性在高管团队——中层管理者信息交换过程中从以下几个方面来促进决策质量的提升。首先，当认知灵活性较高时，在检测到环境的不稳定时，进行决策时更多的信息会被考虑到其中。当更广泛和更全面的信息被考虑其中时，整个决策过程将会大大受益，即使在需要高速决策时也是如此。因为这样的决策过程是将问题更完整的进行考虑，更少的减少忽视重要信息的机会（Eisenhardt，1989）。其次，当认知灵活性高时，战略过程中固有的因果关系的复杂性将更好地被理解。高水平的认知灵活性有助于个体产生更多的替代性解释，以使非结构化信息流更易于理解（Edmondson et al.，2003）。这将有助于更好地了解环境，并增加做出高质量决定的可能性。最后，认知灵活性能够增加对信息的创造性解读，这可能是导致促成变革的"认知转变"（Foldy, Goldman & Ospina，2008；Mom, Van Den Bosch & Volberda，2007）。这种创造力和认知转变将提高决策质量，因为它们允许做出最适合环境的决策，而不是基于一般的假设和设想的决策。

高管团队和中层管理者可以通过明确要求信息，提供请求和非请求信息以及批判性地审查信息来实现信息交换中的认知灵活性（Hoon，2007）。高管团队通过正式的组织系统获得了大量信息。这种情况可能会减少高管团队需要明确向中层管理者索要信息的想法，因为高管团队成员可能认为他们已经拥有了所有需要的信息，尽管实际情况可能并非如此（Roberto，2003）。而中层管理者也可能不愿意投入到信息分享之中，也不愿意参加批判性的讨论，因为他们担心这会给他们在组织中的职位造成负面影响或者觉得自己的想法被高管团队接受的可能性太小（Guth Mac Millan，1986；Schilit Paine，1987）。研究表明，出于高管团队和中层管理者在权力层级上的不同，可能影响双方间的信息沟通与分享。因为，较弱势成员说话更严谨和小心翼翼，避免犯错，而权力较大的群体会保留信息来巩固和增强自己的权力（Edmondson et al.，2003）。因此，高管团队和中层管理者在信息交换过程中能够实现认知灵活性的程度是区分交互模型更好或更差实现战略决策质量的关键。

8.5.2 整合协商对于中高层管理者之间互动的影响

高管团队与中层管理者的人际互动过程有助于管理能力的稳定性发展。为了明确这一过程的有效性，通过整合协商这一概念来进行解释（Floyd Wooldridge，1992）。整合协商是指当高管团队和中层管理者利益存在分歧时，双方采取协商态度，最终实现互利共赢（Edmondson et al.，2003；Lax Sebenius，1986）。在高管团队与中层管理者的互动模型中，整合协商具有显著作用。这是因为高管团队和中层管理者存在信息不对称，双方的影响力以及所追求的目标也有所不同。这意味着二者的交互过程实际上是整合协商的过程，而不是协作解决问题的过程（Edmondson et al.，2003）。交互模型中的整合协商描述了高管团队和中层管理者之间的相互影响过程的特征在于寻找有利于双方而不仅仅是一方的共同或互补的利益（Ury Patton，1991）。在高管团队与中层管理者互动的过程中，如果整合协商水平较高，双方都可以获得积极发展；但如果整合协商水平较低，则双方的互动效果较差，对于双方发展均会不利。因为在这种情况下，彼此将对方看作是自己的对手，每个人都只考虑自己的个人利益或者只考虑自己的部门利益。在这一情况下，高管团队与中层管理者的互动过程质量将较低，即缺乏有效互动。

对于战略执行质量的提升，整合协商可以从下面这些方面来进行影响和提升。首先，整合协商通过增加中层管理者对战略实施的支持来改善战略执行情况。整合协商同样重视双方的利益，中层管理者将会认为他们的利益与最终的战略决策是一致的，这样中层管理者会增加他们对战略实施的支持和积极性（Edmondson et al.，2003）。相比之下，当整合协商程度较低时，高管团队和中层管理者可能会回避或者简化问题，不愿意进行更精细互动（Janssen，Vande Vliert & Veenstra，1999）。在这种情况下，中层管理者可能会出现"磨洋工"现象，在表面上支持战略决策，但在实际执行过程中并不会付出多大努力，这是由于他们无法看到自己的行为或者做法在战略决策中有地方表现出来（Guth & Mac Millan，1986）。其次，因为中层管理者身处战略实施的第一线，对如何才能更有效地实施战略有着更为具体的考虑与体验，并且整合协商能够使中层管理者的观点和建议能够被考虑和采纳，因此整合协商程度高比整合协商低更能促进组织资源的优化配置（Mantere，2008；Martin & Eisenhardt，2010）。最后，整合协商将增加高管团队和中层管理者在提出解决方案和想法时的创造力和想象力，同时也能提高高管团队和中层管理者对战略的理解。由于高管团队和中层管理者不同的利益出发点和想法，通过整合协商来实现双赢会存在一定的困难，需要运用创造性的过程重新调整最初不相容的立场（Janssen et al.，1999）。而这种创造性的过程需要双方能够深入理解备选方案。经过这样的阶段，将会使高管团队和中层管理者对最后的战略决策的理解更加的深入。这在很大程度上能够提升战略实施的效果（Amason，1996）。

8.6　高管团队、中层管理者的战略共识与组织战略实施的关系

战略管理可能如何影响中层管理者，以及中层管理者可能如何影响战略过程是一个重要的现实问题。关于这一问题，早期文献关注于共享认知的结果，也就是战略共识（strategic consensus）。近期研究则侧重于将共享的战略认知作为战略过程的结果。管理者共享的战略认知能够推动管理者的努力水平，并整合管理者的努力方向，从而保证战略得到更为平顺地执行，并提升组织绩效（Bourgeois，1980）。这也是战略共识研究受到关注的重要原因。不过此类战略共识的研究更多的是关注高管团队内部的战略共识，因此伍德里

奇和弗洛伊德（Wooldridge & Floyd，1989）指出，战略共识与战略绩效关系没有得到有效的验证，原因在于进行共识研究过程中没有将中层管理者和其他的管理成员一起进行考虑研究。只有中层组织人员同样理解并承诺于高管团队的战略目标，他们才可能支持战略执行，高管团队的意见才能最终产生有效的战略变革（Floyd & Wooldridge，1992）。因此，战略共识更重要的是中层管理者与高管团队就组织战略达成共识，而非高管团队内部的战略共识。

中层管理者通过参与战略计划过程，增加了其对高管团队战略优先选择的认可程度，同时这也促进了组织绩效的提升。但是中层管理者内部之间达成共识对于组织绩效的改善和提升并没有显著的影响作用（Wooldridge & Floyd，1990）。研究结果表明，战略共识会由于中层管理者积极的战略参与而达成。斯特利（Westly，1990）则从反面验证了这一结果，当把中层管理者排除在战略相关的谈话之外时，导致了中层管理者的疏远，缺乏执行战略的动力，产生了组织冲突。

中层管理者积极参与，以及中层管理者与高管团队积极进行战略沟通形成战略共识将对组织战略的顺利实施产生积极的影响。中层管理者通过与高管团队的双向沟通，将在很大程度上能够更好地实现战略创新。对于中层管理者如何影响组织的财务绩效的相关研究中，大多数是将中层管理者或者高管团队分别作为研究对象，而不是将中层管理者与高管团队统一认识作为组织战略的研究对象。梅尔（Mair，2005）的研究发现，当中层管理者扮演的行为与高层管理战略一致时，能够正向影响业务单元层的绩效。战略管理过程中，中层管理者不仅能在高层制定战略时给予支持，还能在引领组织战略变革中发挥积极作用。

8.7　结论、管理启迪及未来研究展望

8.7.1　结论

从企业业务流程的视角出发，中层管理者并不能实际创造价值，他们扮

演的角色更多的是信息流的传递角色。中层管理者是组织信息传递人，是上下级联系的枢纽，是任务分配人员，同时也是公司资源消耗人员（Uyterho-even，1989）。正是由于这些原因，使得中层管理者在企业中的地位得不到应有的重视，对于中层管理者发挥的作用关注也比较少。并且随着组织结构的扁平化，中层管理人员被大幅度的压缩。同时由于信息技术的发展，沟通变得越来越便利，中层管理者传统的信息传递功能也会被弱化。这些现象表明中层管理者的地位在日趋下降，在组织中的作用也在日益减弱。然而，近些年来越来越多西方学者开始关注中层管理者在企业战略管理过程中的作用的发挥。哈特（Hart，1992）研究发现战略决策不仅是高管团队参与，中层管理人员也会参与到战略决策过程中。弗洛伊德和伍德里奇（Floyd & Wool-dridge，1992）研究探讨了中层管理者在战略制定和战略实施中的角色以及行为表现。但是他们主要研究中层管理者在战略制定环节的角色行为，对于中层管理者在战略执行环节的组织角色的研究相对简单一些。中层管理者是联系高管团队和基层管理者的重要角色，发挥着上传下达的重要作用。中层管理者在战略制定以及战略执行中都发挥着积极作用（Dutton Ashford，1993）。也有学者认为中层管理者积极参与战略制定，能够提出和制定新的战略举措，在实践环节中能够保障战略执行，或者破坏战略执行（Burgelman，1994；Floyd Wooldridge，1997）。伯特兰和琳达（Bertrand & Linda，2011）从中层管理者进行预算的战略能力和水平来展开分析。总体而言，基于中层管理者视角的战略管理研究相比基于高管团队的战略管理研究要少很多。中层管理者视角下的战略管理研究仍然相当有限。

战略管理，包括战略制定和战略实施，既分别受高管团队和中层管理者的影响，也会受到高管团队和中层管理者互动的影响（Floyd Lane，2000；Wooldridge，Schmid & Floyd，2008）。中层管理者研究者强调了在战略制定和执行过程中，中层管理者在高管团队的直接下级及其上级主管的管理者中的关键性作用（Dutton Ashford，1993；Wooldridge et al.，2008）。中层管理者身处企业管理层级的中间部分，承担着向上联系高管团队，向下联系基层管理者的责任。中层管理者可以给予高管团队战略支持，为高管团队战略制定提供信息。同时，也可能在战略实施过程中不尽心尽力，导致战略实施效果不佳，降低战略实施的质量，甚至可能导致战略规划难以落地，成为空谈

（Floyd Wooldridge，1997）。

8.7.2　管理启迪

企业的高管团队与中层管理者并非完全独立的群体。中层管理者承担着上传下达的重要角色功能，因此必定对于战略制定及战略执行产生重要影响。中层管理者在战略管理过程中与高管团队相互沟通与互动必不可少。斯利特和洛克（Schilit & Locke，1982）很早就意识到中层管理者向上影响高管团队的重要性。格尔曼（Burgelman，1983）开发了一个渐进式的战略制定模型，为中层管理者和高管团队在战略过程中的工作模式提供了理论基础。在该渐进式的战略模型中，内部选择机制（即资源分配过程）被视为战略发展的主导，而战略变化的实质是自主战略创新的发展。自主战略创新的动力并非来自于高层管理者，而是来自于低层组织人员的想法形成及中层管理者对这些想法的识别与拥护，进而将这些想法发展成为组织的战略创新。在这种背景下，高管团队的角色并非规划战略变化，而是考虑并认可中层管理者对想法的推动，进而为适应性的战略过程创造必要的体系支撑。

高管团队与中层管理者的互动对于有效的战略管理起着重要作用（Raes，2011）。高管团队与中层管理者在互动过程中的信任水平对于双方的角色行为会产生不可忽视的影响，进而导致双方的信息交流有所不同，从而又进一步影响战略决策与战略执行的质量。认知灵活性和整合协商分别是信息交换和互动过程中的主要特征。

互动模型中的认知灵活性（cognitive flexibility）用来描述群体成员对多种可选方案的认知、适应新环境的意愿及从不同的构念和案例角度来理解知识的能力（Martin & Anderson，1998；Spiro，1992）。整合协商（integrative bargaining）则是指高管团队和中层管理者在大多程度上能够发现共同或互补的利益以使双方共同受益（Fisher，2011；Walton & Mckersie，1965），当整合协商度较高时，表明高管团队和中层管理者的互相影响过程朝着双赢的方向发展。整合协商暗示了一种高管团队和中层管理者处理利益相对立的方式，即双方都可以通过整合协商创造价值（Edmondson，2003）。

组织战略的实施效果可以通过整合协商的方式来提升。首先，整合协商可以通过增加中层管理者对战略执行的承诺来促进决策执行，因为整合协商将高管团队和中层管理者双方的利益平等地加以考虑，中层管理者更有可能感知到其自身利益与最终战略决策的关联，而这种感知可以增加他们执行战略的承诺与动机（Lax & Sebenius，1996）。其次，由于中层管理者通常对有效的战略执行需要什么更加了解，而整合协商导致中层管理者的建议被加以考虑，因此更高的整合协商应该导致更好的资源分配（Mantere，2008；Martin & Eisenhardt，2010）。最后，考虑到高管团队和中层管理者不同的利益和角度，很可能通过创造性的过程来重新定义最初不相兼容的立场（Janssen，1999），这种创造性的过程需要对备选方案进行一个更加深入的处理，这将增加高管团队和中层管理者对最终决策的理解，这个过程会对战略实施效果产生积极有益的影响（Amason，1996）。

总之，传统的组织与战略思维以高管团队为中心，高管团队负责战略的制定，中层管理者主要负责已制定战略的执行与实施，这一管理思维在国内也得到实务界的广泛认可与接受。然而，随着时代进步，广大中层管理者的知识储备与管理素质不断提高，他们在组织中发挥的作用越来越重要，在组织中的价值也日益显露。国外学者对中层管理者在组织中为战略决策及执行产生的影响也早已做出过探讨研究，他们在国外组织的战略决策、执行与管理中日益发挥不可小觑的作用。然而国内实务界对中层管理者的主要角色认识还是停留在战略执行与实施的层面，对中层管理者参与组织战略的重视程度较低。本研究对于组织战略研究视角发展的分析，深入阐述了基于中层管理者视角的战略管理以及高管团队与中层管理者之间互动对企业战略管理的影响，得出一些有变革性意义的结论，引导实务界转换发展思路，加强国内组织对中层管理者的重视，让其有更广泛的参与度，以此来提高组织战略管理的效率和可实现性，为实务界的实践提供更为有益的借鉴。

8.7.3　未来研究展望

首先，影响中层管理者战略行为的因素应该被我们重视并去深入探讨。能够对中层管理者战略行为产生作用的因素是非常多的，如角色冲突和角色期望等相关因素。角色冲突，是由不同的环境解读和不同层级管理者不一致的期望所引起的，是中层管理者表现出不同的战略角色差异的首要影响因素。而角色期望又可能对于中层管理者的角色行为产生影响。曼特瑞（Mantere，2008）研究指出角色期望既有可能促进也有可能抑制中层管理者的战略代理，高管团队和中层管理者一致互惠的期望才能避免角色冲突，同时这种互惠期望又有利于战略实施。未来研究可以从角色冲突或角色期望对中层管理者的战略行为的影响来展开。

其次，虽然中层管理者与组织战略实施的关系研究开始得到越来越多的重视，但其研究还是相对较少，未来需要在中层管理者视角的基础上进一步探讨，组织的中层管理者向上影响高管团队所产生的两个层级之间的交互作用，以及中层管理者能够对组织战略产生怎样的影响。也就是说，要摆脱固有的单一方面研究高管团队或单一方面研究中层管理者的这一理论及实证研究方式，把中层管理者的视角作为切入点，结合其与高管团队的相互作用，研究二者的相互作用对组织战略产生的影响。

最后，需进一步研究会影响中层管理者与高管团队两者之间的相互作用的因素。本研究探讨的能够影响高管团队与中层管理者相互作用的因素主要表现在"认知灵活性""整合协商"。为促使中层管理者与高管团队能够更高效便捷地互动，今后的研究中可以进一步去探讨能够影响中层管理者与高管团队互动的其他因素，开拓思路，以更好地指导中高层互动，以更好地支持组织战略的制定与实施。

|第 9 章|
高管团队特征对企业绩效的影响机制研究

　　企业要想在现代市场竞争中保持原有的竞争优势，拥有一支稳定高效的高管团队（top management team，TMT）是企业成功的关键之一。国内国外有关高管团队理论的研究已有 30 余载，备受企业和研究者的广泛关注，研究范围全且涉及领域广，从单一研究高管团队到多视角研究，内容包括社会心理学、管理学和经济学等方面。

　　关于高管团队特征对企业绩效的影响机制研究，国外的学者主要从两大方向进行研究。其一是从高管团队人口学特征方面展开研究，其二是从高管团队的运作过程开展研究。从汉布里克和梅森（Hambrick & Mason）于 1984 年提出高层梯队理论开始，国内外学者就已经着手对高管团队特征与企业绩效的关系研究。从理论研究逐渐向实证研究方向拓展，集中于研究高管团队的同质性特征、异质性特征等对企业绩效的影响。并且更深入探讨其内在机制，即基于高管团队运作过程视角，研究高管团队特征对企业绩效的影响机制。目前我国正处于转型的关键时期，对高管团队的深入研究将会对国有企业改革和民营企业的可持续发展具有重要的理论和现实意义。基于此，本研究主要围绕高管团队这一概念，分别探讨了高管团队人口学构成特征、人口学结构异质性特征以及心理特征等对企业绩效影响的研究进展，希望对高管团队特征对企业绩效的影响机制研究具有一定的借鉴意义。最后，提出目前研究存在的局限和进一步展望。

9.1 引　言

　　资源基础理论认为企业的竞争优势源自于有价值的、稀缺的、难以模仿和替代的资源，其中最为重要的就是人力资源。人力资源作为企业发展的重要组成部分，是企业的核心。高管团队作为企业最珍贵的人力资源，保持高效优质才能使企业做出正确抉择，才能提升企业的绩效，促进企业发展。

　　基于国内外文献阅读发现，最初对高管的研究停留在管理者自身方面，没有涉及团队层面的研究。对管理者个人的研究一直持续到 1984 年汉布里克和梅森（Hambrick & Mason）提出"高层梯队理论"（upper echelons theory）。这一理论的提出使学者们意识到高管团队的重要性，开始重点研究高管所组成的团队。该理论重点研究高管团队成员所具有的特征变量（如人口统计学特征：高管的年龄、性别、受教育程度等）与企业绩效两者的关系。对于这一关系的研究，基于国外文献发现学者首先从高层管理团队的人口学构成特征和结构特征入手研究。比如成员的性别、年龄、受教育水平、任期等同质性构成特征和异质性结构特征对企业发展的影响。本研究围绕高管团队这一概念，首先对过去 30 多年里高管团队成员特征，以及其与企业发展之间的关系进行文献的梳理，在此基础上探究高管团队成员存在的深层次特征（谦虚）以及其对企业发展的影响，补充完善现有研究的不足。

9.2 高管团队概念界定及其理论基础

9.2.1 高管团队概念的提出与界定

　　20 世纪 60 年代西尔特和马兹（Cyert & March）第一次提出高管的概念，并将其运用到企业管理研究当中。该概念指出高管人员在企业发展中对企业重要事项拥有决定权，是企业战略的主要指导者。同时，提出了"高管联合"的概念，探讨在企业战略选择中所起的作用。经过学者不断研究和延展，对高管的定义有了更进一步的解释。首先是汉布里克和梅森（Hambrick & Mason）提出的"高层梯队理论"，认为高层管理者是指影响企业决策的高级管理人员。自此将"高管团队"作为一个重要的学术概念在学界广泛推广开来。

芬克尔斯坦和汉布里克（Finkelstein & Hambrick，1996），鲁虹、李晓庆和邢亚楠（2013）在文章中指出，高管团队是指在企业整体发展中起着组织和协调作用，在企业经营过程中拥有决策和控制权利的高层经理群体，他们是企业最高战略的制定者。王飞和张小林（2005）、孙法海（2006）认为高层管理团队是指在公司经营发展和战略制定中做出决策的人员，如董事长、总经理、人力资源总监等。

魏立群和王智慧（2002）认为，高管不仅包括负责日常事务的 CEO、副总裁、总经理、副总经理，也包括主管经济核算和财务会计工作的总会计师，总裁头衔和 CFO 等头衔的企业高级管理人员。陈晓红、张泽京和曾江洪（2006）认为，高管人员主要是指公司中的总经理、副总经理、财务总监、董事长、董事、独立董事和监事等高级管理人员。谢麒麟（2012）、汪罗娜（2014）也对高层管理人员进行界定，认为高管包括副总经理以上的高级管理人员以及总会计师、总经济师、总工程师等。

通过对近年来国内外文献的梳理发现，对于高管团队的具体认定并没有得出统一的结论，而定义的准确性决定了研究数据的收集、测量的可靠性。尽管理论界没有得出一致性的概念，但从国内外高管团队的定义中总结前人的研究发现，关注点大多集中在参与公司高层决策的管理人员。根据以上对文献的梳理，结合本研究的内容，认为高层管理团队的成员首先是处在企业的"金字塔"顶端，决定企业的日常经营和管理的方向，参与企业战略的制定和执行的人。根据这一原则，本研究参考何威风和刘启亮（2010）结合上市公司财务报告披露的高层管理者信息和中国企业的实际情况，将高管界定为上市公司年报中披露的董事会、监事会以及高级管理人员。

9.2.2 高管团队研究的理论基础

国内对于高管团队成员构成特征与企业发展之间的关系研究远远晚于国

外，国外研究中最具典型的是高层梯队理论。它由美国哥伦比亚大学汉布里克和梅森（Hambrick & Mason，1984）提出。因为是首次提出并运用到研究中，所以使用起来难免会有不合理的地方。因此，在 10 年之后，汉布里克（Hambrick，1994）在原有理论基础上进行完善和修正，提出了高层梯队理论修正模型。该理论虽然进行了修正和补充，但是修正后的理论没有考虑到外部环境对其产生的影响，所以几年之后卡彭特（Carpenter，2002）在这一理论基础上又加以改善，考虑外部环境的作用，提出了高层梯队理论的多理论整合模型。

（1）汉布里克和梅森（Hambrick & Mason）的高层梯队理论。该理论提出之前，有关高管的研究内容主要在于个人本身的研究。几乎很少涉及对管理者所在的团队研究。随着团队在企业发展中所起的作用不断显现，对于团队的研究开始受到企业和学者们的关注。尤其是在汉布里克和梅森（Hambrick & Mason）于 1984 年提出高层梯队理论之后，对于高层团队的研究日益增多，重点逐渐从个人层面转移到团队层面的研究。该理论认为，企业要想成功仅仅依靠管理者个人能力是不够的，只有拥有优质高效的高层管理团队才能在激烈的市场竞争中做出理性的战略决策。该理论的研究基点是行为经济学中的有限理性假设。它的影响路径是，高管团队人口学特征影响高管性格和团队内部竞争，在内部竞争的环境下，团队成员对同一事物会有不同感觉，并在有限理性下做出决策。

迪尔伯恩和西蒙（Dearborn & Simon，1958）提出高层梯队理论主要研究高层管理者的人口统计学特征变量（如年龄、性别、任期、受教育水平等）。因为对于管理者的心理特征变量如认知方式、价值观等很难准确衡量，且数据不容易获取。而人口特征变量，其数据搜集起来比较方便而且准确度高。因此，考虑用人口特征变量来表征高管人员的心理特征。

综上所述，高层梯队理论的核心观点是高层管理团队的人口统计学特征会直接或间接影响企业绩效和企业的发展。其中间接影响是指企业的战略选择策略会受到高管团队成员特征的影响，而企业的战略选择策略会最终影响企业绩效和企业发展。

因为该理论模型主要考查的是高层管理者人口特征变量的构成，忽略对心理特征变量的考察，而人口统计学特征变量和心理特征变量是有区别的，人口统计学特征不能完全代表高管认知和价值观等心理变量，因此该模型具有一定的局限性。其次，一个人的职业背景受到多种因素的制约，是多种特质的综合反映。如果仅从人口特征变量考虑难免会影响测量结果的准确性。

（2）汉布里克（Hambrick）的高层梯队理论修正模型。自1984年高层梯队理论提出之后，学者进一步深入研究高管团队成员特征对企业绩效和企业发展的影响，从规范研究层面上升到实证研究层面证实高层管理团队成员特征对组织绩效产生的影响。但是研究的结论却因环境而不同，高管成员表现也因人而异，团队所在行业和企业的不同也会得到不一样的结论。基于此，汉布里克（Hambrick）在该理论的基础上进行实证研究，于1994年首次对该模型存在的局限性进行修正，并提出高管团队的行为整合的定义。他认为高管团队的行为整合是团队中的成员积极主动分享获得的信息、共享资源和决策的复杂动态过程，不是团队之间简单被动的相互依赖关系。行为整合的构念包括决策参与、开放沟通以及团队合作三个维度，他们之间是"合而不同"的整体辩证关系。基于此，汉布里克（Hambrick）提出高层梯队理论修正模型。

汉布里克（Hambrick）认为，影响高管团队行为整合主要有三层面因素：第一层次是企业层面；第二层次是高层管理团队层面；第三层次的变量是CEO个人层面。对这三个层次变量的研究受到学者广泛支持，学者们先从团队运作过程着手研究，形成了研究高管团队的第二大派别。同时，学者们还因为该模型迸发出了新的想法和思想，开始研究高管团队人口构成特征和企业绩效之间会不会存在调节变量，进而学术界掀起了以本土化、跨文化、不同企业和不同行业作为调节变量进行研究的热潮。

（3）卡彭特（Carpenter）等的多理论整合模型。卡彭特（Carpenter）等学者在高层梯队理论提出之后，通过梳理文献总结了多年来学者们一直热衷研究的高层管理团队对企业战略的影响机制方面的研究，并取得了两大理论成果：高层梯队理论和代理理论。两大理论都认为高管团队成员的偏好和性格会影响企业战略选择。不同点就是这两大理论的侧重点有区别，前者更侧重于研究人口特征的偏好和性格，如团队成员的年龄、受教育程度与团队成员认知基础、团队成员价值观等在一定程度上具有相似性和关联性。后者则侧重于研究团队成员职位的偏好和性格。代理理论对公司内部治理结构关注的比较多，更在意高管团队成员与股东之间的利益，两者之间怎样才能成为利益共同体。基于这种观点的存在，卡彭特（Carpenter）等人在原有两大理论模型的基础上，更进一步提出了高管团队的多理论整合模型。

该模型具有与前两种模型所不具有的三大特点：第一，该模型考虑了外部环境和企业内部环境对企业高层管理团队产生的影响，并认为内外部环境共同作用影响企业高管团队特征与企业绩效之间的关系；第二，证实了与企业产出有关系的高管团队人口统计学特征；第三，研究发现了一些高管团队特征效应的调节变量，这些调节变量的存在会影响高管团队成员特征与企业绩效之间的关系。

9.3 高管团队人口学构成特征对企业发展的影响

9.3.1 高管团队年龄特征对企业发展的影响

威尔斯玛和伯德（Wiersema & Bird，1993）在研究中发现，企业当中的高层管理者的年龄特征会对高层管理者处事的态度、解决问题的能力和信念产生一定程度的影响。高管团队成员作为企业的高层管理者，其年龄也会相应影响高管成员的态度和信念，做出的决策会进一步影响企业的发展。王小飞（2005）、赵峥（2005）在研究中指出，企业中年龄较高的管理者会因为自身记忆力的减退和体力的不支，使获取新知识以及学习新技术耗时较长，故往往不愿意冒险。在企业发展中偏好保守型的战略和稳健型的收益，保持企业发展稳定性。高管团队成员作为企业的管理者，其年长特征也会使他们在面对企业外部环境变化时，缺乏对企业发展做出快速合理的决策的能力。但年长的高管人员也有其优势，他们在工作中，碰到过很多棘手的问题并加以解决，积累了丰富的经验。

李亚娟（2016）从高层梯阶理论出发，研究高管团队特征对企业绩效的影响研究中指出，年龄较小的管理者没有年龄较长的管理者生活阅历丰富，在人际关系维持方面也缺乏经验，没有年长者想得周到。但是年龄较小的高层管理人员也有年长者所不能及的优点，他们思维敏捷、想法多，求新求异。在企业发展中能够很快接受新事物、新观点，接受来自不同方面的声音并敢于采取激进的战略。这些优点会使年轻的高管在企业经营过程中抓住市场机会，带动企业进一步发展壮大。

总之，不管是年龄较大的高层管理人员还是年龄较小的管理者，在做出企业战略决策上也会有所不同。因为他们所做的选择会受到人生阅历、经验积累、成长环境的影响，不同年龄阶段的高层管理者的经历会表现出显著差异。年轻的高管团队成员对风险偏好强烈，在企业发展重要性决策面前可能做出激进的战略选择。年龄较大的高管成员会选择保守型战略，促进企业的稳步发展，在稳中求胜。但是这可能令企业失去新的机遇。年龄较小的高管团队成员对环境变化具有较强的敏感性，会根据环境的变化选择适合企业发展的战略方向，抓住机遇，变中取胜。但是年轻的管理人员，也可能会因为自身所具有的冒险精神，在求新求异中做出对企业当前发展不利的决定，使企业的发展停滞不前。

9.3.2 高管团队任期对企业发展的影响

高层管理者在企业中任期时间的长短会影响团队成员之间的内聚力、团队成员之间信息共享的程度和团队成员间的有效沟通交流。汉布里克和阿维尼（Hambrick & Aveni，1995）认为，高管团队成员间的信息交流和沟通会受到团队成员在企业中任期时间长短的影响。高管团队成员在企业中任期时间越短，与团队其他成员间的有效沟通交流会因为环境不熟悉和人际的关系不通畅等原因而减弱。卡兹（Katz，1982）认为，高管团队成员的任期时间越长，团队之间的矛盾冲突会在有效沟通的基础上减少，团队间的内聚力越强，对企业提高社会化水平越有利。也有学者研究发现，高管团队成员在企业中任期时间的长短不同于企业应对外部环境的变化的能力呈正相关关系。团队成员在企业中的任期时间越长，对企业的发展情况掌握的越透彻，应对环境变化时会根据企业实际情况做出正确的选择。

有学者研究发现，团队成员的平均任期会影响团队内部信息、声源的整合程度，而这种整合程度的好坏影响了团队内部信息交流和分享（Tilianyi，

2000）。平均任期太短的团队，内部沟通常常会出现障碍，而内部信息交流不畅阻碍了团队决策效率，并影响团队获取外部信息并整合吸收的能力。

凯克（Keck，1995）通过对处在市场环境竞争激烈和市场环境稳定的企业的对比发现，企业不管处于何种市场环境，高管团队的任期对公司绩效的提升都具有不利影响。而弗洛德（Flood，1997）却有不同的结论，他认为高管团队成员的平均任期与公司绩效之间具有正相关关系。因为高管团队成员的平均任期越长，其积累的公司经营管理经验会越丰富，能有效识别公司发展过程中遇到的机遇和挑战。科尔（Kor，2003）在研究中也得出一致的观点，对于创业型的企业来说，团队成员在企业中的任期时间长短会对企业的发展产生不同程度的影响作用。

综上所述，虽然有学者指出团队任期可能不利于企业绩效提升，不过，大多数学者研究还是认为，平均任期时间越长的高管团队，需要协调的观点冲突和意见的矛盾越少，相互之间的沟通越通畅，有效信息的共享程度越高，会做出正确的战略选择的机会越大，进一步促进企业平稳健康发展。相反，团队成员平均任期时间越短，成员间会因为不习惯对方的处事风格或因不服气而产生隔阂，出现不愿意沟通或者不想沟通的现象。

9.3.3 高管团队成员受教育水平对企业发展的影响

高层梯队理论认为，高管团队中成员受教育水平与其所拥有的威望正相关。受教育水平的高低在一定程度上可以体现出高管团队成员的认知能力、搜集和处理信息能力、分析解决问题能力以及决策能力。这种能力有助于高层管理团队成员对环境变化的适应。即使是让他们从一个职能部门跨到另一个职能部门也不会对企业的发展产生不利的影响，因为他们拥有很强的处理问题解决问题的能力。

汉布里克和梅森（Hambrick & Mason，1984）经过研究发现，高层管理人员的受教育程度高低与其自主创新能力的强弱有关系，且具有正相关关系。高层管理人员对企业的改革创新能力会随着其学历水平的提高而增强。同时，汉布里克和梅森（Hambrick & Mason，1996）通过实证证实了 32 家美国航空公司的高管团队成员构成特征与公司绩效的关系，研究结果显示高管团队成员的平均受教育程度与其创新能力具有显著性关系，学历水平较高的团队，他们对新事物、新方法的接受能力较强，愿意为了维持企业的竞争优势去做出改变。

有学者从社会资本视角进行实证研究，他们认为高管团队的平均受教育水平越高，那么该团队拥有的社会资本会越多，储备的人才也就越强大，从而可以为企业的可持续发展出谋划策（Shipilov & Danis，2006）。李亚娟（2016）基于对高层梯队理论之上认为，高管团队成员的学历高低会影响企业的决策和治理效果，并且进一步发现学历与高管做出正确决策能力两者之间具有正相关关系。有些学者却得出了不一样的结论。杨浩、陈暄和汪寒（2015）对创业型企业高层管理人口特征研究发现，人口特征变量中的董事长的教育背景与企业绩效两者之间不存在相关性，而创业型企业中有关高管团队成员的教育背景和企业绩效之间有关系，且具有显著正向的相关关系。

可见，受教育水平越高的高管团队，对复杂多变的竞争环境适应力越强，往往能很快找到当前面临问题的关键所在，处理问题能力也越强。具体来说，高教育水平的高管团队更能有效地应对企业环境的变化并做出正确的选择，为企业的发展提供可行方案，促进企业长效稳定发展。而受教育水平较低的高管团队往往不能胜任企业对其的要求，处理复杂问题时会显得力不从心，其决策的提出可能不符合企业发展的要求，使企业停滞不前甚至倒退。

9.3.4　高管政治背景对企业发展的影响

法西奥（Faccio，2006）认为，政治联系是一种隐性的政治关系，是公司与拥有政治权力的个人之间形成的政治关连。政治联系与腐败有着本质上的区别，政治腐败是违法行为，而政治联系是在法律的许可范围之内。国外学者对政治联系的定义与我国有很大的不同。国外认为政治联系是公司通过选举捐款等形式形成的与政府官员或者国会议员的利益关系。而我国政治关联指的是高管具有政府背景或政治经历。

张建君和张志学（2005）通过研究发现，具有政治关系的企业，在对稀缺性资源的获取和其他资源的获取方面具有比那些没有与政府建立政治关系的企业有优势。在稀缺资源的获取方面，政府会因为与企业之间的关系而放松对稀缺资源的管制。在其他资源方面的优势，比如银行贷款、招标、在同行业竞争中取胜等。吴文锋等（2008）的研究发现，当地区经济的发展受政府政策的影响程度较大时，拥有政府背景的高管占比对公司绩效的提升具有积极的作用。吴斌、黄明峰（2010）以深市中小板块的企业为研究对象，对风险投资企业的高管团队成员特征与企业业绩之间的关系进行实证研究。认为高层管理团队成员中拥有政治经历的占比对该类企业的绩效产生正向影响。

通过研究发现，具有政治背景的高层管理人员也有可能产生负面的消极作用。例如，潘红波、夏新平和余桂明（2008）研究地方政府对当地国企并购绩效的影响，他们选择了 2001～2005 年间发生的地方国有上市公司收购非上市公司的事件为样本，研究认为企业并购中实施干预的地方政府与研究样本中公司的并购绩效具有显著相关关系，而且会因为盈利还是亏损企业的并购有所区别。对亏损的企业并购绩效具有正向影响，对盈利的企业并购绩效却具有负向的影响。唐松和孙铮（2014）研究国有企业和非国有企业中的政治关联发现，不考虑可能影响高层管理者薪资报酬和公司治理的因素下，具有政治关联的公司中的高层管理者的报酬明显比没有政治关联的公司高很多。但国有企业和非国有企业间政治关联所带来的高层管理者获得的超额薪资报酬与企业未来经营绩效之间却有很大的差异。国有企业中高管所获得的超额薪资与企业经营绩效之间负相关关系较强；而非国有企业中高管所取得的超额薪资则与企业经营业绩之间正相关关系较强。这说明具有政治关联的国有企业的高层管理人员会采取更多的机会主义行为损害企业的经营绩效而让自己获得更多的超额报酬。

因此，建立良好的政治关系，一方面，可以降低企业经营风险，同时给企业带来了良好的声誉和更多的发展机会；另一方面，可以争取到企业发展所需的稀有宝贵资源。但是，通过对文献的梳理发现，具有政治背景特征的高级管理人员也可能会对企业的发展产生不利的作用。为此，企业管理者需要慎重对待高管政治背景问题。

9.4 高管团队人口学异质性结构特征对企业发展的影响

高管团队人口学异质性结构特征是指团队内部成员之间人口学结构构成

特征的差异化程度。通过梳理国内外相关文献发现，高管团队人口学异质性结构特征对企业绩效的影响结论不一致。部分学者认为高管团队人口学特征结构异质性能够提高企业的绩效，另一部分学者则认为不利于企业绩效的发展。

9.4.1　高管团队的年龄异质性对企业发展的影响

魏立群和王智慧（2002）的研究发现，年龄异质性较大的高管团队，团队成员会因为年龄差异较大、彼此之间观念的不一致、沟通起来有代沟等原因提出主动离职离开公司。焦长勇等（2003）研究表明，团队成员的年龄异质性特征与企业绩效之间不具有线性相关关系。高管团队的年龄异质性并非越大越好，也不是越小越好。只有控制在一定的范围之内才能对团队起到优势互补的作用，才能对团队的发展有利，才能增强团队的工作效率，促进企业的长久发展。江岭（2008）、王朝辉（2015）在研究中指出高管团队成员的年龄异质性与公司绩效之间呈现出负相关关系。

综上所述，通过对国内文献的梳理发现，高管团队成员的年龄结构的异质性特征对企业绩效和企业发展产生不一样的效果。有些文献支持团队成员的年龄异质性促进企业绩效的提高。持这类观点的学者认为，团队中如果成员之间的年龄差异性较大，会使团队做出企业发展的战略决策时接收到来自不同年龄阶段的建议，年龄较小的管理者思想活跃、精力旺盛、富有创新精神，学习新知识新观点能力强，获取市场信息的途径也较多。这些不同年龄阶段的成员都具有不同的优点，能够使团队集思广益，充分考虑各种可能发生的问题，并提出备选方案，未雨绸缪。然而，有些学者却得出完全相反的结果。即高层管理者的年龄异质性较大，会因为沟通障碍和价值观的不一致等原因使高管在思考和解决问题时产生分歧从而对企业绩效产生副作用，不利于企业稳定的发展。心理学研究发现，高层管理团队成员背景特征相同或相似，可能会导致他们产生相似的价值观，做事的态度也会趋于一致。也就是说，年龄差距较小的团队，他们的价值观和对待事情的看法以及做事的态度方法可能会大同小异。因此，年龄结构异质性的团队在价值观方面可能会有所不同。这种不同可能带来创新，也可能会给团队带来麻烦，即容易因为价值观点的不同产生分歧，如果处理不当，找不到契合点，会对整个团队的发展不利，进而影响企业的发展。为此，对于高管团队年龄结构异质性要区别对待，根据具体情况有针对性地利用，以发挥其优势作用。

9.4.2 高管团队的任期异质性对企业发展的影响

高管团队的任期与企业内部文化、信息、企业环境息息相关，反映了企业内部资源整合的程度。韩小萃（2013）认为，一个高管团队的发展可以分为三个阶段：第一阶段为磨合期，在此期间内，由于高管的任期较短，对于公司内部情况和信息缺乏了解，沟通成本很高，高管团队成员之间也缺乏交流和信任，难以建立起对于企业发展的共同认知，同时高管成员在短期内找到自己合适的角色比较困难，无法进行有效的定位，因此在此期间内高管人员的工作效率会下降并容易出现管理决策错判；第二阶段为变革期，在此期间，高管通过第一阶段的磨合，对企业内部的信息有了大致的了解，成员之间也逐渐建立起默契和信任，在这一阶段的团队成员会对自己在企业中的优点和缺点有所把握，会结合企业情况进行恰当定位，促进企业更好地运作；第三阶段为稳定期，此期间内公司内部结构基本处于稳定状态，高管人员之间沟通交流都很顺畅且分工明确，成员间有较高默契，企业的战略选择较成熟，有利于企业发展。可见，高管团队的任期不同可能导致其处于不同的合作定位状态，而任期异质性可能导致成员之间的合作认识出现错位，不利于企业发展。

具体来说，团队成员的任期异质性对企业来说有利有弊。一方面，团队成员的任期异质性高会影响管理者之间的有效沟通和信息的共享程度，对企业发展有不同意见，影响企业战略制定；另一方面，团队成员的任期异质性可以使企业听到不同的想法，打破对公司原有的固定思维模式，有助于企业的创新。孙海法等（2006）研究信息行业中高管团队成员任期异质性特征时发现，任期异质性越大，越有利于企业的发展；任期异质性越小，对企业的发展越不利。这是因为团队成员的任期时间越长，团队成员之间信息交流的时间越多，有效沟通障碍减少。

学者研究任期异质性对团队成员的影响时发现，团队任期异质性有时候有利于团队成员的关系加强，有时候则可能不利于团队成员的合作。普费弗（Pfeffer，1983）认为，团队任期异质性较大会影响到团队成员之间的互动，容易产生隔阂。李春涛和孔笑微（2005）发现，平均任期太短的团队，内部沟通会出现障碍，内部信息不畅阻碍了团队决策效率和获取外部信息并整合吸收的能力，对企业国内国外的经营产生不利影响。王朝辉（2015）从汉布里克和梅森（Hambrick & Mason）的"高层梯队理论"出发，实证方法证明了高层管理团队任期时间的差异对企业绩效的影响，得出的结论是任期时间差异越大反而对企业经营绩效越不利，两者之间呈现明显的反向相关关系。

9.4.3 高管团队受教育水平异质性对企业发展的影响

文献梳理中发现，管理者的受教育水平对企业的发展结论不同。有些学者认为两者之间存在相关关系，且是正向的关系。然而有些学者研究发现得出两者之间负向的关系甚至不存在任何的相关性。出现这种结果的原因可能是选择的指标和研究对象的不同导致的。有些学者认为高层管理者之间受教育水平的差异越大，对企业有关的信息和掌握的程度相互之间的差异越明显，决策的质量也会降低。李春涛和孔笑微（2005）以托宾 Q 衡量市场指标，研究国内不同区域的人力资本回报率时发现，企业绩效受到高层管理者的受教育背景特征的影响，且两者之间是正向的关系。对这一结论，杜纲和郑蕾（2011）、朱国军等（2013）通过实证研究得出相同的观点。然而，也存在其他观点。江岭（2008）认为，企业绩效和管理层团队成员的受教育差异化程度没有任何关系。

综合而言，本研究发现管理者的受教育背景特征异质性与企业的发展相关性的结论比较多。受教育程度可能正向影响企业发展。同时，差异化程度也会影响团队成员对信息理解的深刻程度。然而，姚振华等（2010）对国内外现有文献进行综述时发现，团队成员的受教育背景特征只能说明一个人的文化程度，我们不能认为受教育水平决定一个人的认知水平、对风险的喜好程度和社会经济地位等，应该将他们分别开来加以研究。

9.4.4 高管团队职能背景异质性对企业发展的影响

职能背景的定义是指一个人的工作经历。可以是在不同行业的工作，不同企业的工作，或者是同一企业不同职能部门的工作，这些都被认为是职能背景。汉布里克和梅森（Hambrick & Mason）依据职能部门的功能和目的的不同将职能背景划分为三大部门：第一大部门是"产出型"职能部门，第二大部门被称为"生产型"职能部门，第三大部门被称为"外围型"职能部门。这也被认为是目前学者们在研究时采用最多的划分方式。"产出型"职能部门强调顾客需求的满足，如市场营销部、产品研发部等；"生产型"职能部门强调以企业生产效率最大化为目标，主要负责企业生产过程中运作管理、设备管理、会计等工作；"外围型"职能部门指的是企业核心支持活动以外的所有工作。处于同一职能部门的高层管理人员，因为他们的职能背景特征相似，处理问题解决问题的方法可能如出一辙。但是，在职能背景特征方面很少有文献研究同质性特征对企业发展的影响，国内外的学者们对管理者职能背景差异化的研究关注度比较高，结论不尽一致。

拜尔等（Buyl et al.，2011）认为，CEO 的职能背景差异化程度会影响到企业经营绩效的发展。而哈伯利和芬克尔斯坦（Haleblian & Finkelstein，1993）认为，职能背景差异化程度越大，对企业的发展越会起到抑制作用，两者之间表现出负向的相关关系。坎内拉（Cannella，2008）等学者则发现高层管理者职能背景差异化程度与企业绩效发展之间并没有联系。

以上学者研究的是职能背景差异化程度与企业发展的直接路径。近年来，学者开始探究职能背景差异化程度与企业发展之间可能存在的间接路径。例如，王雪莉等（2013）以我国信息技术行业上市公司为研究对象，同时加入企业绩效的动态性和多样性，从职能背景的三大职能部门分类探讨两者之间的影响作用。研究发现团队成员的职能特征差异化对企业的短期绩效和创新绩效都会产生不利影响。

9.5　高管团队心理特征对企业发展的影响

对前人研究发现，在探讨高层管理团队人员心理特征变量时没有考虑心理特征变量的积极因素，关注点仅停留在诸如自恋、自利和自利性偏差的消极影响因素上。因此，我们在探讨高管心理特征如何影响组织绩效的同时，可能会忽视高管团队心理特征对组织绩效的积极影响而专注于消极特征方面。但最近研究开始逐渐关注积极特征变量，比如谦虚。

团队的谦虚已经被证明能对整个团队的运作和人际关系评估产生积极影响（Markus & Kitayama，1991；Wosinska et al.，1996）。罗宾斯和比尔（Robins & Beer，2001）认为，谦虚的人是更注重长期目标，更谨慎的风险承担者。塞迪基德斯（Sedikides，2008）指出，谦虚是许多文化背景中都高度重视的属性，在人际交往中往往能够引起积极的反应。里奇和英格拉姆（Ridge & Ingram，2017）以高层梯队理论模型为基础主要探讨两个问题：一是进一步探索关于高管团队谦虚是如何影响投资者的反应的；二是谦虚会如何影响团队运行。高管团队是企业重要的人力资源，其团队成员作为企业的领导者，在管理实践中，应该更多地关注员工，尊重员工而不是给员工以威严、高高在上、自负的形象。高管团队的谦虚会使领导者在与成员的相处中平易近人、营造和谐的氛围，拉近领导者与员工之间的关系，使员工敢于建言献策，进而促进企业绩效的提升。

谦虚与传统的高管观点不同。社会心理学的证据表明，谦虚对职业成功和上进心产生积极影响，有一些身处高管团队的个人比以前预期的要谦虚一些。对高管团队成员这一重要特质的研究，战略管理文献并没有直接记载。同样在心理学和社会心理学上对谦虚的专注度也是有限的。谦虚属于心理特征变量，心理的活动是很难去衡量的，谦虚也不例外。不过，陈艳虹等（2017）在前人已有文献研究之上论述了谦虚的领导理论演化的过程，并试图研究适合中国人特征的用来测量具有谦虚特质的领导者的量表。结果发现，该量表具有很好的准确性和可靠性。该研究量表包括 4 个维度，即领导者的平易近人、欣赏他人、正确自我认知和开门纳谏。从量表中可以看出，谦虚的特质下有很多种细小的分类。这意味着高管团队发挥领导者谦虚的积极影响可以从多个特征的展现入手，发挥谦虚型领导者的积极影响作用。

9.6 结论与未来展望

9.6.1 结论

芬克尔斯坦和汉布里克（Finkelstein & Hambrick，1996）对高层管理团队的特征主要细化为三个方面来进行解释。第一方面是从团队决策过程视角来解释；第二方面是从团队结构视角来解释；第三方面是从团队组成的视角来解释。团队过程侧重于企业中的团队成员在做出决策过程中团队成员间所发生的沟通、合作、协调、冲突、分歧等一系列行为。前一视角关注团队成员的行为变化。而后两个视角的研究却大不相同，他们主要侧重点在于研究团队成员的背景特征，包括人口统计学特征和心理特征。其中，人口背景特征变量包含有很多，比如团队中成员的性别，研究男性和女性管理者在企业管理中的区别和优势，在企业中发挥的作用等。这些特征变量对团队成员来说都是客观存在的事实，不会随着外界环境而变化，具有较强的稳定性，可以进行定量研究。并且这些特征变量的数据来源可靠，数据搜集起来简单易行，对这方面特征的研究参考价值也较高。然而，在研究心理特征变量的时候就没有人口特征变量那样简单，对其研究往往要伴随着团队成员自身的经历和外界环境的变化，很难进行定量研究，研究参考价值也不如人口特征大。因为心理特征变量研究包含对信仰、价值观、性格、认知模式等的研究。基于这两者的区别较大，研究的难易程度也显而易见。所以，学者们最初更多关注人口统计学特征变量的影响作用。

学者经过多年的大量研究发现，在对统计学特征进行研究的时候，该特征多多少少会反映出个人的心理特征。这一项发现使学者的研究更富科学性。例如，迪尔伯恩和西蒙（Dearborn & Simon，1958）等研究发现人口统计学特征变量在一定程度上能够反映个人的观念。卡哈拉斯和格弗斯（Khhalas &

Gorves，1979）以及沃尔什（Walsh，1988）的研究也发现，人口统计学特征不仅可以解释个人观念还对人们的信仰和价值观有影响。因为团队成员的心理特征变量难以准确计量，为学者研究也带来诸多不便。比如密勒等人（Miller et al.，1982）指出认知基础、价值观和管理感知这些都不能用数字加以衡量，所以对管理人员进行测试的时候无法把握准确性，甚至有些高管成员不想参加这样的心理测试。而人口背景特征变量刚好在一定程度上能反映出心理的特征，大部分学者为了方便研究可能会尽可能选择人口背景特征为研究切入点。

尽管汉布里克和梅森（Hambrick & Mason，1984）在其理论中指出，相对于心理特征变量而言，人口背景特征变量会受很多因素的干扰，不过也不能就此忽略这一类变量。基于上述考虑，许多学者热衷于从人口学特征视角探讨高管团队与企业发展之间的关系。具体来说，人口学特征视角下的研究又可以分为高管团队人口学构成特征以及高管团队人口学结构特征。前者主要探讨高管团队年龄、任期时间、受教育程度、职能背景和政治关联等；后者则是探讨上述特征的差异化程度，即高管团队成员特征的异质性。社会比较理论认为人们会划分不同的社会类别，这就会产生圈内人和圈外人。这种划分方式会加剧自己和他人的差别的认知，因为彼此之间的不同，在沟通和决策的时候也难免会产生不一致的地方，影响企业的发展和绩效的提升。不过异质性也并非只有负面影响。综合学者研究发现，人口学特征构成变量与企业绩效之间的关系并不总是一致的，研究的结论中既有正相关关系，也有负相关关系，也有不相关关系。为此，有研究者指出，人口学特征研究不能作为高管团队特征的唯一关注点，研究还需要针对性的探究高管团队心理特征的影响作用。

综上所述，尽管大部分学者研究发现高管团队成员的心理特征变量可以通过人口学特征变量反映出来。通过实际走访和调查研究发现，高层管理者的心理特征变量会影响到企业战略的制定，对企业的成长也会产生影响。因此，学者们在对我国高层管理团队成员的人口特征变量与企业绩效的关系进行研究的同时，也应该加强对管理者内在的心理特征变量的研究。换而言之，通过对过去国内外学者们的研究发现，影响企业绩效的因素有很多种，有关高层管理者团队成员特征变量的研究也有很多种，因此，不能仅仅关注对人口特征变量的研究。学者们可以在前人研究的基础上关注高管成员的心理特征变量及其对企业绩效的影响机制，比如探讨团队成员的谦虚特征等。另外，我国虽然属于发展中国家，经济体制改革已经取得了相当大的进步，在经济发展中也扮演着举足轻重的重要作用。但在市场经济转型中也遇到了瓶颈。重视企业中高层管理团队对企业绩效所发挥的作用和有效处理高层管理团队成员间的关系已经成为当今企业发展中一个重要话题。我国正处于经济转型关键时期，高层管理者作为我国的精英人才，如何在改革中发挥他们的作用，对于企业发展至关重要。高层管理者作为团队中的一分子，其行为特征不仅会影响团队中其他成员的行为选择，也会对他们在企业中的战略抉择产生影响。因此，对团队中单个成员特征变量的研究也可能会上升至对整个团队层面特征变量的研究。比如团队成员的谦虚和谦卑，不仅能对管理者自身成功起关键作用，甚至对管理者所在的整个团队产生很大的影响，这方面也是值得学者们未来深入研究。

9.6.2 现有研究不足及未来研究展望

关于高管团队特征与企业绩效之间的关系研究虽然取得了较丰富的研究成果，但是其中仍然存在着一些不足之处，需要未来进一步的探讨。

第一，高管团队的定义和包括的范围没有达成共识，导致了许多实证研究在高管团队的选择上差异很大，影响了研究结果的对比。未来研究可能需要进一步的明确高管团队界定和选择的标准，以提高不同研究的可比性。

第二，本研究过少关注高层管理者团队成员特征变量对企业绩效产生的间接影响。忽略了两者之间可能存在的缓冲变量对两者关系产生的作用。而且过去研究忽略了对可能存在影响的中介变量和控制变量的研究，后续研究可以考虑加入调节变量或中介变量，进一步研究高管团队特征与企业绩效的关系机制。

第三，企业所处的发展阶段不同，管理者在团队中的任期时间的长短不同，团队成员与企业绩效间的关系可能有所不同。例如，陈进和王瑞旭（2010）在研究中指出，任期时间长短不同会使团队成员之间经历接触期、凝聚期、成熟期和衰退期四个阶段。现有的研究大多忽略了这一点，未来可以从这些方面着手研究，即基于团队发展阶段视角下的高管团队特征与企业绩效的动态演化关系。

| 第 10 章 |
高管团队的能力对企业创新发展的影响研究

10.1 引　　言

　　经济持续增长的动力之一是不断地创新，而科技创新和技术进步的主要推动者是企业。所以管理学界和经济学界一直都把企业的创新作为热点的研究问题。汉布里克和梅森（Hambrick & Mason，1984）基于人的有限理性提出的高阶理论将高层管理团队认定为企业战略决策的主体，其行为方式及特征深刻影响了企业创新行为和组织绩效。在上述研究中，学者分别从高管团队年龄、异质性、性别、学历等方面进行了探索。艾茉森和萨皮恩扎（Amason & Sapienza，2001）认为，高管团队成员异质性的提高有利于改善决策质量。根据现有研究，高层管理者的认知受到高管团队职能背景异质性的影响，也就是说职能背景多元化的高管团队对外部环境变化会更加敏感，这样的高管团队对自主创新更加了解，并会自发的给予更多的关注。不过，随着研究的推进，高管团队人口学特征及其构成异质性对于企业创新发展的影响结论不一致的情况，使得研究者开始关注高管团队的能力对于企业创新发展可能有着更直接影响作用。

　　合理高效的高管团队将有助于企业更好更快地发展（胡倩倩等，2017）。在经济全球化的动因下，市场不确定性造成的竞争不断加剧，企业要想在复杂的经济环境下做出快速准确、有利于企业经济发展的决策，仅仅靠单个管理者的技术和能力是希望渺茫的。这种情况下，高管团队的集体智慧和综合能力在此成为一个重要的解决问题的途径。基于动态能力观，团队学习能力有助于提升企业的竞争优势，而团队学习效果如何又取决于其中每一个成员的学习效率。通过提升团队成员的能力将可以较好地提高团队整体的能力。高管团队通过管理来定位企业产品，同时结合市场变化，调整或者发展新产品，将可以逐渐形成企业的核心竞争力，促进企业更好更快地发展。在这个过程中，高管团队的能力起着决定性的作用。基于此，研究者开始关注高管团队的能力及其对于企业发展的影响。本章在界定高管团队能力内涵的基础上，分别剖析了高管团队一般能力和知识管理能力对于企业创新发展的影响，期以能对高管团队理论研究与管理实践有所启迪。

10.2　高管团队能力的内涵

高管是企业战略决策的主要制定者，高管团队处于企业最高战略制定与执行层、负责整个企业的组织与协调。高管团队对于企业发展具有重要影响作用。环境复杂、多元化的市场条件更要求高层管理团队发挥协同效应，对产生的问题能做出更迅速的反应，更有效、更完善地解决问题。其中，为了提高高管团队工作的高效率，更好地促进企业的创新与持续发展，还需要特别重视高管团队的能力。

王雪（2006）曾在企业高管团队能力评估及应用研究中认为，高管团队能力不等同于团队员工个体能力效用的简单相加。他结合企业高管团队概念和管理能力的概念，界定高管团队能力为高管团队中成员能力的集中体现与反映，即在企业经营管理中高管团队成员所需要具备的技能、知识等显性能力以及人格特质、情绪等隐性能力的合力。葛玉辉（2011）在研究中将高管团队能力界定为企业高层管理者对企业生产经营全局的把控能力。

高管团队成员能力越强，越有利于高管团队整体能力的提高，也会提升高管团队对企业做出的战略决策的质量，进而有利于企业的发展。高管团队的综合能力越强，其就越有可能敏锐的洞察市场并发表独特的见解，使企业在激烈的竞争中取得一席之地，抓住发展机遇，增强企业实力，进而提升企业绩效。相反，能力不强的高管团队则会对企业可持续发展产生一定的负面影响，不利于企业绩效的提升。高管团队作为企业发展中最重要的一部分，需要注入新鲜血液，不断提升能力。

10.3 高管团队能力的影响因素

10.3.1 性别多样性

社会认知和性别理论的论点表明，男性和女性有不同的社交经验，比如职业经历或社交网络的关系——这就形成了不同的创新战略选择基础（Bussey & Bandura，2004；Bussey et al.，2007）。有研究表明，研发团队中的性别多样性使得团队更具创新性和适应性，因为拥有不同社会经验和成长背景的个人可以产生不同的视角、认知和技能，结合起来，就能创造新的思维，并鼓励创新和维持发展。正如米勒和特里（Miller & Terry，2009）所言，顶级管理团队中的性别多样性为公司提供了不同的人力和社会资本，帮助高层管理团队产生新的想法，合理分配资源，并发现研究机会，改善公司创新的行动。

高层管理团队的性别多样性有助于提高多种能力，如信息技术解决方案、适应变化和整合（Krishnan & Piao，2008）。此外，女性在个人生活中所扮演的多重角色，提供了丰富的人际关系和领导能力（Rudermanet，2002）。随着性别多样性的增加，这些能力更有可能促进管理能力的实现，并产生促进沟通、创意建议和员工参与的工作氛围，鼓励企业投入到更多的产品和流程创新。

10.3.2 知识多样性

团队组建的一个最初目标就是集合不同个体的知识。通过团队将不同人的不同想法集中起来，否则这些想法和观点本来就不可能集合起来（Williams

& O'Reilly，1998）。然而，证据是不明确的。例如，巴特尔和杰克逊（Bantel & Jackson，1989）表明，较高的知识多样性导致了更高的创新；而法拉吉和斯普劳尔（Faraj & Sproull，2000）表明，在 69 个软件开发团队的研究中，仅集合各种专业知识不足以提高团队绩效。

杰拉尔德（Gerald，1993）及其同事进行的实验室实验一直表明，即使独特知识对团队的努力至关重要，团队成员也倾向于讨论共同（共享）知识，而不是独特的知识（Stewart & Stasser，1995）。因此，高管团队成员的不同知识将不会直接提升团队绩效，所以组织不会集中力量仅确保存在独特知识。

实证研究的早期分析发现，知识多样性对团队绩效的优势是不确定的（Bowers，Pharmer & Salas，2000；Webber & Donahue，2001），更新的分析发现仅某种具体特定的绩效效益（Bell，Villado，Lukasik，Belau & Briggs，2011；van Dijk，van Engen & van Knippenberg，2012）来源于某些类型的知识多样性。曼尼克斯和尼尔（Mannix & Neale，2005）揭示了这些模糊结果的另一个亮点，即由于团队内部的严格辩论，只有当后者与任务相适应时，知识属性的异质性与积极的结果相关。简而言之，知识多样性本身不会产生绩效效益。面对创造性或复杂性的任务，知识多样性促进了团队互动，通过这种互动可以使不同的知识得到很好的利用。

10.3.3 职能背景

一方面，有学者认为，包括不同背景，培训和认知的成员在内的高管团队可能会有更多样化的观点、知识库和专业知识，从而可以改善决策（Jackson，1989；Cox & Blake，1991；Pelled et al.，1999）。事实上，多样化的团队可以产生更多的替代方案来创造性地解决复杂的问题，减少"群体思考"，更好地预测外部变化，并最终提高决策质量，从而提高团队绩效（Cannella et al.，2008；Carpenter et al.，2004；Finkelstein & Hambrick，1996）。有关文献进一步表明，高管团队成员的职能背景多样性通常被认为对创业公司有利，有利于实现重要的创业里程碑，如吸引风险投资（Beckman et al.，2007；Zimmerman，2008）。

另一方面，学者还认为，团队职能背景多样性可能导致团队成员之间的职能背景有较大差异，减少了每个成员对组织共同目标的贡献（Amason，1996；Kamm & Nurick，1993；Miller，1998）。事实上，积极的团队互动包括富有成果的辩论，刺激成员不同思考，并考虑新的见解，同时减轻人际分歧的负面影响（Foss et al.，2008）。因此，米勒和西蒙（Miller & Simons）认为，关于高管团队的文献对于职能背景的多样化的观点并不是决定性的。

一些学者提出了其他的观点，指出职能背景多样性在多大程度上有助于成功取决于具体情况。例如，菲利等（Filley et al.，1976）发现常规问题解决最好由同质化群体处理，而不明确的、新颖的问题解决最好由异质群体处理。在高速变化和动荡的环境中，企业确实受益于成员任务相关背景不同的高管团队（Beckman et al.，2007；Eisenhardt & Schoonhoven，1990；Ensley & Hmieleski，2005）。这可能是因为通过考虑更广泛的信息和战略选择（Jackson，1992），成员背景不同的团队反映出不同层次的认知复杂性。因此，成员背景不同的高管团队可以比同质的高管团队更全面和创造性地感知他们的业务和竞争环境（Foss et al.，2008；Ginsberg，1994）。由于团队感受到这种多样性，企业家被鼓励扩大他们的想象力和信仰系统，并相互学习不同的想法（感知，期望等）。这能够发展协同的综合认知，进一步又可以反映在高管团队的有效性上。

10.4 高管团队的一般管理能力与企业创新发展的关系

创新是一种新兴的概念，它的重要性在于它对公司卓越表现的影响和市场上的成功（Gibson & Birkinshaw，2004）。然而，创新的两步性在实践中是难以开发和实现的。这是因为，要实现探索和开发，就需要有效管理公司基础资源、资产、战略方向（Kortmann，2014）和创业过程（Mihalache et al.，2014）的内在差异。总的来说，研究表明，企业为了更好地创新需要考虑多种因素。其中，有两个方面需要特别强调：第一个强调战略方向作为指导原则的作用，它影响决策风格、策略实现和业务操作（Kortmann，2014），第二个与基于管理能力的人力资源管理有关（Kang & Snell，2009）。

管理能力指的是管理人员构建、集成和重组组织资源的能力。这些能力使高层管理团队能够更好地面对他们的环境，提高组织的绩效，并保持和创造竞争优势。在不断变化的环境中工作，要求企业探索激进创新所需的新知识和资源，同时利用现有的知识和资源，以实现渐进式创新是需要管理者的管理能力的（Andriopoulos & Lewis，2009；Huang，2004）。

以管理能力为基础的人力资源管理可以概念化为一套管理策略和活动，使员工们能够发展他们的技能和知识，并最终为竞争优势做出贡献（Way，2002）。有人认为，以管理能力为基础的人力资源管理可以培养一种组织的环境，它可以通过以管理能力为基础的招聘、参与和学习机制来有效地探索和开发。

第一，要建立一个支持环境的组织结构，重要的是，以能力为基础的招聘实践选择以及保持个人具有探索新知识和提高现有知识的能力。选择分享知识的人也会加强创新活动，因为他们通过分享知识能够更好地促进新的知识的产生（Gibson & Birkinshaw，2004）。因此，与战略人力资源管理的前提相一致，以管理能力为基础的招聘实践需要确保个人的能力与公司的创新活动或规范之间有紧密的联系（Makela，Sumelius，Hoglund & Ahlvik，2012）。

第二，以管理能力为基础的参与式计划可能促使员工努力实现工作目标，并为公司的战略活动做出贡献，以此实现企业创新。自主性的提高可以鼓励个人在工作中进行实验（Kang & Neil，2009），这有利于知识的完善和新的知识的创造。具体地说，旨在鼓励以能力为基础的参与，通过增强雇员从事探索活动的自我动机来加强这种联系（Ceylan，2013；Kang et al.，2012）。

第三，学习是创新的核心。灵活的培训体系建立起的学习机制，促进了一种员工可以接触到各种能力和技能发展的机会的环境，这使他们能够同时从事探索和开发（Kostopoulos et al.，2015）。员工多技能以及较高的学习能力，提高了企业人力资源管理的灵活性和动态适应能力。正是这种动态能力促成了对探索和开发的同时追求，同时加强了员工与企业的创新能力（Kang et al.，2012）。

另外，还有研究表明对于科技领域中小企业而言，管理能力是一种有效资源，可以通过帮助他们更好地管理资源和能力，更好地应对各种限制，从而提高他们的创新绩效。技术公司需要经理们利用他们的资源和资金来不断创新，并对其环境的快速、间断的变化做出反应（Terri & Makri，2010）。一些研究强调，科技行业的管理人员在管理能力上的差别，是使其在取得成功和发展的方面有很大的不同的重要因素（Gapaldo，2001），而其成功与发展很大一部分取决于公司的创新。因此，对于科技领域的中小企业来说，企业创新受到高管的管理能力的影响更加明显。此外，中小企业的资源限制比大型企业更大，其决策过程的管理支持系统也不那么发达。科尔尼等（Kearney et al.，2014）的研究表明，小公司的管理能力维持了创新的发展，因为这些能力可以更好地鼓励互动和资源的使用，以促进员工创新。因此，中小企业更依赖于管理能力来取得成功（Lubatkin et al.，2006）。

概括而言，高管团队的管理能力是影响企业创新的一个重要因素，特别是对于中小型企业尤其如此。而管理能力促进创新可以通过基于管理能力的人力资源管理实践得以实现。总体来说，为了更好地促进企业的创新，企业需要提升高管团队的管理能力，并通过人力资源管理实践加以落实，体现到对创新的重视与推动之上。

10.5　高管团队的知识管理能力及其与企业创新发展的关系

10.5.1　知识管理能力的内涵

在资源有限的环境下，对于组织的可持续发展，应把重点放在知识管理和创新上（Gaziulusoy et al.，2013）。基于知识和环境，社会和经济标准的创新能够为组织的竞争力创造可持续的基础（Buys et al.，2014）。换句话说，知识产生的创新技能可以为组织的可持续发展发挥重要作用（Sanders & Linderman，2014）。可持续新产品的开发增加了传统新产品开发过程的复杂性，但同时也是经济，社会和人们的潜在收益来源（Thome et al.，2016）。因此，知识管理对企业可持续发展至关重要。

根据阿拉维和莱德纳（Alavi & Leidner，1999）在知识管理方面的工作，知识被定义为一种合理的个人观念，提高个人采取有效行动的能力。关于知识管理，它是捕获、分发和有效利用知识的过程（Davenport，1994）。知识管理构成公司能力建设的基础，是组织和管理过程的基础（Dow & Pallaschke，2010）。来自有关客户、市场竞争和未来技术的信息的知识基础是产品开发和运营管理系统的核心要素。大多数时候，公司已经可以获得形成生产能力所需的知识，但其互动过程效率低下。对此的一个解释是缺乏知识管理战略，特别是在与生产活动相结合方面。戈尔德（Gold，2001）指出，知识管理能力分为知识管理过程能力和基础设施的支持能力两种。前者包括知识的获取能力、转换能力等；后者包括技术支持能力、组织结构支持能力等。

10.5.2 高管团队知识管理能力与企业创新发展

创新可以被认为是吸收能力，包括具有转型能力和核心竞争力的企业（Gluch et al.，2009；De Marchi & Grandinetti，2013）。具有创新能力的组织，通过吸收能力管理协助知识管理，可以将可持续创新的想法，从新技术、利益相关者和资源中获益，从而获得有效和快速的发展结果。组织的创业能力，通过加强流程管理和提高战略竞争力的产品，可能导致组织的经济可持续性。

根据苏布拉马尼亚姆等（Subramaniam et al.，2005）的观点，公司的创新能力依赖于其知识资产和利用知识的能力。郑等（Zheng et al.，2011）所做的工作经验证实，218 家中国制造企业在网络环境中的知识型动态能力与企业创新之间存在积极而显著的相关性。同时，科赫（Koch，2011）的论文将知识整合与创新绩效之间的关系理论作为要素并研究其相关性。此外，有研究提供了实证证据，证明知识溢出对其在科技园区的企业进行创新和合作的能力产生了积极的影响。

知识管理不仅能提升创新绩效，而且还能发展公司的竞争优势。根据沙德哈瓦利的观点（Sandhawalia et al.，2011），仅仅拥有资源是不够的，因为企业需要有强大的知识管理能力才能开发和支持工作实践，以保持竞争力。对于在快速发展的动态市场中竞争的企业来说，能够熟练利用知识管理能力，不仅能使企业更快地创新和应对市场变化，还能获得可持续的竞争优势（Wheeler，2002）。与此相符，安德烈耶娃和基安托（Andreeva & Kianto，

2012）也通过实验证实，用于管理知识的信息通信技术（ICT）和人力资源管理（HRM）实践已经被发现显著影响来自俄罗斯、中国和芬兰的公司的财务绩效和企业竞争力。

随着知识经济时代的推进，研究证明无形资产已经成为企业竞争优势的重要来源。知识和技术都被认为是企业的战略资产，也是创造竞争优势的主要来源（Lai & Lin，2012；Stump，Athaide & Joshi，2002）。凭借创新技术，开发出独特的产品和服务；成功的技术创新在很大程度上依赖于企业拥有的知识资源。知识管理被发现改善技术创新，影响机床行业的新产品开发性能。而且，组织创新能力调节了科技公司自主学习准备与组织绩效之间的联系。

概括而言，高管团队的知识管理能力对于企业的创新具有深远影响。在创新日益受到重视，并对企业成败具有重要决策作用的当前背景下，企业可以通过提升高管团队的知识管理能力，从而促进企业的创新发展。

10.6　结语、管理启迪与未来研究展望

10.6.1　结语

高效的高管团队作为企业的核心竞争力之一，对企业的发展有着深远的影响。高管团队能力是团队成员能力的集中体现与综合反映，而并非是成员个体能力的简单相加。因此，高管团队能力的提升不仅需要重视单个成员的能力，还需要重视成员间的协同而非损耗，以实现能力"1 + 1 > 2"的目的。高管团队的管理能力作为企业的有效资源，可以通过帮助企业更好地管理资源以更好地应对各种限制，从而提高他们的创新绩效。另外，高管团队的知识管理能力也是需要特别重视的一个要素，因为高管团队的知识管理能力对于企业创新有着更为直接和深远的影响力。

10.6.2　管理启迪

本研究通过梳理相关文献，对高管团队一般管理能力和知识管理能力对

于企业创新发展的重要作用的分析可以发现，企业可以通过以下多方面努力促进企业加强创新能力。

首先，知识管理对企业创新发展发挥着重要影响作用。因此，企业要有意识地开发部署知识管理战略，使其知识资源与不断变化的环境相一致。通过扩大，修改和创造知识资源，以增加未来的利润。这种资源重构是通过开发治理机制来实现的，通过促进内部和外部学习，探索、转变和利用公司内外的知识来实现。与此同时，为了防止自有知识被其他企业模仿和挪用，要加大制定知识资源的保护措施并加大保护力度。只有这样，企业才能形成有竞争力的创新能力，保持企业的良好发展。

其次，研究结果表明创新绩效的各个维度受到知识管理能力的影响不尽相同，因此企业在知识管理能力的培养方面不能盲目没有目的，而应根据企业自身情况，有目的有针对性地部署知识管理战略。例如，当企业的产品创新绩效比较低时，企业要全面增强动态知识管理能力，尤其是要重视对知识创新能力的培养。而当企业的合作创新绩效比较低时，企业要加强对外的知识活动，相对应的就要更加重视知识吸收能力、知识连接能力和知识扩散能力的培养。这样有选择地进行知识管理才能使得创新绩效得以全面提升，从而保障企业的持续发展。

最后，我国的环境受到了制度的特殊性以及传统文化的深远影响，"关系"影响对于企业无法完全避免。但是，从长远来说，在经济全球化的背景下，当面对全球市场时，中国企业实现成长需要具有较高素质的高管团队和科学有效的管理办法。要加强高管团队与企业绩效的关系，就要减弱"关系"对企业发展的影响，这就需要企业重视高管团队素质和管理能力的培养，加强自身创新能力，形成自身的核心竞争力。

10.6.3　未来研究展望

尽管目前对高管团队的研究取得了一定的进展，但仍有许多问题需要解决，等待未来的深入研究。第一，综合探讨不同维度的高管团队管理能力对于企业创新发展的影响机制。迄今为止进行的大量实证研究对管理能力的不同维度分别进行了不同的研究，例如，认知能力、管理人力和社会资本的能力等。但是，很少有研究试图分析这些能力之间的相互作用，或者研究他们的协同影响力。第二，组织不同层级管理者的管理能力的关键驱动要素及其内在联系机制。目前少有研究分析不同级别的管理能力是如何导致的。由于企业创新发展除了高管团队的管理能力之处，中层及基层管理者的管理能力可能也会对企业创新实践具有不可忽视的重要影响。未来可以对比研究不同层级管理者的管理能力的发展及作用机制，以更好地指导基于管理能力视角的企业创新发展实践。

第 11 章

高管团队智力资本、企业多元化战略及企业绩效的关系机制研究

11.1 引　言

互联网信息技术的迅猛发展推动了知识经济时代的来临，企业内外部经营环境也在悄然发生着改变，企业经营环境的不确定性更加凸显。互联网迅猛发展加快了企业信息资源的共享性，但同时也存在着企业核心资源与技术流失或被复制的风险。在这种不稳定情境中，企业可以通过市场定位来获取暂时的竞争优势，但是在动荡的环境下企业想要用市场定位的经营策略获得长期的市场地位显然是不可能的。对不确定性环境的动态适应能力是企业长远发展的可靠依赖，因此建立起一个行之有效的高管团队就显得尤为重要。优秀的企业高管团队不仅可以提升企业的动态适应能力，而且能够在复杂突变的现有环境所引起的"弱情境"下制定出正确的战略。可以说，优秀的高层管理者及其团队是每个企业最珍贵的人力资源，而建立并保持一个高效的高管团队是企业在纷繁复杂的周围环境中保持核心竞争力的重要手段。

对企业高管团队与企业绩效的关系研究长期以来都从高管团队的特征入手，如最早开始的对高管团队人口学特征的关注，并围绕着相关主题取得了突出的成果。例如，我国学者富萍萍（2001）、魏立群（2002）、王智慧（2002）、彭四清（2001）、阎学煌（2001）等将高管团队特质概括为诸如年

龄、任期、教育、职业背景等人口学特征来研究其与企业绩效间的关系。但是这些研究忽略了组织内外部环境的复杂性，忽视了其他的一些重要心理特征的影响作用。梳理以往文献发现，目前对高管团队的研究不仅要考虑如上述高管团人口学特征对企业绩效的影响，还应该关注高管团队的其他特征的影响作用，以更全面地理解企业高管团队对于企业发展的影响。

出于此，目前越来越多学者开始聚焦于高管团队的内在心理特征，如对企业及其高管团队智力资本的关注即是最新的一个关注焦点。哈里森和沙利文（Harrison & Sulliva，2000）通过研究发现，企业的智力资本会带来企业总体收益的增加，其中包括着对企业创新能力的提升。艾哈迈德（Ahmed，2003）选取美国的跨国公司为研究对象并给出实证分析，发现智力资本能够促进企业绩效水平的提高。可见，企业智力资本在企业经营过程中的重要性非同一般。随着研究的推进，部分学者从战略管理的角度出发，研究高管团队智力资本与企业战略以及企业战略与企业绩效之间错综复杂的联系。例如，冯栋（2011）等以高阶理论为基础，探讨作为企业战略决策的制定者和执行者的高管团队的社会资本与企业战略决策中多元化战略的关系。他们对134家上市公司数据的分析结果显示，高管团队政治背景和跨行业背景等社会资本对企业的多元化战略决策有正向的促进作用。其中，高管团队的社会资本即是智力资本的基本维度之一，因此冯栋的研究间接支持了高管团队智力资本与企业多元化战略的紧密联系。国外学者比亚吉奥（Biagio，2015）认为，高管团队智力资本在企业战略（产品多元化、国际多元化）与企业绩效间起着重要的调节作用。另外，赵凤（2012）研究发现，多元化战略能够与动态能力相匹配来对企业绩效产生共同的影响。企业可以在高动态能力的状态下，积极地调整企业多元化经营战略，尽量地减轻多元化战略对企业绩效的消极后果。可见，国内外学者对高管团队智力资本、多元化战略管理以及企业绩效已经进行了大量的研究。但是，究竟高管团队智力资本、企业多元化战略与企业绩效三者间的内在联系与关系机制如何还需要进一步梳理与探讨，以推进高管团队与企业绩效关系的作用机理与关系路径研究。有鉴于此，本研究将围绕着高管团队的相关理论，综合近些年来国内外众多学者的相关理论研究成果，探讨高管团队智力资本的概念特征，在基于企业多元化战略理论的基础上，并结合相关文献深入讨论高管团队智力资本与企业绩效、企业多元化战略三者间的内在联系，具体论述高管团队智力资本与企业绩效、企业多元化战略与企业绩效以及在多元化战略视角下高管团队智力资本与企业绩效间的关系机制，为实施多元化战略类型的企业如何最大程度上运用高管团队智力资本服务于企业绩效的提升，开拓全新的问题解决思路。

11.2　高管团队智力资本的内涵、维度结构及影响因素

11.2.1　智力资本的内涵发展及高管团队智力资本的界定

11.2.1.1　智力资本内涵界定的发展

西尼尔（Senior）在 1836 年首次提出智力资本的相关概念，并且他尝试着从个体层面的角度来定义智力资本。西尼尔（Senior）认为智力资本是个人的知识与技能的完美结合。1969 年，美国经济学家卡尔布雷斯（Calbrainth）基于西尼尔（Senior）的研究，针对智力资本的构念内涵给出了自己独特性的理解，他指出智力资本不单指知识与智力，而是指使用脑力的相关行为。由此可见，智力资本可以表现为一种动态性的智力活动（Calbrainth，1969）。同时，卡尔布雷斯（Calbrainth）对智力资本理论概念的创新性主要表现为概念界定的跨层次探索，即将对智力资本的理解扩展到企业组织层面，认为智力资本对企业组织目标的实现会产生积极的影响。斯图尔特（Stewart，1991）总结前人的研究，系统性地提出了智力资本的概念界定，斯图尔特（Stewart，1991）认为组织智力资本包含了包括企业高管团队知识技能在内的一切知识以及能力的总和。为企业的可持续性发展带来长久的竞争优势，这些智力资源已经成为企业、组织或国家最有价值的资产。斯图尔特（Stewart，1991）对智力资本的概念进行了全面阐述，从此以后，智力资本问题引起了理论界与实务界的广泛关注。欧都尼兹和帕布罗（Ordonez & Pablos，2003）认为，智力资本是由能够为企业创造持续性竞争优势的知识资源构成，常常表现为企业市场价值与其账面价值之间的差额。

　　总的来说，国外对智力资本的研究起步较早，总体来说可以划分成两个阶段：首先，期初智力资本仅被理解为个体能够为企业创造价值的知识技能；其次，智力资本又被扩展到组织层面，学者们开始将智力资本看作是组织竞争优势的体现，即西方对智力资本概念的界定范围经历了从个体到组织层面的演变，并且已经形成了较为完整的理论体系。

　　随着智力资本的研究价值逐渐得到发掘，国内学者也纷纷开始展开智力资本相关概念的研究。依据主体对象的不同，黄汉民（2003）将智力资本分为组织智力资本和个体智力资本。在某一特定组织与社会交往模式的基础上，并通过个体在工作实践中的长期积累而形成了组织固有的关系资本，以及员工利用这种关系共同创造出的编码化或部分编码化的组织共享知识和市场型资本。黄汉民将个体智力资本理解为企业内部成员在工作中所展现的个人知识、价值与能力。徐笑君（2008）为了与企业智力资本做区分，他将个体智力资本理解为人力资本在个体层面的表现，即组织成员能够创造出来的知识、技能与价值观。徐笑君（2008）认为，智力资本是与组织内有形资产相对而言的，由员工和组织的知识经验共同构成的组织智力资产，所以智力资本具有无形的特征。杨倚奇（2011）在综合国内外理论研究的基础上，提出了个体智力资本的整合观点，即他将智力资本的概念外延扩展到人力资本、社会资本及心理资本等相关研究领域，杨倚奇还认为组织内所存在着的无形物质要素的总和共同构成了个体智力资本，员工对这些非物质资产的运用将会对其价值创造产生非凡的实践意义。

　　概括而言，目前学者对于智力资本的研究在内涵界定上还存在歧义，这可能是不同的研究者对智力资本的理解偏差所导致的结果。例如，为了与组织智力资本做区分，黄汉民与徐笑君在对个体智力资本做定义时，着重强调了组织员工的知识与技能。相比之下，杨倚奇对个体智力资本概念界定的范围要大一些，他几乎将组织中一切能够为企业创造价值的无形资产都包含在内。学者们对智力资本的概念及其范围界定的多样性，这反映了我国学者对智力资本研究的日益成熟。

11.2.1.2　高管团队智力资本的概念界定

　　知识经济新时代，物质资本正渐渐地被智力资本所取代，智力资本将进一步成为企业生存和发展所需要的关键资源。智力资本成为国内外学者研究的新热点，智力资本的相关研究也形成了初步的理论体系。当前大量文献就智力资本的内涵给出了不同的界定。通过梳理文献发现，目前研究者大多从企业与个人两个层面对智力资本的相关概念进行理论化的解释。高管团队是企业的"大脑"，也是企业智力资本在团队层面上的集中体现，因此一些学者尝试着从组织、团队等层面对高管团队智力资本的内涵予以界定。

首先，智力资本概念自从提出以后，其组织层面的研究也就应运而生。海顿（Hayton，2005）提出智力资本由知识库存和动态能力两大框架组成，需要企业进行区分识别，以确定组织的价值并使智力资本资源得到充分的利用开发。近年来，我国学者针对企业智力资本的研究拓展到了企业高层管理人员知识资本的研究领域。我国学者芮明杰（2002）教授首先从企业层面对高管团队智力资本给出了界定，认为高管团队智力资本是企业通过积累知识技能而发展起的资产。景莉（2004）深入探讨智力资本的本质，提出智力资本确实是企业借助知识技能从而达到目的的一种手段。此外，企业高管团队特质突出表现为团队的智力资本，作为组织必不可少无形资产，企业智力资本与企业绩效紧密相连。

一些学者也将高管团队智力资本看作是企业用于获取竞争优势的知识源头。梅森（Mason，1984）认为，组织战略是高层管理者智力资本的集中反应，并强调了高管团队智力资本在制定和采用最佳组织战略方面发挥的巨大力量，以实现高水平的企业绩效。沙利文（Sullivan，1999）实证发现，智力资本对最高管理团队的决策起着决定性的作用。高管团队能够从智力资本中获益。还有学者指出，为实现高质量的智力资本，企业可以获得并保持高层管理人才竞争的优势、主导优势，发挥高层管理者的无限创造力（Thahir & Maisarah，2009）。

可以说，智力资本的投入、获得与应用在知识经济时代已经成为企业制定战略发展的手段和取得竞争优势的利器，企业的高层管理者也在尝试用各种方法去努力争夺和发展智力资本。有人认为，传统的生产要素已经不能帮助企业继续保持持续创新和获得竞争优势，智力资本逐渐成为关键要素（Youndt，2005）。海顿（Hayton，2005）表示，高管团队通过控制智力资本，可以改变感知的风险以及与管理行动相关的奖励，提供更好的进入新市场的可能性，使企业创造更好的产品，并获得领先者的优势。高管团队智力资本通过转化为企业知识资本的方式为企业提供持续发展的动力。海顿（Hayton，2005）、拉赫曼和扎海德（Rehman & Zahid，2011）等相信知识资本是获取可持续的竞争优势适当的来源，也是技术发展和经济增长的重要方式。

基于以上观点，有关高管团队智力资本优势的研究，当前国内外学者不仅聚焦于智力资本与企业核心竞争优势的保持，同时将智力资本与企业经营风险相结合。拥有高智力资本的高管团队具备较强的抗风险意识，在企业扩张新市场或新产品开发的过程中，更好地理解和利用不确定性因素，进而占据竞争的有利地位。智力资本已经成为企业内宝贵的智力财富，而拥有高智力资本的高管团队无疑成为企业发展变革的引领者。学者与企业管理者需要全方位地认识高管团队智力资本的概念，认清楚在企业未来发展历程里高管团队智力资本的重要作用，才能更加理解和利用高管团队智力资本对企业的重要价值，在实际经营中充分运用发挥高层管理团队智力资本的优势，为企业不断创造新的价值。可以说，以无形资产形式呈现的高管团队智力资本，可以促进企业的创新，为企业创造价值和获得持续竞争优势。已有文献证实了高管团队智力资本的发挥与企业绩效紧密相连。这些都表明未来对高管团队智力资本的研究将具有极为重要的价值与意义。

11.2.2 高管团队智力资本的维度结构

一些学者基于高管团队视角下，探讨了智力资本的范围构成。例如，彭灿（2010）提出，高管团队智力资本除了团队成员具有的各种知识和技能等要素之外，还包括团队文化、组织结构、制度范式、运营模式、控制管理等内外部的关系等因素。高管团队智力资本是团队综合能力的体现，高管团队中每个成员的知识、能力以及整个团队的结构、文化、规范、领导等诸多内部要素与团队的外部关系（即团队外部社会资本或网络）共同构成了团队的智力资本。

对于智力资本这个全新的概念，学者对其维度的构成有着不尽相同的观点。但是，传统意义上，学术界普遍将智力资本分类为三个层次研究。沙利文（Sullivan，1999）、泰利斯等（Tayles et al.，2007）、沃尔等（Wall et al.，

2004）都提出了企业智力资本是由人力资本、结构资本和关系资本三部分构成。因此一部分学者基于上述这三个基本结构要素来研究高管团队智力资本。不过，李大元（2009）认为，高管团队智力资本是企业高层管理人员拥有的人力资本和社会资本的总和，其中人力资本主要包括成员的教育水平、工作经历及其互补性等。总而言之，从高管团队的构成要素出发，学者们明确了高管团队智力资本的结构维度。本研究在总结以往学者观点的基础上，将高管团队智力资本分为人力资本与关系资本。

11.2.2.1 人力资本

舒尔茨（Schultz，1960）认为，人力资本是一种无形的资本状态，表现为人的知识水平、生存技能、身体健康等。之后人力资本概念界定得到不断的完善发展。王勇（2002）等人提出企业成员单独具有的知识能力构成了人力资本的基础，综合了个体的教育经历、工作经验、生活技能在内的一些隐性知识。让德（Youndt，2004）认为，组织的人力资本是员工的经验技能以及知识能力的组合。赫克曼和莫索（Heckman & Mosso，2014）提出个体的技能水平、努力程度和外界的教育投入决定了组织整体的人力资本。综合比较以上观点，国内外大多数文献对于人力资本的定义集中于对组织个体的知识技能、工作经验等方面。因此我们可以认为基于高管团队智力资本的人力资本可以包括高层管理者所具备的知识技能、工作经验等。

人力资本在知识经济的观念下，其积累程度的多寡直接影响到企业在未来的发展状态与水平。邦迪斯（Bontis，2001）通过行业状况调查，研究结果表明顾客资本与结构资本显著影响人力资本。巴克扎克和威尔蒙（Barczak & Wilemon，2004）认为，企业研发人员或组织管理者具有的丰富经验、创新能力、管理能力、专业技能等人力资本能够对新产品开发产生积极的影响。海顿（Hayton，2005）认为，人力资本作为智力资本的一个维度，可以被证实与高层管理人员行为有着积极的相关关系，并通过高管团队对企业产生重要的影响。因此组织的人力资本又被认为是公司最具价值的资源。陈（Chen，2006）通过实际调研我国台湾地区的一些制造企业，得出人力资本对新产品开发有着显著的正向影响。高远东和花拥军（2012）基于组织的基础实力、知识、技能以及制度，将人力资本划分为四种类型，并且进一步发现基础人力资本、知识人力资本与企业生产率有着密切的联系，可以促进其经济增长。另外，大量研究表明企业人力资本对增强创新能力具有重要意义，并将有助于提高企业绩效创新的水平。

在国外研究中，企业高层管理团队的人力资本特征主要集中在企业家相关的产业经验（Porter，1990；Finkerstein，1992）、更高的教育程度（Akson，1990；Gottesman，2006）、企业家的管理经验（Mezias，2003）、广泛的社会关系网络（Hambrick et al.，2001；Uzzi，1996）、完整的团队支持（Hale-lian，1992；Finkerstein，2003）等。在国内研究方面，学者黄群慧（2000）、程承坪（2002）等较早对企业管理人员的人力资本特征与企业绩效的关系作了比较规范的研究。何韧和王维诚等（2010）基于收集得到的调查数据，对中国非上市企业管理者的学历、海外教育背景、任职背景和选聘背景等与企业绩效的关系进行了实证研究，发现那些学历教育背景越雄厚的管理者，越能带动企业绩效的提升。

综合比较发现，高层管理人才的人力资本储备与积累对企业高管团队智力资本作用的发挥起着非常重要的作用。当前对于企业高管团队人力资本的概念解释多集中在研究企业管理者的管理经验、年龄、教育背景等突出的管理特征，高层管理人才的形成往往需要而这些人力资本特质作为必备条件。从高管团队人力资本的角度来看，团队内部对高层管理人才的培养实际上意味着企业人力资本的积累，这也是形成高管团队智力资本的原始基础。因此对高管团队智力资本的研究常常会涉及企业人力资源理论等方面，即对企业中高层管理者人力资本异质性的深入探究。

11.2.2.2 关系资本

消费需求与多样化的变化使得科技研发得到越来越多企业的重视，通过不断推出新产品以满足顾客个性化的需求。企业内外部的关系资本能够为研发活动提供重要的信息与技术资源，由此关系资本开始得到国内外研究者的正视，关系资本可以定义为，企业为实现其经营目标从而建立、维持和发展并进行投资所形成的关系网络。鉴于企业关系资本网络的复杂性与多变性，目前与关系资本相关的文献研究仍然未能给出统一的概念界定。卡利（Kale，2000）从企业联盟的视角来讨论关系资本的相关概念，他认为企业的关系资本是指企业与其联盟企业在彼此相互信任、尊重以及友善的情况下所形成的亲密合作关系。卡曾斯等（Cousins et al.，2006）运用企业供应链的相关理论研究来解释供应链企业中关系资本的存在形式以及其对供应链关系维护的重要作用。陈菲琼（2003）认为关系资本往往表现为存在于个体层面的战略伙伴间的相互信赖、彼此尊重以及友好互助等的合作关系。林莉和周鹏飞（2004）将组织个体间的信任、友善以及尊重等良性的关系资源看作是企业的关系资本。回顾以往文献可以发现以上有关企业关系资本的探讨多从关联企业或团体间信任、尊重的程度来给予界定，可见企业存在与组织内外的关系资本是由企业在发展中构建的关系网络积累而形成的关系资源。

高层管理者在组织内外部之所以呈现出错综复杂的关系网络，是因为他们相较于组织内其他人员而言，拥有更加宽广的社会交往而且那些关系网络能够被高管团队所利用，并为企业创造出具有经济价值的企业资源，而这些关系网络中所形成的资源就被大多数学者称为企业高管人员的关系资本。虽然组织高管团队的关系资本往往让人捉摸不透，但仍然会许多学者想要通过系统性的研究来尝试从不同的角度对关系资本给出界定，一些研究将社会资本与关系资本结合起来并进行深入探究。阿德勒和卡文（Adler & Kwon，2002）从内部和外部两个方面来具体把握社会资本的内涵。具体来讲，外部视角强调行动者与外部的联系，是一种桥接观点，而内部视角则是一种体现内部成员凝聚程度的观点。希皮洛夫和丹尼斯（Shipilov & Danis，2006）基于高阶理论的概念基础，首先对高管团队社会资本给出了概念界定。基于功能主义原则的视角，他们提出高管团队社会资本是高管团队成员在信任和规范基础之上发展起的社会关系网络。另外，他们继承了以往研究成果的基础，也从内、外两个层面对高管团队社会资本进行划分。一方面，高管团队成员通过信息、技术等资源的交换与共享构建起以人际关系网络为特征的内部社会资本，通过相互信任、行为规范以及共同愿景等手段维系成员间的关系网，团队成员间以知识、资源共享等来保证企业目标顺利实现；另一方面，高管团队成员通过外部信息的获取构建起了以外部人际关系网络为特征的外部社会资本，主要表现为与企业组织利益相关者的紧密联络，在外部关系网络中，高管团队成员利用自身所具有的关系资本构建起与外部沟通交流的桥梁。

高管团队关系资本为学者们研究高管团队智力资本提供了全新的视角。

智力资本的价值得到了深入的研究与发掘，研究者发现团队的关系资本能够为团队智力资本的能量储备提供关系通道。彭灿（2010）研究发现，可以通过知识存量与流量等两条基本路径来提高团队的知识能量，表现为吸收外部知识与创造内部知识。而在团队知识能量实现的途径上，其内、外部社会资本或者关系资本起到直接的推动作用。换言之，企业高管团队外部关系网络密度能够为整个团队提供重要的外部智力资源，因而智力资本能够吸收外部知识而形成更高的智力存量。同时，高管团队也可以通过内部的知识共享来提升团队智力资本。

11.2.3 高管团队智力资本的影响因素

11.2.3.1 文化环境

许多学者立足于企业所处的外部大环境来探索其对高管团队智力资本的影响。以往文献研究发现，企业内外部宏观环境因素首先对智力资本产生较为显著性的影响。一些学者就宏观环境中的一些具体因素进行了研究，其中文化环境被认为是影响高管团队智力资本十分重要的影响因素。林恩（Lynn，1998）选取了不同三个国家（瑞典、加拿大和美国）的企业作为调查对象，实证结果显示，造成企业间智力资本的差异在很大程度上归因于企业文化背景的迥异。邦迪斯（Bontis，2001）直接提出企业所处的文化环境是所有的宏观因素中对企业智力资本影响最大的因子。詹姆斯（James，2006）选取了我国香港地区以及澳大利亚的公司为研究对象，经过长期的跟踪调查得出在高管团队智力资本的形成及管理的过程中，企业文化环境确实起到了举足轻重的作用。

11.2.3.2 组织内部管理机制

组织内部管理机制是维持组织正常运行的重要工具，也是为企业筹备管理人才的重要途径与方式。有研究将组织的人力资源管理纳入到影响企业智力资本的重要因素。企业人事部门通过人员招聘、组织培训、薪酬管理以及人事任用等来优化组织现有的人力资本，从而提升组织内部对人才智力资源的储备，尤其是对组织高层管理人才的积蓄，从而逐渐形成对高管团队智力资本的初始积累。除此之外，休斯里德（Huselid，1997）认为，人事调配可以消除组织中的消极因素，保持组织始终处于和谐、稳定的开放式环境中，在促进关系资本的提升中并成良好组织沟通学习机制，进而促进关系资本的提升。邦迪斯（Bontis，2001）关注于企业的知识管理方面，认为有效的知识管理能够培养企业智力资本的形成。知识管理能够使组织知识在个体于群体间进行沟通交流，在智力知识的交换的过程中逐步提升组织的知识存量。

11.3 企业多元化战略的内涵及发展形势

11.3.1 企业多元化战略的内涵

多元化战略理论首先在欧美等西方国家出现，安索夫（Ansoff）在 20 世纪 50 年代在对企业战略的研究过程中首次提出"多元化"这一概念。在《美国产业的多元化和一体化》一书中，戈特（Gort，1962）认为多元化就是企业从某一特定的经营领域扩展到新的市场领域。继西方国家提出多元化战略的概念以后，20 世纪 90 年代，多元化战略开始受到国内学者的关注，尹义省（1999）认为多元化作为企业的一种成长阶段而存在，主要任务就是扩展企业经营范围和产业结构调整，并反对将多元化作为经营方式来看待。康荣平和柯银斌（2007）认为多元化是企业在多个行业投入生产，并向不同市场提供不同产品。

企业的多元化发展，需要考虑诸多因素。例如，普拉哈拉德和哈梅尔（Prahalad & Hamel，1990）强调核心产品的市场拓展力和利润提升空间，在企业多元化进程中充分发挥主打产品的重要作用。这说明了企业多元化发展应该依据其核心产品的优势，而非盲目的投入。另外，戴维和布赖恩（David & Brien，2010）指出，企业在多元化发展中通过优化组织结构来实现企业利润的增长。

不过，值得强调的是，多元化非神话，并非多元化是企业成功的必定法宝。例如，卡帕（Capar，2009）通过多样本、长时期的实地调研，以数据整理分析法作为依据，认为多元化对于企业来说，就是一把"双刃剑"。多元化虽然可以通过企业经营业务的多样化来分散企业的投资风险，但产品多元化所形成的分散投资会使得企业在产品研发方面的资源投入减少。

总之，通过回顾多元化战略理论的形成与发展可以发现，多元化战略的理论体系思想首先在西方欧美国家确立，并将多元化战略应用到现代企业管理。多元化的战略思想伴随着一系列的并购浪潮而被推广到世界。相对而言，多元化在我国起步较晚。不管是实际运用，还是理论研究，我国与西方国家都存在着明显的差距。我国企业多元化最早开始于改革开放的浪潮中。不过，随着我国市场经济得到逐步完善与发展，在国有大型企业、民营企业等社会各类企业的实际经营中，国内有关多元化企业战略的研究随着战略在企业中的实际运用而逐步趋于完善。

11.3.2　企业不同形式的多元化发展

11.3.2.1　技术多元化

技术多元化的概念最早出现在西方的文献研究里，柯达玛（Kodama，1986）在前人研究的基础上，最早提出技术多元化的相关概念。在他看来，企业技术多元化能够使企业涉足非相关领域的科研创新，为企业在开拓经营领域时提供强有力的支持。布兰兹和埃特韦尔（2003）专注于企业专利技术的研究，引入"多技术企业"的概念，认为"多技术企业"是指那些在三个以上不同技术领域间有研发活动的企业，他们将企业在不同技术领域申请专利的数量作为衡量企业技术多元化的程度。奥斯卡森（Oskarsson，1993）有关技术多元化的研究具有里程碑的意义。企业以扩展知识和技术能力交换作为手段来开拓企业的技术范围，实现企业整体技术资源的有效协同效应，最终使企业达到技术多元化的水平。

由于对技术多元化的概念界定具有凸出的代表性而被管理学领域普遍接受。不过，由于早期的研究受到传统理论观念的影响，导致部分学者将企业技术与研发的等同，即对技术多元化与企业研发多元化没有做出明确的概念区分。研究者们习惯性地将那些涉及核心技术领域的企业专利申请看作是企业技术多元化的范畴。在进入 21 世纪以后，许多研究开始将技术多元化与企业核心竞争力联系到一起，米勒（Miller，2006）指出，企业通过技术创新产品与经营领域的扩展，不仅可以使企业继续保持其在市场竞争中的核心优势，而且可以使企业突破原有的技术瓶颈发展为新的技术知识或能力，此时高程度的技术多元化往往表现为技术存量的分散性。总之，以往文献大多将企业的技术投入和技术产出的数量与分布作为企业技术多元化其中的某一发展阶段。马克里（Makri，2010）认为，企业以扩展自身技术领域范围来实施技术多元化战略，在技术资源共享中获取企业所需要的技术优势与规模经济，提升企业在相关领域的竞争优势。总体来说，企业技术多元化是以对扩展领域的技术资源进行整合为手段，从而培养和维持市场竞争力，获取丰厚的经营收益。

11.3.2.2 产品多元化

首先，国外学者在对产品多元化战略进行理论与实证的研究过程中取得了一系列成果。美国学者安索夫（Ansoff，1957）在《多元化战略》一文中指出，企业多元化与企业产品市场有着密切联系，并且以市场为导向来研发新产品。钱德勒（Chandler，1962）通过对企业发展变化进行分析，将企业成长战略过程细分为几个不同的类型以适应不同形式的组织结构，即企业初期数量的增加、企业成长过程中地区的扩张、供应链企业的伙伴联盟、企业多元化发展战略四个阶段。里格利（Wrigley，1970）认为，企业多元化战略研究重要体现在企业的单一产品市场份额，企业产品专业化率来测量企业的多元化程度的。普拉哈德（Prahalad，1990）指出，企业多元化在于对企业市场拓展和企业利润空间的扩大。以核心产品开发为手段，继而开拓市场，形成一整套企业多元化战略过程。卡帕（Capar，2009）分析了企业多元化战略、企业多元化市场环境及企业绩效管理三者间的内在联系，认为企业的多元化是通过企业资源整合提升企业绩效，实现产品多元化利润提高的。

在研究方面，国内学者借助产、学、研相结合的手段对产品多元化战略给出了切合实际的研究，并取得了一系列成果。宋铁波（2010）等基于企业的区域制度环境，结合企业特定的优势、对企业多元化的战略选择进行了实证研究，并将区域制度环境分为正式制度约束主导环境与非正式制度主导环境两种极端的类型，分析企业所在区域的制度环境对其多元化战略选择的影响。潘岳奇（2007）提出，适当的房地产领域产品多元化战略可以为房地产企业带来诸多经营优势，将成为内地大型房地产企业实现长期持续稳健经营的重要战略选择。

11.4　高管团队智力资本与企业绩效

整理分析以往的文献发现，高管团队智力资本的组成结构通常被分为以下二个维度：人力资本与关系资本。其中，人力资本具体表现为独立个体的教育背景、工作与学习经历、知识技能、情绪控制力等要素，例如，具备以上要素的企业管理者借助于自身的人力资本优势对市场变化和客户需求做出迅速反应；此外，关系资本则是指高管团队在可持续和稳定的环境中建立与利益相关者和市场的关系的能力，建立人际关系的能力和基于信任建立关系的能力。从智力资本的概念就可以看出，智力资本包括的范围不仅仅只是人力资本，而企业高管人员的关系资本也是智力资本的一个维度。人力资本、关系资本相互作用、相辅相成，有效地保证了智力资本整体功能的发挥，以便更好地服务于企业绩效。

11.4.1　高管团队人力资本与关系资本的内在关系

人力资本、关系资本理论源自于经济学和社会学的范畴，随后被扩展到管理学的研究领域并得到了扩充与完善，目前有些学者从企业组织情景出发，试图探讨人力资本和关系资本间的关系机理。收集整理的相关文献也表明，高管团队智力资本的两个基本维度（人力资本与关系资本）间存在着内在联系，可能共同联系对企业绩效产生影响。

我国学者项保华和刘丽珍（2007）从微观和宏观两个层面具体分析社会资本对人力资本发挥作用的机制。他们认为在微观层面上，社会资本对个体人力资本的提升和催化，提高了个体人力资本的总体收益。社会资本在企业宏观大环境下能够整合协同组织个体的人力资本，汇聚成为企业组织总体的人力资本。之后，他们建立起了社会资本与人力资本的关联网络。通过建立关系互动模型，在跨层次作用机制下，社会资本与人力资本可以相互促进，共同提高。具体而言，在个体层面上的员工社会资本通过同事间的信息与感情的交流增加自身的人力资本储备，促进了个体人力资本的提升和催化；在群体层面上的组织社会资本能够通过关系网络完成对企业总体人力资本的整合。项保华和刘丽珍对社会资本与人力资本的关系机制进行了系统、完整的研究分析，为基于高管团队视角下，人力资本与关系资本的研究提供了理论支持。

有关企业高层管理者的人力资本对关系资本具有积极地正向促进作用已经有研究给出了证实，高层管理者的任职年限、管理经验越丰富，他们与企业内外部所构成的关系网络也就越丰富，高层管理者现有的学历水平正向影响着企业关系网络的质量。正如"你没有能力，你认识谁也没用，而且也不可能与优秀的人发展起深入的关系"。可见，高管团队成员为了发展起良好的社会资本或关系资本，首先需要提升自己的人力资本。当然，良好的社会资本也可能为其人力资本的提升提供更多更好地机会。

11.4.2　高管团队人力资本对企业绩效的影响

卡门等（Carmen et al.，2015）指出，高管团队人力资本异质性与人口特征（年龄，教育）和管理经验异质性（功能，行业和国际多样性）方面的企业绩效正相关。高管人员异质性直接体现为高管自身蕴含的知识、技能、教育背景等，而这些也恰恰与高管人员的人力资本密切相关，由于管理者在工作与学习等方面的异质性，造成了其领导风格与管理观念的迥异，进而影响企业的绩效。韦斯玛（Wiersema，1992）结合企业的发展历程研究高管团队成员年龄异质性，发现成员年龄异质性较高的团队，离职率也较高。卡彭特（Carpenter，2002）、卡尔（Kor，2003）实证研究表明，在高管团队内部，成员间职业背景差异性越高，越有利于企业绩效的提升。史密斯（Simth，1994）认为，高管成员受教育水平的异质性能够正向促进企业绩效的提升。还有学者关注于企业高管团队成员任期异质性和组织绩效间的关系，研究发现高管团队成员任期异质性和组织绩效呈显著正相关关系，并且能够帮助企业迅速成为行业的领头羊（Srivastave & Lee，2005）。

菲勒等（Firer et al.，2003）利用多元回归方法，集中关注了调查企业的物质资本和人力资本的一些相关财务指标，研究结论表明，调查企业仅仅注重对物质资本的投入，而选择性忽略了人力资本对企业产品生产能力的促进作用。舒和王（Hsu & Wang，2012）提出，具有较高水平的人力资本对企业科技研发活动的有效性起着决定性的作用。因此在技术创新中，具有高人力资本的企业高层管理者对企业绩效的提升具有关键作用。

概括而言，人力资本在智力资本快速发展的时代已经成为企业智力资本的关键要素，充分发挥组织中人力资本的作用将为企业提供长久的发展动力。而高管团队作为企业组织最核心的人力资本，是企业在激烈的市场竞争中继续保持自身优势的关键。稀缺性、难替代性、成本高也正是现代高管团队人力资本的突出特点。当提倡自主创新、寻求个性化发展成为时代的主流，高管人员将在企业的创新活动、总体经营战略方面发挥着更加重要的作用。泰勒等（Tyler et al.，1998）分析认为高管在做出重大决策时，其自身所具有的高素质的人力资源将会发挥应有的独特作用。陈梦媛和唐贵瑶（2016）认为，高管人力资本水平的提高必然会加强高管人员在管理各个方面能力水平的提升，集中体现为在经营策略的选择上，能够做到趋利避害，最大可能地规避风险，作为最有利企业未来发展的规划蓝图，达到优化企业绩效的目的。企业高管团队中具备高水准人力资本往往被认为该组织高素质的高管人员相对较多，他们能够在交往中求同存异，积极营造出亲密和谐的氛围，避免沟通障碍而引起的冲突，较强的社交与反应能力能够让他们在组织中始终保持良好的人际关系，组织和谐稳定，促进了战略决策在执行中的高度一致性，为企业绩效的改善提供智力支持。

11.4.3 高管团队关系资本对企业绩效的影响

企业中的高层管理者所拥有的复杂关系网络也是构成企业家智力资本的重要的结构维度之一，企业高层管理者通过组织内外部信息与知识沟通建立联系，团队成员在进行信息获取与知识共享中，构建起固有的企业关系网资源来实现企业绩效创新。边燕杰和丘海雄（2000）将企业的社会资本划分为纵向社会联系以及横向社会联系。企业的经济结构和企业家的能动性共同影响着企业社会资本的存量。

有研究表明社会关系网络可以再具体划分为一些基本维度。学者们习惯从内外部来研究高管团队的社会关系网络。一方面，内部社会关系网可以分为正式与非正式社会关系网。其中，高管团队成员间的工作关系即为正式关系，非正式关系表现为高管团队成员的非工作关系。另一方面，企业从外部获取的技术、政府政策、市场等共同构成了企业外部社会关系网络，学者们在探究高管团队关系资本与企业绩效的机制研究时，习惯性地将企业家的社会资本归类于高管团队关系资本的外部关系网络。卡拉布雷塞和西尔弗曼（Calabrese & Silverman，2000）用企业家社会关系网络来代替企业家社会资本，研究其对新企业的创建、生存和成长的影响。耿新（2008）指出，在创新企业里，企业家社会资本几乎等同于企业全部的社会资本。庄晋财（2012）认为企业家个人社会关系为主的网络是企业家重要的社会资本。

目前许多文献探讨了社会资本或者关系资本与企业绩效之间的关系。边燕杰和丘海雄（2000）发现，社会资本有助于提升企业的经营能力和经济效益。彭（Peng，2004）研究指出企业家社会资本影响企业绩效。朱仁宏（2009）进一步强调，企业规模调节企业家社会资本与创业绩效的关系。可见，企业的社会资本或者关系资本对于企业发展具有重要的影响。在强调关系的中国社会背景下，关系资本或者社会资本的重要性可能更为凸出。

11.5 企业多元化战略与企业绩效

目前有关多元化战略理论的研究已经相当完善，有关多元化战略与企业绩效间的关系研究也已经取得了丰硕成果。以往的文献大多专注于企业多元化战略与企业绩效的直接影响效应。并且存在着许多文献从负面效应揭示多元化战略与企业绩效间的关系。例如，张翼等（2005）通过大样本的研究调查，收集我国将近 1032 家上市公司的数据，经过实证分析发现，企业多元化与资产收益率呈现显著负相关关系。查克拉巴蒂等（Chakrabarti et al.,

2007）通过对东亚地区国家的企业的调查，研究发现随着企业多元化程度的提升，企业绩效会呈现下滑趋势。

虽然目前存在着文献表明多元化战略与企业绩效呈现负相关关系，但有关两者之间的关系仍然未实现统一的结论。部分学者对企业多元化战略与企业绩效给出了不同的观点，如朱江（1999）运用上市企业提供的数据，研究发现上市企业的多元化水平与企业绩效并没有必然联系。还有学者从积极效应探讨了企业绩效与多元化战略之间所存在的关系。如余鹏翼等（2005）在研究企业多元化经营、内部股权结构与公司绩效时，发现多元化程度高的公司，其企业经济效益也会在一个很高的水准。此外，哈里发等（Caliph et al.，2000）在前人的研究基础上，进一步探讨企业多元化战略与绩效的关系，发现两者间并非始终存在着正向或负向关系，企业绩效会随着企业多元化发展的程度先上升而后下降。即企业绩效与多元化间存在着一种倒 U 形关系。

多元化战略与企业绩效的关系研究自从 20 世纪 80 年代以来经久不衰。有以上文献论述可以看出，不少学者针对多元化发展战略与企业绩效之间的关系给出了自己独特的见解。并且通过大量的实证分析来积极探索两者的关系，研究呈现出实质性的成果。企业多元化战略的相关研究起初关注于企业多元化战略本身，后来开始慢慢聚焦于企业多元化战略对其绩效的影响。而后许多学者在研究企业绩效时，通过细化企业多元化战略的维度来研究两者间的内在关系。

11.5.1 技术多元化与企业绩效

技术是企业发展的核心，企业丰富的技术资源能够带来丰厚的经济效益，企业实施技术多元化最大的益处在于技术研发风险的分散性。苏祖基和卡达曼（Suzuki & Kodama，2004）认为企业间技术资源的共享与协同，从而形成企业的竞争优势。布里斯基（Breschi，2003）等就指出，企业技术专业化可以保护其自身的核心技术，但在日益激烈的竞争市场企业想要获得持久性的竞争优势就必须在技术上实施多元化战略。扎赫拉（Zahra，2009）等认为，在企业在变革重组中，企业技术多元化发展会在现有知识基础上创造公司独特的价值形式。

然而，针对技术多元化与企业绩效的关系存在着不同的观点，有研究指出技术多元化会增加企业对技术成本的投入，过高的研发成本会影响企业绩效的提高。格兰斯德（Granstrand，1998）就提出，企业的集成、协调和交流成本会因为技术多元化的组合而增加。维拉（Vila，2012）从企业总体成本观念出发，研究提出过度的技术多元化会带来企业总体成本增加，从而对公司绩效产生负面影响。综上所述，技术多元化与企业绩效之间仍然需要进一步的深入研究，目前关于两者的研究既给出了正向影响的作用机制，也有从负向影响来界定两者存在的关系，甚至有学者研究发现两者呈现着非线性的关系，可见企业技术多元化与企业绩效间的关系还需要未来进一步地澄清。

11.5.2 产品多元化与企业绩效

20 世纪 50 年代末至 60 年代初对多元化的描述是企业开发新产品进入市场领域的行为。当时学者从积极的方面来解释产品多元化与企业绩效的关系。20 世纪 80 年代到 90 年代，产品多元化与绩效负相关的结论日渐增多，认为多元化的价值因为跨业务之间资源的低效率分配，企业间由于信息不对称带来的沟通成本等的提升而变得十分微弱。可见，企业产品多元化与企业绩效关系的研究呈现一个动态的发展趋势。产品多元化与企业绩效关系的非明确化也为未来的相关研究提供了可能性。

姚铮、马超群和杨智（2006）指出，产品多元化战略带来了企业网络资源的优化与技术资源的合理配置。曼诺罗瓦（Manolova，2012）认为，产品多元化具有增加市场机会、分散风险、能更好应对不确定性和变化等优势，还能凭借高效内部资金和人才市场的形成能够为股东创造价值。何郁冰和丁佳敏（2015）认为，许多中国企业在开展产品多元化时机会导向突出，什么赚钱做什么，快速扩张，资源投入分散、协调和管理成本上升，最终导致绩效降低。傅继波和杨朝军（2005）分析发现，多元化经营创造的价值主要来自公司资产负债率的提高。

总体而言，在每个研究阶段，关于产品多元化与企业绩效之间的关系研究，无论是国外还是国内，研究结论都不一致，背后的原因除了因理论视角和研究方法的差异，忽略这些情境因素可能是导致已有研究结论不一致的原因之一。另外，一些学者尝试借助某些变量作为传导机制来重新正视产品多元化与企业绩效间的联系。马海燕（2016）等从多元化不同维度的内部联动和资源配置的角度出发，以我国上市公司为调查样本，实证发现国际化在产品多元化和企业绩效起着正向调节作用。未来要想调和企业产品多元化与企业绩效间关系的矛盾研究结论，可以通过对两者间边界条件的研究得以突破。

11.6 高管团队智力资本对企业战略与企业绩效的影响机制

高管团队的智力资本凸出表现为娴熟的技能、奇特的知识创新思维和精准的预测能力，而这对处在时刻变化环境中的经营企业来说，对应对外部机遇和压力是至关重要的，这样可以采取最佳战略，达到公司最高的业绩水平。可以说，高管团队智力资本可以通过影响企业战略进而影响企业绩效表现。

高管团队的智力资本对企业战略决策制定的正确性与合理性起到至关重要的作用。如坎内拉和霍尔科姆（Cannella & Holcomb，2005）提出高管团队的智力资本可以被认为是公司产品多元化与国际多元化战略之间的桥梁和表现。尼耳森（Nielsen，2009）认为，人口特征（教育，年龄）和管理背景的多样性为企业提供专业知识和技能方面的智力资本以及有助于成功解决复杂组织中竞争力所需的社交网络。

辛格等（Singh et al.，2010）开始涉及对高层管理者的经验、企业战略与企业绩效之间的关系的研究。卡门等（Carmen et al.，2015）通过实证分析验证高管团队多样性正向调节国际多元化战略与企业绩效之间的关系。基于以上文献的观点可以发现，企业中的高管团队智力资本储量越丰富，企业国际多元化与产品多元化战略对绩效水平的正向影响越显著，即企业高管团队的智力资本对企业战略与企业绩效间起到正向调节作用。

概括而言，目前关于高管团队的智力资本对企业绩效的研究已经形成了较为系统的研究体系，更有许多学者在人力资本、结构资本和关系资本与企业绩效的关系研究中给出了实证研究与分析。同时研究表明，高管团队的智力资本对企业战略的选择与制定息息相关，然而基于战略层次的智力资本三维度（人力资本、结构资本与关系资本）对企业绩效影响的研究目前比较缺乏。另外，目前相关文献对于高管团队智力资本与企业绩效之间的关系调节作用已经进行了大量的研究，但以往研究很少同时关注三个因素关系：战略复杂性、高管团队多样性与企业绩效。实际上，以产品多元化和国际多元化战略为特征的复杂组织需要在人口特征（年龄、教育）和管理经验（技能、管理思维和战略思维）方面具有更高的异质性，为公司提供准确的人力资本（知识、技能、专业知识）和关系资本（网络联系），进而对企业绩效产生积极影响。在企业实践中，经验和背景的异质性使团队更有能力管理复杂的战略，这会使得高层管理团队预期会对企业战略与企业绩效之间的关系产生更大的影响。通过对涉及高管团队智力资本、企业多元化发展战略与企业绩效之间的文献梳理，高管团队知识、技能和能力等智力资本对企业战略的成功实施至关重要，并进而可能导致更高的企业绩效。

11.7 结论、管理启示及未来研究展望

11.7.1 结论

虽然智力资本并不是一个新兴的概念，但是在知识时代，相较于固定资本和金融资产而言，无形资本的影响力在逐步扩大。随着对智力资本概念进行进一步深入研究发现，企业经济的增长离不开其智力资本的积累。斯图尔特（Stewart，2001）将智力资本置于当前的经济发展的核心位置，当组织内分散着的智力资源通过有效的整合，进而由先天智力与后天知识共同构成组织智力资本，两者互相作用促进了企业经济效益的改善。有学者总结了智力资本所具有的特点，认为可以简单地概括智力资本为：作为无形资产的智力资本，与员工的知识和经验以及组织的客户和技术密切相关，并且智力资本能够为组织未来取得成功提供更好的机会（Lönnquist & Mettanen，2003）。辛德等（Sydler et al.，2014）认为"智力资本是实现组织绩效的重要因素"。

而且类似以上学者的观点得到了越来越多专家的广泛支持。

总体而言，智力资本是由企业内部的无形资源与外部的关系网络共同构成的一种无形资产，有利于企业未来的更好发展。前人有关智力资本的概念以及范围界定为今后的研究者们正确认识智力资本提供了理论前提。企业所拥有和控制的知识与能力的总和构成了组成智力资本的整体范围，而智力资本的形成也是企业价值创造与萃取的过程。智力资本通过内外部环境的知识共享、创新以及智力关系的建立而产生，已经成为企业中最具潜力的脑力资产。通过以上分析，可见智力资本是企业可控的、能够为企业带来经济效益与构建核心竞争力的动态性知识资产。

智力资本的概念最早限定于个体层面的研究，因此基于个体层面的智力资本与智力资本内涵的提出相伴而生。个体智力资本是由企业员工人力资本的概念演变而来，随后基于员工个体无形资产概念内涵与形式不断得到丰富与发展。关于智力资本的层次研究首先是从组织层面开始的，随着扩展到组织内的个体员工层面，此后，智力资本的层次结构研究随着个体智力资本概念的提出而得到了完善。乌利齐（Ulrich, 1998）指出，人力、结构、关系等组织层面的相关研究忽视了组织内智力资本的真正主体，认为组织个体才是智力资本研究真正应投入的焦点。个体智力资本概念内涵在国内还处在研究的初级阶段，我国学者在尝试界定个体智力资本的概念内涵时，多结合组织智力资本进行比较研究，但这样往往使得研究者忽视个体层面上人力资本与智力资本的区别，黄汉民（2003）、徐笑君（2008）对个体智力资本的内涵理解几乎等同于人力资本，这样会导致对智力资本与人力资本的概念相互混淆，难以界定两个概念间的界限。未来研究可以尝试从多个角度来对个体智力资本进行全面的概念构建。

总之，人力资本、关系资本作为企业高管团队智力资本两个基本维度的观点已经得到当前学术界的普遍认可与接受。为了使高管团队智力资本发挥最大效用，需要团队成员所具有的人力资本和关系资本之间的相互支持，从而尽可能地提升企业绩效。领导行为作为个体层面的变量，会对高管团队智力资本产生重要影响。领导行为往往会通过个体层面变量对智力资本产生影响。开放型的领导行为更利于另外，高管团队成员的领导行为常常会带来组织决策的变化。希特（Hitt, 2002）认为，为了使企业在市场竞争保持良好状态，需要采取有效的战略策略，此时，战略型领导者能够为组织指明前进的方向。高管团队智力资本也会通过团队领导者的行为来影响组织内成员的行为，此时组织的智力资本在很大程度上能够借助管理层人员的一些领导方式或者行为来引导组织的发展变革。

在现代企业在成长过程中企业多元化是为实现其战略目标而普遍采用的重要手段，在企业的成长中发挥着不可替代的作用，是与企业发展密切相关的概念。尼尔森（Nelson，1959）研究发现，与产品多元化战略相比，基础多元化能够为企业提供更高的绩效水平。程勇等（2013）选择沪深多家上市公司作为研究对象，通过对样本公司的调查数据进行统计分析。研究发现，企业的多元化经营水平与企业绩效间显著性关系并不明显，即两者之间没有必然联系，"最优多元化水平"也没有得到实证结果的支持，然而研究表明上市公司多元化程度与企业收益稳定性有着密切的关联性。可见，多元化与企业绩效之间的关系仍不明确，其内在关系机制还需进一步研究。

11.7.2 管理启示

当今社会，企业家之所以将智力资本的投入、获取和应用作为制胜的法宝，很大一部分原因在于高管团队所具有的智力资本与企业绩效存在着密切的联系。汉布里克和梅森（Hambrick & Mason，1984）认为，组织是高层管理者的反应，并强调了高管团队在制定和采用最佳组织战略方面的巨大力量，并提出高管团队对于实现高水平的企业绩效具有的重要意义。莱薇卡等（Lewicka et al.，2000）的研究指出，企业的智力资本与企业的收益有着密切的联系，可以有力地提升企业各个方面的效益，突出表现为高层管理人员创新能力的提升等。邦迪斯（Bontis，2007）基于智力资本影响因素的研究，倡导组织应该识别和管理其资源（有形和无形），来有效地达到更高的性能。梳理与整理相关文献，我们可以发现作为组织存在发展的"大脑"，高管团队智力资本为组织战略的制定与实施提出了最佳的组合策略，高管人员敏锐性反应不仅为减少企业经营的不确定性提供了智力支持，也帮助企业降低了创新活动中的失败的风险。

企业通过对高管团队成员的社会资本网络改进可以促进企业绩效水平的

提升。人力资本与关系资本同时高管团队智力资本的两个基本维度，在企业实际经营中，企业高管团队成员所用有的人力资本优势，如团队成员丰富的管理经验、明锐的机会识别能力等可以直接带动企业绩效总体水平的提升，关系资本对企业绩效存在着间接影响，主要通过团队成员的在组织内外部的网络关系充分利用人际资源服务于企业绩效，还有研究表明，人力资本与关系资本有着密切的联系，高管团队的人力资本与关系资本彼此间相辅相成，共同促进。

有研究表明，高层管理人员人力资本异质性与人口特征（年龄、教育）等方面对企业绩效的影响不显著。在管理经验方面，高管团队的异质性，如团队功能、团队所处行业、成员的国际背景等方面与企业绩效呈正相关关系。企业产品多元化战略也会对企业绩效产生一定积极影响，此外产品多元化和国际多元化结合，更有可能实现更高的企业绩效。高管团队智力资本的异质性，即人口经验（年龄、教育）以及管理经验（功能、行业、国际）等方面积极地调节了产品多元化战略与企业绩效之间的关系。高管团队智力资本的异质性，即人口经验（年龄、教育）和管理经验（功能、行业、国际）等方面积极地调节了的国际多元化战略与企业绩效之间的关系。为此，企业需要更细致深入地看待高管团队智力资本与企业多元化战略和企业绩效之间的关系，以更好地发挥高管团队智力资本的积极效应价值。

11.7.3　未来研究展望

第一，深入研究高管团队智力资本的概念内涵。自从 20 世纪 60 年代，企业智力资本这一概念提出以后，有关智力资本的相关概念已经形成了系统化的理论体系。由此可见，目前不管是在国外还是国内，围绕着企业智力资本作为主题的研究已经较为丰富。然而，当前关于智力资本的研究对象主要是以企业、组织为单位，高管团队作为企业目前存在的特殊群体，有关高管团队智力资本的相关概念研究少之又少，关于高管团队智力资本概念的发展，不同学者分别从无形资产、知识资产和创新能力的角度提出不同的概念。这些概念是根据企业不同的发展阶段、所处的不同行业以及不同的产业类型所提出的，目前关于高层管理人员智力资本的概念仍然需要得到进一步的发展与完善。

第二，高管团队智力资本的前因变量研究。虽然研究指出宏观文化情境和组织人力资源管理措施会影响高管团队智力资本的开发和积累，但是此外影响高管团队智力资本的因素有哪些还需要未来进一步深入探讨。未来的研究需要将高管团队智力资本所表现的特征与高管团队成员所处的情境结合起来分析，从而找出在何种情境中能够创造或激发高管团队成员产生更高的智力资本，并使其更有利企业绩效的提升。

第三，高管团队智力资本与企业战略的关系机制研究。高管团队的智力资本对企业战略的选择与制定息息相关。以往研究表明，高管团队属性的异质性或者多样性通常被视为"双刃剑"。一方面，多样性使得高层管理人员能够识别出环境机遇和威胁，并制定更为精确的公司战略，而且这些战略很容易适应复杂的环境。因为高管团队多样性与决策者的技能和能力（智力资本）有关。另一方面，高管团队特征更大的异质性可能导致更多的内部冲突，这可能会转化为不太有效的决策，从而降低企业业绩。可见，高管团队的特征异质性与企业战略的关系机制还需要进一步的澄清其中的边界条件以更好地理解两者间的关系机制用以针对性地指导管理实践。

第四，高管团队智力资本与企业绩效的关系机制研究。目前国内外关于高管团队智力资本对企业绩效的研究已经达到相当成熟的水平，甚至有关高管团队的基本维度与企业绩效的研究也已经有学者作为相应的实证验证与分析。有学者以制造业为研究样本，表明企业人力资本的储量决定了其对新产品开发的潜力。张炜选取我国东南沿海省份以技术为主的中小型企业作为研究样本，实证发现组织智力资本能够促进企业绩效的创新发展。不过，遗憾的是高管团队智力资本与企业绩效关系因为缺乏数理模型的支撑而导致实证设计方法单一，还需要将来进行深入研究。另外，高管团队的智力资本是企业制定发展战略的重要的先决条件，也是战略成功实施的智力保证，在研究高管团队智力资本对企业绩效的影响时，企业内外部的发展战略也就成为当前与未来研究需要考虑的隐含因素。未来可以证实检验高管团队智力资本、不同形式企业发展战略以及企业绩效间的内在关系机制。

第 12 章
高管团队权力分布及其效应管理研究

12.1 引　言

近年来，全球经济一体化的进程明显加快，企业所要面临的经营风险日益加剧。面对如此复杂多变的经营环境，企业要想长期发展和生存下去，就必须建设一个决策高效、整合力强的高管团队。高管团队是由在组织中担任战略分析、战略选择以及战略实施等职责的高层管理者所组成的团队。高管团队作为组织中的核心群体，在决定企业发展方向以及获得竞争优势等方面都发挥着重要的领航作用。为此，高管团队研究得到了学术界的高度重视。

汉布里克和梅森（Hambrick & Mason，1984）提出的高层梯队理论开启了高管团队研究之先河。该理论将高管团队看成一个整体，探讨了高管团队、企业战略以及企业业绩三者之间的关系。随后学术界涌现出大量有关高管团队与组织产出等方面的研究（Barkema & Shvyrkov，2007；Krishnan et al.，2015；姚冰湜等，2015）。关于高管团队对组织绩效和组织战略影响的研究中，之前的学者们主要从高管团队组成、高管团队结构以及高管团队过程等方面展开相关研究。首先，高管团队组成反映的是团队内部成员的组成特征，大部分的研究主要集中于团队成员人口统计学特征对组织的影响（Carpenter et al.，2004；张平等，2014）；其次，高管团队结构反映的是高管团队内部的角色分工，涉及团队资源的分配（刘兵等，2014；金中坤，2015）；最后，高管团队过程反映的是高管团队成员在战略决策过程中的相互作用，主要包括社会整合和团队共识（Van & Sanders，2010；刘喜怀，2016）。

随着研究的不断推进，高管团队与组织发展的关系探讨越来越深入。其中，高管团队权力的影响就是一个正在受到越来越多关注的主题。实际上，权力作为影响组织内部成员态度、行为及其工作关系的重要因素，一直是个微妙的话题。权力是组织决策系统的核心，任何一个高管团队成员在组织运行的过程中都会不同程度地受到权力的影响。同时，权力本身具有两面性，权力及其分布在不同的组织环境下，都可能产生有利或不利的一面。例如，缪小明和戴顶（2008）的研究认为，高管团队的适度分权不仅可以提高团队工作效率和决策效率，而且还可以激发团队成员的主动性和创造性，从而促进企业绩效的提升。而安格斯等（Angus et al.，2016）的研究则认为，组织中权力的差异对团队以及团队工作的影响并不像看上去的那么简单。在高管团队中无论权力分布均衡或者是不均衡，都有可能对企业带来积极或消极的作用。纵观国内外现有对高管团队权力分布的研究，大部分学者更多关注的是权力分布不均衡对企业的影响，而忽视了对权力分布较为均衡的研究领域，且学者之间的研究结论还存在分歧之处。如有研究发现，团队内权力分布的不均衡不仅会负面影响成员间信息共享，不利于团队创新，而且会极大地降低决策的效率和质量，对企业绩效产生负面影响（Anderson & Brown，2010）。相反地，如果团队内部权力分布相对均衡则会通过增强信息共享、决策质量、团队创造力和凝聚力等给企业带来积极的影响（Wang et al.，2014）。但也有一些研究者认为，高管团队权力分布不均衡可以避免集体决策所带来的一些弊端，可以给企业创造一个更高效率和更加全面的决策过程，从而促进企业的发展（Carmel et al.，2011）。上述的不同研究结论在其特定边界条件下可能都存在其合理性，但是高管团队权力到底要如何分布才能更有利于组织的发展？影响高管团队权力分布的因素还有哪些？这些问题仍有待未来研究的进一步厘清。

总之，在当前日益严峻的经济环境下，企业高管团队权力分布的合理性和有效性，将直接影响到企业在竞争中能否取得优势地位。尽管高管团队权力分布的相关研究在管理领域备受推崇，但是有关该主题的研究结论仍存在分歧。这不仅影响了我们对高管团队权力的认知，更限制了我们对不同学者研究成果的整合。因此，本研究在阐述高管团队权力分布的组织等级理论和权力距离理论的基础之上，分别阐释了高管团队权力及其分布状况、高管团队权力分布的影响因素以及效应机制，并基于此构建了一个高管团队权力分布的效应管理模型，以期能够为该领域的后续理论研究和高管团队管理实践提供一些参考和指导。

12.2   高管团队权力分布的理论基础

12.2.1   组织等级理论

组织等级是指组织内个体在一个或者多个有价值的社会维度上呈现出的明确或含蓄排序（Magee & Galinsky，2008）。组织内员工的等级排序或者说处于组织的不同等级是组织最明显的特征，常常会影响组织内资源的分配。迈格等（Magee et al.，2008）对组织等级理论进行了相关的梳理与整合，并且提出组织等级就是将组织成员按照一定的规则进行的一种有价值的排序。这种组织内的排序既可以是正式的组织结构排序（如行政级别），也可以是非正式的排序（如领导者个人的威望）。组织等级在高管团队中表现出两面性，一方面，它会引发高权高管的过度自信，增加低权高管的不公平感，并进而可能引发权力斗争（Anderson & Kennedy，2012）；另一方面，组织等级也有利于建立组织或者团队的规范和秩序（Halevy et al.，2011）。

通常来说，组织等级具有两个重要的维度：一是权力等级；二是身份等级。权力等级指的是组织内成员不对称控制着组织中的资源，而身份等级通常指的是组织内成员被组织内其他成员尊重的程度。权力等级和身份等级两者对于高管团队来说都是极其重要的，只有将两者有机结合起来才能有效发挥高层管理者的领导力。在对高管团队的研究中，相对于非正式的身份等级，相对正式的权力等级由于可以更容易地控制和管理，受到了更多研究者和管理者的关注和注意。例如，格里尔等（Greer et al.，2010）的研究指出，权力不均衡在组织内容易诱发内部成员的分裂和斗争，从而造成高管团队成员之间的情感冲突和任务冲突，并进而可能伤害组织效能。这是在西方情境的研究，而在中国由于受到传统文化等方面的影响，则可能产生一些积极的影响。哈勒维等（Halevy et al.，2011）的研究则表明，由于中国人长期受到集体主义观念的影响，团队成员在完成工作时会产生较高的依赖性，因此需要通过权力等级来加强上下级之间的沟通和协调。这表明由于受到传统文化的影响，中国企业的高管成员之间由于比较接受较高的社会权力等级，因而高管团队内部之间的权力分布不均衡可能减少各成员之间不必要的冲突，更有利于加强高管团队成员之间的沟通，促进其工作效率的提高。

12.2.2 权力距离理论

权力距离通常指的是在组织中掌握权力更少的成员对其权力分布不均衡的接受程度，它能反映出组织内弱势成员和强势成员的价值观（Hofstede，1980）。在权力距离较高的社会中，权利具有等级之分并被视为社会的基础。拥有权力的管理者拥有特权，组织内的强势成员和弱势成员在本质上是存在冲突的。而且在弱势群体中，成员之间难以信任，导致团队凝聚力不强。相反，如果在权力距离较低的社会中，组织内成员之间是相互独立的，而且拥有平等的权利，下级和上级之间关系融洽，组织内的强势成员和弱势成员本质上是和谐共处的，同时弱势成员之间的合作具有稳固性。

高权力距离社会在组织内会表现出严格的等级观念以及绝对的权威性，管理层和下属之间存在较大的感情差距，彼此缺乏沟通。而低权力距离社会中，组织内的等级制度只不过是明确成员所任的职务，并且职务本身是可以改变的。同时由于组织内上下级之间的感情差距较小，下属会表现出更大的主动性。具体来看，博赫纳和海斯凯茨（Bochner & Hesketh，1994）指出，拥有高权力距离倾向的领导者常常会以自我为中心，极力维护自身的权威，从而忽视员工所提意见，抑制员工的积极性。黄和弗朗西斯科（Hwang & Francesco，2010）的研究发现，低权力距离倾向的领导提倡平等话语权和人性化管理，对下属言论持开放心态，更可能激励员工。廖建桥等（2010）的研究也认为，权力距离能够对组织绩效产生直接的作用。无论是高权力距离还是低权力距离，都可能带来更高的组织绩效或者更低的组织绩效。在这里，我们需要关注的不应是权力距离本身，而应该是组织所采取的领导方式是否能够与其所处的权力距离环境相匹配。如果领导方式能够与权力距离相适应，那么就能够产生更高的组织绩效；反之，亦然。同时，也有研究发现领导者的权力距离倾向会影响到员工的行为，例如，毛畅果（2016）就发现，具有高权力距离倾向的领导者会导致员工沉默行为的产生。这意味着在高管团队中，如果具有高权力距离倾向的高管掌握了绝对权力，其他高管成员就越容易产生沉默行为，进而可能伤害组织绩效。

邵等（Shao et al.，2013）认为，西方国家是传统意义上的低权力距离倾向社会，组织内的上下级成员更倾向于寻求一种相对公平的权力水平。与更注重权威的东方国家相比，西方国家的高权高管在制度制定和实施战略决策时，往往会听取和尊重其他低权高管的建议。同时，因为西方国家长期受自由主义思想的熏陶，所以西方国家的员工极其注重自己的意见，在企业的经营决策过程中敢于提出自己的观点。而中国由于受到传统等级制度因素的影响，在社会和企业中表现出极高的权力距离倾向。具体来看，在权力距离高的企业，管理层会遵循严格的等级秩序并获得相应的特权，下属极易对上级和组织产生依赖心理，组织中的成员屈服于领导者的权威，按照高权领导者的意愿行事，并且服从组织等级赋予他们的权力和地位。因此，由于东西方文化背景的差异，企业中的高管团队成员之间所形成的权力分布状态对组织产出的影响也会有所不同。

12.2.3　相关理论对高管团队权力分布研究的借鉴意义

从目前的研究来看，对高管团队结构中的存在的角色定位和权力分配等核心问题的相关研究仍然比较缺乏，大部分的研究依然还是遵循高层梯队理论的研究范式，所以高管团队通过何种因素影响组织产出的"黑箱"依然存在，仍需要学者们的进一步挖掘。组织等级理论强调运用组织排序和激励这两种手段对组织成员施加影响。具体来看，等级赋予了组织成员不同的地位等级，位于越高的等级就意味着他越能掌握更多的资源，因此这在一定程度上会刺激地位和权力较低的成员采取措施来提升自己在组织中的等级，从而起到激励的作用。同时，组织等级的两面性也反映出权力等级在组织或团队中可能扮演着双重角色，即它对组织产出的影响存在两面性。而权力距离理论指出，在组织中的权力或多或少都是存在差距的，并不能保证组织内权力的平等性。芬克尔斯坦（Finkelstein，1992）的研究也表明，在高管团队内部的成员之间权力分布通常都是不均等的。在进行战略决策时，往往是高权高管掌控大局，并不是全部的高管团队成员都能够得到平等的对待。在高权力距离文化和低权力距离文化中，人们看重的并不是权力分布是否均衡，而是知道自身所处不平等地位时所持有的一种态度。这两个理论很好解释了当前的学术界主要集中于对权力不均衡进行相关研究的客观现实。

总之，由于企业所处社会背景和价值观取向的不同，企业之间所构建的权力结构会存在差异，同时组织内成员的权力观也会各有千秋。与西方国家倡导的自由主义不同，由于中国的高层者历来注重自身的绝对权威，因此在企业中的高管会具有较高的权力距离倾向。在这种权力倾向下，虽然高管团队内部权力分布不均衡，但是低权高管并不会因此而采取抵抗的态度。为了维持团队内部良好的关系氛围，他们往往倾向于服从高权高管，严格遵循组织内部既定的等级秩序。从以上的分析我们可以看出，权力在组织中不仅能够影响到高管团队的运作机制，而且会影响到高管极其下属自身的工作行为。因而将组织等级理论和权力距离理论应用到高管团队权力分布的研究范畴，可以更好地揭开现有研究存在矛盾的面纱。

12.3　高管团队权力及其分布

12.3.1　高管团队权力

权力在高管团队对组织进行经营和管理的过程中处于核心位置，深刻影响着高管团队内部的各个成员。普费弗（Pfeffer，1981）认为权力就是指在组织内部，权力拥有者对组织内其他人所施加的影响力，它可以通过采取某种方法来影响被施加方的工作态度和行为，从而实现掌控他人的效果。巴斯和阿沃利奥（Bass & Avolio，1990）认为，权力就是领导者能够驱使其他人按照其意愿行事的一种能力，并进一步明确了权力的两个维度：职位权力和个人权力。其中职位权力源于组织中职位所带来的固有机会，一般包括法定权威、控制资源和环境以及奖惩等影响力，而个人权力则是来源于领导者自身的特质。此外，也有学者从正式和非正式视角进行相关研究，认为组织中不仅存在正式权力，而且也存在非正式权力。正式权力往往是产生于组织的纵向层级关系，表现出制度化特征。而非正式权力则可能源于个人自身的魅力或特征。

在对权力的研究中，研究者不仅从组织层面的角度出发，而且也关注了权力在个人层面或者团队层面，如高管权力以及高管团队权力。毛新述（2016）就指出，高管团队通常就是组织中的管理层，因此当前大部分的研究将高管团队权力看作成管理层权力，而且直接以 CEO 权力来表示高管团队权力。汉布里克（Hambrick，1981）指出，在组织的发展过程中，组织面临的内外部环境具有动态性，因此战略也是动态变化的。高管团队正是应对这些环境动态变化的团队，并且在组织中谁能够更好地应对环境带来的变化，谁就能够获得更多的组织资源和支持。在高管团队中，高管能够影响和控制战略决策过程的程度彰显出其在团队中权力的大小（Pfeffer，1981）。依据权力的来源不同，权力可以划分为结构性权力、所有权权力、声望权力和专家权力（Finkelstein，1992），并且按照一定的方法能够衡量出高管团队各成员的权力状况。国内学者尚玉钒等（2011）则在西方理论的基础上，重点探讨了我国企业中权力的维度。他们的研究发现，在中国企业中除了西方学者所提出的四种权力外，还存在着带有中国传统文化特色的关系权力。这种关系权力在组织中极易构成影响力，能够改变组织内部人员在特定情境下的行为决策。

12.3.2 高管团队权力分布

高管团队权力分布意味着将组织内的企业资源在高管成员之间进行分配，影响着企业经营发展战略的制定和实施。在某种程度上来说，高管团队权力分布状况可能比权力大小本身更能影响企业管理及其发展。权力分配均衡对应的是理想中的集体领导力，而权力分配不均且极少数高管团队成员拥有绝大部分的权力，对应的则是个体领导力。毛新述（2016）也指出，高管团队权力分布可以反映出组织内高管团队各成员拥有权力的大小状况，并且高管成员间存在的权力差距就是权力分布不平衡的外在表现。

在高管团队中，根据组织的内部结构可以划分为横向结构和纵向结构两种不同类型的权力模式。横向结构主要反映的是权力在组织内各部门的权力分布，而纵向结构突出的是团队内部成员因等级不同导致其拥有权力的差异性。具体来看，当高管团队内部权力分布不均衡时，高权高管由于控制了更多的组织资源，能够对内部的战略决策施加重大影响，而低权高管虽然可以参与决策，但是影响力很小。因此，相比于权力分布均衡的高管团队，在权力分布不均的高管团队中，如果团队成员对企业经营战略存在不同意见时，最高领导者可以利用组织赋予的权力进行最终抉择，从而抓住战略机会，实现组织变革。

高管团队权力分布一般可以从宏观层面和微观层面进行衡量。从宏观层面来看，主要反映的是团队内部成员对自我的管理程度；从微观层面来看，主要是探讨权力因子的配置问题。国内学者缪小明和戴顶（2008）将团队内部权力分布的状况划分为权力均衡型、适度分权型以及权力独裁型三种，以此为基准对不同权力分布进行定量的筛选和归类。具体来看，均值和标准差可以反映出权力分布类型的变化状况。

概括而言，高管团队权力分布是否合理，将直接影响到高管团队内部成员的工作效能。它反映出高管团队成员之间权力分配的差异，而且横向和纵向组织权力结构给企业带来的影响也有所不同。虽然学者们通过定量分析的方法对高管团队权力分布进行了衡量，但是不同的学者所使用的权力测量指标存在着显著的差异。学者们在具体衡量指标的选择上，缺乏必要的逻辑分析，所以其研究的结果缺乏普适性，存在一定的局限性。

12.4　高管团队权力分布的影响因素

在组织中，影响高管团队权力分布的因素主要有领导风格以及高管团队成员自身的个性特征。首先，不同的领导风格形成的组织授权文化也会存在差异，从而造成高管团队内部成员的权力分布不同；其次，高管团队成员自身所具有的人口学特征和心理特征，也会潜移默化的影响高管成员的情感和认知，从而对高管团队权力分布产生影响。

12.4.1 领导风格

在西方情境下，由于社会权力距离较小，因而企业中的高管成员可以更容易取得最高权力者的授权，而中国由于长期受到等级观念的影响，上下级之间表现出较大的权力距离，在企业中高管成员的权力相对集中，组织授权文化较弱。因而在中西方的企业管理中，领导风格有所不同（如家长式领导与共享型领导），组织中的授权风格也会存在差异，从而影响高管团队中的权力分布。

家长式领导作为我国一种普遍领导方式，包括了三个重要的维度：威权、仁慈、德行，其中威权强调的是对下属的保持绝对的权威和控制，并且在组织中实施苛刻的规章制度和纪律。这种威权容易在高管团队成员之间形成较强的权力距离感，造成权力的不均。而共享型领导则是一种群体内部动态的、相互影响的互动过程，目的是通过成员之间的相互领导从而实现组织目标（Pearce et al.，2003）。共享型领导独立于组织正式的领导角色或层级结构，是一种成员之间相互领导的团队过程。菁坡和龙立荣（2017）认为，与以往垂直、自上而下、单一的传统领导模式不同的是，共享型领导属于一种水平、自下而上、集体的领导力模式，是组织内部由员工主动参与、自主管理并相互领导的一种非正式集体领导力模式。这种模式对于高管团队内部成员来说，更多地体现出公平和公正，能够保证组织内部的权力分布是相对均衡的，不会造成权力过度集中于一个高管手中的局面。

总之，由于组织中最高领导者不同的领导方式，在高管团队内部会营造出不同的授权气氛。如果最高权力者偏向于集体领导的方式，那么团队内的权力分布会相对均衡。反之，如果最高权力者偏向于个体领导的方式，那么团队内的权力则会集中于一个或者几个高管手中，造成高管团队权力分布的不均衡。因此，对于高管团队来说，只有采取与组织环境相匹配的领导风格方式，才能对组织产生积极有益的影响。否则，只会阻碍组织的发展。

12. 4. 2　高管团队组成特征

高管团队权力分布可能会受到团队组成特征的影响。而团队组成特征一般可以从内容和结构两个角度进行分析。从内容分析的角度来看，一般可以选取年龄、性别、履职经历等可测量的人口学特征对高管团队成员的价值观取向进行观测，探究其对组织的影响；从结构分析的角度来看，重点关注高管成员个人特征上的相似度，研究高管团队异质性或者同质性对组织的影响。

有学者认为，高管团队规模大小没有绝对的好坏标准，均有其一定的优劣（Basu，2000）。一方面，如果高管团队规模比较大，那么团队里的权力分布就相对分散，同时组织可以获取更多的信息和知识。另一方面，如果高管团队规模比较小，那么权力将会集中于个别管理者，而且团队的观点容易统一。刘华和刑以群（2003）的研究也发现，组织中高管团队规模的大小会影响其团队内部的权力分布。缪小明和戴顶（2008）通过对高管团队规模和教育背景的研究，发现这两个组成特征与高管团队内部的权力分配具有显著相关关系。刘军等（2009）的研究则发现，职能背景不同的高管对同一事物认知存在明显的差异，并且成员之间难以达成共识，从而极易产生小团体，阻碍成员之间的信息交流与合作。而这种小团队划分又会进一步影响高管团队内部的权力分配。

总而言之，高管团队组成特征会直接或间接的影响高管团队的权力分布。一方面，高管团队内部成员各自不相同的性格、态度和工作经验等容易引发权力冲突等问题，从而影响团队的权力结构模式。另一方面，高管团队的人口统计学特征以及心理特性也会通过内部成员表现出的权力倾向和欲望而影响高管团队的权力分布。因此，高管团队在对权力分布模式进行选择时，应该关注和重视高管团队中各个成员的所具有的特征，从而在团队中形成合理的运行机制。

12. 5　高管团队权力分布的效应机制

高管团队的权力分布表现为均衡或不均衡两种情形，而且均衡或不均衡都可能具有积极和消极影响。具体来看，当团队内部权力平等共享时，高管团队进程可能会受到高共识规范而低效率的影响。虽然所有的高管都能够平等地表达意见，这能够让高管内部成员感受到公平，但这也可能会因为互不相让而导致漫长的、无效率的决策过程，不利于团队协作，对组织产出产生负面影响。相反，当团队内部的权力主要集中于一个或几个高管时，当高管团队内部存在严重分歧时，拥有最高权力的高管就能够充分利用组织赋予的权力，提高决策效率。但是当权力过度集中于一个高管手中时也会存在许多问题（Dewett，2004），给企业造成负面影响。

12.5.1　高管团队权力分布均衡的积极作用

当高管团队的权力分布较为均衡时，成员之间的权力平衡可以让高管团队通过集体决策对企业施加有效的领导力，从而在组织中呈现出集体领导力。这种集体领导力能够促进内部成员之间的信息共享、分工协作以及战略决策的制定（Crameli & Schaubroeck，2006），并且保证团队成员对战略的抉择的态度保持一致，从而有利于组织把握关键机会，更好地进行战略的实施和调整（Liu & Jiraporn，2010），获得持续的竞争优势。

首先，高管团队权力分布均衡提倡集体领导的组织行为方式，有利于团队凝聚力的形成和增强。彼得森等（Peterson et al.，2003）研究发现，凝聚力高的团队通常是那些权力分布均衡，而不是集权的团队。相关的研究已经表明，团队凝聚力与团队绩效和团队有效性之间存在稳定的、显著的正相关关系。惠特森（Whitson，2013）也发现，当一个人被赋予权力，他会变得更加专注于企业的目标，有利于产生共识。因此，这种集体领导能够提升高管团队在执行战略过程中的一致性，从而提升高管团队有效性。

其次，高管团队权力分布均衡提倡分工协作，可以最大限度地发挥团队成员的主观能动性。在权力分布均衡程度较高的团队中，个别高管成员并不能支配组织的管理过程，而是在组织中采取集体决策的方式，以此来集思广益。这可以充分提高成员的参与度，为企业绩效带来积极正向的作用。钟朋荣（2006）的研究指出，如果高管团队过于集权，将容易忽视低权管理者的诉求，从而极大地限制成员之间的信息共享和沟通。反之，如果高管团队内部权力分散，每个成员都享有平等的权利，那么团队成员之间就容易建立起良好的沟通机制，更容易整合企业内外部环境的不同信息。

最后，高管团队权力分布均衡意味着每个人都享有相同的权力和地位，没有人地位高一等的，因此组织可以通过成员之间权力的制衡减少高管谋取私利的可能性。帕特尔和库珀（Patel & Cooper，2014）的研究就发现，高管团队中的权力分布越均等，越能够提升家族企业的绩效。

总之，高管团队权力分布均衡可以产生积极的影响效应。它具体表现为在组织中，高管团队成员通过对权力的集体共享，不仅加强了彼此之间的信息共享和分工协作，而且有利于减少了团队冲突，形成强有力的团队凝聚力。总之，高管团队权力分布均衡能够实现更高的集体领导力，引领高管团队成员更好地进行战略性变革，从而创造出更高的绩效。

12.5.2　高管团队权力分布均衡的消极作用

在高管团队中，如果每个高管都享有机会表达自己观点，在团队中可能产生慢无休止的讨论，从而导致组织错失战略制定和实施的时机，严重损害企业的利益。由于成员之间拥有的权力是平等的，因此极易出现高管团队内部成员职责的划分不清和分工不明确等问题，导致高管成员更愿意去解决简单的事务，而对组织内出现的突发事件等问题采取规避或者视而不见的态度。

戴克和恩格（Dijk & Engen，2013）的研究指出，当高管团队成员的权力分布状况相对均衡时，因为彼此之间的权力相等，他们极易陷入无休止的讨论中而导致无效率的决策过程，而这种情况在中国传统的社会文化情境下表现得尤为明显（钟毅平等，2013）。依据委托代理理论，当组织中存在多个代理人时，代理人之间可能会出现各自为政的现象，从而影响团队效率。即便代理人之间愿意合作，由于这种合作的基础不牢固，因而也可能会导致其产生负面的效应（刘有贵，2006）。因此对于高管团队来讲，成员之间出于各自的目的会导致合作难以持续，并且当他们拥有的权力相当时，他们进行决策的过程通常是极其漫长的。此外，宗和蔡（Chun & Choi，2014）也发现，组织中的高管成员往往不会满足于拥有平等的权利，他们会极力追求更高的权力，进而诱发成员之间的身份冲突。而已有的研究表明，团队成员之间身份上的冲突会阻碍团队成员间的合作和信息的共享（Bendersky & Hays, 2012），从而降低高管团队成员的决策能力。

总而言之，高管团队权力分布均衡并不是一直都能够产生积极的作用，它可能也会产生负面效应。权力分布均衡不仅会让高管团队成员对拥有更多的权力产生心理需求，导致内部矛盾冲突显现，而且容易造成时间资源的浪费，错过最佳的战略时机，最终对企业产生负面影响。

12.5.3 高管团队权力分布不均衡的积极作用

威尔（Willer, 2009）的研究指出，高权力者通常会采取积极的工作态度，具有更高的组织认同和工作使命感。这种组织的认同感工作的使命感可以让个体在工作时克制非理性冲动，从而表现出非常高的工作投入。为了完成组织既定的战略目标，高权力者常常会选择以身作则，积极履行自身的工作职责，努力成为下属的榜样。这种示范行为可以诱发组织内其他成员的高工作投入，从而提升组织绩效。已有研究表明，高管团队内部的权力差距越大，企业的绩效就越高。

首先，在组织中将权力分配到不同的高管团队成员手中能够加快决策的进程，提高团队的效率。当高管团队中每个成员都有机会将自己的想法添加到战略议程时，团队可能会经历缓慢的决策过程。所以在组织决策的过程中，如果最高领导者能够充分发挥高管团队成员所具备的专业知识进行集体讨论时，那么高管团队就可以充分地利用高管成员间的专业知识互补性，从而获得高效率和高质量的战略方案（Roberto, 2003）。格雷夫等（Greve et al., 2007）的研究表明，在高管团队中如果将领导权集中于个别高管时，不仅可以避免不必要的争论，而且还能节省成员之间进行信息交流的时间。这些学者的研究进一步证实了在高管团队中，如果能够实现权力的相对集中，那么这种权力分布就能够被高效的使用。具体而言，权力分布的不均衡能够避免团队成员之间无端的争论，并且在一个或几个高管的统筹指导下，完成各项工作（Krause et al., 2014）。所以从这些学者的研究中我们可以看出，高管团队权力分布不均衡能够提高团队的决策效率，从而有利于组织的快速发展。

其次，在权力分布不均衡的情况下，团队中的高权高管会利用自身的特权建立起团队规则，从而对高管成员的行为进行更好的规范。罗伯托（Roberto，2005）认为高层管理者的责任和义务就是要在组织中鼓励成员之间的建设性冲突，从高管成员中获得管理上的灵感，并利用组织赋予高管的权力创造出有利于组织发展的结果。迈耶等（Meyer et al.，2013）研究发现，高管团队成员之间权力的差异可以帮助组织建立团队规范，从而吸引建设性批判进行战略抉择。这表明当权力主要集中于几位核心高管成员时，他们能够引导团队进行有建设性的争论并进行有效的整合，从而帮助企业实现更好地战略分析和选择。

再次，高管团队成员之间权力分布的不均衡可以提高高管的适应能力，从而更好地对获取的信息进行加工，实现组织目标。根据权力的情境聚焦理论（Guinote，2007），组织中对权力的分配会影响不同情境下个体的认知和情感，从而导致其行为的变化。权力能够使组织中的成员更加灵活有效地进行信息加工，从而提高自身掌控大局的能力。沃尔等（Wall et al.，2011）发现，高权力者实现组织目标的过程中，更具有目标的导向性和行为的确定性，能够更好地实现对自我的控制。在高管团队中，掌握权力的核心高管的战略思想往往决定了企业的经营战略，并且由于高权高管自身目标的明确性，使得他们的注意力更加集中和灵活，从而能够快速决策，促进组织发展。

最后，权力差距是存在于现实的组织中。组织中权力斗争普遍存在，而不同权力群体之间的冲突是变革的驱动力，并且高管团队中拥有极高权力的高管一般是那些能够主动适应环境和战略变化的人。这些特质可以让高管团队能够及时关注行业中的新兴问题，提高决策质量，从而产生更高的绩效。张建君和张闫龙（2016）从权力差距的视角出发，为我们进一步了解高管团队和组织绩效之间的关系提供了新的思路。他们的研究指出，以往学者过多的关注了团队成员的异质性，而忽视了对高管团队结构尤其是权力结构的研究。因此，他们在已有研究的基础上，通过调查发现董事长与总经理之间的权力差距能够促进企业绩效的提升。

综上所述，高管团队成员之间权力分布的不均衡能够减少权力本身所带来的一些弊端，从而有利于组织的发展。具体表现在，一方面，可以通过建立规则来获取团队的批判性和建设性意见，提高高管成员信息加工的效率，从而确保战略决策的高效；另一方面，如果权力上的冲突能够得到很好处理和运用，可以促进组织变革，实现组织的战略目标。

12.5.4 高管团队权力分布不均衡的消极作用

在组织中，成员地位的高低排序以及权力的不平等分布都容易增强其内心对组织不公平的感知，影响员工的工作满意度和工作投入，从而阻碍组织目标的实现（Anderson & Kennedy，2012）。

首先，团队之间良好的沟通交流氛围是实现组织的长远发展的重要途径，高权高管不能简单使用组织赋予的特权来管理团队成员。团队之间的沟通在促进高水平组织绩效方面扮演着关键角色，然而高管团队成员之间权力不均衡会阻碍团队内的信息交流，进而负面影响团队过程。有学者认为，高管团队成员间权力的不均衡分布会抑制成员之间的信息分享，导致决策效率低下，进而降低企业绩效（Haleblian & Finkelstein，1993）。皮彻和史密斯（Pitcher & Smith，2001）在对组织中 CEO 权力的研究中发现，CEO 权力的过度集中会减少团队成员的异质性想法，从而导致有效信息的缺乏。有学者的研究指出，当权力在高管成员之间分布不平等时，低权高管提出独特见解和方案时所面临个人风险将会更大，从而更不愿意共享信息（Dewett，2004）。此外，潘特尔和库珀（Pantel & Cooper，2014）发现，团队中的低权高管往往不会主动参与到团队的管理过程并且保持沉默，被动地参与到企业的管理中。

其次，高管团队成员由于存在权力上的差距，成员之间存在利益冲突时，往往会表现出较低的团队凝聚力，从而阻碍组织战略的实施。艾森哈特和布尔乔亚（Eisenhardt & Bourgeois，1988）研究表明，高管团队权力分布的不平衡极易形成办公室政治氛围，造成团队时间的浪费，影响高管成员对其工作的注意力和专注力，从而降低团队的凝聚力。总之，办公室政治一方面会影响高管成员之间的信任，诱发利益冲突，这对组织来说将是极其不利的；另一方面来看办公室政治氛围会导致团队内的人心涣散，降低凝聚力，不利于高管成员之间的合作。

最后，社会心理学的研究指出，权力给个体带来的主观心理体验会影响到高管在团队环境中的领导力。不均衡的权力分布会给个体带来不同的心理体验。相比于低权高管，高权力高管在团队内会拥有更多的特权，从而可以更加自由地对信息进行选择性的认知和加工（Guinote，2007）。权力的心理体验会使个人更倾向于在群体语境中表达自己的态度和观点（Berdahl & Martorana，2006），体验更多权力感的人进而会贬低他人的观点和贡献（Georgesen & Harris，1998）。这些体验往往会导致高管过度自信，从而容易忽略其他高管的意见和建议，影响到决策的质量。格林斯基等（Galinsky et al.，2006）发现拥有权力常常会导致个人对自己的想法变得过于自信，变得更加专注于自己，而忽略别人的想法。西伊等（See et al.，2011）则进一步证实了权力会导致高管的主观感受发生改变，不愿倾听他人意见。因此，当高管团队的权力分布不均衡时，常常会影响战略决策过程中的信息分享、战略方案的有效性的以及高管的心理体验，导致低权高管不愿意进行沟通和分享甚至对团队产生排斥心理。这些不利的影响最终会严重限制高管成员智力资本的发挥，造成人力资本的极大浪费。

可见，高管团队权力分布的不均衡不仅会影响高管团队成员之间的互动过程，阻碍团队内部成员信息交流和共享，降低了团队凝聚力，而且也容易影响给高管团队成员带来不一样的心理体验，损害高管成员的执行力和决策力，最终给组织带来负面影响。

12.6 高管团队权力分布及其效应管理模型构建

尽管目前已经有相当多的学者对高管团队权力分布与企业绩效关系进行了相关的研究，并且也取得了丰富的研究成果，但有些方面的研究仍然不够深入。高管团队权力分布在组织中呈现出均衡或者不均衡的状态，这可能是受到团队内外部因素共同作用的影响。同时，在组织内形成的高管团队权力分布状况又可能通过影响团队过程进而对组织产出产生积极或者消极的影响作用。理解和把握高管团队权力分布的影响因素及其效果作用机制，将有助于更好地管理高管团队，提升组织产出成果。因此，我们构建出高管团队权力分布的效应管理模型（见图 12.1），旨在更好地探究高管团队权力分布的效应过程，从而能够为后续理论研究和实践提供参考。

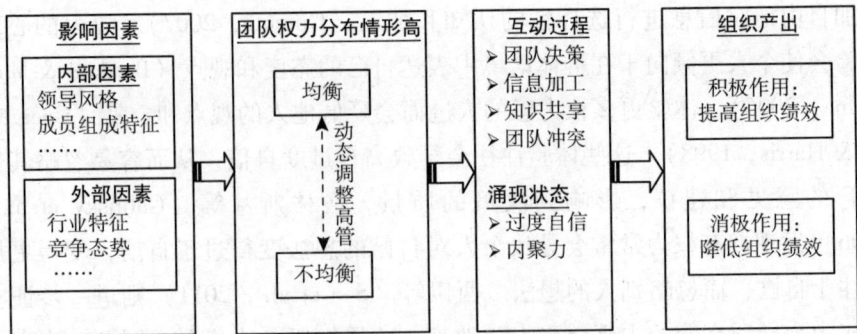

图 12 - 1　高管团队权力分布效应管理模型前因变量

　　首先，影响企业高管团队权力分布情形的因素，除了学者们普遍关注的领导风格、高管团队组成特征等企业内部的一些因素外，我们还需要考虑企业在市场中的地位、整体的行业环境以及所处的竞争态势等外部因素的影响。在组织中，高管团队内部权力的分布状况会受到内部因素和外部因素交互作用的影响，从而呈现出动态性的特征。此时组织中的权力会倾向于分配到掌握更重要部门的高管手中，从而获得比其他部门高管成员更多的权力。因此，在内部因素和外部因素的交互作用下，高管团队内部的权力分布状况其实是在不断改变、不断调整和不断适应的。换句话说，在某一时点上高管团队成员所拥有权力的大小其实是由成员在团队内部通过使用自身资源进行竞争和博弈所获得的结果。

　　其次，国内外学者在高管团队到底如何进行权力分布的问题上仍有分歧。在组织中，高管团队权力的分布状况具有两种不同的表现形式：均衡和不均衡。现有的研究中，既有学者认为权力分布不均衡是一种有效的公司管理方式，也有学者认为权力分布均衡才有利于企业的发展。从企业所面临的竞争环境来看，在高管团队中将权力集中于一个或多个高管时，不仅能够加速战略议程，提高团队的决策效率，而且可以提高高管成员处置突发事件时的反应速度和应变能力，使企业在激烈的竞争中能够获取人力资源优势，从而实现公司的可持续发展。但是如果高管团队过度集权时，权力的弊端就会显现，例如，在团队成员中所能获取的信息将会越来越少，高管团队做出的盲目决策也会增多，而由此给企业带来的威胁也会越来越大。反之，如果能够将权力平等分配到高管团队的成员中，权力的平等共享不仅能够增加团队成员的信任，满足团队成员对于尊重和自我实现的追求。但是如果高管团队内部成员之间的权力都是对等的，这就极易降低团队的运作效率，错失发展良机。

最后，国内外学者关于高管团队权力分布影响组织产出的研究结论并没有得出一致的结论。高管团队权力分布是一个复杂而又微妙的现象，现实当中的人是复杂的社会人，高管人员作为公司经营的精英阶层更是如此。如果权力得到有效使用，它就能给企业带来积极的影响。反之，如果高管团队中的高权高管滥用权力，就极易导致团队成员产生抵触情绪，诱发内部矛盾和利益冲突，从而产生负面影响。高管权力分布均衡与不均衡均可能对组织产出产生积极或者消极的影响。因此，组织产出的结果不在于高管权力分布均衡与不均衡本身，而是均衡性与企业的匹配度。

总之，企业只有对外部环境和企业自身条件做出全面、正确的分析，同时企业的管理者应具备较高的洞察力和敏感性，才能对本企业的高管团队权力进行合理有效地分布，保证高管团队的高效运作，促进企业整体管理水平的提升。因此，在确定高管团队权力分布模式时，我们应该首先要考虑到企业当前所处的内外部环境。在明确这些因素对组织权力结构造成什么影响后，选择与组织目标相适应的权力分布模式，并且应随着环境的变动进行及时调整，从而真正适应组织的需要。同时，我们在企业管理的过程中应建立权力的动态追踪机制，及时发现和消减权力所带来的负面影响，通过不断加强组织内沟通机制和信息分享平台的建设，促进高管团队成员之间的互信合作，从而在组织中营造一种良好的氛围，最终打造出一个高凝聚力的高管团队。

12.7　结论与未来研究展望

12.7.1　结论

高管团队最早的研究是关注于人口统计学特征对组织的影响，其后研究的视角逐渐开始关注团队的过程，相关的研究成果也较为丰富。例如，查尔斯（Charles，2014）通过对 2067 家企业的走访调查，发现高管团队特征的不同对企业绩效有正向的影响。卫武和易志伟（2017）在前人研究的基础上，进一步检验了高管团队异质性和断裂带强度对企业创新战略的影响。随着学者们对高管团队研究的不断深入，研究的视角和关注点也开始丰富。在众多研究中，高管团队的权力及其分布就是一个重要的研究主题。通过对相关文献的回顾和分析，我们可以总结出以下结论。

首先，组织等级理论和权力距离理论为我们进一步探讨高管团队权力分布的作用结果提供了一种崭新的视角。通过对文献的梳理，我们发现学者们对高管团队权力分布均衡程度的研究形成了两对相互矛盾的结论。一方面，有学者认为，权力在高管团队中较为均衡的分布有利于内部成员之间的信息交流、能够获得更多的新思想，进而通过更好的团队过程对组织产生积极的影响，但是权力分布均衡也会带来决策效率低下、身份冲突等弊端。另一方面，有学者则认为，只有将组织中的权力集中于个别高管时，才能通过加快战略议程，在竞争中取得时间优势，但是集权的弊端往往也会凸显，如高管容易过度自信。这些学者对高管团队权力分布的研究往往只是从单一的视角出发，并没有综合考虑组织的内外部因素，因而产生了不同的研究结论。因此，通过组织等级理论和权力距离理论我们可以更好地了解企业所处的社会文化背景，从而可以更好地解释高管团队权力分布在什么情况下能够产生积极或消极的影响。

其次，高管团队成员所拥有的权力在一定程度上影响了其在企业管理过程中的话语权以及对资源的掌控权。目前，有相当多的研究都是直接用 CEO 权力表示高管团队权力，这是高管团队权力分布的一种最极端情形，即权力只集中在 CEO 手中，其他高管成员在团队中没有身份和地位。这些研究往往只是探讨了单一的高管权力分布特征，忽视了权力在整个高管团队成员中的分布和测量，因而出现相互矛盾的研究结论。

最后，高管团队权力分布模式不仅会受到组织资源和能力等内部因素的影响，而且还会受到来自经济环境、社会文化环境等外部因素的影响。目前，由于外部因素比较难以考量，因此对高管团队权力分布影响因素的研究更多是从组织内部出发，重点考察了高层管理者者的领导风格和组成特征等因素。在这些因素的共同作用下，高管团队成员表现出各不相同的权力倾向，从而影响到高管团队的权力分布。因此，如果要在组织中要找到一种合理有效的权力分布模式，我们应对每个高管团队成员所在的部门以及其所从事的工作进行具体分析，及时跟踪组织中现行高管团队权力分布模式与组织产出是否相匹配，发现问题应及时调整组织的结构和体系，以实现权力分布的合理性和有效性，发挥高管团队成员的最大效能。

12.7.2 研究不足及未来研究展望

从现有的研究来看，高管团队权力及其分布已成为管理学研究中备受关注的领域之一。虽然高管团队权力分布的研究取得了一些不错的成果，但是对于该主题的研究目前尚存在一些研究的不足，仍有待学者们更深入的探究。

第一，高管团队权力的概念有待进一步厘清以及对权力分布进行测量的工具仍需要学者们的进一步开发。目前学者们对权力概念的界定多是从静态的角度出发，缺乏动态性体现，从而导致难以体现出高管团队权力的真正内涵。同时，在对高管团队权力分布状况进行测量时，通常需要考虑高管成员在团队内部所拥有的相对权力，但由于存在现有量表的限制以及研究数据难以收集等问题，目前对高管团队权力分布的测量仍存在诸多局限。目前理论界和实务界仍是采取一些小样本数据对高管团队权力分布进行相关的研究（如只针对某一特定群体或者行业），因此导致研究成果缺乏适用性，而且不同的学者研究时所选取的权力测量指标也存在着显著的差异。目前，高管团队权力的概念模糊以及测量指标的不一致性已成为阻碍该领域研究进步的一大障碍。

第二，高管团队权力分布的影响因素有哪些以及对其效应机制的研究仍不够深入。权力分布到底会受到哪些因素的影响，权力在高管团队中到底会起到什么样的作用，以及它是否会通过不同的途径对组织产生不同的影响，这些问题仍有待学者们的进一步研究。在当前的管理领域，研究者们对权力研究时过度重视高层管理者自身属性的作用，认为高层管理者对权力关系的占有是组织中既定的事实，目前学术界尚缺乏应有的质疑和探讨。同时，在进行相关研究时也忽视了高管团队内部权力关系本身，因而也难以很好地理解高权高管在管理过程所起到的核心的作用。

第三，不同社会文化背景下的实证研究较少。目前关于高管权力分布的研究主要是在西方主流文化背景和价值观下进行，研究成果是否在东方文化情境仍然有效需进一步的探讨，尤其是在中国社会文化情境下探讨高管团队权力如何分布才更加合理有效，极具研究的价值。在对高管权力进行衡量时，高管权力在不同的社会文化制度下会呈现出差异化特征。

针对上述现有研究的不足，未来可以从以下几个方面开展相关的理论和实证研究。

首先，在不同的社会文化背景下应该开发出不同的高管权力测度方法，以便能够为该主题的实证研究提供有效的测量工具。例如，在对我国企业开展相关研究时，我们可能还需要考虑中国社会特有的权力属性（如关系权力）。同时对于我国的企业来讲，由于存在国有和私有两种性质，从而导致不同性质的企业在衡量权力时所选取的标准也会存在差别。如在国有企业中，决定高层管理者权力大小的重要影响因素往往不是私有企业中所要考虑的薪酬，而是其行政级别。因此，只有对不同文化背景和性质的企业提出与之相适应的权力测度，才能提高研究的科学性。

其次，虽然以往学者考察了高管团队权力分布与组织效能之间的关系，但是研究结论存在矛盾。这种分歧是否是由于某些权变因素的影响而存在差异仍需要通过借助相关的理论基础和开展更多的实证研究来加以解决。因此，学者们有必要开展更加深入的探讨来弥补当前研究的不足。

最后，权力具有较强的社会文化属性，人们所持的权力观念与其所处的社会文化背景息息相关。在中国社会文化情境下，由于长期受到儒家文化的影响，它所倡导的"贵贱、尊卑、长幼"等礼治规范渐渐形成了人们的一种思维定式，人们普遍接受较高的社会权力等级，高管团队权力分布不均衡在我国企业中往往起到正向作用，所以在我国开展高管团队权力分布的研究将为企业提供有益的指导。因此，未来的研究我们应注重在不同的社会情境下展开研究的设计。

第 13 章

技术关联调节下的企业知识基础与技术创新绩效的关系研究[*]

技术创新绩效的关系研究[*]

13.1 引　言

　　随着产品复杂性和系统性的提升，经济全球化的脚步加快，技术创新日益成为影响企业特别是高技术企业市场竞争力的关键因素（O'reilly et al.，2002）。在此背景下，高技术企业的技术创新绩效因反映了企业技术创新活动的成效而备受学界和务实界的关注。知识基础理论认为，企业的知识基础正是企业在创新过程中最独特也是最重要的资源（Miller et al.，2007），企业的知识基础对创新活动的多元化、专业化等都具有重要的影响（刘岩等，2014）。然而在现实当中，诺基亚、柯达等行业巨头的遭遇却与这一观点相悖：曾经掌握各自领域内核心知识，拥有丰厚知识基础的企业却因创新不足，无法跟上时代和市场的变化而惨遭淘汰。为何知识基础对技术创新的促进作用会在这些企业身上失效？知识基础对技术创新的促进作用是否只在某些情景中才能得以成立？为了回答这一系列问题，需要技术创新领域的学者们继续深入研究知识基础与企业技术创新绩效之间的关系，对其内

　　* 本部分内容参见：潘清泉，唐刘钊. 技术关联调节下的企业知识基础与技术创新绩效的关系研究［J］. 管理学报，2015，12（12）：1788 – 1796.

部作用机理进行更为详尽的考察与分析。本研究基于此通过细分知识基础的维度，考察了知识基础两个维度对企业技术创新绩效的直接效应，同时还探讨了企业内部不同程度的技术关联性在这一过程中所产生的差异性的影响效应。

13.2 理论基础

企业的知识基础是指企业涉及的所有领域中的各类知识元素（包括信息、科技、关键技术和技巧）的集合（Kogut et al.，1992）。知识基础理论强调知识基础是企业竞争优势的重要来源并决定了企业的绩效（Grant，1996），同时认为企业的创新能力取决于企业管理、维护和发展其知识基础的能力（Caner et al.，2014）。卡纳等（Caner et al.，2014）如此阐述知识基础对企业创新的作用过程："企业可以通过评估其目前的知识基础情况来全面分析企业目前的知识结构，确定哪些知识会关系到企业未来的成功。之后，企业通过内部知识投资或建立外部创新联盟的方式从外部获取、利用和整合这些知识，并以此形成新的独特的企业能力，构成企业新的核心竞争力。"企业的技术创新过程，本质上是企业从外部搜寻与吸收知识，在企业内部进行转化、重组并最终输出产品与服务的过程（Nickerson et al.，2004）。企业的知识基础则通过影响外部知识搜寻与吸收和内部知识转化重组两个过程来对企业技术创新产生影响。有学者发现组织知识吸收能力与知识基础息息相关（Cohen et al.，1990）。在这之后，莫维利（Mowery）等人继续深入探究知识吸收能力与企业知识基础之间的关系，发现不同企业之间的知识基础重合程度对企业吸收外部知识的能力存在正向影响（Mowery et al.，1996）。另外，卡特纳等（Cantner et al.，2010）的研究表明，知识基础与创新产出率存在相关关系。索萨等（Sosa et al.，2011）认为，企业的知识基础可以成为创新灵感的来源，激发企业的员工产生新的创意，并最终通过创新行为将创意转化为创新绩效。

随着相关研究的不断深入，有学者提出可以将知识基础划分为知识广度和知识深度两个维度来细化考察知识基础的作用机制（Katila et al.，2002），并明确了知识广度与知识深度的定义：知识广度是指一个企业拥有的所有知识元素，反映了企业可以利用的知识领域的数量；而知识深度是指企业所积累关键领域知识以及知识的复杂程度与熟悉程度。反映了企业对这些知识领域的了解熟悉程度（Katila et al.，2002）。然而，知识基础细分后的相关研究却出现了矛盾。例如，泰勒等（Tylor et al.，2006）认为知识广度的提升有利于对思想和知识进行组合创造，因而对技术创新存在积极影响；而劳尔森等（Laursen et al.，2006）则提出了不同观点，他们认为虽然知识广度有助于形成各种新颖的灵感，但是由于这类灵感过多过杂，企业没有足够的精力进行深入地开发，这使得创新流于表面。在知识深度方面，扎赫拉等（Zahra et al.，2002）认为知识深度对于工业领域的技术创新至关重要；卡兹等（Katz et al.，2008）也持类似的观点，指出许多企业常常有着极具创造性的灵感，但因为缺乏足够的专业知识而无法取得实质上的创新；卡洛等（Carlo et al.，2012）针对小型信息企业的实证研究则发现知识深度对创新存在一定程度的负面作用，切萨斯等（Tripsas, et al.，2000）人也警告说在专业领域的过于深入可能会产生认知上的惯性，这会限制、甚至对技术创新造成损害。本研究认为，企业最终的技术创新绩效是企业内部因素与外部因素共同作用的结果，知识基础对技术创新绩效的影响效果必然与具体的企业情景有关。过去的研究显示，技术关联会对企业技术创新产生重要影响，不同技术领域的技术可能会"跨界"产生协同作用，在相互关联的知识领域中，创新更可能实现（Wernerfelt，1984）。因此本研究预期在不同的技术关联水平下，知识基础对技术创新绩效的促进作用会受到一定程度的影响。因此将技术关联纳入研究范围，对知识基础与技术创新绩效的内在作用机理进行更深层次的探索，可以进一步深化和补充知识基础与技术创新绩效的研究。

基于上述分析，本研究将重点检验知识广度与深度对技术创新绩效的影响关系，同时考察技术关联在其中的影响，通过 2008～2012 五年间的高技术产业上市公司专利数据对理论假设进行实证检验，从技术关联的角度探究知识基础与技术创新绩效的深层次关系，为揭示知识基础与技术创新绩效的作用机制提供一个研究思路，同时为企业知识管理与技术战略选择提供参考指导。

13.3　假　设　提　出

13.3.1　知识基础与技术创新绩效

有学者指出，企业的创新并不依赖于科学上的突破而是基于企业自身的知识基础（Wernerfelt，1984）。一个企业要想实现创新，需要满足两个条件：其一，企业需要拥有多样的，异质性知识以便感知前沿的技术或正在发生重大变革的技术；其二，企业需要能够吸收和综合利用新的技术和机遇，贯彻企业的创新灵感（Zhou et al.，2012）。Zhang 等人则通过研究发现，高知识广度可以提升企业的知识获取能力，企业更容易发现市场中的新知识、新信息，并更乐于与其他企业结成技术合作关系（Zhang et al.，2012）。因此，高知识广度的企业在技术创新活动中表现得更为灵活，既可以通过搜寻、吸收外部多样化的知识为自己所用，并在企业内部共享这些知识以提升企业员工产生创新灵感的概率，进而获得更高的技术创新绩效；也可以依凭自身的知识广度与其他企业结成创新联盟来分担创新失败的风险与损失，通过合作共享双方互补的创新资源，缩短创新周期并提高创新成功率。此外，重大的技术创新成果需要整合多种不同类型的知识，因此往往是多个技术领域跨界合作的结果（袁博等，2014）。而具有高知识广度的企业相对于低知识广度的企业而言更容易搜寻、吸收和利用多个技术领域的知识，因此其产生重大技术创新的概率也更高。综上所述，本研究提出以下假设：

H1：知识广度对技术创新绩效有止向影响。

虽然多样化的技术知识对企业创新必不可少，但正如劳尔森（Laursen）等人所指出的，如果没用经过充分的学习与利用，就算多样的、异质性的知识激发了企业的创新灵感，往往也只能在创新的边缘徘徊，最后的结果只能是事倍功半（Laursen et al.，2006）。企业只有在某一技术领域经过长时间的创新活动，不断提升自身的知识深度，才可能深入了解该技术领域的各种尖端知识，灵活地对知识根据需要进行重新组合，以取得更高的技术创新绩效。

另外，高知识深度意味着在技术领域以及所处市场积累了大量的经验与技术，这种积累可以给企业带来技术上的优势，形成更高效的企业运作流程与规范。这些高度技术化的流程与规范可以为企业带来更高的生产效率或降低企业生产成本，进而将企业技术优势转化为竞争优势。

但是也有部分学者对知识深度与技术创新绩效的关系持不同观点。技术建构理论认为，企业对技术的运用使得组织创新过程变得复杂。企业对技术的依赖性越强，在面对变化的时候可能受到的技术约束就越多，其选择也就越少（Thompson et al.，1957），企业的灵活性会因此受到影响。另外，研发人员获取尖端专业知识与技能需要花费个人大量的时间与精力，而创新可能会加速自身知识的老化与过期（Das et al.，2000）。同时，技术创新活动不可避免地会发生失败的情况，而失败会体现出个体在专业技术和知识上的差距，避免失败则有助于维持一个人在同事之中的形象和专业地位，因此研发人员可能会消极地对待企业的技术研发活动（Wolfe et al.，1986）。这些因素无疑会抑制企业的创新活动，对企业的技术创新绩效产生负面影响。

本研究预期知识深度对技术创新绩效的促进与抑制作用均客观存在，但是其抑制作用仅在企业知识深度达到一定程度后才会发生。之后，如果企业不采取应对措施，知识深度将进一步加大，这时知识深度对技术创新绩效的抑制作用才会超过其促进作用，使得知识深度对技术创新绩效产生负面影响。综上所述，本研究提出以下假设：

H2：知识深度对技术创新绩效的关系呈现倒 U 形关系。

13.3.2 技术关联对知识广度与技术创新绩效关系的调节作用

通常情况下，制造或提供不同的产品或服务需要依赖不同的技术知识，但是不同的技术领域可能会运用相同的基础技术或基础学科知识，从而使不同的技术领域产生了技术上的关联（Yayavaram et al.，2008）。不同技术领域内的知识相互组合相互关联，必然会对知识基础与技术创新绩效的关系产生差异化的影响。

知识广度通过在企业内部引入新的知识来提升技术创新绩效，但在高技术关联性的企业中，这种促进作用可能会被削弱。这是因为高技术关联性同样可以通过引入新知识对技术创新绩效产生正向影响，因此两者之间存在替代效应。具体而言，在高技术关联性的企业中，不同技术领域之间或企业内外部之间的研发人员为了合作研发需要进行频繁的交流活动，而伴随着这些交流活动，不同技术领域的知识也在企业内部得到广泛传播，这意味着企业内部发生了技术知识共享，且企业的技术关联性越高，企业的技术创新活动越密集，企业内部的技术知识共享行为就越频繁，那么由知识广度从外部所带入的知识很可能与这些已经在内部共享的知识相重叠，从而使得知识广度对技术创新绩效的促进作用减弱。综上所述，本研究提出以下假设：

H3：技术关联在知识广度与技术创新绩效的关系中起负向调节作用；技术关联性越高，知识广度对技术创新绩效的促进作用越弱。

13.3.3 技术关联对知识深度与技术创新绩效关系的调节作用

由于知识深度与技术创新绩效之间呈现倒 U 形关系，因此技术关联对知识深度与技术创新绩效的关系的调节作用需要分两种情境进行讨论。当企业的知识深度还未到达临界点之前，技术关联强化了知识深度对技术创新绩效的促进作用。这是因为在技术关联高的情境下，企业在对某一技术领域内开展创新活动时，与之相关联的技术可以帮助企业更好的理解和探索该技术领域。此外，由于企业技术之间存在高度的关联性，因此企业在某一技术领域的研发活动很可能带来其他技术领域的创新灵感，使得企业的技术创新活动事半功倍。

而当企业的知识深度超过临界点之后，技术关联会强化知识深度对技术创新绩效的负面影响。首先，知识深度过高使得企业难以调整研发战略与研究方向，而在高技术关联的情景下，由于企业内部技术知识相互联系，使得企业转换创新方向时所需要付出的成本变得更为高昂，因此高技术关联性使得企业的技术研发路径变得更为固化。其次，在高知识深度的企业内部，往往已经形成了一个相对稳定的研发团队。当技术关联性高时，研发团队对外部知识的需要较小，因此在这种环境下的研发团队往往是一个封闭式群体，与外部研发团队或其他领域的技术人员的交流很少。有学者认为，对于研发团队而言，高质量的信息交流不可或缺（Hülsheger et al.，2009）。因此研发团队交流的减少进一步降低了企业的技术研发创新能力，抑制了企业技术创新绩效的提升。综上所述，本研究提出以下假设：

H4：技术关联在知识深度与技术创新绩效的关系中起正向调节作用；技术关联性越高，在到达临界点前知识深度对技术创新绩效的促进作用越强；在到达临界点后，知识深度对技术创新绩效的抑制作用也越强。

13.4　数据、变量和研究方法

13.4.1　数据来源

本研究采用 2008～2012 年五年内中国高技术产业上市公司的面板数据进行研究。高技术产业具有知识密集，研发投入大和创新活动丰富等特点，大量的相关研究也往往选取高技术产业作为研究样本（贾军和张卓，2013）。根据中华人民共和国科学技术部所发布的《中国高技术产业数据 2013》，目前我国高技术产业主要包括以下 5 个行业：医药制造业（PS）、航空航天器制造业（AS）、电子及通信设备制造业（ETE）、电子计算机及办公设备制造业（COE）、医疗设备及仪器仪表制造业（MEM）。

本研究的数据分为专利数据和财务数据两个部分，其中本研究所涉及的所有专利数据均来自国家知识产权局官网的专利检索与服务系统，所有财务数据均来自国泰安数据库。首先，将 A 股中的 189 家高技术企业作为初始样本；其次，为了保证研究质量，本研究对样本做了如下筛选：第一，样本企业在 2008～2012 年期间取得的专利数不为 0；第二，样本企业必须在 A 股上市；第三，样本企业在研究窗口期间的财务数据列示在国泰安数据库中，且没有经历兼并、摘牌或被特殊处理；第四，在研究窗口期间，样本企业必须一直作为高技术企业存续，主营业务没有发生改变。经筛选后，符合条件的企业共 102 家，共拥有 48451 份专利。又因为中兴通讯（000063）、京东方 A（000725）两家企业的专利数占总专利数的 64%，为了排除极端数据对研究的干扰，故将两家企业从样本中剔除，最后得到的样本中包含 100 家企业，共拥有 17547 份专利。

13.4.2 变量选取

13.4.2.1 因变量

技术创新绩效（IP）。根据国内外的相关研究情况，并考虑数据的可获得性后，本研究采用企业成功申请的专利数目作为衡量企业技术创新绩效的指标。这一测量方法也取得了技术创新研究学者的共识（郭国庆和吴剑峰，2007）。企业所成功申请的专利越多，就代表企业的技术创新绩效也就越高。

13.4.2.2 自变量

知识广度（KB）。根据蔡虹等人的研究，本研究将专利的国际技术分类（IPC）的每一个大类视为一个独立的知识元素（蔡虹等，2013）。一个专利可以拥有多个专利分类号，因此企业的知识广度可以通过企业所申请的专利所包含的 IPC 专利大类来测量。样本企业申请的专利包含的大类越多，意味着企业的知识广度就越大。在本研究中，样本企业一共涉及 102 个 IPC 专利大类，单个样本最多涉及 33 个大类，最少涉及 1 个大类。

知识深度（KD）。知识深度可以根据企业在每个 IPC 大类的专利数量来衡量。根据张晓黎等人的观点，企业的知识深度计算公式如下：

$$KD = \sum_j P_{ij}W_j$$

其中，P_{ij} 表示企业 i 在大类 j 所获得的专利数目，W_j 表示大类 j 在该行业领域的权重系数（张晓黎和覃正，2013）。

13.4.2.3 调节变量

技术关联（TR）。国际专利分类号，即 IPC 号，是专利的一个重要特征。因为一个专利可以有主分类与副分类，因此一个专利可能会涉及多个技术领域，进而使不同的技术领域产生关联。因此可以通过专利的分类关系来度量企业的技术关联情况。本研究采用贾军和张卓（2013）所提出的测量方法，其技术关联的计算公式如下：

$$TR = \sum_{j}^{N-1} \sum_{k=j+1}^{N} \sqrt{(p^2 + q^2)/2}, \quad p = u_j a, \quad q = u_k b$$

其中，a 表示在以大类 j 为主分类的企业专利中，同时以大类 k 为副分类的专利比例；同理，b 表示在以大类 k 为主分类的企业专利中，同时以大类 j 为副分类的专利比例；u_j 表示同时以大类 j 为主分类且以 k 为副分类的专利占企业所有关联专利数的比例；u_k 表示同时以大类 k 为主分类且以 j 为副分类的专利占企业所有关联专利数的比例（贾军和张卓，2013）。若企业所有专利只集中于一个大类或没有副分类，则认为该企业的技术关联度为 0。

13.4.2.4 控制变量

为了控制其他潜在因素对研究结果的影响并保证模型的有效性，根据以往的国内外研究成果，本研究选取产业环境（IND）主营业务收入（MBI）、企业年龄（AGE）以及企业资产负债率（DLR）作为控制变量。其中，产业环境设置为虚拟变量，具体编码如下：COE = 1，PS = 2，AS = 3，MEM = 4，ETE = 5；主营业务收入采用主营业务收入的自然对数表示；企业年龄是从企业成立到数据统计期的差值；资产负债率则用年末企业总资产与总负债的比率计算。

13.4.3 模型建立

本研究中因变量是依据企业当年申请的专利数进行度量，由于专利数是非负计数变量，同时还具有过度离散特征，其分布不再服从正态分布而是泊松分布或负二项式分布。根据豪斯曼（Hausman）等人的观点，本研究采用负二项式模型进行分析（Hausman et al.，1984）。本研究所构建的计量模型如下：

$$IP_{it} = \exp(\theta_t + \beta_1 KB_{it} + \beta_2 KD_{it} + \beta_3 KD_{it}^2 + \beta_4 TR_{it} + \beta_5 KBTR_{it} + \beta_6 KDTR_{it} + Controls + \alpha_1 + u_{it})$$

其中，θ_t 代表着不可观测的且随时间变化的影响；KB_{it} 代表了第 i 个企业第 t 年的知识广度；KD_{it} 代表了第 i 个企业第 t 年的知识深度；KD_{it}^2 代表了第 i 个企业第 t 年的知识深度的二次项；TR_{it} 第 i 个企业第 t 年的技术关联性；KB-

TR_{it}第 i 个企业第 t 年的知识广度与技术关联的乘积；$KDTR_{it}$ 代表了第 i 个企业第 t 年的知识深度与技术关联的乘积；Controls 代表控制变量；α_1 不可观测的个体效应；u_{it} 为复合误差。

13.5   实 证 结 果

13.5.1   描述性统计与相关系数矩阵

变量的均值、标准差以及 Pearson 相关系数见表 13.1。由表 13.1 可知，因变量技术创新绩效（IP）的方差远大于其均值，因此因变量具有过度离散的特征，符合负二项式模型的适用条件（杨菊华，2012），本研究采用负二项式模型是合适的。此外，知识广度与技术创新绩效之间显著相关（r = 0.605，p < 0.01），知识深度与技术创新绩效之间也显著相关（r = 0.925，p < 0.01），H1 和 H2 就得到了初步的支持。本研究还对变量进行了多重共线性诊断，结果显示 VIF 均小于 3，这说明本研究的变量之间不存在严重的多重共线性问题。

表 13.1   描述性统计与 Pearson 相关系数

变量	均值	方差	IP	IND	MBI	DIR	AGE	KB	KD	TR	VIF
IP	26.659	3224.086	1								—
IND	3.594	2.305	0.061	1							1.13
MBI	21.400	0.725	0.128 ***	−0.180 ***	1						1.49
DIR	0.404	0.033	0.060	0.074 +	0.280 ***	1					1.12
AGE	12.257	18.842	−0.064	−0.168 ***	0.442 ***	0.190 ***	1				1.29
KB	4.657	21.654	0.654 ***	0.148 **	0.261 ***	0.028	0.022	1			1.46
KD	5.163	248.097	0.908 ***	−0.041	0.114 *	0.024	−0.062	0.426 ***	1		1.28
TR	0.222	0.113	−0.024	0.121 **	−0.017	0	−0.014	0.204 ***	−0.056	1	1.08

注：N = 500 ；＋为 p < 0.1 ，＊为 p < 0.05 ，＊＊ 为 p < 0.01 ，＊＊＊ 为 p < 0.001 。

13.5.2   回归结果分析

本研究的回归分析利用 STATA 12.0 软件完成，负二项式模型回归结果见表 13.2。为了更好地检验自变量与因变量的关系，以及明晰不同变量对因变量影响的差异，本研究用 4 个模型对研究假设进行检验：模型 1 中只包含控制变量；模型 2 在模型 1 的基础上添加了两个自变量以及知识深度的二次项；模型 3 中再在模型 2 的基础上加入了调节变量；模型 4 中则加入了知识广度、知识深度以及知识深度二次项与技术关联的交互项。从结果上看，4 个模型的显著性均在 0.1% 的置信水平上显著，且从模型 1 到模型 4，模型的对数似然值不断增大，说明模型的拟合程度不断增大，模型 4 的拟合程度最佳且极端显著。

表 13.2   负二项回归结果

变量	模型 1	模型 2	模型 3	模型 4
常数	-9.4062 *** (1.718026)	-3.6551 ** (1.374494)	-3.7430 ** (1.358387)	-4.3303 ** (1.328701)
IND	0.0421 (0.0543155)	0.5397 (0.0379535)	0.0478 (0.037364)	0.0663 + (0.0361424)
MBI	0.4647 *** (0.0839013)	0.1929 ** (0.0681071)	0.1949 ** (0.0672621)	0.2176 ** (0.0654641)
DLR	-0.6113 + (0.320415)	-0.2142 (0.2356208)	-0.1878 (0.2341213)	-0.1165 (0.2393993)
AGE	0.0326 *** (0.0182174)	-0.0098 (0.0135795)	-0.0106 (0.0134238)	-0.0101 (0.0129419)
KB		0.1080 *** (0.0070162)	0.1078 *** (0.0069902)	0.1277 *** (0.0094066)
KD		0.0395 *** (0.0029552)	0.0403 *** (0.0029716)	0.0255 *** (0.0094066)
KD × KD		-0.0002 *** (0.0000127)	-0.0002 *** (0.0000128)	-0.0001 * (0.000029)
TR			0.1731 ** (0.0704291)	0.4566 ** (0.1325723)

续表

变量	模型 1	模型 2	模型 3	模型 4
KB × TR				-0.0932^{**} (0.0287697)
KD × TR				0.0956^{**} (0.0311333)
KD × KD × TR				-0.0008^{***} (0.0002064)
Log likelihood	-1848.8858	-1684.2149	-1681.7352	-1670.8672
Wald Chi2	54.53	826.78	834.05	879.57
Prob > chi2	0.000	0.000	0.000	0.000
N	500	500	500	500

注：$N = 500$；+ 为 $p < 0.1$，* 为 $p < 0.05$，** 为 $p < 0.01$，*** 为 $p < 0.001$；括号内为标准误。

由表 13.2 可知，在模型 1 中，除产业环境外的控制变量均对企业技术创新绩效有显著影响，这意味着本研究所选择的控制变量基本有效。在模型 2 中，知识广度的系数为正且在 0.1% 的置信水平上显著（$\beta = 0.1080$，$p < 0.001$），这说明知识广度确实能够显著地对技术创新绩效产生正向影响，因此 H1 得到有力的支持。同时，知识深度对技术创新绩效的影响系数也为正，知识深度的二次项的系数为负，两者均在 0.1% 的置信水平上显著（$\beta = 0.0395$，$p < 0.001$；$\beta = -0.0002$，$p < 0.001$），因此知识深度对技术创新绩效的影响呈现倒 U 形关系，H2 得到有力的支持。这表明在一定的知识基础支持下，企业进行技术创新活动将更加富有成效。对于知识广度大的企业而言，由于自身业务涉及多个技术领域，每个技术领域对于其他领域而言往往能提供新鲜的知识和视角，这有利于技术知识的整合与创造，因此促进了技术创新绩效的提高。而知识深度对技术创新绩效的倒 U 形关系则可以很好地解释诺基亚、柯达等一系列行业巨头为何会倒下：知识过于深厚使得企业难以转变研发创新的方向，从而使得企业错过市场的机遇，同时知识基础的深厚也说明企业在该领域已经进行过深度的探索与开发，这减少了该技术领域未来的研发价值。因此，企业在从事技术开发活动时不可闭门造车，需要对市场动向与技术风向保持一定的敏感性以免错失技术机遇，最终被市场所抛弃。

模型4用来检验技术关联的调节作用。从表13.2的数据可知，知识广度与技术关联的交互项系数为负，且在0.1%的置信水平上显著（$\beta = -0.0932$，$p < 0.001$）。这说明技术关联在知识广度与技术创新绩效之间起负向调节作用，调节作用图像如图13.1所示，H3得到有力的支持。这说明对于具有高知识广度且内部技术高度关联的企业而言，进行技术创新的效果可能会差强人意。因此这类企业应该利用自身知识广度高的优势，从企业外部寻找新的、有潜力的技术领域进行技术研发活动，而不能只停留在几个相互高度关联的技术领域进行研发活动。而知识深度以及知识深度的二次项及技术关联的交互项均在0.1%的置信水平上显著，且知识深度的交互项系数为正（$\beta = 0.0956$，$p < 0.001$），知识深度二次项的交互项系数为负（$\beta = -0.008$，$p < 0.001$），调节作用的图像如图13.2所示。由图13.2可以看出，技术关联在知识深度与技术创新绩效之间起正向调节作用，H4得到有力的支持。研究结果说明如果企业并未超过知识深度的临界点，那么在高技术关联的前提下，知识深度的增加对技术创新绩效的正效应更加显著，因此对于已经具有一定技术关联性的企业而言，可以通过在某一技术领域深耕细作的方式以获得更高的技术创新绩效并以此占领市场。例如，苹果公司基于PC技术与通信技术之间的关联性，推出iPhone系列手机，成功"跨界"进军手机行业，并在世界范围内掀起了智能手机的潮流。

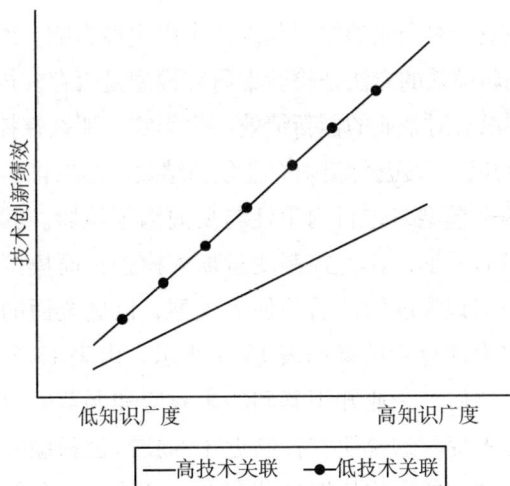

图13.1　技术关联对知识广度与技术创新绩效的调节作用

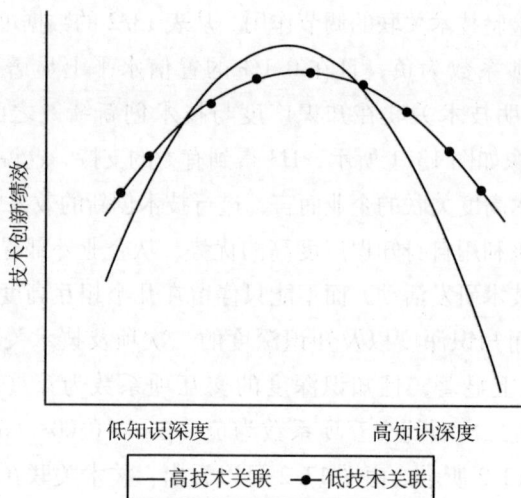

图 13.2　技术关联对知识深度与技术创新绩效的调节作用

13.5.3　内生性与反向因果检验

本研究模型认为，企业的知识基础对企业的技术创新绩效存在着影响。但是也有理论认为是企业的技术创新绩效在影响企业的知识基础，因为企业当前的技术创新绩效会转变为未来的知识基础，即成为企业知识基础存量的一部分，因此企业的创新绩效会对企业的知识基础产生内生性影响。所以本研究采用控制企业近年技术创新绩效的方法来检验本研究模型是否存在内生性问题。如果企业的知识基础并没有对企业的创新绩效产生影响，那么在控制了近年的技术创新绩效后，企业知识广度与深度对企业创新绩效的影响将不复存在。

本研究利用两个模型来进行内生性与反向因果检验。其中，模型 5 中仅将技术创新绩效滞后一期，作为控制变量加入模型；而模型 6 中将技术创新绩效和知识广度与知识深度的滞后项加入模型，以更全面的控制过去技术创新活动的影响，内生性检验结果如表 13.3 所示。由表 13.3 的数据可知，加入创新绩效的滞后项后，企业知识基础的主效应和调节效应依旧显著，且各个变量的系数符号不变。这说明在控制近年的技术创新绩效之后，知识广度与知识深度对创新绩效的影响依旧显著存在，且技术关联的调节作用也依旧存在。通过内生性与反向因果检验使得本研究的研究结论更加稳健。

表 13.3   内生性检验结果

变量	模型 5	模型 6
常数	− 3. 499 * (1. 406929)	− 2. 8769 * (1. 368993)
滞后 IP	− 0. 0006 (0. 0006867)	− 0. 0077 *** (0. 0016177)
IND	0. 0800 * (0. 0373456)	0. 0771 * (0. 0362271)
MBI	0. 1993 ** (0. 068971)	0. 1676 * (0. 0669619)
DLR	0. 0663 (0. 2543)	0. 0478 (0. 2442674)
AGE	− 0. 0297 * (0. 0136)	− 0. 0275 * (0. 0130482)
KB	0. 1217 *** (0. 0120917)	0. 1241 *** (0. 01229)
滞后 KB		0. 0471 *** (0. 00914)
KD	0. 0274 *** (0. 0051137)	0. 0366 *** (0. 00668)
滞后 KD		0. 0135 + (0. 0072856)
KD × KD	− 0. 0001 ** (0. 0000276)	− 0. 0001 ** (0. 0000342)
滞后 KD × KD		0. 0001 (0. 0000324)
TR	0. 3377 * (0. 1456679)	0. 3287 * (0. 1419767)
KB × TR	− 0. 0825 ** (0. 0310019)	− 0. 0826 ** (0. 0305276)
KD × TR	0. 0922 ** (0. 0298868)	0. 0871 ** (0. 0308036)
KD × KD × TR	− 0. 0007 *** (0. 0001935)	− 0. 008 *** (0. 0002008)
Log likelihood	− 1374. 6539	− 1355. 2723

续表

变量	模型 5	模型 6
Wald Chi2	553.7	767.46
Prob > chi2	0.000	0.000
N	404	404

注：N=400；+为 p<0.1，*为 p<0.05，**为 p<0.01，***为 p<0.001；括号内为标准误。

13.6　结果与讨论

本研究选取高技术产业的上市企业在 2008～2012 年间的面板数据为研究样本，实证考察知识基础、技术关联和技术创新绩效三者的关系并对理论假设进行了实证检验。研究结果表明：第一，企业知识广度对技术创新绩效有正向影响；第二，知识深度与技术创新绩效之间的关系呈现倒 U 形关系；第三，技术关联在知识广度与技术创新绩效中起到负向调节作用；第四，技术关联在知识深度与技术创新绩效中起到正向调节作用。

13.6.1　理论意义

本研究的理论意义体现在以下三点：第一，从企业专利的角度，实证探究了企业知识基础两个维度对技术创新绩效的影响，这是对知识基础研究的发展与丰富；第二，论证了技术关联在知识基础两个维度与技术创新绩效之间的调节作用。考虑到现阶段国内外知识基础与技术创新绩效研究结论不一致的现状，本研究的研究结论有助于揭示企业知识基础对技术创新绩效的机理、影响路径以及不同情境下两者关系的差异；第三，采用面板数据进行研究，将时间这一重要的情景因素纳入理论模型的考量之中，可以反映出企业知识基础变化态势，展现企业知识基础与技术创新绩效之间影响的动态性，同时也使得研究结果更加符合现实和更为稳健。

13.6.2　实践意义

本研究对于企业知识管理、科研战略制定以及国家科技政策制定都具有重要意义：

（1）我国企业要实现从"中国制造"向"中国创造"的转变，必须要重视知识基础的积累。在如今，由于我国企业自身的知识基础相对薄弱，很多企业往往采用跟随战略或者"山寨"策略，不注重自身知识的积累，从而导致缺乏核心技术，技术研发能力差，严重影响了我国企业产品在国际市场的竞争能力。并且随着我国人口红利的逐渐褪去，劳动力成本上升，许多企业的价格优势已不复存在，这进一步削弱了我国企业在国际化市场的竞争力。因此，我国企业需要通过探索、学习、吸收并消化市场上的最新知识，以获得更多的知识元素来扩展企业的知识广度与深度，提高技术创新绩效，增强市场竞争力。华为、中兴两家企业在世界通信设备行业的成功正是我国企业提升自身知识基础，掌握尖端行业技术从而占据国际市场主导地位的例证；而知识深度对技术创新绩效的倒"U"型影响说明处于技术优势地位的企业应主动寻找新的技术领域并提防"能力陷阱"。诺基亚和柯达的案例表明无论过去多么风光的企业，如果故步自封，无法跟上时代创新的步伐依然会被市场无情地淘汰。

（2）企业在制定科研战略时，需要考虑自身已有技术的关联性。本研究发现技术关联在知识广度与技术创新绩效的关系中起到负向调节作用，这是因为如果企业既具有高知识广度又具有很高的技术关联性，很可能意味着企业的技术实力"多而不精"，这就使得企业进一步研发创新活动受到了自身能力的制约，因此企业需要在主要技术领域进行深入研究，切记"贪多嚼不烂"；而技术关联在知识深度与技术创新绩效的关系中起着正向调节作用，这意味着具有高技术关联性的企业，知识深度对技术创新绩效的促进作用更加明显，同时，由于我国企业普遍存在知识基础薄弱的情况，因此暂不需要担心知识深度过高所带来的负面影响。故管理者可以通过提升企业内部的技术关联性来使得积累知识深度的研发活动取得更高的创新绩效。

（3）从政策角度出发，国家需要有意识的引导企业重视自身的知识积累。目前我国正在积极引导进行产业转型，逐步淘汰落后的、产能过剩的劳动密集型产业而转向支持培育新兴的资本密集型或知识密集型产业。企业技术创新绩效的增加不仅有利于企业自身的发展，也有利于国家产业结构的转型。因此，中央和地方的相关部门可以出台一系列的政策给予企业在自主研发上一定的支持，同时加大知识产权的保护力度，以催化我国企业的自主创新能力，有效促进企业技术创新绩效的提升，使我国的产业转型进程得以顺利执行。

13.6.3　研究不足与展望

如前所述，本研究以我国高技术产业为研究样本，考察了知识基础与技术创新绩效之间的动态关系，具有一定的理论与实践价值。但本研究也存在一些不足和局限。首先，变量测量的问题，企业知识基础只依据企业的专利数目进行量化，而没有将专利的质量纳入考量，这主要是因为我国专利检索网站通常不提供专利引用情况造成的，未来的研究可以将专利质量纳入研究之中，以提高研究的精确性。其次，本研究并没有对企业知识基础的全部特征进行研究，未来研究可以收集相关特征的具体信息，未来研究可以尝试考察如知识基础一致性等其他特征对技术创新绩效的影响。最后，本研究只选取了高技术产业作为研究样本，且不同行业的企业数目多寡不齐，这使得研究结论的外部效度受到了影响，因此未来研究应对其他行业数据进行研究。

| 第 14 章 |

技术资源、政治关联与创业战略导向：
基于制度环境视角

当前，中国正处于转型升级的关键时期，市场环境错综复杂，为破解社会发展难题，政府高瞻远瞩，将实施大众创业为解决问题的着眼点。实施积极的创业政策有利于社会创新活力的迸发，有利于缓解社会的就业压力，更有利于社会财富的源泉涌流。伴随创业热潮的兴起，国内对创业的相关研究也逐渐兴盛起来，创业战略导向被认为有效促进企业绩效的一种战略选择，受到理论界的极大关注，但是对创业战略导向的影响因素，相关研究还比较匮乏。

创业的本质属性其实是创新，而要实现创新则需要企业持续不断的技术投入。另外，创业活动也是一场资源消耗与关系利用的过程，企业资源拥有量的多寡以及外部关系的强弱会直接影响到企业的生存与发展。因此，研究从技术资源与政治关联出发，研究其对创业战略导向的影响，并考虑到中国特殊制度环境的作用，将对于创业战略的理论研究以及管理实践均有着重要意义。

14.1 引　　言

在"大众创业，万众创新"的号召鼓舞下，我国的创业活动正如火如荼的开展，全民创业成为社会一种新风尚。根据"全球创业观察（GEM）中国报告（2016）"显示，中国的创业活动在全球效率型经济体中处于活跃的状态，据2014年的数据调查显示，中国创业活动指数（15.53）高于美国指数（13.81），俨然成为全球范围内创业活动最为活跃的地区。虽然创业的大环境呈现一片欣欣向荣的景象，但是"创业容易，活下来难，活得长久更难"，在创业大环境一片大好的同时，我们也应该要清醒地看到我国创业失败率长期居高不下，制约我国创业企业发展的深层次矛盾还比较突出。在面对错综复杂的外界环境，我们的创业不能仅停留在喊口号的阶段，必须深入分析研究，找出制约企业生存发展的内在因素。伴随着外界创业热潮的兴起，相关理论研究也逐渐兴盛起来，在众多的相关研究中，有关创业战略导向的研究一直方兴未艾，有学者也将创业战略导向说成创业导向。本研究认为作为企业的一种战略选择，采用创业战略导向则更能体现出这一概念的精神内核，也能使人更好的理解这一概念，因此本研究采用创业战略导向这一说法。

从众多的有关创业战略导向的相关研究中发现，企业实施积极的创业战略导向战略能够有效提升企业绩效，因此加深对创业战略导向的研究不仅能够在理论上丰富企业绩效的相关理论，也有利于我们加深对创业战略导向的影响结果的探究。丰等（Fang et al.，2009）认为创业战略导向可以帮助新创企业克服新创劣势、把握机会和创造价值，在实现企业的快速成长起着重要的作用（Fang et al.，2009），因此，研究创业战略导向的问题在实践上具有重要的意义。但以往学术界的研究主要集中在探讨创业战略导向对企业资源获取（蔡莉等，2011）、绩效（贾建锋等，2013）、突破性创新（李泓桥，2013）以及动态能力（魏江等，2008）等结果变量的影响，得出了一系列重要的结论，还鲜有学者去探讨创业战略导向的前因变量，毫无疑问对创业战略导向前因变量的探讨不仅有利于丰富创业管理研究的相关理论，而且能够在管理实践中对企业有意识地培养创业战略导向能力具有积极的促进作用。

对创业战略导向的前因变量的探讨不可避免的需要围绕内部和外部这两个方面展开，内部资源的支持与外部关系的构建是企业实现可持续发展的重要保障，随着科技进步与社会的发展，企业自身技术的进步越来越成为企业永葆发展活力的基础，成为提高企业创新能力的不竭动力。而外部关系作为企业一种有价值的资源，能够为企业的发展提供源源不断的动力；技术资源作为企业技术进步的基础，对提高企业的创新能力发挥着重要作用，刘新民等（2014）认为持续的研发活动和技术创新，可以改进和开发产品获取成长优势，持续的技术资源投入必然能够有效促进企业创新能力的提升，而创新性作为创业战略导向的一个重要维度被学界所广泛认同。另外，有时候企业在进行技术创新活动时存在着极大的不确定性，可能由于企业在投入大量技术资源过后，企业研发的产品并不是市场所需要的，又或者是企业投入众多的人力、物力以及财力到企业的创新实践活动中，但由于投入成本过于高昂，进而会将企业活活"拖死"，美国铱星公司的破产就是一个鲜活的案例，因此，当企业投入过多技术资源到企业发展中去的时候，同样也考验着企业对风险的承担能力，风险承担能力同样是作为创业战略导向的重要维度。另外，创业战略导向作为一种资源消耗型战略，企业所持有的资源丰富程度会影响到企业创业战略导向的实施，基于以上分析，本研究预期企业所拥有的技术资源会影响到企业创业战略导向的实施。

除了内部企业技术资源外，外部关系与环境也成为企业在进行战略选择的时候所需要考虑的一个重要方面。现阶段对中国广大的企业家群体而言，面对的最大的挑战是外部政商环境的不确定性。习近平总书记强调要构建"亲""清"的新型政商关系，但是对于处于转型时期的中国而言，到目前为止还尚未建立起一套将政府与商业分开的机制（Detomasi，2008），政府和市场这两只手同时在市场当中起作用，而且政府手中握有决定企业发展的众多稀缺资源，加之行政干预随意性大，对私有财产缺乏必要的保护，不断调整的政商关系使得众多企业特别是民营企业积极寻求政府的庇护，与政府建立积极的联系。早期的国有企业在享受着国家带来的政策扶持的同时，也承担着过多的政策负担与多重目标，如经济发展战略、为政府增加税收、解决社会的就业问题以及保持社会和谐稳定等（Yifu，1998），因此我们说与政府的关系并不是越密切对企业的发展越是有利的，而是在我们的实际经营过程中注意把握企业自身发展节奏同政府之间的关系。企业与政府之间的联系我们一般称之为政治关联，有研究指出政治关联作为一种对企业发展来说具有重要价值的资源，在帮助企业获得财政补贴（潘越等，2009）、税收优惠和债务融资（Faccio et al.，2006；Fan et al.，2007）等方面发挥了重要作用，对企业绩效有一定促进作用。企业的董事长与总经理在行使职权方面的侧重点有所不同，使得他们对企业战略制定与实施的影响也不尽相同，研究董事长与总经理的政治关联会更有利于我们去认识创业战略导向的前因变量，同时也更有利于指导我们的管理实践。因此本研究从影响企业发展的外部政商关系入手，研究政治关联对创业战略导向的影响，并分别考虑董事长与总经理不同形式的政治关联与企业创业战略导向的关系，以期能够丰富现有的关于企业政治关联的相关理论，为企业经营管理实践提供有益借鉴。

在以往的研究中，政治关联与制度环境的联系过从甚密，一般在一些制度环境较差的地区，企业将会积极地寻求与政府的联系。由于我国的市场化改革进程采取的是"先试点后推广"的策略，因此我国不同地区的市场化程度不尽相同，从而使得企业所处的外部制度环境在各省区之间存在较大差异（樊纲等，2010）。格洛姆等（Glaum et al.，2007）对跨国企业高层的访谈研究发现，企业战略并不是预先设定好的，而是高管团队基于发展前景、市场压力、客户关系等一系列战略因素共同作用的结果，因此，不同地区的外部制度环境会对企业的战略制定产生一定的影响。罗党论等（2009）研究指出，在一些产权制度保护较差、金融环境较差和政府干预比较严重的地区，企业特别是一些民营企业会有更强烈的动机同政府构建联系。陈凌和王昊（2013）认为，在发展中国家或者是转型经济体中，企业除了需要整合和利用好企业的资源（包括物质资源和人力资源）外，还需要面对制度环境的不完善。因此，在这种环境下选择合适的治理模式对企业来说考验着企业组织的组织能力，这种治理模式需要对制度环境的缺失进行弥补，他们同时认为，企业在不完善的制度环境下遇到的挑战有以下两类：一是来源于企业内部，如人力资本市场不健全；二是来源于外部，如制度往往不能有效地裁决经济纠纷，要素市场没有效率使得企业面临着种种的资源壁垒，更有甚者是企业的财产权得不到保障。基于以上的分析我们认为，政治关联对创业战略导向的影响可能还会受到制度环境的影响。

综上所述，本研究主要研究企业的技术资源与政治关联对企业实施创业战略导向的影响，并且分别研究两种不同的政治关联形式（董事长政治关联与总经理政治关联）对创业战略导向的影响，本研究同时考虑到外部制度环境的作用，研究政治关联与制度环境对创业战略导向的交互影响。

14.2　文献综述与假设提出

14.2.1　核心概念界定

14.2.1.1　技术资源

技术资源是企业独立做出技术决策、改进现有的产品与技术，从而在企业内部培养出来的一种资产和能力，是企业采用新技术并且使得其与现有技术较好匹配的一组技术诀窍（Cooper，1983）。技术资源包括企业的研发资源、新产品的加工制造技能、生产的流程、过程的创新能力以及技术变革预测等这类资源不但可以帮助企业更快的研发新产品，有效进行技术扩散等，而且可以使企业获得技术领先优势和超额利润（Desarbo et al.，2007）。魏江等（1996）认为企业要想在激烈的市场竞争中取得优势，必须使得技术能力与技术创新能力协调发展。基于以上分析，我们可以看到广义的技术资源其实是包括了技术资产和技术能力。

对科技型企业的发展来说，技术资源的影响效应则更为突出。张钢和郭斌（1997）认为技术资源其实是企业内部一种特殊的资源。师萍和李垣（2001）则运用前沿生产函数方法来分析了企业资源配置的有效性问题。楼永（2004）以企业资源基础论为基础，研究了企业技术资源对企业发展战略的影响。秦剑（2011）则认为技术资源对企业研发新产品、进行技术扩散等起着巨大的作用，技术资源应该包括研发资源、生产工艺、产品制造技能和过程创新等。另外，科技型企业技术资源还具有时效性、无形性、价值难以准确衡量以及需要依附于人力资源存在性等特征（周霞等，2014）。

14.2.1.2　政治关联

政治关联又称为政治联系和政治关系，其概念最早由美国著名经济学家菲斯曼（Fishman）在1991年提出。政治关联的现象在全球范围内都较普遍，特别是在一些不是特别发达的国家和地区。政治关联和政治干预与政治腐败是有差别的，政治关联在法律层面是合法的（封思贤等，2012），但对于政治关联的界定，学术界并未给出一个统一的意见，国内较早研究政治关联的学者孙铮等（2005）在他们的研究中较早提到了中国的"政治关联问题"，他们定义的政治关联是企业的高层与政府部门的一种私人关系。到底什么是政治关联？不同国家体制机制的不同，他们对政治关联的定义也不尽相同，不过大部分的学者认为政治关联是企业的高层管理者或者是企业董事会的股东同政府部门的联系，这种关系不仅包括通过选举、慈善等建立的显性关系，也包括一些企业高管在政府部门任职等一些隐性关系。以往对政治关联的定义主要集中在三个方面，一是认为在企业董事会中有股东具有在政府等部门有过任职经历，抑或者具有相关身份，我们则认为其是具有政治关联的。二是由于企业的董事长与总经理对企业的战略制定与执行起着决定性的作用，因此如果企业的董事长与总经理具有在政府等部门任职的经历，抑或者有相关身份等，则认为该企业具有政治关联。三是从企业的关键人物来定义政治关联，一般认为企业的实际控制人或者创始人拥有政府、政协以及军队任职的经历，抑或具有人大代表的经历，则认为该企业是具有政治关联的企业。

尽管在不同国家及不同地区对政治关联的定义有所差异，但是国内外对政治关联的定义是由一些共性的：首先，政治关联对企业来说是一种比较隐蔽的、非正式的一种政府与企业的关系；其次，政治关联是企业高层管理者或者是对企业发展战略具有影响的关键人物同政府的联系；最后，政治关联是法律允许的一种政商关系行为，它不同于政治腐败等非法行为。本研究认为企业的董事长跟总经理对企业的战略决策产生重大影响，是影响到企业发展战略的决定性人物，因此本研究所定义企业的政治关联是企业的董事长或总经理中至少有一人有相关身份或有在政府部门任职经历，又或者是有过类似的从业经历则我们认为该企业是具有政治关联的企业。

从现代的公司治理来看，董事会作为治理的核心，其受股东大会的委托拥有对公司大政方针、经营战略以及经理层的录用与解聘的决策权，而董事长作为董事会中的最终决策者，虽然不直接参与到企业的管理而是委托经理层对企业进行管理，但是其对企业发展战略的制定、企业资源的分配等具有决定性作用，而且其通过对管理人员的聘用来达到使自身资产实现保值增值的目的。因此，本研究对董事长政治关联同企业创业战略导向的影响展开研究，关于董事长政治关联的定义借鉴李维安等（2012）人的观点，认为如果公司董事长满足上述有关政治关联的定义则认为该企业董事长具有政治关联。

代理理论认为，经理层存在着机会主义和败德行为，这样会使得经理层会为了自己的私利而做出背离股东利益最大化的行为，这加剧了企业的代理成本和运营成本，不利于提升企业的生产率（李维安等，2012）。因此经理层关系能力的强弱直接影响到企业的发展，经理层作为企业经营战略的执行层，参与到企业战略制定及战略的执行，直接参与企业的日常经营管理，即使战略制定近乎完美，但如果执行出现较大偏差，那么对企业的伤害同样巨大，相反如果战略制定欠佳，但在执行过程中能够及时纠偏并能够很好的执行，那么同样也会取得较好业绩，因此经理层能力的强弱以及对战略执行能力的强弱会影响到企业的生死存亡。具有政治关联的经理层不但可以为企业带来众多企业稀缺的资源，还能够帮助企业规避一些政府的任意干预。本研究定义的经理层的政治关联为总经理政治关联，如果企业的总经理满足上述关于企业政治关联的定义则认为该企业总经理具有政治关联。

14.2.1.3　制度环境

对于制度和制度环境的定义主要来自新制度经济学的贡献，对这一研究领域虽然有着广泛的研究范式，但是主要的研究成果还是建立在科斯（1937）、威廉姆森（1985）的研究基础之上。其中更为突出的是威廉姆森在2000 年从四个不同的层次细化了制度的类型。第一个层次也是最基本层是非正式制度，如宗教、社会习俗以及社会标准，它们的变化进程是十分的缓慢，它的演化单位是千年；第二个层次是由正式制度规范所组成的制度环境，它包括宪法、法律体系、法律系统，以及我们所知道的法律制度，这种制度的变迁是以数十年为演变单位；第三个层次是治理，它主要的目的在为每一种交易模式选择合适的治理模式；第四个层次，也是最低层次的活动，包括了生产、雇佣以及市场均衡等常规的经济活动。由于在一些层面对概念的理解不清晰，许多学者将第一层与第二层混为一谈，但是对于企业经济结构的研究则主要是被认为第三层次的制度，在第二层次和第三层次之间存在着十分重要的反馈机制，这就需要我们从功能上来定义企业面临的制度环境（Williamson，2000）。

制度环境是社会博弈的一种的规则，这种规则是人为设计的，是对人与人之间关系的一种约束（North，1990），制度环境的好坏会影响到企业的生存发展，这是因为制度环境的好坏会直接影响到企业的生产和交易成本，也决定着企业进行某项经济活动的可行性以及利润水平（North，1991）。制度环境作为企业制定发展战略需要重点考虑的方面对企业来说影响深远。关于制度环境的定义，最有代表性的研究是诺什（North）和斯科特（Scott）。诺什（North，1990）将制度环境分为正式制度环境和非正式制度环境两个方面，非正式制度包括文化和习俗，而正式制度则包括人类在政治、法律和经济等方面设计的一些契约和规则（宋渊洋和刘飖，2015）。从企业战略的角度来讲，诺什（North）提出的有关制度环境的定义更适合。有关制度环境的研究视角还有更多的学者提出了更为宽泛的概念，但是从实证的研究的角度来看，如果研究的范围过于宽泛，会使得研究的边界并不是特别的清晰，那样导致的一个后果便是我们不能准确的来选取我们所要对应的研究变量。对企业战略的研究，显然诺什（North）的定义更为确切。诺什（North）认为，企业家在企业中的一个重要作用是推动企业创新发展。组织机构，像由企业家设立的企业必须根据正式的和非正式的制度框架来改变企业的行为和策略，目的在于能够获得市场机会和弥补市场上的缺陷。从理想的角度来看，正式规则制定的目的是为了促进市场的交换，减少企业的交易成本。这些正式的规则同样也有可能通过不同的方式和形式影响着个人和组织。

由于本研究主要集中探讨在中国情境下的创业战略导向问题，对于中国本土制度环境的测量，对于有关中国本土制图环境的测量则借鉴国内主要的测量地区制度环境的方法，采用樊纲等编著的《中国市场化指数——各地区相对进程2011年报告》（由于该报告只更新到2011年，并且由于不同地区的市场环境具有相对稳定性，因此本研究采用2011年度的报告）中的市场中介组织的发育和法律制度环境衡量法律环境，采用金融业市场化衡量金融发展环境，采用减少政府对企业的干预衡量政府干预环境。

14.2.1.4 创业战略导向

创业战略导向是企业在追求新的市场机会和在已有的经营领域的一种倾

向性（Hult et al.，2001），反映了企业高层管理者的一种整体性的战略哲学，并且通过企业内部的价值观以及信念，来约束企业资源的使用范围和资源的配置方式，对提高企业的整体绩效具有重要的意义（Zheng et al.，2005）。已有的研究主要集中在创业战略导向的三维度说，即认为创业战略导向是企业在制定战略的时候更倾向于实施创新性、风险承担性以及超强行动性的一种战略导向。其中，创新性是指企业在实施和支持可能带来新产品、新技术以及新服务的流程中出现新的创意、新的发明以及新的实验和创造性的改造，在这一创造性的过程中展现的一种倾向性。风险承担性是指企业在追求高风险以及高回报的业务时，在风险工程、不成熟技术、新产品以及新服务等方面做出大量的资源承诺。超前行动性是指企业在实施战略制定与实施的过程中，实施的是领先战略而不是追随战略，并且通过积极的市场研究和超前的行动，相比竞争对手更快采取行动，更早进入市场，从而在取得先发优势（李泓桥，2013）。

早期对创业战略导向的定义中主要是指企业的高层管理者在进行战略的制定与实施的过程中，往往倾向于去积极的承担风险、积极寻求创新以及采取积极的行动来实现其战略企图（Miller，1983），当前对创业战略导向的认识主要指的是新进入的过程、实践和决策行为，其包括了创建企业的关键性的人物在动态的环境中的意图和行为（Lumpkin & Dess，2001）。从以上两种有关创业战略导向的定义我们可以看到，创业战略导向主要受企业的主要负责人或者对企业战略具有重大决定权的高管团队的影响较大，创业战略导向是企业高层管理人员根据外部不断变化的市场环境及自身资源的限制对企业的战略进行选择的过程。

资源重组观和能力动态观是在创业战略导向内涵研究中最具权威性的观点（魏江等，2008）。如果从资源重组观的观点出发来研究创业问题，则认为企业创业实际上市企业通过自身众多资源的不同匹配组合来实现其多元化发展的一个过程。而动态能力的观点认为企业创业是企业内部各机构在开发新产品或提供新服务所展现出来的一种动态的能力。

从以上有关创业战略导向的定义中发现，对创业战略导向的定义可以从三个方面来理解：一是创新性；二是风险承担性；三是超前行动性，这三个方面能够较好体现创业战略导向的精神内核。企业在进行相关产品生产或服务提供同时，由于创新性程度的不同，风险大小的不同以及采取措施的时机不同，那么其所选择的战略千差万别，那么企业的命运也就更不相同。因此，创业战略导向是企业根据自身的实际情况和不断变化的外部环境，来动态调整企业的战略，使得企业的发展同外界环境相互匹配。

14.2.2 技术资源与企业创业战略导向

企业资源是维持企业正常运营所必需的血脉，一般指的是企业中的人力资源、信息资源、财务资源、技术资源以及社会资源等各种能为企业带来价值的"原材料"。创新是任何企业在激烈的市场竞争中保持持续增长的源泉，而对于企业创新能力的培养而言，技术资源的拥有量对企业创新能力的提升发挥着重要的作用。技术资源是组织独立做出技术决策、改进现有产品与技术，进而企业内生出来的创造新技术的一种资产与能力，是企业采用新技术并使之与现有技术较好匹配的一组技术诀窍（Cooper，1983）。对于一些特定的组织来说，技术资源包括了两个方面的知识，一方面，是指为解决实际问题中的一些工具、设备等硬件知识，另一方面，是软件知识（张钢等，1997）。企业特殊资源中的技术资源，就是基于两者的有机组合。技术资源已成为企业核心竞争力的有力支撑，有学者指出企业要想在激烈的市场竞争中取得优势，必须使得技术能力与技术创新能力协调发展（魏江等，1996）。企业的技术资源是企业创新能力的重要体现，通过加强企业的技术资源的投入进而提高企业的创新能力这一路径也被学界所接受。有学者指出，企业技术研发能力及企业所控制的资源对企业创业导向产生很大的影响（Tijssen，2006）。周霞和宋清（2014）通过对科技型企业的研究发现，科技型企业的技术资源对财务竞争力产生了积极的影响。吴航等（2012）研究发现，内部技术资源和外部技术网络资源对于企业国际化均具有显著的影响。

从以上的相关研究中发现，企业技术资源不仅会对企业的生产经营活动产生积极的正向影响，还有利于企业的创新能力的培养和提高，并且能够提高企业的绩效。但综合相关研究来看，技术资源对企业创业战略导向的影响研究还较少涉及。基于此，本研究尝试从企业所拥有的技术资源出发，研究其对企业创业战略导向的影响。

从 20 世纪 70 年代开始，公司的创业活动受到了学者们的日益关注（杨林，2014），创业战略导向作为一种战略决策的视角受到了大量理论与实践的关注。资源重组观认为，创业活动实际上是企业通过对新的资源的重新组合来实现其自身发展的一个过程，旨在通过扩充资源、内部创新、外部合作与竞争发现市场机会（Burgelman，1983），能力动态观则认为，公司的创业活动实际上市公司在开发新产品、创造新的市场和采用一些新的技术，以期生产出更好的产品和更优质的服务来获取竞争优势，从而使得企业能够满足外部市场的需要。

对于创业战略导向的研究维度问题，兰普金和戴斯（Lumpkin & Dess，1996）认为，创业战略导向由流程、实践和决策类型所构成，可以分为自主性、创新性、风险承担性、超前行动性以及竞争性等维度。卡文和斯莱文（Covin & Slevin，1989）构建的创业模型认为创业行为可以影响组织的愿景、企业目标、企业运营和企业文化等方面，创业的强度是以上几个方面的连续和互动的结果，其可以用创新性、超前行动性和风险承担性三个指标来衡量，苏晓华和王平（2011）综合前人观点认为创业实际上是企业在实际的经营管理过程中采用的一些创新的、冒险的以及抢先行动（主要指企业层面）的一种精神。综合以上研究可以发现，学术界对创业战略导向的维度划分主要集中于三维度说，即创新性、风险承担性以及超前行动性。当前的众多研究将创业战略导向的各维度分开来进行研究，认为各个维度是独立的，一些企业在实施创业战略导向的时候并不具有创业战略导向的所有维度特征。但是本研究认为创业战略导向是企业的一种战略选择，这种战略选择是企业表现出的一种综合性与整体性的选择，因此创业战略导向的战略选择应该是各维度综合的结果。

兰普金和戴斯（Lumpkin & Dess，2001）认为，在不同制度环境下，创业战略导向对企业绩效的促进作用有较大差异，在不确定性的动态环境中，创业战略导向对企业绩效的影响更加积极。安舜禹等（2014）的研究也认为新企业实施创业战略导向能够积极促进企业绩效的提升，并且商业关系和政治关系在创业战略导向与企业绩效之间起着积极的中介作用。同样贾建锋等（2013）的研究发现，创业战略导向整体可以提高企业的绩效水平。胡望斌和张玉利（2011）则提出了创业战略导向—新企业能力—新企业绩效这一模型，并且认为环境敌意性和环境动态性在新企业创业战略导向与绩效之间存在着调节作用。

从以上有关创业战略导向的研究中可以发现，现有的研究集中探讨创业战略导向的维度问题，而且学界所普遍的接受观点是三维度说，即创新性、风险承担性和超前行动性。除了探讨创业战略导向对企业绩效的影响外，还有学者研究了创业战略导向对企业能力和组织学习等的影响，但较少有学者将研究的视角拓展到其他方面。

从资源依附理论和资源基础理论来看，企业并不能够完全控制和掌握对企业发展产生至关重要的资源，这些资源有时候是各方利益共同作用的结果，这样就会使得企业在控制和使用这些资源的过程中存在着极强的不确定性（Pfeffer & Salancik，1978；Frooman，1999），企业内部有价值的难以被模仿的资源是企业获得持续竞争优势的来源（Barney，1991）。而创业战略导向作为一种资源消耗性战略（Wiklund & Shepherd，2005），企业所拥有的资源多少必然会影响到组织创业导向战略的实施。

技术资源已成为企业核心竞争力的有力支撑，有学者指出企业要想在激烈的市场竞争中取得优势，必须使得技术能力与技术创新能力协调发展（魏江等，1996）。企业的技术资源是企业创新能力的重要体现，通过加强企业的技术资源投入进而提高企业的创新能力也被学界所接受。有学者指出，企业技术研发能力及企业所控制的资源对企业创业导向产生很大的影响（Tijssen，2006）。而创业战略导向作为一种战略更强调企业的"创新"（刘伟等，2014）。一旦企业拥有的技术资源处于优势，相比竞争对手而言，可以更快推出产品，更快占领市场。另外，企业的技术开发面临着巨大失败的风险，也许在企业投入大量技术资源后，企业研发的产品并不是市场所需要的，又或许当企业投入巨大的人力、物力、财力来进行企业的技术创新活动时，由于投入成本过高，企业的资产并不足以支撑企业实现这些创新活动。所以这就要求技术资源较雄厚的企业必须具有较强的风险承担能力与意愿，而创新性、超强行动性及风险承担性是创业导向战略最重要的三个维度。基于此，本研究提出如下假设：

H1：技术资源对创业战略导向具有显著的正向影响。

14.2.3　政治关联与企业创业战略导向

政治关联又称政治关系或政治联系，最早是由美国经济学家菲什曼（Fishman）提出。政治关联现象在全球较为普遍（Faccio et al.，2006）。但对于政治关联的界定，学术界并未给出一个统一的界定，不过大部分学者认为，政治关联是企业的高层管理者或者大股东同拥有政治权利的政府部门或官员之间的关系，这种关系不仅包括通过选举、慈善等建立的显性关系，也包括一些企业高管曾经在政府部门任职等一些隐性关系。中国作为最大的转型国家，到目前为止还尚未建立一套将政府与商业分开的机制（Detomasi，2008），由于中国市场经济的不完善，政府手中掌握着大量的稀缺资源，加之行政干预随意性大，对私有财产缺乏必要的保护，使得商人在市场中处于"无人保护"的危险境地，在某种程度上成为"弱势群体"，因此他们向政府靠拢也就成为了一种"本能"（邓新民，2011），许多企业高管通过参政议政成为政府官员、人大代表或者政协委员，抑或通过与政府官员保持接触而建立政治关联的现象比较普遍（罗明新等，2011）。从以上的分析中可以发现，政治关联在现实社会中十分的普遍，特别是在一些市场制度不是特别完善的地区。因为在这些地区，企业积极寻求政治关联的目的在于弥补制度缺失给企业带来的不必要损失。

众多的研究表明，政治关联作为组织一种有价值的资源，其对组织创新能力与企业国际化战略的显著影响（简兆权等，2014；邓新明等，2014），李维安等（2012）通过对中国制造业民营上市公司的研究发现政治关联有助于民营企业生产率的提升，周（Zhou，2013）通过对中国市场研究发现政治关联有助于创业型企业进行再投资，曹等（Cao et al.，2016）通过对中国创业企业调查研究发现，政治关联以及拥有较高的外部投资者比例有助于促进企业绩效，并且江雅雯等（2012）的研究也发现，建立政治关联的民营企业对研发投入的积极性要比没有政治关联的民营企业要高的。从以上的研究中可以发现，政治关联对企业的影响是正面的。

然而有不少学者指出，政治关联对企业来说并不是有百利而无一害的，一方面，它在促进企业发展的过程中发挥积极作用，另一方面，又会抑制企业的长期发展。他们认为通过政治家与企业家的"寻租"活动，会使得企业具有较强的动机通过政府官员制定有利于企业发展的政策（Hillman et al.，2004），这在短期内会给企业带来回报，但由于企业长期将更多的精力及资源用于追求政治目标，这并不利于提高组织效率，而且一旦企业为获取政治关联而花费大量的资源时，它可能更倾向于通过短期项目获利而不愿意从事长期的研发创新项目（刘伟等，2014），这会制约企业的长期发展。周雅琴等（2012）的研究也表明，从长远来看，政治关联会使得企业承担大量的隐性成本，我国根深蒂固"关系文化"会使得企业花费大量的成本来维护这种政治荣誉，这间接影响了企业在决策（包括研发决策）上的投入。在新创企业的成长过程中，由于其资源禀赋及需求的差异存在动态的演化特征，使得企业对外部关系也要进行相应的调整（Larson et al.，1993）。

　　基于以上研究可以发现，学术界对政治关联的影响效应的研究还没有形成统一的观点，政治关联是否对促进企业的绩效有正向的影响还有待进一步的考证，对企业所拥有的政治关联是否会对以创新性、风险承担性以及超前行动性为主要特征的创业战略导向产生影响的研究更是被理论界所忽略，但要想研究处于转型时期的中国的创业问题，政商关系问题又是一个绕不过去的话题。因此，本研究试图从政治关联角度研究创业战略导向问题，以期丰富相关的研究。

　　外部关系网络是新创企业获取外部信息、关键资源以及各种关键支持的有效措施（Watson，2007）。在新兴市场环境中，市场机制尚未完全确立，企业面临着较高的不确定性，缺乏制度合法性和市场合法性，通过市场渠道很难获得必要的资源和信息（Zhang & Wang，2008），因此构建必要的外部网络关系对新创企业的发展而言至关重要。中国是典型的转型经济的代表，在此背景下，积极构建外部网络关系便成为众多新创企业的现实选择，发展积极的政商关系是企业应对外部制度环境缺失的一种有益保障。

　　在转型经济体中，政府仍然以"看不见的手"在市场中发挥着调节作用，而且拥有政治关系能为企业带来良好的声誉资本，可以帮助企业获得必要的制度合法性（Yiu & Lau，2008）。政治关联现象在全球较为普遍，特别是对于不发达的地区。基于资源依附理论认为企业并不能控制决定企业发展的许多重要资源，这些资源是其他各利益相关方共同作用的结果（贾明和张喆，2010）。而创业战略导向作为一种资源消耗性战略（Wiklund & Shepherd，2005），政治关联作为组织一种有价值的资源，其对组织创新能力与企业国际化战略的显著影响被有些学者所证实（简兆权等，2014；邓新明等，2014），李维安（2012）通过对中国制造业民营上市公司的实证研究发现：政治关联有助于生产率的提升，周（Zhou，2013）通过对中国市场研究发现政治关联有助于创业型企业进行再投资，曹等（Cao et al，2016）通过对中国创业企业调查研究发现，政治关联以及拥有较高的外部投资者比例有助于促进企业绩效，并且江雅雯等（2012）的研究也发现，建立政治关联的民营企业参与研发的积极性高于没有政治关联的企业，而研发投入是我们衡量一个企业是否具有创新能力的一个重要指标，它的高低直接会影响到企业是否能够永葆创新发展活力，因此，本研究提出如下假设：

H2：政治关联对企业实施创业战略导向具有正向影响。

既然政治关联可能会对企业的创业战略导向具有积极的影响，那么董事长与总经理这两种不同形式的政治关联是否对企业创业战略导向产生的影响具有差异性？董事长和总经理作为企业经营决策的关键人物，是企业政治关联的主要载体，但是在现有的研究中，很少有将董事长与总经理区别开来研究，这样并不利于我们深入分析政治关联的影响作用。

在现代公司治理中，董事会作为治理的核心，受股东大会的委托拥有对公司的大政方针、经营战略以及经理层的录用与解聘的决策权，而董事长作为企业的最高决策者，虽然不直接参与到企业的管理而是委托经理层对企业进行管理，但其对企业战略的制定、资源的分配以及发展方向具有决定性的作用。李维安等（2012）通过实证研究得出董事长政治关联有助于企业生产率的提高和企业价值的提升，宋增基等（2010）认为，董事长更换对公司的敏感性要大于总经理，另外，文芳（2015）通过实证研究发现，董事长学历、职业背景、年龄、任期等因素对企业 R&D 投资强度有着显著的影响。基于此，本研究提出如下假设：

H3：董事长政治关联与企业的创业战略导向呈正相关关系。

代理理论认为，经理层存在着机会主义和败德行为，使得经理层会为了自己的私利而做出背离股东利益最大化的行为，加剧了企业代理成本以及企业的运营成本，会对企业的生产率的提高产生不利影响（Zhang & Wang，

2008）。游家兴等（2010）的研究也证实了高管所拥有的政治关联非但不会获取政府的援助，反而引致了职位壕沟效应，并且加剧了"在位者不谋其职"的消极影响（游家兴等，2010）。

但是李等（Li et al.，2007）对中国新创企业的实证研究证实了经理层（CEO、总经理、营销经理、研发经理等）的政治资本与企业绩效之间存在着正相关关系。经理层作为企业经营战略的执行层，参与企业战略制定及战略的执行，直接参与企业的日常经营管理。经理层的政治关联一方面可以为企业带来重要且稀缺的资源，另一方面还可以帮助企业规避政府的任意干预，特别对处于转型时期的中国而言，这种帮助对于企业而言无疑是一种天然的保护屏障。此外，总经理直接参与到企业的日常经营管理活动当中，对企业日常的经营管理活动具有决策权。政府手中掌握着重要的能为企业带来创新的资源，可以通过多种途径影响企业的研发创新能力，例如直接拨付企业研发资金，投入风险投资资金或者进行人员调配等（丁重等，2010；张平等，2014）。由于总经理直接参与企业管理，能够直接灵活运用所拥有的资源，因此，如果总经理是具有政治关联的，那么其对企业的作用将会更大。基于此，本研究提出如下假设：

H4：总经理政治关联与企业创业战略导向正相关，并且相关性相比董事长而言更强。

14.2.4　政治关联与制度环境的交互与创业战略导向

制度指的是一种社会博弈的规则，是一种人为设计的、对人们之间互动关系的一种约束（North，1990）。制度环境对企业的生存发展是至关重要的，因为任何的企业都是存在于一定的社会环境之中，必然会受到现实制度环境的约束。制度环境的研究视角被认为是继产业基础视角（industry based view）和资源基础视角（resource based view）之后的第三大研究视角（Peng et al.，2009）。

有关制度环境的研究，最有影响力的还是诺什（North）和斯科特（Scott）。诺什（North，1990）认为制度是一种社会的博弈规则，是对人们之间互动关系的约束，并且他将制度环境分为正式制度环境和非正式制度环境。

正式制度包括了政治、经济、法律和金融方面设计的契约和规则，而非正式制度环境则包括文化以及习俗等。虽然诺什（North）将制度进行了定义和划分，但是这一划分还比较粗糙，后续研究中，斯科特（Scott，1995）认为制度环境是由认知（cognitive）、规范（normative）和规则（regulative）组成，能够为社会提供稳定性。具体来说，认知维度是来源于社会的共同的信仰，规范维度则是规定了达到目标的手段，而规则维度则是一种工具逻辑，是在基于制定、监督和执行方面的规则（宋渊洋等，2015），后续的研究多是基于斯科特（Scott）的分类展开的研究。在各种有关制度环境的维度划分中，贝里等（Berry et al.，2010）的划分最为细致，对现有研究具有较强的借鉴价值，其将制度环境分为正式制度和非正式制度，其中正式制度包括经济、金融、政治、管理、人口、知识和全球连通性，非正式制度包括文化。宋渊洋和刘飖等（2015）人通过对中国各地区制度环境测量的研究进行梳理后将制度环境分为政治、经济、金融、法律和文化等维度，并将制度环境各维度的测量方法进行了回顾与梳理。

于晓宇（2013）对来自中国、越南以及老挝三个国家的研究发现制度环境对企业国际创业绩效产生重要的影响，并且不管是母国还是客国的制度环境都会对新创企业产生影响。当然母国的制度环境对新创企业的绩效影响更加深远，这是因为如果在客国遭遇制度环境变故，企业可以选择退出，这样可以减少损失，但是如果是母国的制度环境发生变故，则对企业的打击可能是致命的。制度环境除了会对新创企业国际创业绩效产生影响外，还会影响到企业的融资，例如，企业贷款续新（黄新建等，2012）。制度环境还会影响到企业的研发水平，李诗田和邱伟年（2015）通过实证研究认为企业所在省份的制度环境越好，其研发水平越高，而研发水平的高低则会影响到企业的创新能力，周建等（2009）的研究表明，企业竞争力的提高一方面可以从外界好的制度环境出发，另一方面则是提高公司的治理能力；企业竞争优势的来源一个是来自以政府为主体的宏观制度环境，一个是来自以企业为主体的微观层次的制度环境。另外，李四海和陈祺（2013）的研究表明，在中国转型经济的背景下，外部制度环境安排成为了民营企业债务契约签订过程中契约双方考虑的重要因素。从以上的有关制度环境的综述我们可以看到，制度环境一般分为正式制度环境和非正式制度环境，它的好坏能够直接影响到企业的创新能力、竞争优势以及创业企业的国际绩效等。

刘伟等（2014）认为新创企业认为企业需要实现快速成长，就必须要选择同特定制度环境相适应的战略行为，特别是对处于转型时期的中国而言，市场机制还在不断地完善和发展，在这个过程中，企业的发展面临着法律保护机制缺乏，金融发展落后以及政府侵犯产权等制度约束（余明桂等，2008）。在"强政府弱市场"的环境下，作为一种非正式机制，政治关联成为企业（特别是民营企业）的现实选择（Faccio et al.，2006）。企业所在地区制度环境越好，其研发支出水平越高（李诗田等，2015），因为良好的地区制度环境，更能够保障企业的产权，使得企业有更大动力去实施支持创新活动的研发投入。而研发支出水平又是衡量企业创新能力的重要指标，创业战略导向作为企业的一种战略选择，更加强调企业的"新进入"和"创新"（刘伟等，2014），并且多数研究指出创新能力是衡量企业实施创业战略导向的一个重要维度（Wang & Yen，2012）。因此，政治关联对创业战略导向的影响必然会受到外部的制度环境的影响。

另外，企业存在于特定的制度环境之中，其战略制定与实施以及企业文化的确立必然会深深打上地区外部环境的烙印，拉塞尔（Russell，1992）提出企业在动态的市场环境中更倾向采取创业战略导向，于晓宇（2013）通过对转型国家新创企业的调查发现，制度环境是新兴市场新创企业国际创业绩效的决定因素，在发展水平较落后的地区，民营上市公司更有可能去与政府建立一种积极的关系，这是因为这样可以作为一种对不完善制度的替代保护机制，而这种机制是民营企业在日常的生产经营中自发形成的（黄新建和王婷，2012）。费希欧（Faccio，2006）的研究同时表明，越是在一些地区腐败严重、金融发展落后、产权保护缺乏、法律法规不完善的地区，越有可能建立起政治关联来地域制度方面的缺失。因此，在政府干预越严重、金融环境以及法律环境越差的地区，企业更加倾向于通过加强与政府的联系来加持在市场竞争中获胜的砝码。基于此，本研究提出如下假设：

H5：制度环境与政治关联的交互效应对创业战略导向产生积极影响。

H5a：制度环境与董事长政治关联的交互效应对创业战略导向产生积极

影响。

H5b：制度环境与总经理政治关联的交互效应对创业战略导向产生积极影响。

14.3 研 究 设 计

14.3.1 研究样本与数据获取

本研究以创业板上市公司为研究样本。由于创业板才 2009 挂牌成立，同时为考虑到创业板上市公司披露数据的完整性与数据的可获得性，本研究以 2010～2014 年为研究区间，并按以下原则对样本企业进行了筛选：第一，剔除样本在研究区间没有披露研发支出的企业；第二，由于金融类企业财务报表的特殊性，因此本研究剔除了金融类企业样本；第三，剔除创业板被 ST 和 PT 的样本，最终确定符合要求的企业为 161 家，获得 805 条样本观测值。本研究中的控制变量、因变量数据均来源于 Wind 数据库，自变量数据来源于 Wind 数据库深度资料中董事会与高管部分，制度环境变量的数据来源于樊纲等编著的《中国市场化指数——各地区市场化相对进程 2011 年报告》。

14.3.2 变量测量

14.3.2.1 自变量

技术资源（technical resources，TS）。对于技术资源的测量方法主要包括研发支出、专利数量及研发强度（Schoenecker et al.，2002），本研究借鉴安伦和菲利普（Allen & Phillip，2000）的测量指标，采用研发支出密度指标来量化技术资源这一指标，研发密度越高，则说明该企业技术资源越雄厚。

政治关联（political connection，PC）：对于政治关联这一指标的测量，学术界主要有以下两种测量方法：一是如果公司董事会中至少有一位董事或高管有相关身份，或有在政府等部门任职经历，或曾经有过类似经历，则认定为该企业具有政治关联（王永进等，2012）；二是由于公司董事长与总经理对企业战略制定具有重大影响，因此，如果公司董事长或总经理有相关身份或有在政府等部门任职经历，或曾经有过类似经历则认定该企业具有政治关联（Fan et al.，2007）。

本研究借鉴国内主流研究政治关联的做法，认为如果公司董事长或总经理有相关身份或有在政府等部门任职经历，抑或有过类似任职经历，我们则认定该企业具有政治关联并赋值为1，否则将其赋值为0。为验证H2和H3，本研究进一步分别定义董事长政治关联和总经理政治关联，即如果企业的董事长有相关身份或有在政府等部门任职经历，抑或有过类似任职经历，则定义为董事长政治关联记为PC1 = 1，否则记为PC1 = 0，当企业总经理有相关身份或有在政府等部门任职经历，抑或有过类似任职的经历，则定义为总经理政治关联记为PC2 = 1，否则记为PC2 = 0，同时我们在进一步的研究当中，剔除董事长与总经理两个职位由同一人担任的样本。

14.3.2.2 因变量

创业战略导向（entrepreneurial strategy orientation，EO）。本研究借鉴现有研究做法（Williams & Lee，2009），以公司年度研发支出占营业收入比例与年度投资活动现金流量净额占营业收入比例两个指标构造一种创业战略导向强度的综合指标。这两个指标在二维概率空间形成四种不同的组合，空间每一点反映了创业导向的不同状态。具体的计算方法为：以 X_{ij} 表示第 i 家公司在 j 年的研发支出占营业收入的比例，以 Y_{ij} 表示第 i 家公司在 j 年的投资活动现金流量净额占营业收入比例，那么（X_{ij}，Y_{ij}）表示第 i 家公司在 j 年的创业战略导向，然后计算该企业在第 j 年的创业导向到原点（0，0）的距离 $EO_{ij} = \sqrt{(X_{ij}-0)^2 + (Y_{ij}-0)^2} = \sqrt{X_{ij}^2 + Y_{ij}^2}$ 则为该企业创业导向战略的强弱，离原点越近则表示该企业越保守，创业导向战略越低，离原点越远则表示该企业越激进，创业导向战略越强。

14.3.2.3　制度环境变量

制度环境（institutional environment，IE）：本研究借鉴现行的主要做法，采用樊纲等编著的《中国市场化指数——各地区市场化相对进程 2011 年报告》中的市场中介组织的发育和法律制度环境来衡量企业面临的法律环境，采用金融业的市场化来衡量企业面临的金融发展环境，采用减少政府对企业的干预来衡量企业面临的政府干预环境。

14.3.2.4　控制变量

资产负债率（load，LOA）：企业的资产负债率影响企业的资本结构，会对企业的创业战略导向产生一定的影响。以往关于创业战略导向的研究也将资产负债率作为控制变量，为保证研究结果的可靠性，本研究将年度负债总额与年度资产总额的比值作为该测量指标。

股权集中度（ownership concentration，OC）：第一大股东持股数占公司股本总数的比例。

实际控制人（actual controller，AC）：如果企业实际控制人具有政府或事业单位性质则赋值为 1，否则为 0。

本研究的变量定义如表 14.1 所示。

表 14.1　　　　　　　　　　　　　变量定义

变量类型	变量名称	变量符号	变量取值或说明
因变量	创业战略导向	EO	采用本研究中所提供的计算方法给出
自变量	技术资源	TS	研发支出密度来量化
	政治关联	PC	具有政治关联赋值 1，否则为 0
	董事长政治关联	PC1	董事长具有政治关联则赋值 1，否则为 0
	总经理政治关联	PC2	总经理具有政治关联则赋值 1，否则为 0
制度环境变量	法律环境	OL	指数越大说明该地区法律环境越好
	金融发展环境	FD	指数越大，说明该地区金融发展水平越高
	政府干预环境	GI	由于该指数是减少政府干预的数据，因此，指数越大说明企业干预越低

变量类型	变量名称	变量符号	变量取值或说明
控制变量	资产负债率	LOA	年度负债总额/年度资产总额
	股权集中度	OC	第一大股东持股比例
	实际控制人	AC	如果实际控制人具有政府或事业单位性质则赋值1，否则为0

14.3.3 模型设定

（1）根据本研究的研究假设，构建式（14.1）来检验假设 H1，具体如下：

$$EO = \alpha_0 + \alpha_1 TS + \alpha_2 LOA + \alpha_3 OC + \alpha_4 AC + \varepsilon \tag{14.1}$$

其中，α_0 为常数项，α_1 为技术资源对创业战略导向的影响系数，$\alpha_2 \sim \alpha_4$ 分别为各控制变量对创业战略导向的影响系数，ε 为误差项。

（2）为验证假设 H2，构建式（14.2）模型，具体如下：

$$EO = \alpha_0 + \alpha_1 PC + \alpha_2 LOA + \alpha_3 OC + \alpha_4 AC + \varepsilon \tag{14.2}$$

其中，α_0 为常数项，α_1 为政治关联对创业战略导向的影响系数，$\alpha_2 \sim \alpha_4$ 分别为各控制变量对创业战略导向的影响系数，ε 为误差项。

（3）为验证 H3、H4，构建式（14.3）模型，具体如下：

$$EO = \beta_0 + \beta_i PC_i + \beta_3 LOA + \beta_4 OC + \beta_5 AC + \varepsilon \tag{14.3}$$

其中，$PC_i(i=1,2)$ 分别表示董事长政治关联、总经理政治关联。β_i（$i=1,2$）分别表示董事长政治关联对创业战略导向的影响系数，总经理政治关联对创业战略导向的影响系数。

（4）为检验假设 H5、H5a、H5b，构建式（14.4）~式（14.5）模型，具体如下：

$$EO = \gamma_0 + \gamma_1 PC \times OL + \gamma_2 PC \times FD + \gamma_3 PC \times GI + \gamma_4 LOA + \gamma_5 OC + \gamma_6 AC + \varepsilon$$
$$\tag{14.4}$$

其中，γ_1 为政治关联与法律环境的交互项系数，γ_2 为政治关联与金融发展环境的交互项系数，γ_3 为政治关联与政府干预环境的交互项系数。

$$EO = \eta_0 + \eta_i PC_i \times OL + \eta_i + 1PC_i \times FD + \eta_i + 2PC_i \times GI + \eta_i$$
$$+ 3LOA + \eta_i + 4OC + \eta_i + 5AC + \varepsilon \tag{14.5}$$

其中，η_i，$\eta_i + 1$，$\eta_i + 2$，（$i = 1$，2）分别表示董事长政治关联、总经理政治关联与法律环境、金融发展环境、政府干预环境的交互项系数。

14.4 实证研究结果

14.4.1 描述性统计分析

本研究样本的描述性统计如表 14.2 所示。从表 14.2 中我们可以看到因变量的均值为 0.28，标准差为 41%，说明对创业板上市公司而言，其实施创业战略导向的意愿并不是特别的积极，这可能的原因在于相对于主板及中小板上市公司而言，创业板上市公司的公司规模、实力比较小，使得这些企业即使具有强烈实施创业战略导向的意愿，但受制于资源、能力等的限制，使得企业在实施创业战略导向的时候必须充分考虑到实际。对自变量技术资源而言，其标准差为 6.8%，均值为 0.065。这在某种程度上说明创业板上市公司所拥有的技术资源整体相差不大，相对于中小板上市公司而言，创业板上市公司更加重视技术、产品或服务的重要性（Miller，1983），所以创业板上市公司都将技术资源与创业战略导向作为企业运营的重点，因而差异都不是很大。对于政治关联而言，均值为 0.318，标准差为 46.6%，表明在创业板上市的公司具有政治关联的企业还是少部分，这可能的原因在于不少企业家认为建立政治联系是需要成本的，这可能会影响到企业的发展，因此相对于实力雄厚的企业而言，创业板上市企业具有政治关联数量占比比较少。

表 14.2 主要变量描述性统计与 pearson 分析

变量	M	SD	EO	TS	PC	PC1	PC2	LOA	OC	AC	VIF
EO	0.28	0.41	1								
TS	0.065	0.068	0.302 ***	1							1.084
PC	0.318	0.466	0.066 +	0.047	1						1.031
PC1	0.286	0.452	0.044	0.045	0.926 ***	1					1.013
PC2	0.173	0.378	0.065 +	0.011	0.669 ***	0.570 ***	1				1.041

变量	M	SD	EO	TS	PC	PC1	PC2	LOA	OC	AC	VIF
LOA	25.860	17.101	-0.168 ***	-0.275 ***	0.105 **	0.076 *	0.145 ***	1			1.005
OC	35.813	14.398	-0.137 ***	-0.126 ***	0.065 +	0.028	0.068 +	0.069 +	1		1.017
AC	0.025	0.156	-0.031	-0.038	0.062 +	-0.013	0.033	-0.030	0.110 **	1	1.012

注：+ 表示 $p < 0.1$，* 表示 $p < 0.05$，** 表示 $p < 0.01$，*** 表示 $p < 0.001$（双尾检验）。$N = 805$。

从表 14.2 的各变量之间的 Pearson 相关系数矩阵来看，技术资源与创业战略导向具有明显的相关关系；政治关联与创业战略导向具有明显的相关关系，而董事长政治关联与创业战略导向并没有显著的相关关系，本研究将在后文中做进一步的研究。资产负债率与股权集中度同创业战略导向有着极强的显著性关系。从共线性结果来看，虽然政治关联的共线性低于 10，但也比较高，因此本研究在后文回归分析中为克服多重共线性问题，将政治关联、董事长政治关联与总经理政治关联分别引入研究模型。

14.4.2 OLS 回归结果分析

14.4.2.1 技术资源、政治关联与创业战略导向的检验

本研究采用的分析工具为 SPSS 21.0，采用普通最小二乘法对本研究的研究假设进行检验。从表 14.3 模型 1 中我们可以发现，资产负债率在 0.1% 的置信水平下与创业战略导向负相关（$\alpha = -0.169$，$p < 0.001$），表明企业过多的负债并不利于企业实施创业战略导向。股权集中度在 0.1% 的置信水平下与创业战略导向显著负相关（$\alpha = -0.123$，$p < 0.001$），表明企业股权越分散，越有利于企业实施创业战略导向。从模型 2 中我们可以看到，技术资源在 0.1% 的置信水平下与创业战略导向显著正相关（$\alpha = 0.286$，$p < 0.01$），表明企业技术资源越雄厚，企业创业战略导向强度越强。从模型 3 中我们可以看到，政治关联在 1% 的置信水平下与创业战略导向显著正相关（$\alpha = 0.105$，$p < 0.01$），说明对于创业板上市公司的政治关联有助于企业创业战略导向，并且从三个模型的 R2、ΔR2 及 F 值来看，模型的拟合度较好，因此验

证了 H1 和 H2。

表 14.3   技术资源、政治关联与创业战略导向的回归分析结果

变量	模型 1	模型 2	模型 3
_cons	(11.322) ***	(6.719) ***	(10.946) ***
LOA	−0.169 *** (−4.480)	−0.098 ** (−2.628)	−0.184 *** (−4.862)
OC	−0.123 *** (−3.233)	−0.093 * (−2.527)	−0.128 *** (−3.378)
AC	−0.021 (−0.555)	−0.012 (−0.329)	−0.028 (−0.732)
TS		0.286 *** (7.597)	
PC			0.105 ** (2.770)
R2	0.047	0.123	0.058
ΔR2	0.043	0.117	0.053
F 值	11.179 ***	23.519 ***	10.386 ***

注：$N = 805$；+ 表示 $p < 0.1$，* 表示 $p < 0.05$，** 表示 $p < 0.01$，*** 表示 $p < 0.001$（双尾检验）。

为检验假设 H3、H4，本研究在剔除董事长与总经理由同一人兼任的样本后，得到 102 家企业的 510 份研究数据。分别研究董事长政治关联与总经理政治关联对创业战略导向的影响，回归结果如表 14.4 所示。从表 14.4 模型 5 中可以看到，董事长政治关联在 10% 显著性水平下与创业战略导向显著正相关（$\beta = 0.091$，$p < 0.1$），并且从模型拟合度来看，都通过了显著性检验，模型拟合度整体良好，因此 H3 得到了证实。另外从模型 7 中可以发现总经理政治关联在 0.1% 的显著性水平下与创业战略导向呈现显著的正相关关系（$\beta = 0.180$，$p < 0.001$），并且从模型拟合度来看，都通过了模型的显著性检验，模型整体拟合度良好。因此，H4 得到了证实。

表 14.4   董事长与总经理政治关联与创业战略导向的回归分析结果

变量	董事长政治关联		总经理政治关联	
	模型 4	模型 5	模型 6	模型 7
_cons	(8.753) ***	(8.419) ***	(8.753) ***	(8.805) ***

续表

变量	董事长政治关联		总经理政治关联	
	模型 4	模型 5	模型 6	模型 7
LOA	−0.135 ** (−2.882)	−0.139 ** (−2.981)	−0.135 ** (−2.882)	−0.147 ** (−3.191)
OC	−0.142 ** (−3.002)	−0.149 ** (−3.141)	−0.142 ** (−3.002)	−0.150 *** (−3.216)
AC	−0.019 (−0.410)	−0.016 (−0.348)	−0.019 (−0.410)	−0.043 (−0.912)
PC_1		0.091 + (1.933)		
PC_2				0.180 *** (3.867)
R^2	0.042	0.050	0.042	0.073
ΔR^2	0.035	0.041	0.035	0.065
F 值	6.338 ***	5.718 ***	6.338 ***	8.643 ***

注：N=510；+表示 $p<0.1$，* 表示 $p<0.05$，** 表示 $p<0.01$，*** 表示 $p<0.001$（双尾检验）。

14.4.2.2 制度环境的交互作用检验

为检验制度环境的作用，本研究根据现有相关研究将制度环境分为法律环境、金融发展环境与政府干预环境，分别将其与整体样本政治关联做交互，回归结果如表 14.5 所示，然后剔除董事长与总经理由同一人兼任的样本，分别做其与政治关联的交互，结果如表 14.6 所示。

表 14.5　　政治关联、制度环境与创业战略导向的回归分析结果

变量	EO	EO	EO
	模型 8	模型 9	模型 10
PC × OL	0.104 ** (2.780)		
PC × FD		0.102 ** (2.692)	
PC × GI			0.099 ** (2.627)
R2	0.058	0.058	0.057
ΔR2	0.053	0.052	0.051
F 值	10.401 ***	10.273 ***	10.183 ***

注：N=805；+表示 $p<0.1$，* 表示 $p<0.05$，** 表示 $p<0.01$，*** 表示 $p<0.001$（双尾检验）。

表 14.6　　董事长与总经理政治关联、制度环境与创业战略导向回归分析结果

变量	EO	EO	EO	EO	EO	EO
	模型 11	模型 12	模型 13	模型 14	模型 15	模型 16
$PC_1 \times OL$	0.111 * (2.383)					
$PC_1 \times FD$		0.088 + (1.887)				
$PC_1 \times GI$			0.097 * (2.069)			
$PC_2 \times OL$				0.154 *** (3.326)		
$PC_2 \times FD$					0.165 *** (3.558)	
$PC_2 \times GI$						0.150 *** (3.233)
R^2	0.054	0.049	0.051	0.065	0.069	0.064
ΔR^2	0.045	0.041	0.042	0.057	0.060	0.055
F 值	6.224 ***	5.671 ***	5.860 ***	7.628 ***	8.045 ***	7.469 ***

注：N = 510；+ 表示 $p < 0.1$，* 表示 $p < 0.05$，** 表示 $p < 0.01$，*** 表示 $p < 0.001$（双尾检验）。

从表 14.5 中我们可以看到，政治关联与法律环境的交互项与创业战略导向呈现显著的正相关关系（$\gamma = 0.104$，$p < 0.01$），政治关联与金融发展环境的交互项与创业战略导向呈现显著的正相关关系（$\gamma = 0.102$，$p < 0.01$），政治关联与政府干预环境的交互项与创业战略导向呈现显著的正相关关系（$\gamma = 0.102$，$p < 0.01$），并且所有模型都通过了 F 显著性检验，模型整体拟合度良好。

在剔除两职兼任样本之后，董事长政治关联与总经理政治关联同制度环境的交互对创业战略导向的回归结果如表 14.6 所示，从表 14.6 中我们可以看到董事长政治关联与法律环境的交互与创业战略导向呈现显著的正相关关系（$\eta = 0.111$，$p < 0.05$），董事长政治关联与金融环境的交互与创业战略导向在 10% 的显著性水平下正相关（$\eta = 0.088$，$p < 0.1$），董事长政治关联与政府干预环境的交互与创业战略导向呈现显著的正相关关系（$\eta = 0.097$，$p < 0.05$）。并且从模型 14 到模型 16 中可以看到，总经理政治关联与法律环境的交互与创

业战略导向呈现显著的正相关关系（$\eta = 0.154$，$p < 0.001$），总经理政治关联与金融发展环境的交互与创业战略导向呈现显著的正相关关系（$\eta = 0.165$，$p < 0.001$），总经理政治关联与政府干预环境的交互与创业战略导向呈现显著的正相关关系（$\eta = 0.150$，$p < 0.001$）。并且从模型的拟合度来看，各模型都通过了显著性检验，模型整体拟合度良好，至此，H5、H5a、H5b 都得到了验证。

14.4.2.3　稳健性检验

为保证本研究结论的稳定性，本研究将《中国市场化指数——各地区市场化相对进程 2011 年报告》中的"政府与市场的关系"指标替换掉"减少政府对企业的干预"指标，将"借贷资金分配的市场化"替换掉"金融业的市场化"，将"律师、会计师等市场中介组织服务条件"指标替换掉"市场中介组织的发育和法律制度环境"指标，进行重新回归，回归结果如表 14.7 所示，从表 14.7 中我们可以看到，政治关联与替换后的法律环境指标的交互项同创业战略导向呈显著的正相关关系（$\gamma = 0.111$，$p < 0.01$），政治关联与替换后的金融发展环境指标的交互项同创业战略导向呈显著的正相关关系（$\gamma = 0.098$，$p < 0.01$），政治关联与替换后的政府干预环境指标的交互项同创业战略导向呈显著的正相关关系（$\gamma = 0.103$，$p < 0.01$），并且从整个模型的拟合度来看，各模型都通过了 F 检验，得到的主要结论与之前的结果并无较大差异，说明本研究的研究结论具有良好的稳定性。

表 14.7　政治关联、制度环境（替换指标）与创业战略导向回归分析结果

变量	EO	EO	EO
	模型 17	模型 18	模型 19
PC × OL	0.111 ** (2.937)		
PC × FD		0.098 ** (2.583)	
PC × GI			0.103 ** (2.738)
R^2	0.059	0.057	0.058
ΔR^2	0.054	0.051	0.052
F 值	10.636 ***	10.123 ***	10.339 ***

注：$N = 805$；+ 表示 $p < 0.1$，* 表示 $p < 0.05$，** 表示 $p < 0.01$，*** 表示 $p < 0.001$（双尾检验）。

在剔除两职兼任样本之后，董事长政治关联与总经理政治关联同制度环境的替换指标交互对创业战略导向的回归结果如表 14.8 所示，从表 14.8 中我们可以看到董事长政治关联与法律环境替换指标之间的交互与创业战略导向呈现显著的正相关关系（$\eta = 0.093$，$p < 0.05$），董事长政治关联与金融环境替换指标的交互与创业战略导向在 10% 的显著性水平下正相关（$\eta = 0.073$，$p < 0.1$），董事长政治关联与政府干预环境的替换指标的交互与创业战略导向呈现显著的正相关关系（$\eta = 0.080$，$p < 0.05$）。并且从模型 23 到模型 25 中可以看到，总经理政治关联与法律环境替换指标的交互与创业战略导向呈现显著的正相关关系（$\eta = 0.115$，$p < 0.01$），总经理政治关联与金融发展环境替换指标的交互与创业战略导向呈现显著的正相关关系（$\eta = 0.103$，$p < 0.01$），总经理政治关联与政府干预环境替换指标的交互与创业战略导向呈现显著的正相关关系（$\eta = 0.111$，$p < 0.01$）。并且从模型的拟合度来看，各模型都通过了显著性检验，模型整体拟合度良好，与之前的研究结果并无较大差异，说明本研究的研究结论具有稳定性。

表 14.8　　董事长与总经理政治关联、制度环境（替换指标）与
创业战略导向回归分析结果

变量	EO	EO	EO	EO	EO	EO
	模型 20	模型 21	模型 22	模型 23	模型 24	模型 25
PC1 × OL	0.093 * (2.472)					
PC1 × FD		0.073 + (1.927)				
PC1 × GI			0.080 * (2.115)			
PC2 × OL				0.115 ** (3.038)		
PC2 × FD					0.103 ** (2.699)	
PC2 × GI						0.111 ** (2.906)
R2	0.056	0.053	0.054	0.060	0.058	0.059

变量	EO	EO	EO	EO	EO	EO
	模型 20	模型 21	模型 22	模型 23	模型 24	模型 25
ΔR2	0.050	0.047	0.048	0.055	0.052	0.054
F 值	9.975 ***	9.346 ***	9.546 ***	10.794 ***	10.283 ***	10.589 ***

注：N = 510； + 表示 p < 0.1， * 表示 p < 0.05， ** 表示 p < 0.01， *** 表示 p < 0.001（双尾检验）。

14.5 讨论与分析

尽管创业战略导向同企业的影响研究受到学术界的高度关注并且取得了一系列富有成效的研究成果，但是现有的相关研究中还存在着不足之处，具体如下：

第一，从现有研究来看，对创业战略导向的研究主要集中在探讨其对企业绩效的影响，而且对于创业战略导向对企业绩效的影响效应还存在争议。蔡莉（2012）等的研究表明，创业战略导向对企业资源获取具有重要的影响，李泓桥（2013）的研究表明创业战略导向正向影响企业的突破性创新。但是，也有学者提出不同的观点，认为创业战略导向对企业的影响并不都是积极的，例如萨皮恩扎和格里姆（Sapienza & Grimm，1997）的研究发现企业创业战略导向与企业绩效之间并没有显著的相关关系，斯莱特和纳维（Slater & Narver，2000）发现创业战略导向对企业利润并没有积极的正向影响。但现有的有关创业战略导向的研究主要集中在探讨创业战略导向对企业结果变量的影响，而对其前因变量的相关研究还较缺乏，并且现有研究对于创业战略导向是否会对这些结果变量具有积极的影响还未有统一的结论。

第二，之前有关的研究主要是基于西方成熟的市场环境进行研究，虽然国内近年对创业的研究渐渐增多，但是基于中国特殊的制度背景的研究仍被忽略。由于中国的市场化改革实行的是"先试点后推广"的策略，中国的改革开放率先从东部沿海城市开始并逐渐向中西部扩展。因此，不同地区的市场化程度差异较大，不同地区的企业所面对的外部环境也并不相同，企业所制定的发展战略也必须同当地的市场环境相适应，但纵观国内相关研究，还较少涉及中国不同地区的市场环境与政治关联的共同作用对企业创业行为的影响。

第三，在有关政治关联的相关研究当中，国内的研究还鲜有将政治关联分不同的形式进行研究，而是笼统的研究政治关联与企业的影响。现代的公司治理朝着所有权与经营权分离的方向发展，从委托代理理论我们可以知道，经理层存在着机会主义和败德行为，经理层会为使自身的利益最大化做出有损股东利益的举动，并且董事长作为企业的最高领导层对企业的发展战略的制定与执行起着决定性的作用。因此本研究试图探讨董事长与总经理的不同政治关联对企业创业行为的影响，这对现有研究是一大丰富与补充。

本研究以创业板上市公司为研究样本，利用样本企业在 2010～2014 年这5 年间的面板数据来探究企业的技术资源与政治关联对企业创业战略导向的影响，并考察制度环境同政治关联的共同作用对创业战略导向的影响以丰富相关的研究理论，并为企业特别是处于创业期的企业以及政府决策提供参考建议。具体来说，本研究主要内容有以下三个方面：第一个内容主要从企业内部所拥有的技术资源来探究企业技术资源对企业实施创业战略导向的影响。第二个主要的研究内容是研究政治关联对创业战略导向的影响，同时考虑到政治关联的两种形式，即董事长政治关联与总经理政治关联，研究这二者的政治关联对创业战略导向的影响，通过建立计量经济学模型并采用层级回归来对本研究的数据进行实证分析研究。第三个主要内容就是探究政治关联与制度环境对创业战略导向交互效应的影响。其中对制度环境主要从三个方面来进行衡量：一是政府干预环境，采用减少政府对企业的干预来衡量；二是金融发展环境，采用金融业的市场化来衡量；三是法律环境，采用市场中介组织的发育和法律制度环境来衡量，分别考虑其对政治关联、董事长政治关联与总经理政治关联对创业战略导向的交互效应。

本研究从资源、关系以及制度环境视角来研究创业战略导向问题，主要的创新点在以下几个方面：第一，现有的研究主要基于个体与团队视角、组织学习视角等，很少有从资源，特别是技术资源视角、政商关系以及制度环境等角度出发来研究创业战略导向问题，本研究从技术资源与政治关联出发同时考虑到中国特殊的制度环境，来研究其对创业战略导向的影响，这是对现有相关研究视角的一大深化。第二，对政治关联的研究以往学者很少有将其分为不同的形式来研究，只有较少的学者将政治关联分为不同的维度以及程度来研究政治关联问题，本研究将政治关联分为董事长政治关联及总经理政治关联分别研究其对创业战略导向的影响，得出了一些富有成效的结论，进一步丰富了相关理论。第三，以往有关创业战略导向的研究是基于成熟的西方资本市场，而基于中国特殊制度环境的研究被极大忽略，本研究从中国资本市场出发，考虑到不同地区制度环境同政商关系具有重要影响，因此研究制度环境同政治关联的交互效应对创业战略导向的影响，这对现有有关制度环境以及政商关系来说又是一大补充与深化。

目前，中国正处于第三次创业浪潮与市场经济转型的叠加期，研究转型时期特殊的环境对企业实施创业战略导向的影响便契合了这一历史机遇。由于企业的创业过程其实是一个内外资源不断消耗与不断优化配置的过程，因此研究企业的创业问题需要从企业所拥有的内外部资源入手。另外，创业过程其实又是一个不断创新的过程，企业只有不断实施适应外部复杂多变环境的战略，才会使得企业在竞争激烈的市场中获得持续发展的优势。而创新能力的培养离不开企业持续的技术投入，因此企业技术资源的拥有量会对企业的创业活动产生影响。

另外，中国的市场机制还不健全，构建"亲""清"的新型政商关系还有待加强，复杂的政商关系是中国经济社会现阶段面临的一个主要问题。对企业而言，拥有良好的政商关系可以为企业带来诸如税收优惠、政策扶植等优势，但企业在享受政府带来好处的同时，需要承担一些相应的义务，这无疑又会给企业带来一些不必要的成本支出。因此要研究中国的创业问题，政商关系是一个需要考虑的问题，但遗憾的是国内有关创业方面的研究还较少涉及这一问题。

每一个企业都是存在于某个特定的制度环境之中的，外界制度环境的好坏会影响到企业的生存和发展，会直接影响到企业战略的制定，并且往往在那些制度环境越差的地区，企业会更加积极地寻求政府的保护以弥补制度方面的缺陷。由于新创企业的"先天弱性"，因此对处于创业期的企业而言，这种要求便显得尤为迫切。综上，如果要研究政商关系问题，外界的制度环境则需要考虑在我们的研究框架之内。

基于以上因素的考虑，本研究选取 2010~2014 年创业板上市公司为研究样本，实证分析了企业技术资源与政治关联对创业战略导向的影响，并且考虑到董事长与总经理对企业的发展具有举足轻重的作用，会影响企业战略制定，因此将企业的政治关联分为董事长政治关联与总经理政治关联这两种形式，分别考虑其对创业战略导向的影响。考虑到我国特殊的制度环境背景，因此将制度环境纳入本研究的研究范畴，研究其与政治关联的交互作用对创业战略导向的影响。采用普通最小二乘法对本研究的研究假设进行验证，从数据分析结果来看，所获得的结论如下：

首先，通过前文的实证研究结果我们可以发现，企业所拥有技术资源的多寡会直接影响到企业创业战略导向的实施。因此，要想提高全社会的创业氛围，应该充分发挥政府的扶持引导作用。首先，政府应该加大对处于创业期企业的扶持力度，特别是技术方面的扶持，使得处于创业期的企业获得更多有价值的资源，从而提升企业的创新能力，良好的创新能力是企业在激烈市场竞争中立于不败之地的法宝。其次，由于企业的不同发展阶段所需资源的差异，政府在制定创业扶持政策的同时，需要考虑到企业所处的发展阶段科学合理地制定相应政策，做到因地制宜。最后，对处于不同产业环境中的新创企业，政府也应该区别对待，不能采用一刀切和千篇一律的策略。对处于动态产业环境中的新创企业，政府应做好产业引导，帮助建立良好的产业发展规划，帮助创业企业减少由于环境不确定性而产生的额外交易费用，对于处于稳定产业环境中的创业企业，政府应该为新创企业提供一些生产经营上的帮助，注重税费的减免，风险的救助，帮助新创企业提高自身水平。

其次，本研究的实证结果显示，政治关联对企业实施创业战略导向具有正相关关系，这是由于一旦企业与政府建立良好的政商关系能为企业带来更多的诸如税收优惠、财政补贴、规避政府干预等方面的支持，能够帮助企业规避许多不必要的经营风险，从而有利于企业实施创业战略导向。同时，董事长政治关联与总经理政治关联同样对创业战略导向具有积极的促进作用，但总经理的政治关联对创业战略导向的影响更加激烈，原因可能在于总经理是企业实际的经营者，对企业的实际战略的执行起着重要的作用，其特殊的身份特征对企业战略的影响将更加积极。这对处于创业期的企业来说，需要同政府建立良好的互动联系。当然，这种积极的关系需要符合法律法规的要求。

最后，政治关联与制度环境的交互效应同样对创业战略导向具有积极的促进作用，具体而言，政治关联与法律环境的交互与创业战略导向具有积极的促进作用，政治关联与地区金融发展水平的交互对创业战略导向具有积极的促进作用，政治关联与政府干预环境的交互对创业战略导向具有积极的促进作用，这从另一个方面证实了政治关联作为正式制度缺失的一种替代保护机制，对企业的发展起到重要的作用。

14.6 结　语

基于资源基础理论我们可以知道，企业的生存与发展是建立在不断消耗自身资源的基础上的，资源的拥有量决定了企业的"基因密码"。对处于创业期的企业而言，创新是企业永葆竞争优势的砝码，而企业创新能力的培养依赖于企业持续的技术资源方面的投入，没有技术资源方面的投入，创新则举步维艰。

另外，除了企业内部的技术资源之外，企业维持良好的外部网络关系同样对企业的发展至关重要。对处于转型时期的中国而言，市场经济体制还未完全建立，政府手中依然掌握着众多企业的"生杀大权"。因此，如果企业能够与政府建立积极的关系会使得企业获得众多发展必需的有价值的资源，从以上的有关研究我们也可以发现对拥有政治关联将会有更加积极的绩效。但是，政治关联又像是一个硬币的两面，对企业的发展有利有弊，在为企业带来价值提升的同时会使企业承担更多的额外负担，会影响到企业的可持续发展，对于这种影响结论的不确定性，有必要去研究政治关联对企业的具体影响。并且由于中国地域辽阔，不同地区的市场化程度也不尽相同，将不同地区的制度环境纳入研究会使得相关研究更加丰富。创业企业的生存发展受到企业自身资源的限制与外部资源的获取，研究企业的创业问题需要既着眼于内部又要放眼企业外部，这样才能将创业研究推向深入，也更能使我们理解有关的创业问题。

本研究以创业板上市公司 2010～2014 年的数据为研究样本，通过 Wind 数据库以及企业年报方式获取相关样本企业的年度数据，对样本企业做了如下筛选：首先，剔除样本在研究区间没有披露研发支出的企业；其次，剔除金融类企业；最后，剔除创业板被 ST 和被 PT 的样本企业，最终获得 161 家企业的 805 条样本的观测值。运用 SPSS21.0 对数据进行描述性分析、相关分析以及回归分析，得出以下研究结论：第一，技术资源对企业实施创业战略导向具有积极的影响。第二，政治关联对企业实施创业战略导向具有正向影响，并且董事长政治关联与总经理政治关联都对创业战略导向具有积极的促进作用。第三，制度环境中的法律环境与政治关联对创业战略导向产生交互效应；金融发展环境与政治关联创业战略导向产生交互效应；政府干预环境与政治关联对创业战略导向产生交互效应。并且董事长政治关联与总经理政治关联与法律环境对创业战略导向均产生交互效应影响；董事长与总经理政治关联与金融发展环境对创业战略导向产生交互效应；董事长与总经理政治关联与政府干预环境对创业战略导向产生交互效应。

本研究的主要意义在于以下四个方面：

（1）本研究基于制度环境视角，实证探讨了企业技术资源与政治关联对创业战略导向的影响，由于现有的关于创业战略导向的研究主要基于个体与团队视角、组织学习视角等，很少有从制度环境角度来研究这个问题，同样有学者研究了技术资源与企业多元化的影响（楼永，2004）以及技术资源对创新型企业新产品开发的影响（秦剑，2011）等，但鲜有学者将技术资源与企业创业战略导向联系起来，因此本研究视角是对现有研究的一大拓展。

（2）本研究测量创业战略导向的方法采用资源配置法，这是对现有研究的一大深化与补充。相比测量创业战略导向的其他两种方法（主管人员感知法与企业行为法），资源配置法更能客观地反映企业的创业战略导向水平。因为有学者认为企业战略是企业在不同业务或职能中配置资源的模式（Zhang et al.，2010），因此，本研究采用的测量方法具有理论意义和现实意义。

（3）以往研究政治关联很少有将政治关联分为不同形式来进行研究，但董事长与总经理对企业的发展影响程度是有差异的，因而本研究将政治关联划分为董事长政治关联与总经理政治关联这两种形式，分别考虑其对企业创业战略导向的影响，这也进一步丰富了现有的理论。

（4）以往的研究大多基于西方成熟的资本市场，而基于中国特殊的制度环境背景下研究创业战略导向被极大的忽略，因此本研究考虑到中国特殊的市场背景，研究政治关联及不同形式政治关联与不同地区市场化程度的交互效应对创业战略导向的影响，这对现有的研究来说同样是一大补充。

总之，本研究基于中国特殊的制度环境背景，研究技术资源与政治关联对企业创业战略导向的影响，这有利于我们加深对中国创业现象的理解，进一步拓展了创业战略导向的研究领域。同时，本研究也对中国现阶段的创业实践具有积极的促进作用。根据本研究的结论，在企业实施创业战略导向的过程中，需要加强对技术研发资源的投入，提高企业的自主创新能力。同时，还应构建良好的新型的政商关系，以保证能为企业的发展提供必要的资源。此外，企业还需考虑到外部市场环境的作用，注意外部环境与企业构建的关系网络之间的协同效应，从而有效提高企业的经营业绩。

虽然本研究探讨了企业所拥有的技术资源与政治关联对企业实施创业战略导向的影响，特别是基于转型时期中国特殊的制度环境来研究相关问题。但是不可否认的是我们的研究同样也存在着以下几点不足：

首先，对于企业而言其所处的不同的发展阶段以及产业环境的不同，其对资源的需求也会存在差异，但本研究并未考虑到企业不同的生命周期阶段所需资源的差异与产业环境的差异，因此未来的研究可以拓宽相应研究将企业的不同生命周期阶段以及企业所处的不同产业环境纳入研究。

其次，本研究变量指标的测量虽然是采用主流的测量方法，但是这些变量指标的测量在学术界还有其他测量方法，比如说对于政治关联的测量有的学者采用企业的创始人是否有过在人大、政协或政府等部门任职的经历，而有的学者采用企业董事会中是否有董事在人大、政协或政府部门任职的经历。

最后，本研究以创业板上市公司为研究样本，获取相应的二手数据，但创业板上市公司有其自身的特殊之处，并不能完全反映我国资本市场的整体状况，所以未来的相关研究可以以主板上市企业为研究样本，分析我国资本市场的整体情况。

| 第 15 章 |

创业企业高管团队与新创企业
发展的关系机制研究

中国经过三十多年改革开放的努力拼搏取得了经济的飞速发展，而其中的中小型企业及创业企业在实现国内市场经济产业转型、科技创新、结构调整方面发挥着重要作用。特别是近些年政府的不断倡导，"大众创业，万众创新"的口号响遍神州大地，社会的创业热情得到极大的激发，创业的形式日渐丰富，创业给中国经济的影响在持续的酝酿中。据全球创业观察（global entrepreneurial monitor，GEM）2014 年中国报告调查结果显示：中国创业的主力多是毕业大学生，与参与调查的全球其他国家和地区相比，是属于活跃度较高的国家；新创企业的兴起可以为社会创造大量的工作岗位，创业团队在创业机会的把握与创业期望方面有着较为敏锐的目光，尤其是，在国家的财政和政策的鼓励下，我们可以充分预期中国的新创企业还会再一次呈现井喷式发展，无论对其所属地区的 GDP、税收收入、就业率的下降方面必然有着极大的正向影响，在实现全面建成小康社会以及社会资源的合理分配上扮演重要的角色。然而，创业需谨慎，创业的成功率长期在低位徘徊。我们不禁思考：新创企业如何才能更快更好地发展？高管团队在新创企业中如何发挥其关键作用？这始终是创业研究中的一个焦点问题。因此，深入研究创业企业高管团队与新创企业发展的关系机制不仅可以扩充创业研究的相关文献，还可以为后人的研究提供可信的依据，在创业实践中为创业者提供有价值的信息，对指导其管理实践具有现实意义。

15.1 引　言

　　新创企业，通常指创业者发现市场机遇，为了更好地整合资源，把握商业机会进而形成组织的创业企业（Barney，2004）。创业的风险系数极高，几乎是"九死一生"的事情。从企业创建的时间来看，通常把存活 8 年以内的企业称之为新创企业或创业企业。然而根据现有数据表明，创业的结果不容乐观，中国创业企业超过一半会在 2 年内失败，能够成功实现生存和发展的新创企业不足 30%。即使在有着优良创新创业基础的美国，其新创企业 5 年的存活率也未超出 50%。为此，如何促进新创企业的生存和发展，提高新创企业的存活率，提升新创企业绩效水平不仅是创业研究的核心问题更是现实迫切问题。

　　对于新创企业发展问题的探讨一直以来都是学术界的重点，相关研究成果也较为丰富，如创业者人格特征、行业状况、领导者风格问题、创业团队的异质性问题和企业内外部生存环境等方面（Sandber，1987；Baum，2001）。针对这一问题，关于创业者特征的影响视角研究中，有学者从高管的过度自信和自恋的角度出发，认为企业高管离开原来舒适和安全的环境，投身到新创企业这一充满风险的组织中，企业高管的过度自信和自恋在选择新创企业和领导新创企业成功和发展有着至关重要的作用（Navis et al.，2016）。纳维斯（Navis）从高管的自恋和自信的角度阐述高管对新创企业的影响，不可避免地陷入了强调个体的某些特质对新创企业的作用这一研究倾向。有学者对战略和组织的相关研究给出了一些答案。例如，一些新创企业在形成有吸引力的联盟组合（Baum et al.，2000；Ozcan & Eisenhardt.，2009）或者吸引优秀的、知识丰富的董事会时会更加成功（Gulati & Higgins，2003；Garg & Eisenhardt，2013）。而一些新创企业取得成功是由于引入理想的产品或者快速找到可行的商业模式（Zott & Amit，2010）。还有的新创企业由于高明的战略和高质量的员工取得成功（Beckman & Burton，2008；Eesley & Roberts，2012）。可见，新创企业的发展有不同的路径，并且新创企业的生存与发展面临着多种挑战。并且除了上述所提及的研究视角外，可能还有另外的重要影响因素，值得相关研究者予以高度关注，如创业团队因素。

随着市场机制的不断完善，创业的形式发生了明显的变化，从过去的单打独斗到如今不得不更加依赖团队的力量来实现新创企业的发展（Beckman，2006；West Ⅲ，2007）。越来越多的研究者开始关注创业团队，关于创业团队研究的相关文献开始激增（Forbes et al.，2006；杨俊等，2010）。学者们尝试从不同的视角去解释创业团队是否影响以及如何影响创业企业绩效问题这一热门研究话题。根据人力资本理论（human social capital theory）和社会资本理论（social capital theory），康斯坦丁（Konstantin，2012）研究表明，新创企业的发展离不开团队的支持，创业团队对新创企业的绩效发展起着关键性作用。芬克尔斯坦（Finkelstein，2009）认为组织高层的一小群人能够极大地影响组织的结果。同样的，凯斯琳（Kathleen，2013）认为高管团队对新创企业的发展有着巨大的影响。高管团队是新创企业成功或者失败的关键核心因素（Kathleen，2013）。

以往创业团队的影响机制研究主要是从创业团队的成员构成、结构特征以及过程对新创企业绩效的内在联系进行展开（Chowdhury，2005；胡望斌等，2014；Amanda，2016）。但上述的研究或多或少都存在一些问题，如以创业团队成员构成关注点的研究就会特别强调创业团队成员之间的个体差异（教育背景、行业经历、社交网络、人格特质等）；而以创业团队结构特征和过程特征为关注点的研究则未能揭示其对新创企业绩效的内在诱发机制和驱动机制（Bryant，2014；王国红等，2017）。例如，有学者针对创业团队研究，基于认知视角对创业企业展开相应的研究，对创业团队认知内涵进行深入的剖析，用社会认知理论来揭示创业团队如何实现新创企业的生存与发展这一对新创企业至关重要的问题（Chowdhury，2005；Dimov，2011）。在创业团队认知这一概念的探索阶段，学者通常是依据共享心智模型（Knockaert et al.，2011）、交互记忆系统（Zheng，2012）、集体认知（West Ⅲ，2007）等多元化概念进行创业团队的剖析，直接界定创业团队认知的相关概念，没有考虑到在不同理论背景下创业团队认知是否存在差异和关联，也没有对创业团队认知维度进行有效划分。一言以蔽之，国内外学术界对于创业团队认知的相关研究尚在萌芽阶段，创业团队认知研究成果过于零散化和碎片化，缺乏统一的定义描述和权威的完整解读。在研究创业团队对新创企业的影响机制时，国外学者阿曼达（Amanda，2016）从高管团队的成员构成和角色结构出发，并考虑了新创企业的发展阶段，研究在新创企业中，高管团队成员构成和角色结构的匹配程度随着新创企业的发展阶段而出现的动态影响效应，从而更好地理解和解释创业企业高管团队的演变特征及其影响。但阿曼达（Amanda）的研究本身就具有局限性，如很难从其研究中得知，高管团队不匹配的净效应对创业企业和高管团队来说是好是坏。从中可看出，创新团队对新创企业发展有着重要影响作用，但是其具体作用机理仍然有许多问题并不明晰，还需要未来进一步探究。

综上所述，在创业团队对新创企业发展影响机制的相关研究当中，现有的文献，集中在团队过程和团队结构（Chowdhury，2005；Amanda，2016），或者是团队成员个体的人格特质上去体现对创业企业的影响（Navis et al.，2016；Bryant，2014；牛芳等，2011），研究过于碎片化和零散化，而忽视了将创业团队作为一个整体来研究。本研究立足于前人的基础上，基于创业企业高管团队视角，试图对创业企业高管团队的相关概念和内核进行整理和归纳，并对高管团队的前因变量以及结果变量进行逻辑性的梳理，探查创业企业高管团队对新创企业影响的作用机理和形成机制，本研究的行文逻辑是：首先，导出高管团队这一新创企业的前因变量；其次，研究创业企业高管团队的内涵及其演变，归纳出创业企业高管团队的内核和概念；再次，并对创业企业高管团队与新创企业发展的关系机制进行有效分析；最后，基于创业企业高管团队对新创企业影响机制的研究，为创业者提供关于创业的相关信息以及管理其实，并且指明了未来的研究方向，为学者进一步深化创业研究的相关问题略尽绵薄之力。

15.2　创业企业高管团队的内涵及其演变

15.2.1　创业企业高管团队的内涵

高管团队指的是在一个企业中的顶端，有少部分的最具有影响力的高层管理人员组成，通常是总经理（CEO 或部门总裁），以及他或她的直接下属，但这一术语并不一定意味着一种正式的管理层安排（Hambric et al.，1984）。高管团队的首要任务是平衡组织和环境之间的变化（Mintzberg，1973），它必须监测和研究外部事项和趋势，并制定、传达和监测组织对环境的反应（Ancona & Nadler，1989）。随着企业资源基础理论（RBV）的发展，高管团队被认为是企业实现生存和发展的战略性资源。芬克尔斯坦和汉布里克（Finkelstein & Hambrick，1996）在此基础上，根据高管团队的成员构成和结构等特点，将高管团队定义为处于企业最高层的部分高级经理人群体（如 CEO、CFO），他们负责企业的战略制定和决策，并协调企业内外部的经营活动，对企业拥有控制权和决策权。现有研究一般认为高管团队主要包括董事会成员和高级经理人（李维安和李汉军，2006；王德应和刘渐和，2011）。也有学者认为企业中具有副总裁、副总经理、CFO、COO 等以上头衔的高级管理人员均应纳入高管团队构成之中（王晶晶和杜晶晶，2009；李卫宁等，2014）。可以说，高管团队构成是根据各个公司的实际情况，职位的安排以及规模大小的不同，具体职务处理的问题的不同，来确定哪些人应该纳入到企业的高管团队之中。一般而言，高管团队包括董事长、总经理、首席财务官等高级管理人员，以及副总经理、总设计师、总工程师等以上头衔的高级管理人员。

根据上述对于高管团队内涵及人员构成的阐述，可以相应地提出创业企业高管团队的内涵及人员构成。基于现实创业企业的情形，很多创业企业的创始人身兼数职，既是企业高层管理者，也是董事这一现状。本研究把创业企业高管团队定义为：在创业企业中，能够直接参与企业的战略决策的制定和制度的推行，对企业日常的经营活动具有很大的控制权和决策权的核心管理群体，包括董事、副董事、首席执行官、首席财务官、总经理以及直接向他们汇报的高级经理。

15.2.2 创业企业高管团队的演变

高管团队的特征很少是静态的，而在新创企业中，高管团队的变化可能比其他任何地方都要大（Amanda，2016）。例如，新创企业的初期阶段，高管团队成员可能由辍学的学生和无业人员构成（Dencker，Gruber & Shah，2009）；随着时间的推移，企业可能会引进更多经验丰富的职业经理人（Hellmann & Puri，2002）。实际上，导致高管团队成员变更的因素有许多，例如，团队的行业经验或者团队功能多样性（functional diversity）（Boeker & Wiltbank，2005），新创企业的成长（Boeker & Karichalil，2002），进入了发展的一个新里程碑（如获得风险投资）（Wasserman，2003），等等。

角色结构的合理化调整也是新创企业高管团队变更的一部分（Baker & Nelson，2005）。例如，贝克曼和伯顿（Beckman & Burton，2005）发现，新创企业高管团队从有限的功能性定位开始，难以发展成更加完整的角色结构。新创企业高管团队的变更是为了适应企业的战略目标和战略选择，在新形势下构成更合理的角色结构以便促进企业发展提升企业绩效水平。阿曼达（Amanda，2016）认为，高管团队的构成和角色的变更来自于企业的即时需求和抓住机遇之间的结合，企业的即时需求和机遇可以通过高管团队的正式角色与履行这些角色的管理者资格之间的契合来获得。

新创企业努力维持平衡的一个因素可能是其高管团队本身：具体来说，就是将自身的工作技能与正式角色结构相适应。在研究高管团队特征的演变过程中，之前的文献混淆了团队成员构成和角色之间的差别（Amanda et al，2016）。不过，尽管有学者经常认为高管团队的专长和角色可以互换，但最近的证据表明，专长与角色在概念和实证上是存在着差异的（Beckman & Burton，2011；Crossland，Zyung，Hiller & Hambrick，2014）。其中，高管团队的专长是驱动战略决策，并且这一专长对于重要的利益相关者（stakeholders）而言可以作为一种信号（Beckman，Burton & O'Reilly，2007；Boeker，1997），向重要利益相关者传递出高管团队甚至企业的一些重要信息。角色结构能够更有效地协调和帮助企业管理动态的环境（Cohen，2013；Sine，Mitsuhashi & Kirsch，2006）。

高管团队的专长和角色结构都值得独立或者结合起来一起进行相关研究。当高管团队的构成和角色结构不一致或者不匹配时，新创企业可能需要或寻找一个机会去进行改变。阿曼达（Amanda，2016）认为，高管团队的构成与角色结构之间的这种不匹配（misfit）意味着高管团队想要做和它所能做的事情之间存在距离。具体来说，这种不匹配可以有如下表现或者特点：对于资格不足或低资格的角色结构而言，反映了高管团队的工作技能未达到要求，而对于资格过多或高资格的角色结构而言，则代表的是企业的一种机会。在某些情况下，由于成员构成的缺陷，高管团队也许需要强化它的专长；在另一些情况下，考虑到高管团队的资格可能需要一个机会去开发和细化角色结构。简而言之，不匹配的高管团队需要去平衡其构成和结构，但是高管团队本身的资格却受到了限制。

阿曼达（Amanda，2016）认为"高管团队不匹配"（TMT misfit）是指高管团队成员的知识、技能、水平或者上述中的某一项或多项不符合他/她们目前所承担的任务角色。高管团队不匹配关注的是团队层面上的不匹配且超越了前人关于个体与环境相适应的文献工作，高管团队不匹配关注的不仅仅是个体与他们的工作或者组织之间的适应问题（Kristof - Brown，Zimmerman & Johnson，2005）。具体来说，高管团队不匹配在组织层面上的概念化非常重要，因为高管团队不匹配捕获了高管团队整体资格与其团队所规定的正式角色之间的关系。高管团队不匹配可能包括两种情况，其一，对于现有的角色要求，高管团队资格过高；其二，与现有的角色要求相比，高管团队资格过低。

高管团队高资格是指相对于高管团队的角色结构而言，高管团队的职能资格过高。高资格高管团队不需要改变自身的成员构成，他们已经实现了正式的角色结构所要求的目标，而且高资格会给团队以及企业创造机会。资格高管团队的任何变更都将以增加新角色的形式出现，使得成员专业技能得到充分利用（Miner & Estler，1985），而不会雇佣新的团队成员。因此，通过增加新角色使得团队准确地向外界传递高管团队资格的信号，也许对新创企业高管团队吸引潜在的投资者（Franke et al.，2008）或者为上市 IPO 做准备（Chen et al.，2008）均是非常重要的。此外，新角色可以通过授予地位和认可来实现（Baron & Pfeffer，1994），也许会使得高资格管理者留在一个新创企业中。与此同时，当高管团队的资格水平过高时，高管团队的招聘水平将会下降。伯克尔和威尔特班克（Boeker & Wiltbank，2005）发现在新创企业中，高管团队的职能多样性使得离职和雇佣人数减少，甚至在企业扩张阶段也是如此。同样有证据表明，在新创企业中，具有更高职能广度（functional breadth）的新创企业会减少团队成员数量（Dencker et al.，2009）。因此，高资格的高管团队结构的细化应该借助于增加团队角色，而不该通过招募新成员以加强现有高管团队的高资格。

高管团队低资格是团队的职能资格无法应对高管团队的角色结构，这是由于目前企业高管团队中缺少有相应资格的管理者（Cappelli，2008；Groysberg & Lee，2009）。新创企业低资格的高管团队更可能去雇佣新的管理者以补充所需的专业技能（Hambrick & Crozier，1985）。事实上，卡佩利（Cappelli，2008）也认为，企业在短期需求和需求不确定的情况下，聘请新成员来弥补当前技能和所需专业技能之间的差距，可能是一种有效的策略。新创企业同样面临着这种情况，而且随着企业发展进入新的阶段，这种需求和差距表现得更为明显，从而促使新创企业高管团队的变动更为迫切。不过，与此相反，在低资格高管团队中，角色结构的细化并不是一种可行和有效的策略。首先，高管团队增加新角色可能会提高而不是减少企业对资格的需求。其次，消除结构中的角色，即使是与团队成员的资格不相适应的角色，根据对组织惯性的了解，也不太可能产生广泛的负面影响。如新创企业的创建之初，创业者可能需要履行更加宽泛的高管团队角色（包括全面管理，业务发展等）。当发现低资格，即职能资格无法应对角色要求而通过改变角色结构以应对当前的资格时，可能会向潜在投资者发出团队低资格的信号进而威胁高管团队的合法性。而此时团队成员也许会花费额外的时间（在职培训）来适应他们所处的角色（Bidwell & Briscoe，2010；Hersch，1995），同时企业会对当前的角色结构进行最小化的改变。实际上，企业高管团队角色结构中的职能广度提高了上市 IPO 速度（Beckman & Burton，2008），并且管理者专业知识的异质性受到风险资本家的重视（Franke，Gruber，Harhoff & Henkel，2008）。因此，企业可以从与增加角色的相关活动或者策略中转移，这样企业就可以专注于开发和更好利用高管团队的原有构成。

另外，尽管现有的文献承认企业发展在塑造高管团队的过程中扮演着重要角色，但很少能考虑到企业发展是如何与高管团队的内部方面进行交互作用的（Amanda，2016）。阿曼达（Amanda）所研究的就是在新创企业背景下，企业的不同发展阶段中高管团队成员与角色是否匹配以及具体的不匹配表现对高管团队的影响，可以更好地理解和解释高管团队的演变特征。

概括而言，新创企业的高管团队应在满足即时需求和抓住机遇之间进行平衡。并且新创企业在资源有限的环境中，其高管团队必须不断地追求这种平衡。将高管团队成员构成和角色看作是可以互换，或者进行独立的研究，是不足的并且会对今后的研究产生误导。过去的学者普遍认为高层管理人员的功能背景和高管团队的职能性角色在招聘时是一致的。例如，梅兹（Menz，2012）认为，通过 CEO 来确定指明高管团队的任务角色，然后由高管团队成员来担任这些任务角色。事实上，在新创企业中，高层管理者的职能背景往往与高管团队的功能角色结构不同。如部分高管团队由拥有狭隘（非常局限）职能专长的高层管理人员组成，尽管他们扮演的角色意味着更广泛的责任。另外，部分的高管团队成员可能由大量的多面手组成，不仅拥有先前的功能经验并且他们的专长超过了目前的角色定位（Bunderson & Sutcliffe，2002）。这两种情况都表明，高管团队角色和成员之间的不匹配可以而且确实已经发生了，由于成员构成和角色的不匹配，高管团队可能需要和抓住机会根据情境需要进行高管团队变更。因此，未来研究需要基于动态演化视角，探讨创业企业高管团队的构成与角色随着企业发展阶段的变化出现的动态发展。

15.3 新创企业特点及其发展阶段

15.3.1 新创企业特点

15.3.1.1 努力实现合法性获取

推进大众创业、万众创新是社会经济发展的动力之源，然而，创业失败率居高不下也是当下最为严峻的问题，因此，深入剖析新创企业的生存和发展问题不仅具有理论价值而且对于解决创业实际问题具有重大的实践意义（马蓄等，2015）。新创企业往往面临着资源短缺的约束、资源获取难度大以及行业壁垒等多种限制，由于缺乏"合法性"导致新创企业很难获得社会大众和资源持有者的认可，而新创企业失败的关键因素在于融资难的问题，而融资的核心在于获得外部资源持有者的"合法性"认可（张玉利，2007）。

基于此，新创企业合法性问题是维持企业生存和发展的重要前提之一。

企业合法性源于利益相关者对企业的行为的社会规则、社会秩序以及社会公德等一系列评价（Ashforh，1990；Suchman，1995）。基于早期的制度理论，当企业行为所表现的企业文化，并且与社会大众的期望相契合时，那么企业便获得了合法性（Suchman，1995）。随着企业合法性研究的逐步深入，企业合法性的研究主要关注点是外部利益相关者对企业行为的评价，主要包括在三个方面（Suchman，1995）：第一，管制（regulative）合法性。管制合法性主要指的是政府法律法规，行业协会所制定的行业标准，以及某些业内规则。这些法规或标准规则对于企业经营活动的规范以及市场秩序的稳定均有着重要影响。第二，规范（normative）合法性。此类合法性主要是指，企业的经营活动应遵守现有市场环境的规则、社会环境下的社会习俗以及某些地区的宗教信仰问题。例如，新创企业想要进入某个行业，除了要克服行业壁垒，资源短缺的限制外，还要遵守该行业所约定的行业标准和价值观念等问题。第三，认知（cognitive）合法性，此类合法性主要是指，根据企业的行为、业务绩效以及发展状况等信息，社会大众所形成的对于该企业的认识和印象。例如，当社会大众对某个企业的经营状况、发展方向、战略意图有一定的了解后，则我们可以认为该企业获得了合法性。

基于信号理论，企业和外部资源持有者之间存在信息的不对等情况，企业通过与资源持有者建立频繁的联系机制，可以传递与企业相关的各种信号（Zaheer et al.，2010）。新创企业想要获得合法性就必须与资源持有者保持密切的联系，通过他们向市场传递可被社会大众接受、认可以及期望的信息，公众才会视之为合法（Uberbacher，2013）。基于上述观点，新创企业要获得合法性就必须要考虑以下三个方面：第一，新创企业考虑其高管团队成员的知识、技能、水平是否契合其所担任的任务角色；第二，新创企业要着重考虑企业的管制合法性、规范合法性以及认知合法性；第三，新创企业要加强与那些外部利益相关者和外部资源持有者的联系（风投资本家、银行、消费者等）。合法性对促进新创企业谋求生存和发展、获取发展的里程碑发挥了重要的作用（如获得风投、IPO、技术、潜在员工）。因此，新创企业要实现企业的生存和发展，实现发展的关键里程碑，就必须要寻求企业合法性的认可。

学者普遍认为新创企业合法性问题是企业实现自身发展的关键因素，但据目前关于企业合法性研究尚在起步阶段，所研究的内容较为零碎和分散，尚未形成较为统一和权威的观点（Uberbacher，2014）。例如，多数学者试图去揭示新创企业合法性问题主要是从三个理论视角出发，即战略理论、制度理论以及生态理论（马蔷等，2015）。

具体而言，基于战略理论视角，学者主要认为新创企业应该采取一定的战略策略，通过采取战略行为主动向社会大众宣扬企业信息，以便达到获取企业合法性的目的（Elsbach，2003），战略理论强调企业的战略活动对合法性获取的影响（Uberbacher，2013）。在该理论视角下，突出强调了企业高层管理者在企业获取合法性问题方面的关键作用，为了获取企业合法性，企业高管必须运用自身的社会资源和人际关系网络向社会大众，媒体舆论、政府机关传递企业的积极信号，以便让制度制定者、潜在投资者、利益相关者和资源持有者对企业保持正面的评价（Elsbach，2003），从而解决企业生存和发展所不能规避的合法性问题。然而基于印象管理理论，当大众认为企业所采取的一系列行为只是一种利己动机时，社会群体可能会对改企业的战略行为进行污名化处理，这对于新创企业合法性具有消极作用。与战略理论不同，制度理论主要强调新创企业想要获取合法性必须遵守政府制定的法律法规、行业协会所规范的行业标准以及社会习俗和价值观等制度性问题。该理论强调被动接受社会群体的压力下采取的一种自我防御和顺从的态度，过于突出了制度压力对新创企业的影响，忽视了企业自身行为对获取合法性的能动性作用。与上述理论在获取合法性问题上相区别，生态学理论则主要强调新创企业的合法性取决于新创企业所处的结构性环境（如所处的细分市场或行业），特别是企业所处行业的群体密度（Uberbacher，2013）。换而言之，新创企业想要进入一个全新的行业，例如，现今比较时髦的智能家居行业或电动汽车行业，社会大众由于缺乏相关领域的知识和专业背景，可能会对以特斯拉为代表的电动汽车行业持谨慎和观望态度，则新创企业进入这个陌生的领域可能会被社会大众所迟疑，企业合法性受损，从而导致企业创业失败。同样的，如果新创企业进入了一个成熟行业，该行业为社会大众所熟知，且相关产品技术较为成熟，该行业的从业者较为丰富时，即群体密度较高时，社会大众可能认可度较高，对新创企业合法性获取较为便利。例如，小米刚刚进入手机行业时，就是利用了该行业的群体密度较高，手机品牌遍地生花，利用自身的运营能力和现有成熟的手机技术，迅速获得社会大众的合法性认知，时至今日，小米品牌深入人心，取得合法性认知，在中国大陆甚至海外市场都占有一席之地。

综上所述，战略理论、制度理论以及生态理论在揭示新创企业合法性获取方面都取得了重要的研究成果。其中，上述三种理论的相同点是：第一，企业合法性的获取离不开外部利益相关者和资源持有者（顾客、政府、银行等）的正面评价。因此，在新创企业获取合法性的过程中，不仅要加强与声誉高所获得稳定合法性资源的强大企业的进行联系，而且还要与外部利益相关者、外部资源持有者建立社会关系网络，实时传递企业正面信息，培养相互信任感，获得企业合法性这一资源。第二，都侧重于剖析企业合法性对新创企业的影响机制。第三，研究关注点都在于新创企业如何解决企业生存和发展所面临的合法性。三种理论都认为合法性对新创企业的生存与发展具有积极作用，有助于新创企业克服新进入障碍、获取稀缺资源、维持经营活动等。此外，上述三种理论也各有不同的侧重点：一是从宏微观的角度去分析，在新创企业合法性获取方面，战略理论过于强调企业高管的战略行为对社会大众的认知影响，突出强调企业高管（创始人，CEO等）在新创企业实现合法性的特殊作用，不同的是制度理论从市场宏观出发，强调社会大环境下文化习惯、社会习俗以及价值观和宗教信仰等；二是从研究的侧重点去分析，制度理论和生态理论都强调社会大众对新创企业合法性认知的决定性作用，而战略理论则有所不同，该理论强调的是企业高层管理者所做出的战略决策和战略活动对新创企业合法性获取的核心作用，强调的是个人的战略行为在企业合法性的作用；三是从不同维度的角度去分析，战略理论侧重于评判维度，制度理论既结合评判维度也有认知维度，生态学理论更偏重于认知维度，强调新创企业合法性取决于公众的理解程度，即公众对新创企业的理解越深，其合法性程度就越高。

15.3.1.2 努力实现关键资源获取

新创企业往往拥有的资源比较有限，而要实现企业的进一步发展，不断获取新资源是必由之路。因为企业通常不可能掌握实现发展机遇的所有资源，对处于早期的创业企业更是如此,因此资源获取是实现企业发展里程碑的关键要素。

国内外学者根据资源获取的不同方式采用了不同的界定方法。例如,回顾企业资源的相关文献,有国外学者把资源获取分为运营资源和知识资源(Wiklund & Hepherd,2003),或者根据资源获取的来源,将资源获取分为内部资源积累和外部资源获取两个不同的维度(Sirmon,2007)。有国内学者则将资源获取划分为资源获取效率和资源获取结果这两个维度(常冠群,2009)。在前人的文献基础上,刘预(2008)将运营资源和知识资源进行了进一步的阐述。其中,知识资源通常被认为指管理的知识,生产经营的知识以及市场营销知识等难以被对手模仿的知识或技能;运营资源通常指的是人力、资金、技术、设备、技术专利等对日常企业生产运营提供帮助和保证的资源。但贺小刚(2006)指出,回顾过去的有关资源获取的界定中,大部分学者都下意识的回避了在中国情境下对企业至关重要的政策资源,对新创企业的生存和发展显得尤其关键。新创企业要在激烈的竞争环境下,谋生存和求发展,必须要得到政府的政策性支持,而且特别是在市场机制不完善的欠发达地区,新创企业加强与政府的联系与沟通能够获得较多的实质性资源(如政策支持、税收补贴和借贷便利等)。基于此,国内学者整合前人的研究文献,立足于中国社会这一特殊的情境下把资源获取分为三个维度,即运营资源、知识资源和政策资源(刘芳,2014)。其中,政策资源获取通常是指获得贷款便利、融资方便、税收优惠以及行业的行政准许等。

总而言之,新创企业的发展离不开关键资源的获取,其中主要是指新创企业获取企业实现发展的关键里程碑的所必需且必要的关键资源。然而,新创企业由于合法性问题,以致外部资源持有者和利益相关者对新创企业的发展现状持观望态度,迟迟无法投入对新创企业发展所必需的资金和技术等关键资源,从而导致大量的新创企业无法跨过创业初期这一门槛。新创企业这一特点,应该敲响创业者的警钟,必须得到重视。同样的对于新创企业而言,高管团队在关键资源获取方面的作用应该得到充分的利用,高管团队成员应该利用自身的才能、知识、资本和社会网络为新创企业的发展获取关键资源而尽力。

15.3.2 新创企业发展阶段

新创企业与一般企业不同，有学者把企业的发展阶段划分为早期阶段、生存阶段、发展阶段以及成熟阶段（Lewis，1983）。基于企业存活年限等特定特征，有学者将新创企业成长分为创建、生存、发展、扩张和成熟5个阶段（Gremer，1985）。有学者认为创业机会识别阶段、机会开发阶段、成长阶段是创业研究的重点，创业企业进入成熟期后，不再是创业研究的范畴（Cviello，1987）。有学者认为创业年限在1~3年的企业属于创建阶段，4~6年处于生存阶段，7~8年属于成长阶段（Littunen，2000）。然而，有学者认为这种方法简单地以年限来划分，已经不能适应现代企业的多样性。蔡莉和单标安（2010）提出，创业年龄低于8年的企业都属于创新企业的范畴，提出新创企业发展的3个阶段，即创建阶段、存活阶段以及成长阶段。朱秀梅等（2012）将新企业划分为孕育、初创和早期成长阶段。不过，因为在孕育时期企业还没有成立，所以，企业成立阶段以及早期发展阶段成为以往创业研究的重点。李宏贵等（2017）将新创企业发展划分为创建、生存和成长3个阶段。在创建阶段，新创企业的主要任务是识别创业机会，将创意转化为新产品，尽可能用最小的投入获得最大的产出，研发出具有自身核心价值的产品或服务，成立新的企业，然后尽快进入市场，通过一系列细微的创新，不断更新，使新产品或服务得到市场认可；在生存阶段，新创企业的主要任务是对经过市场检验的产品或服务进行精准投放，实时了解客户需求，做到有的放矢，在市场中争得一隅之地，以最少的付出赢得最有价值的认知；在成长阶段，新创企业的产品或者服务得到了较多的人的认可，新创企业开始有盈利，新创企业为了实现进一步发展应该及时巩固市场地位，扩大市场占有率，加快技术投入，实现科技创新，保持行业领先地位，对产品缺陷和客户服务体验采取零容忍策略，新创企业目标由销售导向转为利润导向，通过不断创新加强企业核心竞争力，促进企业长远发展。

综上所述，新创企业发展具有明确的阶段性特征。创业企业发展阶段的划分，在学术界尚未形成统一的观点。总体来说，大多数创业研究者都将新创企业划分为初创期、存活期以及成长期等不同阶段，并且都认可创业在一定年限以下的才属于新创企业，例如企业创办不过 6 年或 8 年的为新创企业等。

15.4 创业企业高管团队对新创企业发展的影响机制分析

15.4.1 创业企业高管团队对新创企业关键资源获取的影响

新创企业由于自身信息记录的缺失以及社会大众对企业的不了解，外部资源持有者和外部利益相观者对企业未来的发展状况存在观望态度，新创企业很难取得关键资源（资金和技术）（Shane & Cable, 2002; Shrader & Siegel, 2007）。从资源基础理论去分析，新创企业在初期阶段很难获取核心竞争力，关键资源的匮乏使其很难与成熟企业进行竞争。从创业实践去分析，中国的市场经济体制并不完善，政府的那双"看不见的手"无时不在干预着经济的运转，新创企业想要在这种社会情境下获取关键资源，形成自身可以与成熟企业抗衡的核心竞争力无疑是雪上加霜。因此，新创企业想要实现发展的里程碑，获取关键资源无疑是困难重重。此外，新创企业高管团队成员基于自身的能力、知识和社交网络或许可以与外部的资源持有者和利益相关者建立非正式的联系，获取部分关键资源，但从新创企业的角度来看，无疑是难解燃眉之急。新创企业在这种恶劣的市场环境下，如何实现企业自身的生存和发展壮大？这无疑给学术界留下一个难题。

巴尼（Bamey, 1991）在潘罗斯（Penrose, 1959）的研究基础之上，与鲁梅特（Rumelt, 1982）共同提出了资源基础理论。该理论认为企业的核心竞争力来源于行业竞争对手所无法掌握的资源（企业文化、价值观和核心技术等）。因此，新创企业想要与成熟企业同台竞技，实现生存和发展的战略目标，核心在于实现关键资源的获取。创业是一个实现资源有效整合的过程。所以，新创企业想要实现发展的里程碑，在恶劣的市场环境下生存和实现进一步发展，重要前提是实现关键资源的获取。大部分学者普遍认为，新创企业获取关键资源对企业绩效有积极影响，并且这种积极态势会呈动态上升趋势（Premaratne, 2006；Shane & Cable, 2002；Penrose, 1959）。同样的，新创企业所进入的行业并不存在一致性，那么企业所需的关键资源必然存在显著差异，同样的资源很可能对于不同行业的新创企业并不适用，故此企业在同类型资源条件下，其绩效水平定然会有所区别。这给了我们一个启示，即新创企业如果不注意资源的有效整合，可能会对企业绩效水平产生负面影响。因此，新创企业在获取外部资源时，应该注意是否与自身的内部资源是否冲突？是否与自身的战略意图相一致？是否会对企业合法性获取相悖？是否能发挥其应有的效果？这无疑会给创业者留下了深层次的思考（Heirman & Clarysse, 2004）。

同样的，高管团队作为新创企业的核心竞争力，在维持企业经营活动，推动企业战略行为方面发挥着不可替代的作用，高管团队基于自身的能力和水平在获取企业合法性认知方面发挥重要作用。以此类推，高管团队在新创企业实现自身战略目标，获取关键资源方面同样有着举足轻重的地位。

首先，新创企业实现发展的里程碑不可避免地要获取关键资源，高管团队的职能之一便是对资源的有效整合与合理分配，实现企业的战略目标和提高绩效水平，从而促使风投机构、政府以及银行等资源所有者给高管团队更高的合法性和高水平的信任感，继而吸引潜在投资者和处于观望状态的外部资源持有者的资金注入和技术投入，从而获得企业进一步发展的关键资源。其中，企业与政府的政治关联所获取的政策资源，主要包括政府的财政补贴、税收减免、融资许可以及获得行业许可等好处，从而促进新创企业进一步的发展（Peng & Luo, 2000）。高管团队成员基于自身的能力和广泛的人脉资源，更有可能与政府建立亲密的联系，在获取政府政策支持、财政补贴方面具有明显的优势。有研究表明证实上述观点，在市场机制不完善和法律保护较为薄弱的欠发达地区，企业与政府的政治关联越为紧密越能提高企业的绩效水平（Li, 2008）。特别是对于国有垄断企业（如中石油，中石化、电力等国有垄断企业），企业高管的政治关联对企业绩效水平的提高具有显著影响（胡永平和张宗益, 2009）。

其次，高管团队的管理能力对企业实现资源的有效整合至关重要，高管的个人才能对实现企业的自身发展，资源的有效利用以及高水平的绩效实现具有关键作用。有学者进一步指出，高管团队的管理能力都促进企业维持竞争优势，实现快步发展，继而获得行业领先地位（Assimakopoulos，2006）。高管团队成员的能力和水平对企业关键资源获取有着至关重要的作用，例如，市场环境瞬息万变，高管的水平和知识背景决定着他是否能成功的把握企业发展的机遇，是否能根据市场的反馈及时有效地开发出顺应客户需求的产品，获得产品在市场的一席之地；在莫测的市场环境中准确读取企业发展的必要信息和潜在机遇，高管团队在企业获取关键资源方面无疑承担着重要的角色（王浩，2014）。

总而言之，新创企业高管团队在克服企业初创阶段资源的匮乏方面发挥着关键作用，在企业发展机遇的把握与实现企业内外部资源的整合起着重要作用，这使得高管团队的管理能力在关键资源获取方面发挥着无可替代的作用。通过对关键资源的有效整合，高管团队对新创企业的绩效水平主要体现在两个方面：第一，高管团队为企业带来关键的资源，如人力资源、市场资源和技术资源等，而关键资源有依靠企业的内部资源和外部资源，此类资源是企业实现自身发展的基础，高管团队整合新创企业的各种关键资源可以有效地降低创业风险，提高经营运作的高效性；第二，高管团队基于自身的能力、知识和广泛的社交网络，在促进新创企业产品的营销和推广方面提供了可操作的空间，为企业打开销售市场，扩充销售渠道等方面提供可行方案，为进一步提高企业的产品市场占有率发挥着重要作用，进而提高新创企业的生存空间，其企业合法性认知的获取，关键资源的整合以及企业绩效水平地得到进一步的提升。

15.4.2 创业企业高管团队行为整合对新创企业的影响

面对瞬息万变的外部市场环境，高管团队作为企业的智囊团，在市场机遇的把握、商业信息的整合以及关键资源的获取发挥着重要作用（成瑾，2017）。但在中国企业内部"分山头""派系林立"的情境下，如何把高管团队成员拧成一股绳？如何使高管团队成员之间实现信息共享、专长互补的高效团队？高管团队行为整合或许给上述疑问指出了新的研究方向。

汉布里克（Hambrick，1994）认为高管团队行为整合主要包括三个方面的内容：第一，高管团队成员在信息的传递过程中，务必保持信息源没有受到外界噪音的干扰，防止信息出现失真的情况；第二，高管团队成员之间为了企业的战略目标、绩效水平的提高应该通力合作；第三，高管团队决定着企业的经营活动，在企业中拥有极大的控制权和决策权。他认为高管团队成员之间的互动过程恰恰是团队合作性的表现，无疑高管团队行为整合更能说明成员互动的重要性。相较于社会整合和团队凝聚力等强调团队成员之间的心理特征方面的影响，高管团队行为整合更加强调团队成员之间的行为互动。基于此，姚振华等（2009）把行为整合定义为"高管团队成员在互动过程中，积极主动的分享信息、资源和决策的这么一个行为过程"。

研究表明，高管团队行为整合无论在组织层面抑或是个体层面都得到了正面的评价。例如，从组织层面分析，高管团队行为整合突出了团队成员之间沟通的顺畅性和行为的合作性，这有利于团队成员集思广益、爆发智慧的火花，提高了决策水平，高管团队更灵敏的感知外部市场环境的变化，及时采取相应的战略策略（Jehn & Bendersky，2003）；高管团队行为整合在实现团队成员间知识、能力、技能以及社交网络等资源的合理运用和高效的组合，在实现企业合法性认知以及关键资源获取方面起重要作用，维持和提高了企业竞争的核心实力（Hambrick，1998）；与此同时，有学者研究表明，行为整合与企业绩效水平有着显著的相关性（Carmeli，2008）。从个体层面去分析，高管团队行为整合能激发成员的即兴反应能力（Carmeli & Halevi，2009），提升其行为的复杂性（Magni，Proserpio，Hoegl & Provera，2009）。

CEO 在高管团队中履行着领导职能，而团队结构则制约着企业各部门之间沟通是否顺畅、职能是否落实等重要因素，因此，学者在研究高管团队行为整合 CEO 和团队结构是不可忽略的两个变量（成瑾，2017）。高阶理论指出，CEO 作为战略领导者决定了企业决策的制定、资源的配置、制度的推行和文化的培育（陈璐，2016），在高管团队中起着至关重要的作用。CEO 在高管团队成员中起着领导者地位（Vancil，1987），其领导风格和领导水平直接影响高管团队的整体资格，高管团队行为整合理应在 CEO 的直接领导下进行。高管团队行为在团队组织结构下有序进行，而 CEO 作为团队结构建设者和参与者发挥着重要作用。因此，为了更深入地理解高管团队行为整合，可以探究 CEO 如何构建团队结构才能有益于高管团队行为整合？CEO 在高管团队的职能分配与协同配合中如何发挥其关键作用？等等问题已经引起了学者的广泛关注。这些研究主要从 CEO 特征视角来考察 CEO 与高管团队的关系问题。从领导力理论视角去分析，CEO 变革型领导风格能有效预测 CEO 与高管团队成员间关系以及高管团队成员之间的氛围并呈正向关系，进而促进企业绩效水平，达成企业目标方面已经在学术界普遍共识（Colbert, Kristof‐Brown & Bradley, 2008；Lin, Dang & Liu, 2015）；CEO 关系型领导风格能有效调和团队成员之间的冲突，营造成员之间的团队氛围，提高高管团队战略决策的质量和决策推行的效率（Carmeli, Tishler & Edmondson, 2012）；CEO 授权型领导风格能提高团队的整体效能和行为整合能力（Carmeli, Schaubroeck & Tishler, 2011）。从个体特征视角去分析，CEO 人格特质对团队动态性有重要影响（Peterson, Smitj, Martorana & Owens, 2003）。CEO 个人的信息网络会影响组织灵活性（Cao, Simsek & Zhang, 2010）。在高管团队成员信息共享方面，CEO 所履行的角色、CEO 所在团队的领导者地位以及 CEO 的知识、技能和水平都会产生重大的影响（Buyl, Boone, Hendriks & Matthyssens, 2011）。从团队成员互动视角去分析，林等（Lin et al., 2014）认为 CEO 和高管团队的互动会对高管团队的心理授权产生影响。

本尼斯和纳努斯（Bennis & Nanus, 1985）认为领导者必须建立一个系统科学的组织结构用以实现企业的战略目标。也有学者强调 CEO 在高管团队中的领导者身份，必然促使 CEO 在构建组织框架和结构方面发挥重要作用（Jaques, 1986）。具体而言，CEO 作为高管团队的领导者，促进了在团队结构的建立以及高管团队行为整合。可见，实现高管团队行为整合促进新创企业发展的过程中，新创企业的 CEO 或者最高领导者将起着重要的影响作用。

总而言之，根据高阶理论，在现今的企业竞争环境中，团队在企业的生存和发展中发挥着越来越重要的作用。企业高管作为一个合作性的团体，在充分实现信息传递、资源共享和决策实施方面能够带来积极的正面效应，继而提高企业的绩效水平。行为整合程度高的高管团队能够有效地为新创企业获得关键资源，维持企业的竞争优势和扩张企业的市场占有率有着显著作用，从而提高企业的绩效水平。高管团队 CEO 领导风格也会对企业发展产生重要的影响。领导风格可能调节高管团队行为整合和组织绩效的关系（卢清，2013）。上述观点也得到姚振华和郭忠金（2015）研究结果的支持，他们认为高管团队行为整合对企业绩效有着显著的正向关系，进而得到团队合作对企业绩效有着显著影响的结论。而且姚振华等（2013）在研究高管团队成员异质性和人口统计学变量与行为整合的关系中发现，领导风格对高管团队的构成具有重要的作用。因此在企业的日常管理运营方面给了我们一些启示，即企业必须平衡行为高管团队行为整合和领导风格之间的关系。具体而言，授权型领导风格、关系型领导风格能够以创新，长远目标为导向方面为高管团队的运营和决策提供良好的环境，进一步推进了高管团队行为整合和企业绩效的提升。

15.4.3 创业企业高管团队构成对新创企业的影响

综合现有的国内外创业团队的研究，高管团队构成的特征对新创企业的影响主要集中在以下四个方面：一是高管团队的强有力的领导者（能力、风格）；二是高管团队成员的职业背景；三是高管团队成员异质性（教育背景、年龄、从业经历等）；四是高管团队成员的行业经验。

（1）强有力的领导者。新创企业中存在强有力的领导者，那么资源持有者会对创业团队的满意度会高一些，对企业未来的发展前景充满信心，因为这些领导者身上的人格魅力和特质会促使团队成员共同为企业目标的实现而共同努力（Foo et al.，2006）。高阶理论认为，CEO作为战略领导者决定了企业决策的制定、资源的配置、制度的推行和文化的培育（Hambrick，1984），在新创企业高管团队中发挥了至关重要的作用。

（2）团队成员的职业背景。现有的文献对高管团队成员的职业背景的研究主要集中在两个方面：一方面，研究高管团队成员之间是否有过类似行业从业经历；另一方面，团队成员是否在同类企业共同共事过（Amanda，2016）。有研究表明，如果高管团队成员曾在同一公司共事过，则企业更可能采取开发行为（Beckman，2007）。如果高管团队成员之间有过共同的就职经历，那么在企业的战略制定和决策推行方面更易达成共识，在资源的有效利用方面可以避免内部的损耗。反之，如果高管团队成员之间先前所属行业存在明显偏差（如汽车行业与食品安全行业），那么团队成员在知识、技能和社会关系网络等这类关键资源不可避免的造成不对等，很可能造成团队内部的冲突和内耗。因此企业更可能采取探索行为，以便成员之间加快熟悉企业章程、企业文化和企业环境；同样的，如果团队成员既有同类型企业的就职经历，也有在不同类型企业的就职经历，那么企业则更可能采取开发行为和探索行为，对新创企业的发展具有正面影响（角色的增加，成员的增长，绩效的提高）。上述观点也得到学者的进一步证实，埃森哈特（Eisenhardt，1990）研究发现，如果创业团队成员的职业背景相一致，企业的市场销售会得到提速，因为共同的就业经历会使得团队成员之间的沟通更为顺畅，信息传达的更为准确、及时和快速，以便做出更合理的战略决策。

（3）团队成员的异质性。高管团队成员的异质性主要指成员间人口统计学的异质性，成员间教育背景的异质性，成员间行业经验的异质性等团队成员构成特征（石书德，2011）。一方面，高管团队成员构成的异质性会促进新创企业的发展，因为团队成员的异质性在决策时会产生头脑风暴，提高决策效率。例如，有研究表明，团队成员行业经历的异质性有利于企业的技术创新和产品开发（杨俊，2010），有助于企业走进发展的快车道；团队成员教育背景的异质性则会对早期创业企业的生存能力得到极大的提升，提高企业创业的成功力（Foo，2006）。另一方面，高管团队成员间教育背景、行业经验以及技能水平的异质性可能会造成团队成员之间的内部损耗和内部冲突，如果不能有效地建立沟通机制，团队成员间无法达成共识，就可能对新创企业的战略制定和战略实施埋下隐患，对企业未来的发展可能造成致命的打击（Chowdhury，2005；Hmieleski，2007；Amason et al.，2006）。因此，新创企业高管团队成员之间的异质性与企业绩效的关系在学术界尚未形成统一的观点，有学者进一步去证实它们之间的确切关系。

（4）高管团队成员的行业经验。高管团队成员的经验特征也是影响新创企业发展的重要因素，因为团队成员的经验和认知水平呈正相关，会对企业的绩效水平、目标选择和战略选择产生重要的影响。有研究表明，团队成员的经验与企业的发展战略匹配度与企业的绩效水平显著相关。具体而言，高管团队成员间行业经验的异质性，在知识、技能和社交网络等关键资源无法形成有效的整合，导致战略的制定和决策无法达成共识，继而对企业的绩效水平产生不利的影响，同样的，如果高管团队成员共同的行业经历，有着共同的价值观，则更易达成共识，对企业的绩效水平就会产生积极影响

（Shrader & Siegel，2007）。

问题是，创业企业高管团队成员构成为什么以及如何影响新创企业的绩效水平？回顾创业研究的相关文献，主要存在两种理论进行阐述：一是高层阶梯理论（upper echelons theory）；二是合法性的制度理论。

首先，基于高层阶梯理论分析，高管团队成员之间的知识储备、技能专长和人格特质等特征，会对高管成员的战略眼光和市场机遇的灵敏度造成影响，高管团队成员自身的水平会影响他/她的行为方式和战略格局，在市场的推广和产品定位方面可能采取不同的策略，因此对企业的生存和发展，以及绩效水平的提高有着重要影响（Hambrick，1984）。新创企业高管团队成员是企业的核心竞争力，影响着企业发展战略的制定和目标定位，团队成员的构成如果无法和企业的整体战略目标吻和，则可能对新创企业的发展和绩效水平的提高产生不利的影响（Foo et al.，2006）。

其次，基于制度理论的合法性视角。新创企业在早期通常资源比较匮乏，急需得到外部资源拥有者的支持，这往往对企业自身的发展和弹性存在限制。然而，新创企业由于自身的合法性问题，外部资源持有者往往存在观望态度，这对于企业自身的融资面临巨大的困难（Bhide，2000；Zot，2007）。朱秀梅（2010）研究表明，团队成员社交网络能力会影响新创企业外部资源的有效获取。也有研究表明，企业提升自身的合法性是企业获取外部资源的有效途径。高管团队合法性是一种基于企业信息的市场判断，有助于企业获得发展所必需的其他关键资源（Zimmerman，2002）。高管团队成员的角色构成和结构能提升新创企业合法性，会增强外部资源持有者对新创企业前景的信心，从而影响他们资源投入的决策。有学者指出，高管团队成员构成特征对新创企业合法性的提升主要集中在三个方面，即高管团队成员的地位（包括声誉、教育背景、宗教信仰等）、高管团队成员的工作经历（行业经历、创业经历）、社会关系网络（人际交往、政治关联等）三个方面（Packalen，2007），高管团队成员构成在这三个方面能够合理的进行组合，那么外部资源持有者则会认为高管团队的合法性程度高，更愿意对新创企业投入资金和技术，企业则更容易实现发展的里程碑（获得风险投资和实现 IPO）。

综上所述，根据高层阶梯理论合法性的制度理论的相关研究，已经证实高管团队成员构成影响新创企业的发展、创新以及外部资源获取等方面，并且认为高管团队成员构成的合理组合能够提升新创企业的绩效水平，促进企业的快速发展，上述的研究成果对于高管团队如何提升新创企业的绩效水平具有重要的理论和管理实践意义。但是，基于现有的创业研究的文献，学者很少从创业团队这一视角出发去解释新创企业资源获取，且这部分学者主要关注高管团队成员构成对新创企业融资水平的影响方面。可见，未来需要更深入地对团队构成与新创企业发展的关系机制进行实证检验，以更好地推进相关研究。

15.5 结论、管理启示及未来研究展望

15.5.1 结论

新创企业的存活率不高的结果可能是由创始人和高管的关键属性和特征决定的，这两者都反映了新创企业所建立的价值观和认知基础（Shrader & Siegel，2007）。在当前创业背景下，团队形式的创业越来越普及。创业团队的优势源于成员技能的多样性和专长的互补性、知识、特点以及经验背景等（Chowdhury，2005）。因此，创业企业高管团队基于自身的特点对新创企业的战略选择和战略决策产生重要影响，对新创企业的生存和发展的核心问题发挥重要作用。但是，其具体影响机制如何还需要更深入的阐释。

新创企业的一个重要特点就是要努力获取合法性，以争取更多的关键资源用于新创企业发展。制度理论主要强调法律法规、社会习俗和宗教信仰对新创企业合法性获取的重要性。该理论认为企业只要被动遵守上述规则，而忽视了企业获取合法性认知的能动性；战略理论则主要强调的是企业高管对新创企业合法性获取的关键作用，企业高管与外部利益相关者和外部资源持有者建立紧密的联系，传递企业发展的正面信息，主动获取企业发展所必需的合法性认知；与上述两种理论不同，生态学理论更偏向于社会大众对新创企业所入行业的理解程度，即公众对新创企业的理解越深，其合法性程度就

越高。上述三种理论是现今解释企业合法性获取的主流观点，虽侧重点各有不同，但目标都是为了新创企业实现合法性认知，实现企业发展提高绩效水平。

前人关于高管团队的研究关注的是高管团队成员个体与环境的适应问题，而高管团队不匹配则聚焦于团队整体，并且区分了团队构成与角色之间的差别，有助于更好地解释高管团队随着企业发展所需要的动态变更，以及从新创企业发展的不同阶段深入剖析高管团队在其中的作用。高管团队的不匹配表现为高管团队的高资格与低资格两种情况，反映了不匹配的两个截然不同的方向。

15.5.2　管理启示

随着信息高速公路的普及，信息技术从 PC 端到移动端的转移，过去传统的工作方式发生重大变化：即由领导者个人挑大梁的方式到强调团队的同力合作之间的转变。现阶段，高管团队是企业实现持续发展的主要动力。高管团队的研究能为团队的合理构建、培训以及绩效考核提供相应的方法和工具，因此，企业如何构建合理、高效、团结的高管团队具有重要的理论价值和实践价值。然而，基于目前中国社会的情境下，中国企业过度强调领导者的个人魄力特征，而忽视了高管团队的有效建设。有学者指出，中国企业现状普遍存在高管团队管理松散，特别是家族式企业尤其明显（卢清，2013）。企业高管往往缺乏战略眼光，看不清未来的发展方向，各部门经理缺乏协调力与战斗力，缺乏资本运作的能力，无法运用金融工具助力产业的发展。基于 CEO 与高管团队关系以及高管团队行为整合影响效应的相关研究成果，我国企业应居安思危，加快建设高管团队的专业性和合理性，扩充高管团队成员的沟通渠道，协调高管团队成员之间的资源分配，实现企业的快速发展。

在制度压力下，新创企业基于自身特点普遍采取被动遵守外部环境的合法性获取战略（Zimmerman，2002）。由于市场环境的不稳定性、复杂性，新创企业想要获得合法性可以与所属行业市场环境保持一致，来寻求社会大众对企业的认可。具体来说，新创企业应严格遵守市场中的制度规则以及社会的规范章程，共同遵守市场秩序以获取企业发展所需的合法性认知（田志龙等，2005；曾楚宏等，2008）。当市场环境较为恶劣时，新创企业可以基于战略理论，采取主动出击，利用高管团队成员的知识、技能和社交网络寻求外部利益相关者和资源持有者的密切联系，获取企业发展所需的合法性问题。

阿曼达（Amanda，2016）强调了高管团队不匹配作为新创企业招聘和角色细化的预测因素，特别是那些已经实现发展里程碑的企业。在新创企业中，高资格高管团队可能会减少雇佣新的成员来提高高管团队的能力；同样的，新创企业也可以增加一些任务角色，充分发挥高管团队成员的知识和技能专长，实现企业的发展。因此，高层管理者应该更加灵活地考虑角色和工作的要求。此外，低资格高管团队可能角色结构更加稳固，然而进入这些角色的成员会带来更多的变化。特别是，高管团队需要雇佣新成员以弥补高管团队成员技能专长的不足。虽然这些行为可能代表了团队成员构成的战略抉择，但如果团队中角色固定（没有增加新角色），这可能会限制未来的奖励和机会。总之，这可能类似于推广悖论（promotion paradox）（Phillips，2001），尽管在不同层次的分析中，低资格高管团队为新员工提供了短期机会，但可能会限制高管团队结构的长期发展。此外，阿曼达（Amanda）的研究表明了企业发展阶段的重要性：企业在实现了一些发展里程碑后，企业只会对高管团队进行变更，而不会考虑高管团队不匹配的程度。这就说明了雇佣员工的重要性，并从一开始就创建良好的角色，而不是希望随着时间的推移，成长为角色或增加新成员。

总而言之，阿曼达（Amanda）的研究揭示了高管团队不匹配是一种催化剂，用于新创企业中角色和人员的变更，但它的影响取决于高管团队不匹配的类型和企业的发展水平。一旦新创企业实现发展的里程碑，高资格高管团队会对角色结构进行细化，而低资格高管团队则会雇佣新的员工。企业在实现发展的里程碑前，不匹配的高管团队不太可能会对团队构成和结构进行变更，尽管高管团队似乎必须做出这些改变。

15.5.3 未来研究展望

第一，拓展研究范围，纳入中层管理者，综合探讨高管团队与中层管理者互动对企业发展的影响。最近的研究表明，有学者认为企业的中层管理者在企业的战略决策和推行企业文化方面同样有着关键性的作用，并对传统的高管团队的构成提出了质疑（Dwyer，2003），这一质疑也得到国内学者陈伟民（2006）的响应，他认为过去高管团队的构成应该得到扩充，高管团队的研究应该考虑到企业中层管理者。可见，未来研究可以超越对高管团队本身的关注，同时探讨新创企业高管团队与中层管理者互动对于新创企业发展的影响及其作用机制。

第二，融入董事会的因素，探讨董事会与高管团队在企业发展过程中的协同效应。普遍认为，董事会和高管团队是企业在战略选择、战略制定以及战略决策的关键核心，缺少任何一方都会对企业的未来发展造成无法弥补的损失（刘喜怀，2016）。为此，仅限于高管团队与企业发展的关系探讨会限制相关研究结论的有效性。

第三，着重考虑高管团队互动过程。根据高层集体理论，高管团队成员的构成主要包括企业的高层领导（如董事、CEO、CFO等），属于企业的战略决策层和控制层，负责企业各部门之间的协调和资源的合理配给，对企业的经营管理有着很大的自主权和决策权。但是，有必要说明并不是企业高层管理者的集合体就是高管团队或者就会形成高效的团队。真正高效的高管团队应该是信息传递通畅、资源合理共享以及目标一致的高效的领导班子。上述观点主要强调高管团队过程而非局限于高管团队成员的构成方面。因此，未来研究可以将研究视角往深入发展，即从团队构成向团队过程运作深入，探讨高管团队互动过程对企业发展的影响。

第四，综合团队成员构成与角色研究。目前只有少部分研究已经检验了高管团队构成或者高管团队结构在解释新创企业高管团队演变过程所产生的影响。因此，不仅要承认团队成员和角色之间的理论差异，而且应从实证的角度，把团队成员和角色结合起来进行研究，以便更好地解释驱动高管团队变更的因素。

第五，基于企业发展阶段的高管团队动态演化综合驱动要素研究。阿曼达（Amanda，2016）认为，高管团队的不匹配揭示了团队变更的需求和机会，有助于新创企业高管团队的演变。然而这一观点没有考虑高管团队变更的资源问题。每一个里程碑的实现都为新创企业招聘和增加角色提供了资源，如了解如何去构建角色和吸引经验丰富的高层管理者，这都需要得到外部资源持有者的支持。例如，风险资本家通过专业联系不仅为新创企业提供资金而且帮助企业雇佣经验丰富的管理者（Bygrave & Timmons，1992）。这些资源促进了新创企业的雇佣和角色的增加，同时对高管团队不匹配和高管团队变更之间的关系也会进行干预，因此，高管团队不匹配影响高管团队雇佣和角色的增加应该考虑企业的发展水平。一个重要的偶发性因素也许会影响高管团队不匹配和高管团队变更之间的关系，也许是新企业的发展阶段，或者是否实现发展的里程碑如获得风险投资或者上市等（Boeker & Karichalil，2002；Chen et al.，2008）。可见，未来在探讨高管团队动态演化研究中，可以采取更为综合的视角，以更全面地理解新创企业的动态演化机制。

第 16 章

创业企业创新投入、高管过度
自信对企业绩效的影响*

16.1 引　言

近年来，为加快企业发展，政府及企业多提倡采用创新以提升市场占有率和核心竞争力（Liu et al.，2013）。熊彼特提出创新理论后，大量学者从企业战略、企业发展、市场环境等各个角度对企业创新投入进行了大量的研究；而做出提升企业效率、推进企业发展及加快企业创新等战略决策的管理者，大多有相对过度自信的趋向；同时，鉴于处在中国本土情景中，在"君为臣纲"的中国传统文化背景下，企业高管容易产生高人一等的心理，加上仕途一帆风顺及持续的自我强化使企业高管显现出过度自信的偏差（黄莲琴等，2011；Goel & Thakor，2008），即企业高管在做出决策时更易高估自己能力，同时又低估了自己对消息的预测误差（何诚颖等，2014），从而其过度自信行为与企业绩效间的关系也是本研究研究的重点（王山慧等，2013）。

自"十二五"规划后，我国为了到达创新发展的新高做出了不懈努力，现阶段"十二五"规划指出的目标基本完成，我国的自主创新能力不断攀

---

　　* 部分内容参见：潘清泉，鲁晓玮. 创业企业创新投入、高管过度自信对企业绩效的影响［J］. 科技进步与对策，2017，34（1）：98 – 103.

升。2015 年，美国国际科学基金会发布的《美国科学与工程指标》指出，我国已成为世界不容小觑的研发大国，中国的创新能力也如同芝麻开花——节节高，创新创业的大环境也已形成。

高阶理论指出，创新是一项战略选择用以推动创业企业的发展，除了受到内外环境的影响，还受制于企业高管的认知及有限理性。娃哈哈集团董事长宗庆后曾说过：创立、管理企业并将它发展壮大，感觉是很重要的。而宗庆后作为企业发展的重要推动者，做出的大多数决策体现出超乎寻常的自信心，乃至绝大多数人看来是非理性甚至疯狂的，但却成就了娃哈哈的辉煌（梁上坤，2015）。

在企业创新发展的阶段，外部环境的不确定性对企业的创新决策提出了一定的要求，鉴于学术界对企业创新的判别方式多采用创新投入作为衡量指标，因此本研究预期企业的创新投入会对企业战略的选择与实施产生影响。

我国现在正处于经济发展的高速期，创新已成为企业提升市场占有率和核心竞争力的主要源泉（Cooper，1976）。熊彼特是创新理论的奠基者，自创新理论提出之后，大量的学者从企业战略、企业发展、市场环境等视角对企业创新行为进行了深入探讨和研究。然而，在这些研究中大多置高管行为特征于不顾，尤其是心理学研究中所重视的过度自信的影响。在"君为臣纲"的中国情境下，企业高管容易产生心理优越感，加上职位上升空间较大及持续的自我强化，使企业高管自信强度较一般标准更高，即企业高管在做出决策时易高估自己能力的同时低估了自己对消息的预测误差，导致其过度自信这一行为特征对企业绩效的影响较为直接和显著。

竞争加剧，经济一体化的市场环境促使企业迫切需要切实有效的手段以求在激烈的竞争中得以生存与扩张。鉴于此，本研究以创业板上市公司为样本企业，利用样本企业在 2012～2015 四年间的面板数据来探究高管过度自信及企业创新投入对企业绩效的影响及其作用机制，以明晰高管过度自信、企业创新投入和企业绩效三者之间的相关性，这不仅可以对"高管过度自信及企业创新投入与企业绩效间关系"这一问题进行有效的探索，同时也为企业发展与创新提供有益的意见和建议。

16.2　国内外研究不足

本研究研究了企业创新投入与高管过度自信在引导企业创新投入中所起到的作用。以往研究大都探究了高管过度自信作为主效应研究中的一部分对其结果或前因变量的效用机制，即将高管过度自信作为自变量或因变量来探究其在组织氛围、企业长期发展等方面起到的作用机制。但很少在研究高管激励与企业绩效相关关系的同时，考虑高管过度自信在其中起到的调节作用。例如，贝克（Baker，2014）等在高管行为特征的研究综述中提到，即使高管对企业认同感及工作敬业度较高，高管也会在一定程度上由于过度自信的行为特征做出有损企业绩效的非理性决策。有学者研究表明，过度自信的高管认为企业价值被低估了，易错过可以带来净收益的投资项目。安文（Anwer，2013）等利用面板数据对过度自信进行了实证分析，认为过度自信的高管易做出非理性决策。以上研究都表明即使企业高管激励政策较为完善，但过度自信的高管在做出决策时，也并不一定做出有利于企业发展的战略方案。

我国高速发展的市场环境将日益自主创新作为市场经济模式转变的核心驱动力。创新能力也成为企业提高市场占有率的主要源泉。熊彼特的创新理论使国内外学者对企业转型期间的企业创新投入做了大量相关研究，但都是基于一般组织氛围而并未考虑高管过度自信情境的影响机制，对于创新投入可能在高管激励与企业绩效这一主效应间起到的中介作用所做的探讨也并不多见。所以，探究高管过度自信情境下创新投入在其中起到的中介所用显得较为迫切。

同时，以往的研究多强调哪些因素会影响企业的创新投入，却没有考虑创新投入会给企业带来哪些影响。权变理论的观点认为，任何机制都不能单独发生作用，其会受到所处环境的影响。因此，创新投入作为衡量企业创新能力的重要组成部分，必然会对企业的发展产生影响。本研究认为，企业的扩张与企业创新能力在其中所起到的作用是不可分割的，而这一切都需要企业创新投入的支持。这意味着，企业高管在做企业发展战略决策时，必然会考虑到企业自身的创新投入，创新能力有较大差距的企业可能会在做出同一项决策后取得不同的创新结果。所以，考察创新投入在其他变量关系中的影响作用就显得极为迫切和必要。

16.3 理论分析与研究假设

16.3.1 企业创新投入与企业绩效

16.3.1.1 企业创新投入研究综述

已有研究发现，创新投入的增加有利于企业增加市场占有率，提高核心竞争力，进而提升企业绩效。然而，创新行为的风险投资较大，投入期较长，企业创新项目一旦失败，企业将面临极大危机。现实中，创新已成为转变企业经济发展模式的重要指标，但由于我国本土情境的传统性，且由于创新投入产出的风险性较大，国内大多创业企业创新投入水平都处于瓶颈期，即希望转型却缺乏承受风险的能力。而张小蒂（2008）研究结论指出高新技术产业的专利申请量和销售收入与企业创新投入间呈显著正相关关系。赵晖（2010）将流动资产和技术技能作为创新投入的一部分，分析了企业创新投入的影响效应，并详细探讨了其与企业绩效的相关性。

金特里（Gentry，2013）等从企业创新项目的投入与产出角度，选取创新投入或产出指标来衡量企业的创新能力。目前已有许多实证研究表明创新投入与研发费用占比有一定相关关系，且同时对企业创新行为有较高水平的影响效应，即企业创新效能是采用企业创新投入进行测量。但是，有学者指出，仅仅以企业创新投入衡量企业创新能力及企业绩效的衡量方式并不完善，因此多维度测量体系用以衡量企业创新能力日趋成熟。斯蒂芬（Stephen，2013）将技术创新分类并对不同类别进行相应测量；而徐玲等（2011）提出可以从创新投入、创新产出和创新环境三个维度来全面评估企业创新能力随着市场经济一体化的趋势不断增强，全球企业之间的竞争、合作及创新也日趋增多。但由于本研究篇幅及多维度测量体系还不够完善的关系，本研究依然采用单维度创新投入变量以衡量其在主效应中的作用。

目前对于企业创新投入的研究则更侧重于企业创新投入与其前因变量之间的关系研究。例如，有学者认为，企业创新投入取决于重组企业文化的能力。企业可以通过将已有企业文化重组创造出新的企业文化氛围来服务企业，也可以重新配置已有企业文化知识以提升企业创新投入（Carnabuci，2013）。赵（Zhao，2014）等人则指出，企业创新投入的增加不能忽视员工的作用。他们的研究发现，企业员工的创新动机高度相关于企业研发流程，从而影响企业高管做出与企业创新投入相关决策的信心并支持或阻碍企业创新行为。比尔斯（Beers，2014）等人也发现，企业利益相关者的能力和多样性也会影响到企业的创新投入。

16.3.1.2　企业创新投入与企业绩效

中共十八大报告提出，科技创新能力是提升国家综合实力的战略要求，为企业创新能力的不断攀升及提高利用创新资源的效率提供可靠保障。2008年金融危机过后，为了加快国内经济复苏，使国内企业在激烈的国际竞争中求得一席之地，企业自主创新更是重中之重。鉴于此，国内外学者深入研究了从高管激励视角研究其与企业创新发展之间的影响效用机制，在学术界激起千层浪。其中，有学者指出企业创新投入受高管薪酬激励影响颇重，同时有学者对高管股权激励相对于研发费用的影响机制进行深入研究，发现企业决策发展与创新投入相关，卡莱（Kale）等利用样本企业 12 年间的数据证明高管激励对企业创新有显著正向影响。林浚清研究指出高管激励与企业发展呈显著相关关系。周权雄和朱卫平认为管理者对企业发展的贡献投入随高管激励的变化而随之变动，进而对企业绩效的提升产生不可磨灭的作用；并且在企业产权研究中发现，高薪酬水平可以提升企业价值。以上研究清晰指出高管激励在企业实施发展战略中所起到的作用，但在创新背景下，高管激励对企业创新发展的影响受到国内外学者的研究重视。

根据熊彼特创新理论，创新是推动企业发展的重要组成部分，创新投入占比一般与企业绩效挂钩。随着市场竞争的愈发激烈，各大中型企业也不同程度加大了创新投入。首先,由于政府政策的支持,近年来企业的研发投入所占总资产比率即创新投入在逐渐提升;其次,创业企业会提升自己的创新投入以更好的吸收合作伙伴的创新知识,从而提升企业绩效;最后,企业创新投入的增加会提升员工对本企业创新能力的信心,以提升员工的忠诚度并激发员工的创新及创造能力。

虽然学术界对企业创新投入与企业绩效之间关系也进行了大量研究,但其研究结论并不能达成统一意见。林慧婷和王茂林(2014)指出企业创新投入对企业绩效有推动效应。一般而言,创业企业研发投入的增加会提升企业的创新投入,创新投入的增加有利于企业创新行为产出,提高核心竞争力,进而实现企业绩效的持续增长(Delmonte & Papagni,2003;罗婷等,2009)。研究表明多数管理者在做出战略决策时都倾向于加大企业创新投入,给企业创造大量的机遇与挑战,并带来了更高的企业绩效(Goel & Thakor,2008;Gervais et al.,2011;Graham et al.,2013)。但朱卫平和伦蕊(2004)通过分析发现,企业创新投入不一定会持续推动企业绩效的提升;同时,进一步的研究也揭示,企业所披露的研发费用并不一定会对其净资产收益率产生显著正向影响(梅雪等,2006)。

鉴于以上研究结论,前人的研究大都围绕企业创新对企业绩效的正向影响效应,所以针对创新投入是否会推动企业绩效的提升呢?答案是肯定的,但是随着创新投入的不断增加,创新投入占比也不断提升。当创新投入到达一定程度时,创新投入对企业绩效的正向影响也已到达顶点,随后根据边际效用递减规律,企业对创新投入的需求开始降低,创新投入的增多为企业发展带来的经济效益开始下降(Graham et al.,2013)。而且,随着创新投入的继续增加,可能会导致企业运转出现困难,从而对企业长期效益产生消极影响。基于以上考虑,本研究预期创新投入的增加对企业绩效的促进和抑制作用均客观存在,但是仅在企业创新投入到达一定程度后才会出现抑制作用;随后,如果企业依然成比例增加企业创新投入,这时企业创新投入对企业绩效同时起促进和抑制作用,企业创新投入对企业绩效的增值部分产生负向影响。综上所述,我们得出以下假设:

假设 1:创新投入与企业绩效之间呈倒 U 形关系。

16.3.2　高管过度自信与企业绩效

16.3.2.1　高管过度自信研究综述

李和耶茨（Lee & Yates，1995）在高管行为特征研究中发现，中国人更为自信。而中国情境下所信奉的高权力距离思想更易使高管做出过度自信决策，以展示自身的管理和决策能力。同时，企业高管主动承担企业创新投入增加所引发风险可能性的动力，也因政府对创新的大力支持而不断增强，因此，借此提升企业创新投入也不乏是促进企业长期发展的有效策略，同时处于中国高权力距离情境下的企业高管也会因创新决策而提升自信及管理企业的能力。赫什莱佛等（Hirshlerfer et al.，2012）认为，过度自信的管理者更倾向于做出创新决策，并投资风险项目。因此，高管过度自信情境下的企业高管对创新风险的容忍度更高，并且，与相对理性的高管相比，他们更愿意做出有利于企业创新发展的决策。陈收、段媛和刘端等（2009）则通过测量企业高管的过度自信程度指出企业创新投入的增加大都出现于过度自信高管的决策中。一些研究也表明，过度自信高管更加具有企业家精神，而以创新与冒险为显著特征的企业家精神会极力推动公司的内部技术创新活动，以期提升企业绩效。

加拉索和西姆科（Galasso & Simcoe，2010）以美国公司的数据表明高管过度自信与企业创新投入正相关，并在市场经济的行业竞争中更为显著。赫什莱佛等（Hirshlerfer et al.，2012）利用美国上市公司的实证研究表明过度自信的企业高管更易做出创新决策，投资创新项目，提升企业创新能力，进一步的研究表明企业创新能力反过来也会影响高管自信，从而做出有利于企业长期发展的决策。

有关过度自信的实证研究大都是围绕企业高管的过度投资决策，但创新与一般投资不同的地方在于创新投入风险性极大，那么这就要求企业高管风险承担能力较强。心理学研究指出社会公众对自身行为能力的衡量并不公允。由于企业高管长时间处在金字塔的顶端，则更有可能存在过度自信的现象。有学者研究表明，若企业的决策大多有利于创新，为企业的发展创造更多的机遇，则企业高管也将更加自信，也将乐意承担更大风险（Gervais，2011）。

16.3.2.2 高管过度自信与企业绩效

现代管家理论认为，企业高管会因自身价值观、面子及信仰等原因努力经营公司，从而成为企业发展的好管家，有利于企业更好应对各种风险及不确定因素，从而也有助于提升企业绩效（陈夙和吴俊杰，2014）。

高管过度自信对企业绩效的影响可以从以下方面进行考量。高管过度自信虽然是一种"非理性"的情绪状态，但促使相关人员对企业未来发展产生美好愿景（Tian & Lau，2001）；与此同时，基于对自身尊严以及对工作满意度的追求，会促使管理者努力提升企业绩效以提升企业员工及投资者对企业发展的信心，从而使企业的整体运转质量以及资金周转率得到提高（杨扬等，2011）。另外，在对企业高管的非理性行为的研究中，对其过度自信行为的探讨相对较多。一般将过度自信定义为人们在现实生活和工作中对自己成功的可能性过分自信，更愿意把成功归功于内因，而忽视运气、机会及环境等外在因素的一种认知偏差（Kahneman & Tversk，1979）。

此外，大量文献研究表明，过度自信的行为表现存在于大多社会公众中，人们通常会认为自己相较于他人而言更加优秀（Malmendier & Tate，2008），普通人尚且如此，那么企业中"高人一等"的管理者的行事方式也就显而易见，即企业高管更易出现过度自信的行为趋向（Gervais et al.，2011；Griffin & Tversky，1992），但适度的过度自信对企业的委托—代理关系有正向影响（陈其安和肖映红，2011）；同时，斯蒂芬（Stephen，2013）等心理学家指出高管过度自信行为易产出部分企业决策，但同时所处环境也是一个不容忽视的重要因素，并非所有需要作出决策的事件背景都是完全确定的，而在不确定条件下就有可能做出非理性的决策。而人作为社会人，也就是"经济人"，非理性的表现之一就是在某些事情上过度自信，其实证研究表明，企业高管对个人利益的过度关注会导致他们在制定决策时出现盲目乐观（Campbell et al.，2011）。此外，杰弗里（Jeffrey，2014）通过研究得出企业高管的决策错误原因为低估了竞争对手的实力或高估了本企业的竞争能力及市场占有率，即产生过度自信行为。由此可见，企业高管的过度自信行为在需要决策时发挥了举足轻重的作用。

综上所述，从企业发展的角度看，过度自信适用于大部分高管，即过度自信的高管所做出的战略导向部署会给公司特别是上市公司的发展带来"暴风雨"效应（Cooper et al.，1988）；退一步讲，即使是忠诚度极高的企业高管，也有可能因为过度自信做出非理性决策，从而对企业绩效产生影响（Barber & Odean，2001）。考虑到中国情境下的"面子"问题，本研究预期过度自信的企业高管会做出非理性的投资行为，而高管过度自信所做的决策会使公司陷入效益及效率极低的状态（Campbell et al.，2011；郝颖等，2005），同时，过度自信的高管所做出的并购决策更易对企业发展产生负面影响（饶育蕾和王建新，2010），企业绩效作为衡量企业发展的重要标志，同样会受到管理者过度自信的影响（郝颖等，2005）。

目前，现有研究有关创业企业中管理者过度自信问题产生的负面影响研究并不多见。在人们的潜意识中，往往只会重视支持自己的某个观点，并竭尽全力寻找论据来支持此论点，从而忽视各项对其不利的因素，即企业高管极有可能低估企业未来所面临的风险，从而陷企业于危机中。基于此，我们提出如下假设：

假设2：高管过度自信与企业绩效之间呈负相关关系。

16.3.3　高管过度自信与企业创新投入的交互作用

有学者在过度自信的跨文化研究中发现，相较之下，中国情境下高管过度自信的可能性更高（胡国柳和孙楠，2011），由于高管的乐观估计及国内对企业创新的重视，也使得过度自信的高管将创新作为发展及适应市场环境变化的一种方式，从而积极加大企业创新投入，以期获得有利于企业发展的成果回报。不可否认的是，过度自信的高管更倾向于在创新项目决策中提高创新投入（Hirshlerfer et al.，2012）。陈收、段媛和刘端（2009）则通过测量企业高管的非理性程度，表明大多创新投入都出现在过度自信的高管决策中，且深入研究发现，以创新与冒险为荣的强企业家精神一般存在于过度自信的管理者，并以此极大地推动公司内部创新以提升企业核心竞争力（Forbes，2005）。美国公司的数据表明高管过度自信与创新投入显著相关，而在竞争日益激烈的经济背景下，这种相关关系愈发显著；同时研究表明有效的创新成果也会另高管更加自信，从而作出风险极大且激进的管理决策（Galasso & Simcoe，2010）。有关过度自信的实证研究大都是围绕企业高管的过度投资水平，但创新与一般的商业投资不同的地方在于创新的风险性极大，那么这就要求管理者有较高的风险承担水平。人类心理学实验表明，人们通常认为自己的能力要高于大部分人。由于企业高管长时间处在"金字塔"的顶端，则更有可能存在过度自信现象（陈夙等，2014；Campbell et al.，2011）。有研究表明，若企业创新战略大都提升了企业市场竞争水平及获利能力，则企业高管也将更加自信，也将愿意承担更大风险（Gervais，2011）。

以上研究表明，高管过度自信与企业创新投入之间存在显著交互效应。具体表现为：企业高管的过度自信趋向使高管倾向于对成功概率不确定的创新项目进行决策，由于大部分创新项目所担风险较高，充满机会和挑战，过度自信的管理者更愿意加大创新投入，以显示自己的高瞻远瞩（Anwer et al.，2013）。尽管高管的过度自信特征会导致各项决策的出现，但由于创新需要管理者不断学习以提升自己，相较于一般的管理者，过度自信的管理者在对新事物接受和学习方面更加勤奋努力，因而有利于缓解企业创新能力不足的情况（Fairchild，2005），且由于创新的风险偏大，如果企业高管过于保守，那么企业对创新的投入就会远远少于敢于冒险的决策者，即企业的创新决策会受企业高管个人特征的影响（刘运国和刘雯，2007；唐清泉和甄丽明，2012），进而企业绩效也会随之变动。

综上所述，高管过度自信与创新投入在作用于企业发展战略时，彼此间是显著相关而非各自独立，即它们之间存在"交互效应"。这种相关关系可能会对企业绩效的提升有显著影响机制。鉴于此，我们提出以下假设：

假设 3：高管过度自信与企业创新投入间存在显著的交互作用。

16.4　研　究　设　计

16.4.1　数据来源与样本选取

本研究以 2012～2015 年间的沪深创业板上市公司为初始研究样本，选择沪深创业板上市公司股票作为样本是基于以下几点考虑：第一，我国创业板企业强调的是创新、高增，并没有过分强调哪个行业，以创业企业为样本，所得出的结论更具有现实意义。第二，创业板企业均为本土企业，这样可以使研究结果更贴近我国的实际情况。第三，创业板目前的平均市盈率高达33.14倍，即在同等条件下，创业板企业较于其他企业有更好的发展趋势，这样可以使研究结果更具有代表性。综上所述，本研究选取创业板上市公司为样本。

为了提高研究的严谨性和结论的有效性，对样本进行如下处理：第一，剔除缺失数据的企业；第二，剔除当年退市的企业；第三，剔除金融行业的企业。所有数据均来自于 Wind 数据库。分别选取创业板企业每年的业绩预告、净利润、研发费用、主营业务收入、总资产净利率、每股收益、企业规模、资产负债率、企业成长性及总资产净利率等指标作为实证的原始数据库。本研究所包含的样本企业总数为 173 个。

本研究所收集的样本企业数据来自 Wind 数据库，高管信息、研发投入等有效信息来自企业年报以及巨潮资讯网等财经网站。本研究将相关变量所需数据自 Wind 数据库中导出，但针对相对复杂变量，本研究采取自各年报中提取数据的方法进行数据采集。

16.4.2 变量内涵与测度

16.4.2.1 因变量

企业绩效（EPS）。研究发现在探究我国上市公司企业绩效时，国外文献中经常使用的托宾 Q 值并不适用于衡量中国情境下的上市公司，原因在于中国股市发展时间较短，相较之下还不够成熟，且有效性程度较低，在股票价格波动性较大、周转率较高同时存在的情况下，采用托宾 Q 值衡量企业绩效易存在较大偏差，而采用每股收益（EPS）来衡量企业绩效并不存在上述问题（吴建祖和肖书锋，2016），从而更为合理。

16.4.2.2 自变量

高管过度自信（OC）。高管过度自信的衡量是本研究的重点。相较于国内，国外对过度自信的研究颇为成熟，主要采用两种计量方式，一种是以高管持有股票期权衡量，另一种是以媒体发布信息为凭借，用以衡量高管过度自信。鉴于中国情境下的上市公司对高管股权激励政策还不太完善，同时又无专业数据库用于统计媒体披露数据，因而以上两种方式并不适用于中国上市公司。但随着高管过度自信研究的愈发成熟，国内学者对高管过度自信也采用了几种衡量方式，余明桂等用国家统计局颁布的企业景气指数数据以替代测量高管过度自信；余明桂和 Lin 根据上市公司年度业绩预告的变化判断高管是否过度自信。由于创业板上市公司激励实施范围有限，且企业景气指数并不单单反映企业高管管理风格和个性特征，综合考虑国内外学者所采用的度量方式以及数据获取的难易程度，故本研究借鉴余明桂和夏新平（2006）等的研究思路，采用企业的年度盈利预测进行衡量，利用上市公司已披露的年度业绩预告变化范围来确定企业高管是否过度自信，同时使用披露了年报的上市公司的盈利预测偏差用以衡量高管过度自信，高管过度自信则表示为企业实际获利水平低于盈利预测（王山慧等，2013），研究选择2012~2015 年在第 3 季报中披露了业绩预告的上市公司公司作为样本企业。若上市公司披露了年报后净利润低于盈利预测，则定义该企业高管为过度自信样本（余明桂等，2006）。

企业创新投入（R&D）。对创新投入的测量主要有三种方式：一是通过研发投入占企业主营业务收入的比例进行测量；二是通过企业所申请的专利数来进行测量；三是通过企业研发技术人员占比来进行测量（Xu et al.，2013）。但中国知识产权局仅可以查询企业的国内专利申报情况。另外，我国并未强制要求公开上市企业研发技术人员。因此从数据可获得性和准确性角度考虑，且通过查阅和分析上市公司年度财务报告附注等相关资料，本研究采用企业研发费用比企业主营业务收入来度量企业创新投入。

16.4.2.3 控制变量

本研究根据相关文献（Deephouse，1996；周建和李小青，2012），选用企业规模、资产负债率、所属行业、企业年龄、企业成长性、固定资产占比、前一年度收益作为控制变量。变量定义如表 16.1 所示。

表 16.1   变量定义

变量分类	变量符号	变量名称	变量定义
自变量	OC	管理者过度自信	过度自信取 1，否则取 0
	R&D	创新投入	研发费用/主营业务收入
因变量	EPS	企业绩效	每股收益
控制变量	SIZE	企业规模	总资产的自然对数
	LEV	资产负债率	总负债/总资产
	GROWTH	企业成长性	营业收入增长率
	AGE	企业年龄	企业成立到数据统计期的差值
	RATE	前一年度收益	总资产报酬率
	F	固定资产占比	固定资产/总资产
	Industry	所属行业	虚拟变量，I_1，I_2，I_3，I_4，I_5，I_6，I_7，I_8，I_9，I_{10}，I_{11}，I_{12}，I_{13}

企业规模（SIZE）。已有研究表明，企业规模与企业资源积累及发展等方面存在紧密联系，这可能会对企业技术创新和最终的企业绩效产生显著影响，本研究采用企业的总资产数据进行测量，并在检验过程中取对数处理。

资产负债率（LEV）。研发费用的多少受企业负债率大小的影响较大，由于企业市场占有率的增长需要企业提升研发费用。如果企业的资产负债率已达到饱和状态，那么高管在考虑增加企业创新投入时不可避免的需三思而后行。LEV 的衡量采用期末负债/总资产。

所属行业（Industry）。为了控制 Industry 变量对 R&D 的影响，本研究将 Industry 虚拟变量作为控制变量。

企业年龄（AGE）。随着企业的发展，相较于新兴企业，成熟企业的 R&D 及高管行为特征也会出现相悖之处，因此本研究将 AGE 作为控制变量，AGE 是从企业成立到数据统计期的差值。

企业成长性（GROWTH）。如果企业盈利情况并不如预期乐观，则企业会用于提升企业发展速度的净利润也将处于低位；与此相反，若企业营业收入高于预测水平，则企业也更倾向于采取有效策略以求企业高度发展。因此本研究将 GROWTH 作为控制变量，以营业收入增长率作为衡量指标。

　　固定资产占比（F）。由企业研发费用的上升和下降可以通过企业流动资产占比来衡量，因此，本研究将 F 作为控制变量，来衡量企业流动资产占企业总资产的比率，采用固定资产比总资产来衡量。

　　前一年度收益（RATE）。前一年度的收益情况也将会对企业接下来做出的短期、中期战略计划造成影响，即对企业未来发展和长期收益也会产生影响；且企业绩效处于高位的企业更倾向于做出效率较高的创新决策。同时对于绩效增长率较高的企业而言，高管才会更有信心进行有效的企业战略决策。因此本研究采用总资产报酬率来衡量企业的前一年度收益。

16.4.3　研究方法与研究模型

　　基于以上分析，本研究采用多元线性回归分析的方法，实证检验高管过度自信与企业创新投入对企业绩效的影响，并且使用如下的多元回归模型：

$$EPS = \beta_0 + \beta_1 OC + \beta_2 R\&D + \beta_3 OC \times R\&D + \beta_4 R\&D^2 +$$
$$\beta_{5-11} Control + \beta_{12-24} Industry + \varepsilon$$

其中，β_0 为常数项；β_1 为过度自信对企业绩效的影响系数；β_2 为创新投入对企业绩效的影响系数；β_3 为两自变量的交互项对企业绩效的影响系数；β_4 为创新投入的二次项对企业绩效的影响系数；β_{5-24} 分别为各个控制变量对企业绩效的影响系数；ε 为误差项。

16.5　实　证　分　析

16.5.1　描述性统计与相关分析

　　本研究主要变量的均值、标准差、Pearson 相关系数如表 16.2 所示。由表 16.2 可以看出，就样本企业而言，其企业绩效均值为 0.342，标准差为 0.339，说明样本企业绩效普遍还处于一般水平，但在不同企业之间存在较大差异，提升企业绩效仍然是当务之急。高管过度自信均值和标准差分别为

0.13 和 0.341，说明样本企业高管过度自信普遍处于较低水平。其创新投入均值为 0.749，标准差为 0.793，说明样本企业的创新投入普遍处于高位，但企业研发新技术以提升企业绩效依旧任重而道远。Pearson 相关系数显示，高管的过度自信显著负相关于企业绩效，并且不同企业之间资产负债率相差较大，说明不同企业对融资的需求不同，因而差异较大，企业负债越多，说明高管敢于冒险，因而企业高管越发过度自信。除此之外从各变量间的相关系数来看，企业创新投入也显著负相关于企业绩效，与假设不符，为了更好地检验创新投入与企业绩效之间的相关关系，在回归分析中会予以说明。

表 16.2　　　　　　　　　　　　　　描述性统计结果

变量	均值	标准差	OC	R&D	EPS	SIZE	LEV	GROWTH	AGE	RATE	F
OC	0.13	0.341	1								
R&D	0.749	0.793	0.103 **	1							
EPS	0.342	0.339	−0.408 ***	−0.123 **	1						
SIZE	21.019	0.658	−0.041	−0.131 **	0.231 ***	1					
LEV	25.664	16.225	0.015	−0.254 ***	−0.068	0.502 ***	1				
GROWTH	0.267	0.495	−0.028	0.015	0.035	0.004	−0.038	1			
AGE	16.07	4.139	−0.061	0.025	0.028	−0.038	−0.012	−0.036	1		
RATE	6.536	5.724	0.016	−0.023	−0.011	−0.099 **	−0.063	0.296 ***	0.039	1	
F	0.262	0.363	0.067	−0.047	−0.153 ***	−0.40 ***	−0.196 ***	0.022	0.054	0.151 ***	1

16.5.2　多元回归分析

为了更好地检验变量间相关关系，以及两自变量的"交互作用"对因变量的相互作用机制，本研究在检验企业创新投入、高管过度自信与企业绩效关系时，首先设定了 3 个模型来进行回归分析，具体操作步骤如下：首先，模型 1 仅控制变量包含其中；其次，模型 2 加入 2 个自变量；最后，模型 3 在前模型基础上，添加了高管过度自信与创新能力的交互项以及创新投入的二次项。以上 3 个模型的回归结果如表 16.3 所示。先来看总体样本的情况，模型 1、模型 2、模型 3 将每股收益作为被解释变量。模型 1 仅包含控制变量，从模型 1 可以看到 SIZE 与 EPS 的相关系数为正，且在 1% 的置信水平下显著（$\beta = 0.316$，$p < 0.01$），LEV 与 EPS 的相关系数为负，同样也在 1% 的置信水平下显著（$\beta = -0.239$，$p < 0.01$），这意味着本研究所选择的部分控制变量显著有效。从模型 2 主效应回归分析结果来看，OC 与 EPS 的相关系数为负，且在 1% 的置信水平下显著（$\beta = -0.354$，$p < 0.01$），这说明高管过度自信与企业绩效显著负相关，假设 2 得到有力支持。同时，R&D 与 EPS 之间存在显著的倒 U 形关系（$\beta = 0.316$，$p < 0.01$），假设 1 得到有力支持。模型 3 用来检验高管过度自信与企业创新投入的交互效应，OC × R&D 的交互项为负，且呈显著相关关系（$\beta = -0.268$，$p < 0.1$），假设 3 得到有效验证说明高管过度自信会弱化企业创新投入增长带来的效果。以上结果表明虽然企业规模与企业绩效成正比，但企业负债与企业绩效间成反比例关系；即随着企业负债的增加，企业绩效在不断降低，若企业负债达到一定比例，企业的市场地位则岌岌可危。另外，管理者过度自信并不能显著提升企业绩效；与此同时，企业绩效并不会因为创新投入的持续提升而无限增长，即二者之间存在明显的边际效用递减。从表 16.3 的回归结果可知，模型 1、模型 2 和模型 3 的 F 值分别为 7.021、8.411 和 10.359，且均在 0.1% 的置信水平下显著，调整后的 R^2 分别为 0.136、0.169 和 0.221，表明模型的拟合效果较好。

表 16.3　　　高管过度自信、创新投入与企业绩效回归分析结果

变量	因变量为 EPS		
	模型 1	模型 2	模型 3
_cons	（-6.242）***	（-6.102）***	（-5.875）***
LEV	-0.239*** （-5.537）	-0.289*** （-6.663）	-0.290*** （-6.878）
GROWTH	0.036 （0.950）	0.033 （0.907）	0.049 （1.362）
RATE	0.017 （0.422）	0.029 （0.723）	0.023 （0.643）
AGE	0.056 （1.535）	0.061 （1.708）	0.055 （1.576）
F	-0.076 （-1.929）	-0.099 （-2.549）	-0.102** （-2.725）

变量	因变量为EPS		
	模型1	模型2	模型3
SIZE	0.316 *** (7.059)	0.313 (7.114)	0.301 *** (7.052)
OC		−0.354 *** (−10.825)	−0.373 *** (−8.326)
R&D		−0.213 *** (−5.319)	−0.380 *** (−4.195)
R&D^2			0.316 *** (3.682)
OC × R&D			−0.268 *** (−6.598)
Industry	控制	控制	控制
R^2	0.158	0.192	0.245
ΔR^2	0.136	0.169	0.221
F	7.021	8.411	10.359

注：N = 692；＊表示相关系数在10%水平下显著，＊＊表示相关系数在5%条件下显著，＊＊＊表示相关系数在1%水平下显著，括号内为t值。

16.5.3　稳健型检验

为了进一步证明本研究的结论，即使用每股收益作为企业极小的衡量指标所得到的结果是否稳健呢？本研究采用另外一个指标——总资产净利率（ROA）来做检验。结果如表16.4所示。根据表16.4的结果来看，模型4、模型5和模型6调整后R^2分别为0.156、0.206和0.267，模型的拟合效果较好；从模型4可以看到SIZE与ROA的相关系数为正，且在1%的置信水平下显著（β = 0.233，p < 0.01），LEV与ROA的相关系数为负，同样也在1%的置信水平下显著（β = −0.336，p < 0.01）。从模型5主效应回归分析结果来看，OC与ROA的相关系数为负，且在1%的置信水平下显著（β = −0.379，p < 0.01），R&D与ROA存在显著的倒U形关系（β = 0.328，p < 0.01）。同时在稳健性检验中，高管过度自信与创新投入的交互项为负，且呈显著相关

关系（β = - 0. 290，p < 0. 01），这与原回归的研究结果一致。

表 16. 4　　　　高管过度自信、创新投入与企业绩效回归分析结果

变量	因变量为 ROA		
	模型 4	模型 5	模型 6
_cons	（ - 4. 170）***	（ - 3. 974）***	（ - 3. 689）***
LEV	- 0. 336 *** （ - 7. 861）	- 0. 396 *** （ - 9. 344）	- 0. 397 *** （ - 9. 696）
GROWTH	- 0. 009 （ - 0. 231）	- 0. 011 （ - 0. 315）	0. 005 （0. 143）
RATE	0. 016 （0. 395）	0. 030 （0. 771）	0. 026 （0. 685）
AGE	0. 033 （0. 902）	0. 039 （1. 108）	0. 032 （0. 933）
F	- 0. 110 ** （ - 2. 839）	- 0. 138 *** （ - 3. 648）	- 0. 141 *** （ - 3. 885）
SIZE	0. 233 *** （5. 269）	0. 229 *** （5. 325）	0. 216 *** （5. 227）
OC		- 0. 379 *** （ - 12. 072）	- 0. 397 *** （ - 9. 224）
R&D		- 0. 259 *** （ - 6. 616）	- 0. 426 *** （ - 4. 843）
R&D^2			0. 328 *** （3. 935）
OC × R&D			- 0. 290 *** （ - 7. 345）
Industry	控制	控制	控制
R2	0. 178	0. 228	0. 289
ΔR2	0. 156	0. 206	0. 267
F	8. 083	10. 448	12. 978

注：N = 692；* 表示相关系数在 10% 水平下显著，** 表示相关系数在 5% 条件下显著，*** 表示相关系数在 1% 水平下显著，括号内为 t 值。

16.6　研究结论及启示

　　创新经济学集中考察企业层面上创新行为引入的决定因素以及这种引入所产生的影响，以此为基础，组织控制理论指出，公司治理应将创新作为核心问题放于治理首位，且核心是将资源进行协调与合理配置。自熊彼特提出创新概念以来，企业创新投入及其效率一直是国内外学者关注的重点，除此之外，企业高管的个性特征也逐渐受到重视（林慧婷和王茂林，2014；文芳和汤四新，2012）。本研究结论在管理实践上的积极意义包括以下几个方面：第一，重点关注了企业高管的"非理性"心理趋向；第二，企业高管的过度自信及企业的创新投入对企业绩效有较大影响，创业企业要想发展，还是需要提高自身企业的创新投入以提升市场份额，但创新投入对企业绩效的影响会出现边际效应递减规律；第三，企业高管的过度自信对企业绩效呈负向影响，适度的过度自信可以得到较为乐观的结果，但过度了就会适得其反；第四，基于中国国情，企业中的"唯我独尊"概述了管理者的过度自信，正是由于这种"高人一等"的心理状态，使得高管更易冒险做出提升企业创新投入等企业战略决策，即高管过度自信与创新投入之间是相互关联而非彼此独立的，且它们之间的"交互效应"与企业绩效显著相关。在过去的研究中，大多倾向于对沪深股票的 A 股上市企业进行实证分析和研究（翟淑萍等，2015），本研究利用创业板上市公司，因为公司性质的缘故，创业板上市公司的企业高管更容易产生过度自信，相较于 A 股等上市公司来讲，创业企业也更易加大创新投入，并与高管过度自信共同对企业绩效产生更大影响等。在这种内外相结合下，研究企业高管过度自信及企业创新能力的"交互效应"对企业绩效的影响有重要的实践意义。

　　然而，本研究也有一定的不足，本研究仅讨论了高管过度自信及创新投入的"交互效应"对企业绩效的影响，而没有讨论企业高管过度自信对企业技术创新投入的影响，也没有探讨过度自信的管理者所做的创新决策是否能够得到更有效的创新成果，用以更好推动企业发展，这是本研究的局限性，也是我们未来关注的重点。

参考文献

［1］ Abor J. Do Export Status and Export Intensity Increase Firm Performance? ［J］. Thunderbird International Business Review, 2011, 53 (1): 9 - 18.

［2］ Ahmed A S, Duellman S. Managerial Overconfidence and Accounting Conservatism ［J］. Journal of Accounting Research, 2013, 51 (1): 1 - 30.

［3］ Amason A C, Distinguishing the Effects of Functional and Dysfunctional Conflict on Strategic Decision Making: Resolving a Paradox for Top Management Teams ［J］. Academy of Management Journal, 1996 (39): 123 - 147.

［4］ Ansoff H I. Strategies for Diversification ［J］. Harvard Business Review, 1957, 35 (5): 113 - 124.

［5］ Barber B M, Odean T. Boys will be Boys: Gender, Overconfidence, and Common Stock Investment ［J］. Social Science Electronic Publishing, 2001, 116 (1): 261 - 292.

［6］ Barkema H G, Shvyrkov O. Does Top Management Team Diversity Promote or Hamper Foreign Expansion? ［J］. Strategic Management Journal, 2007, 28 (7): 663 - 680.

［7］ Barney J. Firm Resources and Sustained Competitive Advantage ［J］. Journal of Management, 1991, 17 (1): 99 - 120.

［8］ Barrick M R, Bradley B H., Kristof - Brown A L., et al. The Moderating Role of Top Management Team Interdependence: Implications for Real Teams and Working Groups ［J］. Academy of Management Journal, 2007, 50 (3):

544 – 557.

[9] Beers C V, Zand F. R&D Cooperation, Partner Diversity, and Innovation Performance: An Empirical Analysis [J]. Journal of Product Innovation Management, 2014, 31 (2): 292 – 312.

[10] Benn L, Danny S. Developing Innovation Capability, In Organisations: A Dynamic Capabilities Approach [J]. International Journal of Innovation Management, 2001, 5 (03): 377 – 400.

[11] Benston G J. The Self-serving Management Hypothesis: Some Evidence [J]. Journal of Accounting and Economics, 1985, 7 (1): 67 – 84.

[12] Berger P G, Ofek E. Diversification's Effect on Firm Value [J]. Journal of Financial Economics, 1995, 37 (1): 39 – 65.

[13] Berger P G, Ofek E. Diversification's Effect on Firm Value [J]. Journal of Financial Economics, 1995, 37 (1): 39 – 65.

[14] Bertrand M, Schoar A. Managing with Style: The Effect of Managers on Firm Policies [J]. Quarterly Journal of Economics, 2003, 118 (4): 1169 – 1208.

[15] Bezrukova K, Zanutto E L, Zanutto E L, et al. Do Workgroup Faultlines Help or Hurt? A Moderated Model of Faultlines, Team Identification, and Group Performance [J]. Organization Science, 2009, 20 (1): 35 – 50.

[16] Bobillo A M, Gaite F. International Diversification and Firm Performance: An International Analysis [J]. The Business Review, Cambridge, 2008, 9 (2), 84 – 91.

[17] Burgman T A. An Empirical Examination of Multinational Corporate Capital Structure [J]. Journal of International Business Studies, 1996, 27 (3): 553 – 570.

[18] Cai L, Liu Q, Yu X. Effects of Top Management Team Heterogeneous Background and Behavioural Attributes on the Performance of New Ventures [J]. Systems Research & Behavioral Science, 2013, 30 (3): 354 – 366.

[19] Calof J L, Beamish P W. Adapting to Foreign Markets: Explaining Internationalization [J]. International Business Review, 1995, 4 (2): 115 – 131.

[20] Campbell T C, Gallmeyer M, Johnson S A, et al. CEO Optimism and Forced Turnover [J]. Journal of Financial Economics, 2011, 101 (3): 695 – 712.

[21] Caner T, Tyler B B. The Effects of Knowledge Depth and Scope on the Relationship between R&D Alliances and New Product Development [J]. Journal of Product Innovation Management, 2015, 32 (5): 808 – 824.

[22] Cantner U, Meder A, Wal A L J T. Innovator Networks and Regional Knowledge Base [J]. Jena Economic Research Papers, 2008, 30 (9 – 10): 496 – 507.

[23] Carlo J L, Lyytinen K, Rose G M. A Knowledge-based Model of Radical Innovation in Small Software Firms [J]. Mis Quarterly, 2012, 36 (3): 865 – 895.

[24] Carnabuci G, Operti E. Where do Firms' Recombinant Capabilities Come From? Intraorganizational Networks, Knowledge, and Firms' Ability to Innovate Through Technological Recombination [J]. Strategic Management Journal, 2013, 34 (13): 1591 – 1613.

[25] Chandler A D. Strategy and Structure: Chapters in the History of TheIndustrial Enterprise [M]. MIT Press, 1973.

[26] Chen Y S, Shih C Y, Chang C H. The Effects of Related and Unrelated Technological Diversification on Innovation Performance and Corporate Growth in the Taiwan's Semiconductor Industry [J]. Scientometrics, 2012, 92 (1): 117 – 134.

[27] Chen Y, Jiang Y, Wang C, et al. How do Resources and Diversification Strategy Explain the Performance Consequences of Internationalization? [J]. Management Decision, 2014, 52 (5): 897 – 915.

[28] Cohen W M. Absorptive Capacity: A New Perspective on Learning and Innovation [M] // Strategic Learning in a Knowledge Economy. 2000.

[29] Cohen W M, Levinthal D A. Absorptive Capacity: A New Perspective on Learning and Innovation [J]. Administrative Science Quarterly, 1990, 35 (1): 128 – 152.

[30] Cooper A C, Woo C Y, Dunkelberg W C. Entrepreneurs' Perceived

Chances for Success [J]. Journal of Business Venturing, 1988, 3 (2): 97 - 108.

[31] Cooper D, Patel P C, Thatcher S M B. It Depends: Environmental Context and the Effects of Faultlines on Top Management Team Performance [M]. Informs, 2014.

[32] Cooper D, Patel P C, Thatcher S M B. It Depends: Environmental Context and the Effects of Faultlines on Top Management Team Performance [J]. Organization Science, 2014, 25 (2): 633 - 652.

[33] Cristian L et al.. Does Female Representation in Top Management Improve Firm Performance? A Panel Data Investigation [J]. Strategic Management Journal, 2012, 33 (9): 1072 - 1089.

[34] Das T K, Teng B S. A Resource-based Theory of Strategic Alliances [J]. Journal of Management, 2000, 26 (1): 31 - 61.

[35] Davina V et al.. Group Learning and Performance: the Role of Communication and Faultlines [J]. International Journal of Human Resource Management, 2012, 23 (11): 2374 - 2392.

[36] De Wit F R, Jehn K A, Scheepers D. Task Conflict, Information Processing, and Decision-making: The Damaging Effect of Relationship Conflict [J]. Organizational Behavior and Human Decision Processes, 2013, 122 (2): 177 - 189.

[37] Deephouse D L. Does Isomorphism Legitimate? [J]. Academy of Management Journal, 1995, 39 (4): 1024 - 1039.

[38] Dezs C L, Ross D G. Does Female Representation In Top Management Improve Firm Performance? A Panel Data Investigation [J]. Strategic Management Journal, 2012, 33 (9): 1072 - 1089.

[39] Dunning J H. The Future of The Multinational Enterprise [J]. Journal of Marketing, 2002, 41 (4): 137.

[40] Earley P C. Creating Hybrid Team Cultures: An Empirical Test of Transnational Team Functioning. [J]. Academy of Management Journal, 2000, 43 (1): 26 - 49.

［41］ Fairchild R J. The Effect of Managerial Overconfidence, Asymmetric Information, and Moral Hazard on Capital Structure Decisions. ［J］. Social Science Electronic Publishing, 2005, 2.

［42］ Ferris S P, Jayaraman N, Sabherwal S. CEO Overconfidence and International Merger and Acquisition Activity ［J］. Journal of Financial & Quantitative Analysis, 2013, 48 (1): 137 – 164.

［43］ Fiske S T, Neuberg S L. A Continuum of Impression Formation, from Category – Based to Individuating Processes: Influences of Information and Motivation on Attention and Interpretation ［J］. Advances in Experimental Social Psychology, 1990, 23 (1): 1 – 74.

［44］ Forbes D P. Are Some Entrepreneurs More Overconfident than Others? ［J］. Journal of Business Venturing, 2005, 20 (5): 623 – 640.

［45］ Frooman J. Stakeholder Influence Strategies ［J］. Academy of Management Review, 1999, 24 (3): 191 – 206.

［46］ Galasso A, Simcoe T S. CEO Overconfidence and Innovation ［M］. INFORMS, 2011.

［47］ Gentry R J, Shen W. The Impacts of Performance Relative to Analyst Forecasts and Analyst Coverage on Firm R&D Intensity ［J］. Strategic Management Journal, 2013, 34 (1): 121 – 130.

［48］ Gibson C, Vermeulen F. A Healthy Divide: Subgroups as a Stimulus for Team Learning Behavior ［J］. Administrative Science Quarterly, 2003, 48 (2): 202 – 239.

［49］ Glaum M, Oesterle M J. 40 Years of Research on Internationalization and Firm Performance: More Questions than Answers? ［J］. Management International Review, 2007, 47 (3): 307 – 317.

［50］ Goel A M, Thakor A V. Overconfidence, CEO Selection, and Corporate Governance ［J］. Journal of Finance, 2008, 63 (6): 2737 – 2784.

［51］ Gord M. Diversification and Integration In American Industry ［J］. NBER Books, 1962.

［52］ Graham J R, Harvey C R, Puri M. Managerial Attitudes and Corporate

Actions [J]. Journal of Financial Economics, 2013, 109 (1): 103 – 121.

[53] Grant R M. Prospering in Dinamically-competitive Environments: Organizational Capability as Knowledge Integration [J]. Organization Science, 1996, 7 (4): 133 – 153.

[54] Grant R M. Toward a Knowledge-based Theory of the Firm [J]. Strategic Management Journal, 1996, 17 (S2): 109 – 122.

[55] Griffin D, Tversky A. The Weighing of Evidence and the Determinants of Confidence. [J]. Cognitive Psychology, 1992, 24 (3): 411 – 435.

[56] Guan J, Ma N. Innovative Capability and Export Performance of Chinese Firms [J]. Technovation, 2003, 23 (9): 737 – 747.

[57] Hambrick D C, Humphrey S E, Gupta A. Structural Interdependence Within Top Management Teams: A Key Moderator of Upper Echelons Predictions [J]. Strategic Management Journal, 2015, 36 (3): 449 – 461.

[58] Hambrick D C, Mason P A. Upper Echelons: The Organization as a Reflection of Its Top Managers [J]. Social Science Electronic Publishing, 1984, 9 (2): 193 – 206.

[59] Hambrick D C, Mason P A. Upper Echelons: The Organization as a Reflection of Its Top Managers [J]. Academy of Management Review, 1984, 9 (2): 193 – 206.

[60] Hambrick D C, Humphrey S E, Gupta A. Structural Interdependence within Top Management Teams: A Key Moderator of Upper Echelons Predictions [J]. Strategic Management Journal, 2014.

[61] Harrison D A, Klein K J. What's the Difference? Diversity Constructs as Separation, Variety, or Disparity in Organizations [J]. Academy of Management Review, 2007, 32 (4): 1199 – 1228.

[62] Hausman J, Hall B H, Griliches Z. Econometric Models For Count Data With An Applicationto The Patents – R&D Relationship [J]. Econometrica, 1984, 52 (4): 909 – 938.

[63] Hillman A, Keim G, Schuler D. Corporate Political Activity: A Review and Research Agenda [J]. Journal of Management, 2004, 30 (6): 837 – 857.

[64] Hirshleifer D, Low A, Teoh S. Are Overconfident CEOs better Innovators? [J]. Journal of Finance, 2012, 67 (4): 1457 - 1498.

[65] Homan A C, Van Knippenberg D, Van Kleef G A, et al.. Bridging Faultlines by Valuing Diversity: Diversity Beliefs, Information Elaboration, and Performance in Diverse Work Groups [J]. Journal of Applied Psychology, 2007, 92 (5): 1189 - 1199.

[66] Hoskisson R E, Hitt M A. Antecedents and Performance Outcomes of Diversification: A Review and Critique of Theoretical Perspectives [J]. Journal of Management, 1990, 16 (2): 461 - 509.

[67] Hu J, Liden R C. Antecedents of Team Potency and Team Effectiveness: an Examination of Goal and Process Clarity and Servant Leadership [J]. Journal of Applied Psychology, 2011, 96 (4): 851 - 62.

[68] Hülsheger U R, Anderson N, Salgado J F. Team-level Predictors of Innovation at Work: A Comprehensive Meta-analysis Spanning Three Decades of Research. [J]. Journal of Applied Psychology, 2009, 94 (5): 1128 - 45.

[69] Hutzschenreuter T, Horstkotte J. Performance effects of top management team demographic faultlines in the process of product diversification [J]. Strategic Management Journal, 2013, 34 (6): 704 - 726.

[70] Hymer S H. The International Operations of National Firms: A Study of Direct Foreign Investment [M]. Rugman Reviews. 2009.

[71] Jackson S E, May K E, Whitney K. Understanding the dynamics of diversity in decision-making teams [J]. 1995: 7 - 261.

[72] Jehn K A, Bezrukova K. The Faultline Activation Process and the Effects of Activated Faultlines on Coalition Formation, Conflict, and Group Outcomes [J]. Organizational Behavior & Human Decision Processes, 2010, 112 (1): 24 - 42.

[73] Jensen M C. Agency Costs of Free Cash Flow, Corporate Finance, and Takeovers [J]. Social Science Electronic Publishing, 1999, 76 (2): 323 - 329.

[74] Johanson J, Wiedersheim - Paul F. The Internationalization of The Firm—four Swedish Cases [J]. Journal of Management Studies, 1975, 12 (3): 305 - 323.

［75］John G. Matsusaka. Corporate diversification, value maximization, and organizational capabilities ［J］. Journal of Business, 2001, 74 (3): 409 – 431.

［76］Jones M V, Coviello N E. Internationalisation: conceptualising an entrepreneurial process of behaviour in time ［J］. Journal of International Business Studies, 2005, 36 (3): 284 – 303.

［77］Kaczmarek S, Kimino S, Pye A. Board Task-related Faultlines and Firm Performance: A Decade of Evidence ［J］. Corporate Governance An International Review, 2012, 20 (4): 337 – 351.

［78］Kahneman D, Tversky A. Prospect Theory: An Analysis of Decision under Risk ［J］. Econometrica, 1979, 47 (2): 263 – 291.

［79］Kang J. The Relationship between Corporate Diversification and Corporate Social Performance ［J］. Strategic Management Journal, 2013, 34 (1): 94 – 109.

［80］Katila R, Ahuja G. Something Old, Something New: A Longitudinal Study of Search Behavior and New Product Introduction ［J］. Academy of Management Journal, 2002, 45 (6): 1183 – 1194.

［81］Kim W C, Hwang P, Burgers W P. Global Diversification Strategy and Corporate Profit Performance ［J］. Strategic Management Journal, 1989, 10 (1): 45 – 57.

［82］Klein K J, Harrison D A. On the Diversity of Diversity: Tidy Logic, Messier Realities ［J］. Academyof Management Perspectives, 2007, 21 (4): 26 – 33.

［83］Knippenberg D V, Dawson J F, West M A, et al. . Diversity Faultlines, Shared Objectives, and Top Management Team Performance ［J］. Human Relations, 2011, 64 (3): 307 – 336.

［84］Kogut B, Zander U. Knowledge of the Firm, Combinative Capabilities, and the Replication of Technology ［M］. INFORMS, 1992.

［85］Kulkarni M. Language-based Diversity and Faultlines in Organizations ［J］. Journal of Organizational Behavior, 2015, 36 (1): 128 – 146.

［86］Larson A, Starr J A. A network model of organization formation ［J］. Entrepreneurship: Theory & Practice, 1993, 17 (2): 5 – 15.

［87］Lau D C, Murnighan J K. Demographic Diversity and Faultlines: The Compositional Dynamics of Organizational Groups ［J］. Academy of Management Review, 1998, 23 (2): 325 – 340.

［88］Lau D C, Murnighan J K. Interactions within Groups and Subgroups: The Effects of Demographic Faultlines ［J］. Academy of Management Journal, 2005, 48 (4): 645 – 659.

［89］Laursen K, Salter A. Open for innovation: the role of openness in explaining innovation performance among U. K. manufacturing firms ［J］. Strategic Management Journal, 2006, 27 (2): 131 – 150.

［90］Leonard – Barton D. Core Capabilities and Core Rigidities: A Paradox in Managing New Product Development ［J］. Strategic Management Journal, 1992, 13 (S1): 111 – 125.

［91］Lewellen W G. A Pure Financial Rationale for the Conglomerate Merger ［J］. Journal of Finance, 1971, 26 (2): 521 – 537.

［92］Li H, Li J. Top Management Team Conflict and Entrepreneurial Strategy Making in China ［J］. Asia Pacific Journal of Management, 2009, 26 (2): 263 – 283.

［93］Li J, Hambrick D C. Factional Groups: A New Vantage on Demographic Faultlines, Conflict, and Disintegration in Work Teams ［J］. Academy of Management Journal, 2005, 48 (5): 794 – 813.

［94］Li H, Zhang Y. The Role of Managers' Political networking and functional experience in new venture performance: Evidence from China's transition economy ［J］. Strategic Management Journal, 2007, 28 (8): 791 – 804.

［95］Liu N, Wang L, Zhang M. Corporate Ownership, Political Connections and M&A: Empirical Evidence from China ［J］. Asian Economic Papers, 2013, 12 (3): 41 – 57.

［96］Lumpkin G T, Dess G G. Clarifying the entrepreneurial orientation construct and linking it to performance ［J］. Academy of Management Review, 1996, 21 (1): 135 – 173.

［97］Lyon D W, Lumpkin G T, Dess G G. Enhancing Entrepreneurial Orientation Research: Operationalizing and Measuring a Key Strategic Decision Making Process [J]. Journal of Management, 2000, 26 (5): 1055 – 1085.

[98] Malmendier U, Tate G. Who makes acquisitions? CEO Overconfidence and the Market's Reaction [J]. Journal of Financial Economics, 2008, 89 (1): 20 – 43.

[99] Mäs M, Flache A, Takács K, et al. In the Short Term We Divide, in the Long Term We Unite: Demographic Crisscrossing and the Effects of Faultlines on Subgroup Polarization [J]. Organization Science, 2013, 24 (3): 716 – 736.

[100] Matsusaka J G. Corporate Diversification, Value Maximization, and Organizational Capabilities [J]. The Journal of Business, 2001, 74 (3): 409 – 431.

[101] Menz M, Scheef C. Chief Strategy Officers: Contingency Analysis of Their Presence in Top Management Teams [J]. Strategic Management Journal, 2014, 35 (3): 461 – 471.

[102] Messersmith J G, Lee J Y, Guthrie J P, et al. Turnover at the Top: Executive Team Departures and Firm Performance [M]. Informs, 2014.

[103] Meyer M, Milgrom P, Roberts J. Organizational Prospects, Influence Costs, and Ownership Changes [J]. Journal of Economics & Management Strategy, 1992, 1 (1): 9 – 35.

[104] Meyer B, Shemla M, Li J, et al. On the Same Side of the Faultline: Inclusion in the Leader's Subgroup and Employee Performance [J]. Journal of Management Studies, 2015, 52 (3): 354 – 380.

[105] Miller D J, Fern M J, Cardinal L B. The Use of Knowledge for Technological Innovation within Diversified Firms [J]. Academy of Management Journal, 2007, 50 (2): 308 – 326.

[106] Milliken F J, Martins L L. Searching for Common Threads: Understanding the Multiple Effects of Diversity in Organizational Groups [J]. Academy of Management Review, 1996, 21 (2): 402 – 433.

[107] Minichilli A, Corbetta G, Macmillan I C. Top Management Teams in Family – Controlled Companies: 'Familiness', 'Faultlines', and Their Impact

on Financial Performance [J]. Journal of Management Studies, 2010, 47 (2): 205 – 222.

[108] Monte A D, Papagni E. R&D and the Growth of Firms: Empirical Analysis of a Panel of Italian Firms [J]. Research Policy, 2003, 32 (6): 1003 – 1014.

[109] Mowery D C, Oxley J E, Silverman B S. Strategic Alliances and Interfirm Knowledge Transfer [J]. Strategic Management Journal, 1996, 17 (S2): 77 – 91.

[110] Nickerson J A, Zenger T R. A Knowledge – Based Theory of the Firm: The Problem – Solving Perspective [J]. Organization Science, 2004, 15 (6): 617 – 632.

[111] Oliver W. Markets and Hierarchies: Analysis and Antitrust Implications. In New York: Free Press: 1975.

[112] Peng M, Sun S, Pinkham B, et al.. The institution – Based view as a third leg for a strategy tripod [J]. Academy of Management Perspectives, 2009, 23 (3): 63 – 81.

[113] Penrose E T. The Theory of The Growth of the Firm [M]. Oxford University Press, 1995.

[114] Pires P J. Winning Through Innovation: a Practical Guide to Leading Organizational Change and Renewal [M]. Harvard Business School Press, 1997.

[115] Ren H, Gray B, Harrison D A. Triggering Faultline Effects in Teams: The Importance of Bridging Friendship Ties and Breaching Animosity Ties [J]. Organization Science, 2015, 26 (2): 390 – 404.

[116] Rink F, Ellemers N. Benefiting From Deep-level Diversity: How Congruence Between Knowledge and Decision Rules Improves Team Decision Making and Team Perceptions [J]. Group Processes & Intergroup Relations, 2010, 13 (3): 345 – 359.

[117] Rumelt R P. How Much Does Industry Matter? [J]. Strategic Management Journal, 1991, 12 (3): 167 – 185.

[118] Rumelt R P. Diversification Strategy and Profitability [J]. Strategic Management Journal, 1982, 3 (4): 359 – 369.

[119] Sambharya R B. The Combined Effect of International Diversification and Product Diversification Strategies on the Performance of U. S. – Based Multinational Corporations [J]. Mir Management International Review, 1995, 35 (3): 197 – 218.

[120] Sapienza H J, Grimm C M. Founder Characteristics, Start up Process, and Strategy/Structure Variables as Predictors of Short line Railroad Performance [J]. Entrepreneurship Theory and Practice, 1997, 23 (1): 5 – 24.

[121] Scott W R. Institutions and organizations [M]. Thousand Oaks, CA: Stage Publications, Inc, 1995.

[122] Shalley C E, Gilson L L. What Leaders Need to Know: A Review of Social and Contextual Factors that can Foster or Hinder Creativity [J]. Leadership Quarterly, 2004, 15 (1): 33 – 53.

[123] Shaw J B. The Development and Analysis of a Measure of Group Faultlines [J]. Organizational Research Methods, 2004, 7 (1): 66 – 100.

[124] Simon G, Odean T. Overconfidence, Compensation Contracts, and Capital Budgeting [J]. Journal of Finance, 2011, 66 (5): 1735 – 1777.

[125] Simons T L, Peterson R S. Task Conflict and Relationship Conflict in Top Management Teams: the Pivotal Role of Intragroup Trust [J]. Journal of Applied Psychology, 2000, 85 (1): 102.

[126] Singla C, Veliyath R, George R. Family Firms and Internationalization-governance Relationships: Evidence of Secondary Agency Issues [J]. Strategic Management Journal, 2014, 35 (4): 606 – 616.

[127] Slater S F, Narver J C. The positive effect of a market orientation on business profitability: A balanced replication [J]. Journal of Business Research, 2000, 48 (1): 69 – 73.

[128] Sosa M E. Where Do Creative Interactions Come From? The Role of Tie Content and Social Networks [J]. Organization Science, 2011, 22 (1): 1 – 21.

[129] Stein J C. Internal Capital Markets and The Competition for Corporate Resources [R]. National Bureau of Economic Research, 1995.

[130] Stulz R. Managerial Discretion and Optimal Financing Policies [J].

Journal of Financial Economics, 1990, 26 (1): 3 – 27.

[131] Sullivan D. Measuring the Degree of Internationalization of a Firm [J]. Journal of International Business Studies, 1994, 25 (2): 325 – 342.

[132] Taylor A, Greve H R. Superman or the Fantastic Four? Knowledge Combination and Experience in Innovative Teams [J]. Academy of Management Journal, 2006, 49 (4): 723 – 740.

[133] Teece D J. Towards an Economic Theory of The Multiproduct Firm [J]. Journal of Economic Behavior & Organization, 1982, 3 (1): 39 – 63.

[134] Thatcher S M B, Jehn K A, Zanutto E. Cracks in Diversity Research: The Effects of Diversity Faultlines on Conflict and Performance [J]. Group Decision & Negotiation, 2003, 12 (3): 217 – 241.

[135] Thatcher S M B, Patel P C. Group Faultlines A Review, Integration, and Guide to Future Research [J]. Journal of Management Official Journal of the Southern Management Association, 2012, 38 (4): 969 – 1009.

[136] Thatcher S, Jehn K, Zanutto E. Cracks in Diversity Research: The Effects of Diversity Faultlines on Conflict and Performance [J]. Group Decision & Negotiation, 2003, 12 (3): 217 – 241.

[137] Thatcher S M, Patel P C. Group Faultlines a Review, Integration, and Guide to Future Research [J]. Journal of Management, 2012, 38 (4): 969 – 1009.

[138] Thomas D E, Eden L. What is the Shape of the Multinationality – Performance Relationship? [J]. Multinational Business Review, 2004, 12 (1): 89 – 110.

[139] Thomas A S, Ramaswamy K. Matching Managers to Strategy: Further Tests of The Miles and Snow Typology [J]. British Journal of Management, 1996, 7 (3): 247 – 261.

[140] Thompson J D, Bates F L. Technology, Organization, and Administration [J]. Administrative Science Quarterly, 1957, 2 (3): 325 – 343.

[141] Tian J J, Lau C M. Board Composition, Leadership Structure and Performance in Chinese Shareholding Companies [J]. Asia Pacific Journal of Manage-

ment, 2001, 18 (2): 245 – 263.

[142] Tobin J. A General Equilibrium Approach To Monetary Theory [J]. Journal of Money Credit & Banking, 1969, 1 (1): 15 – 29.

[143] Toulova M, Votoupalova M, Kubickova L. Barriers of SMEs Internationalization And Strategy For Success In Foreign Markets [J]. International Journal of Management Cases, 2015, 17 (1): 4 – 19.

[144] Tripsas M, Gavetti G. Capabilities, Cognition, and Inertia: Evidence From Digital Imaging [J]. Strategic Management Journal, 2015, 21 (10 – 11): 1147 – 1161.

[145] Tuggle C S, Schnatterly K, Johnson R A. Attention Patterns In The Boardroom: How Board Composition And Processes Affect Discussion Of Entrepreneurial Issues [J]. Academy of Management Journal, 2010, 53 (3): 550 – 571.

[146] Van K D, Schippers M C. Work Group Diversity [J]. Annual Review of Psychology, 2007, 58 (1): 515.

[147] Veltrop D B, Hermes N, Postma T J B M, et al. . A Tale of Two Factions: Why and When Factional Demographic Faultlines Hurt Board Performance [J]. Corporate Governance An International Review, 2015, 23 (2): 145 – 160.

[148] Vernon R. International Investment and International Trade in the Product Cycle [J]. The Quarterly Journal of Economics, 1966, 190 – 207.

[149] Vorhies D W, Morgan R E, Autry C W. Product – Market Strategy and the Marketing Capabilities of the Firm: Impact on Market Effectiveness and Cash Flow Performance [J]. Strategic Management Journal, 2009, 30 (12): 1310 – 1334.

[150] Wagner J. Exports and Productivity: A Survey of The Evidence From Firm-level Data [J]. The World Economy, 2007, 30 (1): 60 – 82.

[151] Wernerfelt B. A Resource-based View of The Firm [C] // Advances in Intelligent Computing, International Conference on Intelligent Computing, Icic 2005, Hefei, China, August 23 – 26, 2005, Proceedings. DBLP, 2005: 947 – 956.

[152] Wit F R C D, Jehn K A, Scheepers D. Task conflict, information

processing, and decision-making: The damaging effect of relationship conflict [J]. Organizational Behavior & Human Decision Processes, 2013, 122 (2): 177 – 189.

[153] Wolfe R N, Lennox R D, Cutler B L. Getting Along and Getting Ahead: Empirical Support for ATheory of Protective and Acquisitive Self-presentation. [J]. Journal of Personality & Social Psychology, 1986, 50 (2): 356 – 361.

[154] Wong E M., Tetlock P E. The Effects Of Top Management Team Integrative Complexity And Decentralized Decision Making On Corporate Social Performance [J]. Academy of Management Journal, 2011, 54 (6): 1207 – 1228.

[155] Xu S, Fang W, Cavusgil E. Complements or Substitutes? Internal Technological Strength, Competitor Alliance Participation, and Innovation Development [J]. Journal of Product Innovation Management, 2013, 30 (4): 750 – 762.

[156] Xu S, Wu F, Cavusgil E. Complements or Substitutes? Internal Technological Strength, Competitor Alliance Participation, and Innovation Development [J]. Journal of Product Innovation Management, 2013, 30 (4): 750 – 762.

[157] Yang Y, Narayanan V K, De Carolis D M. The relationship between portfolio diversification and firm value: The evidence from corporate venture capital activity [J]. Strategic Management Journal, 2015, 35 (13): 1993 – 2011.

[158] Yayavaram S, Ahuja G. Decomposability in Knowledge Structures and Its Impact on the Usefulness of Inventions and Knowledge-base Malleability [J]. Administrative Science Quarterly, 2008, 53 (2): 333 – 362.

[159] Yu C F. CEO Overconfidence, CEO Compensation, and Earnings Manipulation [J]. Journal of Management Accounting Research, 2012.

[160] Zahavi T, Lavie D. Intra-industry Diversification and Firm Performance [J]. Strategic Management Journal, 2013, 34 (8): 978 – 998.

[161] Zahra S A, George G. Absorptive Capacity: A Review, Reconceptualization, and Extension [J]. Academy of Management Review, 2002, 27 (2): 185 – 203.

[162] Zhang J, Baden – Fuller C, Mangematin V. Technological Knowledge Base, R&D Organization Structure and Alliance Formation: Evidence From The Biopharmaceutical Industry [J]. Research Policy, 2007, 36 (4): 515 – 528.

[163] Zhang Y, Rajagopalan N. Once an Outsider, Always an Outsider? CEO Origin, Strategic Change, and Firm Performance [J]. Strategic Management Journal, 2010, 31 (3): 334 – 346.

[164] Zhang Y L, Wang C. Can tourism public companies' diversification strategies reduce company risk? An empirical research study based on the performance of a-shares listed companies from 2004 to 2012. [J]. Tourism Tribune, 2014, 29 (11): 25 – 35.

[165] Zhao Z J, Chadwick C. What We Will Do Versus What We Can Do: The Relative Effects of Unit-level NPD Motivation And Capability [J]. Strategic Management Journal, 2015, 35 (12): 1867 – 1880.

[166] Zheng Z K, Yim C K, Tse D K. The effects of strategic orientations on technology-and market-based breakthrough innovations [J]. Journal of Marketing, 2005, 69 (2): 42 – 60.

[167] Zhou K Z, Li C B. How Knowledge Affects Radical Innovation: Knowledge Base, Market Knowledge Acquisition, and Internal Knowledge Sharing [J]. Strategic Management Journal, 2012, 33 (9): 1090 – 1102.

[168] Zhou K Z, Wu F. Technological Capability, Strategic Flexibility, And Product Innovation [J]. Strategic Management Journal, 2010, 31 (5): 547 – 561.

[169] Zhou W. Political connections and entrepreneurial investment: Evidence from China's transition economy [J]. Journal of Business Venturing, 2013, 28 (2): 299 – 315.

[170] 安舜禹, 蔡莉, 单标安. 新企业创业导向、关系利用及绩效关系研究 [J]. 科研管理, 2014, (3): 66 – 74.

[171] 蔡虹, 刘岩, 向希尧. 企业知识基础对技术合作的影响研究 [J]. 管理学报, 2013, 10 (6): 875 – 881.

[172] 曹晶, 杨斌, 杨百寅. 高管团队权力分布与企业绩效探究——来

自上海和深圳证券交易所上市公司的实证研究 [J]. 科学学与科学技术管理, 2015, 36 (7): 135 – 145.

[173] 陈建勋, 郑雪强, 王涛. "对事不对人" 抑或 "对人不对事" ——高管团队冲突对组织探索式学习行为的影响 [J]. 南开管理评论, 2016 (5): 91 – 103.

[174] 陈璐, 杨百寅, 井润田, 王国锋. 家长式领导、冲突与高管团队战略决策效果的关系研究 [J]. 南开管理评论, 2010 (5): 4 – 11.

[175] 陈其安, 肖映红. 我国上市公司高管人员过度自信与股利分配决策的理论和实证研究 [J]. 管理学报, 2011, 8 (9): 1398 – 1404.

[176] 陈收, 段嫒, 刘端. 上市公司管理者非理性对投资决策的影响 [J]. 统计与决策, 2009 (20): 116 – 118.

[177] 陈夙, 吴俊杰. 管理者过度自信、董事会结构与企业投融资风险——基于上市公司的经验证据 [J]. 中国软科学, 2014 (6): 109 – 116.

[178] 陈悦明, 葛玉辉, 宋志强. 高层管理团队断层与企业战略决策的关系研究 [J]. 管理学报, 2012, 9 (11): 1634 – 1642.

[179] 陈昀, 贺远琼. 基于团队过程视角的董事会与企业绩效关系研究述评 [J]. 外国经济与管理, 2007 (8): 51 – 57.

[180] 邓新明, 熊会兵, 李剑峰, 等. 政治关联、国际化战略与企业价值——来自中国民营上市公司面板数据的分析 [J]. 南开管理评论, 2014, 17 (1): 26 – 43.

[181] 杜运周, 陈忠卫. 高管冲突与团队决策绩效——基于控制模式的调节分析 [J]. 管理科学, 2009 (4): 31 – 40.

[182] 范磊. 转型变革情景下职业经理人胜任能力模型与开发策略研究——基于 ASD 理论视角 [D]. 浙江大学, 2014.

[183] 方怡玲. 多元化与企业价值的关系探究 [D]. 浙江大学, 2014.

[184] 郭国庆, 吴剑峰. 绩效管理企业知识库、技术探索与创新绩效关系研究: 基于美国电子医疗设备行业的实证分析 [J]. 南开管理评论, 2007, 10 (3): 87 – 93.

[185] 韩立丰, 王重鸣, 许智文. 群体多样性研究的理论述评——基于群体断层理论的反思 [J]. 心理科学进展, 2010, 18 (2): 374 – 384.

[186] 郝颖，刘星，林朝南．我国上市公司高管人员过度自信与投资决策的实证研究 [J]．中国管理科学，2005，13（5）：142-148.

[187] 何诚颖，陈锐，蓝海平，等．投资者非持续性过度自信与股市反转效应 [J]．管理世界，2014（8）：44-54.

[188] 胡国柳，孙楠．管理者过度自信研究最新进展 [J]．财经论丛，2011（4）：111-115.

[189] 胡望斌，张玉利．新企业创业导向转化为绩效的新企业能力：理论模型与中国实证研究 [J]．南开管理评论，2011（1）：83-95.

[190] 黄莲琴，傅元略，屈耀辉．管理者过度自信、税盾拐点与公司绩效 [J]．管理科学，2011，24（2）：10-19.

[191] 黄新建，王婷．政治关联、制度环境差异与企业贷款续新——基于中国上市公司的实证研究 [J]．系统工程理论与实践，2012（6）：1184-1192.

[192] 贾建锋，唐贵瑶，李俊鹏等．高管胜任特征与战略导向的匹配对企业绩效的影响 [J]．管理世界，2015（2）：120-132.

[193] 贾军，张卓．技术多元化对企业绩效的影响研究——技术关联的调节效应 [J]．管理评论，2013，25（8）：126-133.

[194] 江雅雯，黄燕，徐雯．市场化程度视角下的民营企业政治关联与研发 [J]．科研管理，2012，33（10）：48-55.

[195] 李焕荣．高层管理团队领导特质与公司国际化关系实证研究 [J]．科技进步与对策，2009，26（16）：147-150.

[196] 李诗，洪涛，吴超鹏．上市公司专利对公司价值的影响——基于知识产权保护视角 [J]．南开管理评论，2012，15（6）：4-13.

[197] 李诗田，邱伟年．政治关联、制度环境与企业研发支出 [J]．科研管理，2015，36（4）：56-64.

[198] 李四海，陈祺．制度环境、政治关联与会计信息债务契约有用性——来自中国民营上市公司的经验证据 [J]．管理评论，2013，25（1）：155-166.

[199] 李维安，刘振杰，顾亮．董事会异质性、断裂带与跨国并购 [J]．管理科学，2014（4）：1-11.

[200] 李小青，周建．董事会群体断裂带的内涵、来源以及对决策行为

的影响——文献综述与理论研究框架构建 [J]. 外国经济与管理，2014，36 （3）：3 - 9.

[201] 梁上坤. 管理者过度自信、债务约束与成本粘性 [J]. 南开管理评论，2015，18 （3）：122 - 131.

[202] 林慧婷，王茂林. 管理者过度自信、创新投入与企业价值 [J]. 经济管理，2014 （11）：94 - 102.

[203] 凌春华，周小珍. 多元化影响企业价值的一个综述 [J]. 技术经济与管理研究，2004 （6）：111 - 112.

[204] 刘凤朝，默佳鑫，马荣康. 高管团队海外背景对企业创新绩效的影响研究 [J]. 管理评论，2017，29 （7）：135 - 147.

[205] 刘冀生. 企业经营战略 [M]. 清华大学出版社，1995.

[206] 刘军，李永娟，富萍萍. 高层管理团队价值观共享、冲突与绩效：一项实证检验 [J]. 管理学报，2007 （5）：644 - 653

[207] 刘军，刘松博. 企业高层管理团队冲突管理方式：理论及证据 [J]. 经济理论与经济管理，2008 （2）：58 - 64.

[208] 刘明. 基于一元线性回归模型异方差对加权最小二乘法的考察 [J]. 统计与决策，2012 （19）：11 - 14.

[209] 刘圻，王春芳. 企业价值管理模式研究述评 [J]. 中南财经政法大学学报，2011 （5）：62 - 67.

[210] 刘伟，杨贝贝，刘严严. 制度环境对新创企业创业导向的影响——基于创业板的实证研究 [J]. 科学学研究，2014，32 （3）：421 - 430.

[211] 刘岩，蔡虹，向希尧. 基于专利的行业技术知识基础结构演变分析 [J]. 科学学研究，2014，32 （7）：1019 - 1028.

[212] 刘咏梅，车小玲，卫旭华. 基于 IPO 模型的团队多样性 - 冲突 - 绩效权变模型的元分析 [J]. 心理科学，2014，37 （2）：425 - 432.

[213] 刘运国，刘雯. 我国上市公司的高管任期与 R&D 支出 [J]. 管理世界，2007 （1）：128 - 136.

[214] 罗婷，朱青，李丹. 解析 R&D 投入和公司价值之间的关系 [J]. 金融研究，2009 （6）：100 - 110.

[215] 罗正清. 基于知识观的企业技术创新能力发展研究 [D]. 天津大

学，2008.

[216] 梅雪，韩之俊. 中国证券市场 R&D 信息披露实证研究 [J]. 江苏商论，2006（3）：157 – 158.

[217] 倪旭东，项小霞，姚春序. 团队异质性的平衡性对团队创造力的影响 [J]. 心理学报，2016，48（5）：556 – 565.

[218] 潘清泉，唐刘钊，韦慧民. 高管团队断裂带、创新能力与国际化战略——基于上市公司数据的实证研究 [J]. 科学学与科学技术管理，2015，36（10）：111 – 122.

[219] 饶育蕾，王建新. CEO 过度自信、董事会结构与公司业绩的实证研究 [J]. 管理科学，2010，23（5）：2 – 13.

[220] 苏晓华，王平. 创业导向及合法性对新创企业绩效影响研究——基于产业生命周期的调节作用 [J]. 科学学与科学技术管理，2011，32（2）：121 – 126.

[221] 宋海旭. 基于投资者视角的上市公司多元化战略对企业价值的影响研究 [D]. 哈尔滨工业大学，2013.

[222] 宋渊洋，李元旭，王宇露. 企业资源、所有权性质与国际化程度——来自中国制造业上市公司的证据 [J]. 管理评论，2011，23（2）：53 – 59.

[223] 苏敬勤，刘静. 多元化战略影响因素的三棱锥模型——基于制造企业的多案例研究 [J]. 科学学与科学技术管理，2012，33（1）：148 – 155.

[224] 宋增基，韩树英，张宗益. 公司高层更换中董事长与总经理重要性差异研究——来自中国上市公司的经验数据 [J]. 软科学，2010，24（3）：82 – 86.

[225] 孙艳霞. 基于不同视角的企业价值创造研究综述 [J]. 南开经济研究，2012（1）：145 – 152.

[226] 王布衣，沈红波. 公司多元化战略国外文献综述 [J]. 技术经济与管理研究，2007（2）：70 – 71.

[227] 王国锋，李懋，井润田. 高管团队冲突、凝聚力与决策质量的实证研究 [J]. 南开管理评论，2007（5）：89 – 93，111.

[228] 王海珍，刘新梅，张若勇，等. 国外团队断裂研究的现状及展

望——团队多样性研究的新进展 [J]. 管理学报, 2009, 6 (10): 1413 - 1420.

[229] 王山慧, 王宗军, 田原. 管理者过度自信与企业技术创新投入关系研究 [J]. 科研管理, 2013 (5): 1 - 9.

[230] 魏江, 寒午. 企业技术创新能力的界定及其与核心能力的关联 [J]. 科研管理, 1998 (6): 12 - 17.

[231] 温忠麟, 侯杰泰, 张雷. 调节效应与中介效应的比较和应用. 心理学报, 2005, 37 (2): 268 - 274.

[232] 文芳, 汤四新. 薪酬激励与管理者过度自信——基于薪酬行为观的研究 [J]. 财经研究, 2012 (9): 48 - 58.

[233] 吴航, 陈劲, 金珺. 新兴经济国家高技术企业技术资源与国际化关系研究——来自"中国光谷"产业园区的证据 [J]. 科学学研究, 2012 (6): 870 - 876.

[234] 吴建祖, 肖书锋. 创新注意力转移、研发投入跳跃与企业绩效——来自中国 A 股上市公司的经验证据 [J]. 南开管理评论, 2016, 19 (2): 182 - 192.

[235] 向常春, 龙立荣. 团队内冲突对团队效能的影响及作用机制 [J]. 心理科学进展, 2010 (5): 781 - 789.

[236] 谢小云, 张倩. 国外团队断裂带研究现状评介与未来展望 [J]. 外国经济与管理, 2011, 33 (1): 34 - 42.

[237] 徐玲, 武凤钗. 我国高技术产业技术创新能力评价 [J]. 科技进步与对策, 2011, 28 (2): 128 - 132.

[238] 徐青. 西方企业价值评估方法研究综述 [J]. 现代管理科学, 2005 (7): 61 - 62.

[239] 薛有志, 周杰. 产品多元化、国际化与公司绩效——来自中国制造业上市公司的经验证据 [J]. 南开管理评论, 2007, 10 (3): 77 - 86.

[240] 杨菊华. 数据管理与模型分析: STATA 软件应用 [M]. 中国人民大学出版社, 2012.

[241] 杨隽萍, 唐鲁滨, 于晓宇. 创业网络、创业学习与新创企业成长 [J]. 管理评论, 2013, 25 (1): 24 - 33.

[242] 杨丽丽，赵进等. 资源基础视角下的国际化与企业绩效关系——以江苏制造业企业为例 [J]. 科学学与科学技术管理，2010，31（12）：139－146.

[243] 杨林. 公司股权结构，高管团队认知多样性与创业战略导向关系研究 [J]. 科研管理，2014，35（5）：93－106.

[244] 杨鑫，金占明，李鲲鹏. 多种行业因素与多元化战略的关系研究——基于中国上市公司的实证研究 [J]. 南开管理评论，2010，13（6）：41－49.

[245] 杨扬，马元驹，朱小平. 管理者过度自信与企业绩效 [J]. 天津商业大学学报，2011，31（6）：29－35.

[246] 尹义省. 中国大型企业多角化实证研究：兼与美国大公司比较分析 [J]. 管理工程学报，1998（3）：1－12.

[247] 游家兴，邹雨菲. 社会资本、多元化战略与公司业绩——基于企业家嵌入性网络的分析视角 [J]. 南开管理评论，2014，17（5）：91－101.

[248] 余明桂，夏新平，邹振松. 管理者过度自信与企业激进负债行为 [J]. 管理世界，2006（8）：104－112.

[249] 袁博，刘文兴，张亚军. 基于创新氛围视角探讨知识产权保护能力对重大科研项目技术创新的影响 [J]. 管理学报，2014，11（12）：18－34.

[250] 翟淑萍，顾群，毕晓方. 管理者过度自信对企业创新投入与方式的影响研究 [J]. 科技管理研究，2015（11）：144－146.

[251] 张瑾华，李新春，何轩. 中国中小型民营企业的被迫国际化——以制度环境与创新能力影响下的共生性依赖为视角 [J]. 财经研究，2014，40（1）：83－92.

[252] 张平，黄智文，高小平. 企业政治关联与创业企业创新能力的研究：高层管理团队特征的影响 [J]. 科学学与科学技术管理，2014，35（3）：117－125.

[253] 张萍. 政治关联、帝国构建与国际化驱动——对我国企业国际化悖论的解释 [D]. 对外经济贸易大学，2014.

[254] 张小蒂，王中兴. 中国 R&D 投入与高技术产业研发产出的相关性分析 [J]. 科学学研究，2008（3）：526－529.

［255］张晓黎，覃正．知识基础能力、研发投入与技术创新绩效关系研究——基于全球 R&D 领先通信及技术设备制造类企业的实证分析 ［J］．科技进步与对策，2013，30（11）：140 – 144.

［256］赵晖．高技术企业的 R&D 投入与组织绩效关系的实证分析 ［J］．生产力研究，2010（5）：218 – 219.

［257］甄丽明，唐清泉．企业 R&D 投资行为及其价值创造机制研究——基于中国上市公司的实证检验 ［J］．商业经济与管理，2012，1（3）：65 – 74.

［258］郑准，王国顺．外部网络结构、知识获取与企业国际化绩效：基于广州制造企业的实证研究 ［J］．科学学研究，2009，27（8）：1206 – 1212.

［259］周建，李小青，杨帅．任务导向董事会群体断裂带、努力程度与企业价值 ［J］．管理学报，2015，12（1）：44 – 52.

［260］周建，李小青．董事会认知异质性对企业创新战略影响的实证研究 ［J］．管理科学，2012，25（6）：1 – 12.

［261］周杰，薛有志．治理主体干预对公司多元化战略的影响路径——基于管理者过度自信的间接效应检验 ［J］．南开管理评论，2011，14（1）：65 – 74.

［262］周建，方刚，刘小元．制度环境、公司治理对企业竞争优势的影响研究——基于中国上市公司的经验证据 ［J］．南开管理评论，2009，12（5）：18 – 27.

［263］周明建，潘海波，任际范．团队冲突和团队创造力的关系研究：团队效能的中介效应 ［J］．管理评论，2014，26（12）：120 – 130，159.

［264］朱卫平，伦蕊．高新技术企业科技投入与绩效相关性的实证分析 ［J］．科技管理研究，2004，24（5）：7 – 9.

后　记

　　改革开放 30 多年来，我国企业已经取得了长足的进步。企业高管团队作为企业的中枢核心，承担着规划企业未来战略和推动企业更快更好发展的重要任务。由于企业高管团队对企业战略制定和价值创造过程都有着重要影响，因此企业高管团队也就成为了战略管理和公司治理领域的研究热点。

　　高层管理团队（TMT）是企业的核心力量，在组织中承担重要的角色和任务，肩负着企业的战略决策和运营的职责，他们决定组织的发展和影响组织绩效，是由企业高层管理者所组成的团队。在现代管理体制中，企业的高管团队一般由董事会成员以及总经理，同时也包括其他一起参与企业战略决策的高层管理者组成。基于此，探讨企业高层管理团队问题具有重要的理论意义和深远的现实意义。高管团队是一个企业为了更好的发展，以适应复杂多变及不确定性的生产经营环境而打造的一种有别于传统领导者的新型核心决策群体和组织形态。企业是否需要一支高管团队的领导跟企业的发展程度、水平、企业特性、发展阶段、经营环境都存在着非常密切的关系。但是作为企业的领导，高管团队究竟是如何运营的？他们的构成怎么才能做到有强大的领导力和令人信服的个人魅力，这里面什么因素对企业发展影响最大？他们之间存在一个什么样的关系？这些东西都是我们很长一段时间以来比较感兴趣的东西。正是基于这样的目的，我们对高管团队的运营，其内外部各种因素的相互作用和影响等一系列问题进行比较深入的研究。

　　过去的高管团队研究多从团队异质性角度出发，基于多样性视角研究高管团队与企业战略和企业价值之间的关系。然而，由于团队的异质性在测量上采用单一的人口学统计指标，忽略了团队成员具有多重人口学特征这一事实（李小青和周建，2014），使得团队异质性的研究仍没有取得一致的结论（Jehn & Bezrukova, 2010; Kaczmarek, Kimino & Pye, 2012）。

　　团队断裂带则不同于团队异质性，其在测量方法上将多个团队成员特征进行动态聚合，因此可以更好地反映团队的特征。相比关注高管团队成员个体特征的异质性研究，团队断裂带可以更好地从团队层面对高管团队的行为与决策做出解释，使得研究结论更贴合实际。然而团队断裂带是一个较新的管理学概念，学界对其研究仍处于初级阶段，其作用机制和影响路径仍需要通过后续研究来进一步确定。

　　企业价值并不是简单地通过高管团队开会讨论就能决定的，这说明高管团队对企业价值的直接影响是有限的。因此，高管团队断裂带对企业价值的影响必然有一个复杂的作用过程。高管团队断裂带影响了高管团队对环境认知与决策能力，并进一步反映在企业战略制定和战略执行上，之后通过企业战略执行这一中介机制，最终造成了企业价值上的差异。多元化战略因其具有分散市场风险，探索新的市场增长点的特点，而成为我国企业普遍采用的企业战略之一。具体来说，伴随着经济一体化和全球化的潮流，越来越多的企业开始大举扩张，扩充业务或进军海外。但是据郑准等人所提供的数据，目前中国海外企业盈利的仅占55%，还有45%的企业处于亏损或盈亏平衡的状态（郑准和王国顺，2009）；中国企业联合会所也指出"中国的失败企业绝大多数败于多元化"（周杰等，2011）。这表明我国企业的扩张过程并不顺利，企业价值也因此受到影响，甚至由于错误的扩张方式而倒闭。因此本书的一个重要视角即是立足于高管团队整体特征——高管团队断裂带视角，实证探究高管团队断裂带、与企业扩张、企业价值以及企业技术创新能力之间的动态关系。这一研究的理论贡献有以下四个方面：首先，本研究考察了企业扩张的中介作用。以往研究大都关注变量两两之间的关系，如企业扩张与企业价值之间的关系（Lyon et al.，2000），而忽略了三者的综合影响，因此本研究的模型即关注了高管团队对企业扩张的影响，又考察了企业扩张在这一过程的中介作用。这无疑是对相关研究的一大拓展；第二，以往基于高管团队视角的研究，大多从团队异质性出发，借用心理学对群体研究的理论成果来解释异质性对团队的影响，这使得异质性对团队的影响研究出现了正负相应相左的情况出现（王海珍等，2009）。而本研究则从高管团队断裂带这一变量出发，考察多种团队异质性对团队的综合影响，具有理论视角上的创新性。目前我国基于高管团队断裂带的研究还不多，相关实证研究就更为稀少，因此本研究基于高管团队断裂带视角进行的实证研究具有积极的理论意义和现实意义。第三，本研究还同时考察了技术创新能力的调节作用，这有助于揭示高管团队断裂带与企业扩张之间的"黑箱"，为未来关于两者之间作用机制与路径的研究提供一定的参考。最后，我们采用面板数据进行研究，数据信度高，并且将时间年度作为控制变量，这样的研究结果可信度更高，研究结果也更为稳健。

由于高管团队人口统计学特征影响视角下的企业绩效的研究结论不尽相同（Carpenter et al. , 2004），有学者指出，能直接导致企业绩效不同的并不是高管团队成员在人口统计学特征上的不一致。企业绩效之所以会提高，很大程度上取决于高管团队成员形成良好且十分有效的团队互动过程。团队互动过程作为一个较为广泛的意义行为，它包括了团队内各成员之间进行的沟通、相互的交往交流和发生的合作等一系列行动。有效的团队人际互动过程可以帮助团队成员彼此增加了解和包容，使其异质性得到有效的稀释，避免团队成员之间造成的不良冲突。实际上，高管团队的心理过程和高管团队人口统计学特征及其构成差异性之间还是有明显区别的，并不能进行简单的替代。高管团队人口统计学特征及其构成差异性无法有效解释团队互动过程的影响力。基于此，互动观视角下高管团队对企业发展的影响研究得到了越来越多学者的关注。高阶理论也清晰表明，高管团队的关键作用在于对工作过程的塑造和影响组织结果（Finkelstein & Hambrick，1996）。揭开高管团队过程被视为是改善高层理论的关键（Hambrick，2005）。高管团队过程是一个综合的概念，其内包含着多个变量，如团队沟通、团队冲突等等。其中，团队冲突作为团队人际过程的一个重要维度，是团队互动过程普遍而且影响重要的因素。在团队决策过程中，成员之间关于某一问题产生分歧而发生冲突的现象势必会影响高管人员各自拥有的独特信息的传递与共享，这样不但发挥不了高管团队差异性有可能给企业带来的优势，而且也不利于决策质量和效率的提高，最终给企业绩效带来了负面的影响。不过研究也指出，高管团队冲突并非只是负面作用。冲突可以分为不同的类型，如认知冲突与情感冲突，任务冲突和关系冲突等。高管内部恰当的认知冲突或者任务冲突，有助于避免团队群体思维，更好地促进信息共享和创新发展。为此，针对高管团队过程研究可能需要进一步细化设计，一方面探讨团队过程中重要的变量影响作用，另一方面对特定变量不同维度的可能差异性影响力进行深入细致的探讨，将可以更有针对性的指导高管团队治理实践。

早期互动观视角下高管团队的研究主要关注的是团队内部的互动过程。而随着相关研究的推进，有学者强调从高管团队内外部团队过程的定义出发，引出其与组织效能之间的关系，是一种更为综合而宽泛的视角，其研究发现有助于更全面地指导高管团队的过程管理实践。如有研究指出，在企业战略管理过程中，中层管理者作为企业上层与基层的重要联络者，对于战略落地起着至关重要的作用。为此高管团队互动过程影响可以也应该向外拓展，引入对中层管理者的关注。基于"中层管理者视角"进行研究的学者认为中层管理者在积极参与组织战略后能够从多个方面改善组织绩效。与"中层管理者视角"相对应的是"高管团队视角"，而"高管团队视角"研究的前提是高管团队通过制定和执行战略来影响组织绩效。"高管团队视角"和"中层管理者视角"两种视角分别从组织两个层级对组织战略的制定与战略形成做了大量的研究，产生了丰富的研究成果。未来需要综合两种视角的研究，即探讨高管团队与中层管理者两个层级互动机制及其影响效应，以更全面地理解互动对企业发展的影响。

最早的高管团队研究采取的是特征观，包括高层管理团队成员的人口学构成特征（年龄、性别、受教育程度等）和结构特征（年龄异质性、教育背景异质性等）等等。但由于人口学特征（包括人口学构成特征以及人口学结构特征）与结果变量之间关系研究结论的不一致，使得特征观受到了一些学者的质疑。在此背景下，团队互动观受到了众多学者的关注。但实际上特征观视角下的高管团队研究还是得到了进一步的发展，并取得了不错的成果。其中除了上述最新的整体特征观视角的高管团队断裂带研究进展之外，学者们对心理特征的探讨也取得了较丰富的成果。不过，早前研究高层管理团队人员心理特征变量时没有考虑心理特征变量的积极因素，关注点仅停留在诸如自恋、自利和自利性偏差的消极影响因素上。这可能会导致在探讨高管心理特征如何影响组织绩效的时候，忽视了高管团队心理特征对组织绩效的积极影响而专注于消极特征方面。最近心理特征观视角下的高管团队研究开始逐渐关注积极特征变量，比如高管团队的谦虚。此外高管团队的能力、智力资本、权力分布也受到了越来越多学者的关注。只是相关研究还较为初步，需要未来深入挖掘其具体作用机制。

当然，高管团队并非是企业发展的唯一决定因素。如研究发现，企业的知识基础对创新活动的多元化、专业化等都具有重要的影响。除了内部企业技术资源外，外部关系与环境也成为企业在进行战略选择的时候所需要考虑的一个重要方面。可见，高管团队研究还需要纳入企业宏观层面的因素考虑，以更全面地理解促进企业发展的关键路径，以期更好的指导企业管理实践。如知识基础对技术创新的促进作用可能只在某些情景中才能得以成立。未来还需要深入研究知识基础与企业技术创新绩效之间的关系及其内部作用机理。又如对于具有新生劣势的创业企业而言，促进企业更好更快发展的因素有其独特之处，还需针对性的研究。有研究指出，创业企业发展的阶段性特征明显，高管团队研究需要采取动态观视角，如探讨高管团队资格匹配度以动态调整以应对不同发展阶段企业的需要和要求。

概括而言，本书首先关注高管团队断裂带这一最新研究发展趋势，选取高管团队断裂带作为研究变量，考察其在中国情景下的作用极具创新意义。以往我国公司治理方面的研究往往选择高管团队异质性为变量。而高管团队断裂带的代表性要强于高管团队异质性，所得出的结论也更稳健。团队断裂带通过对多个团队成员特征进行动态聚合，以试图更好的反映企业高管团队的真实情况。相比关注高管团队成员个体特征的异质性研究，团队断裂带可以更好地从团队层面对高管团队的行为与决策做出解释，使得研究结论更贴合实际（Thatcher et al.，2012）。团队断裂带克服了过去团队异质性研究过度关注团队成员个体特征分布的离散程度、简化团队构成的弊端，将团队成员多重特征有机复合以更好的描述团队的特质，是对团队异质性的一种深化与超越（Bezrukova et al.，2009）。不过，高管团队断裂带仍是一个新兴的研究领域，中国学者对其的研究还不是很多。且由于高管团队断裂带存在变量测量上的难点，因此许多学者对这一变量敬而远之。撒切尔（Thatcher）等人提出的 Fau 算法虽然已成为学界公认定量计算断裂带强度的算法（李小青等，2014），但此算法需要进行穷举计算，因此导致计算量极大（Thatcher et al.，2003）。而本研究通过使用 Matlab 软件编程计算断裂带强度，不仅可以获得更为贴合实际研究数据，并且有助于更细致的研究各个变量之间的作用关系，并且有助于让更多人发现高管团队断裂带的研究潜力。随着研究的进一步发展，高管团队过程的研究得到了进一步改善，从开始对人口统计学特征的静态分析和研究逐步到团队动态过程的研究。尽管有关高管团队及其对组织的影响过程和结果的研究变得越来越丰富，但对高管团队如何能够更好地管理其复杂的团队过程，进而有效提高组织效能，学者们还不能很好的解释这一现状（Carmeli & Schaubroeck, 2006；Carmeli & Halevi, 2009）。未来还需要加强高管团队互动过程影响效应的研究。而高管团队特征观也并非完全受到排斥，只是相关研究更为细化，如从人口学特征到心理特征的关注，从消极心理特征向积极心理特征关注的发展，从仅限对高管团队关注到融入中层管理者等利益相关者以及企业宏观层面因素的考虑的转变。

　　当今的社会，全球化的趋势日益明显，全球经济一体化已经高歌猛进，其进程不断加快、知识经济迅速发展、企业所面临的竞争前所未有，日益激烈。在此背景下，企业高层管理面临着新的问题和挑战，这些问题需要管理者集中更多的智慧去积极应对。以团队管理的形式去迎接现代社会巨大挑战是现代企业经营和管理的一个有效应对方式。高层管理者是企业战略决策和经营决策的重要制定者，他们对企业的生产和经营有绝对的控制权，对企业绩效产生重大的影响。因此，对一个企业而言，打造一支高效和谐的高管团队对企业的生存和发展至关重要，意义重大。纵观整本书，我们主要聚焦于高管团队的问题。关于这一主题，目前已经有了很多的研究成果，有些研究成果的结论还存在着分歧；我们开展这一研究既是一种兴趣，同时也是一种责任。但在研究中仍然存在着许多的问题和不足需要在以后的研究中去解决，一些研究的视角也不一定正确，我们还是期望通过这些研究去揭示高管团队管理中冰山的一角，希望得到同行专家的批评指正。

　　最后，我的硕士研究生唐刘钊，鲁晓玮、尹留志、湛正祥、李浩、王敏、游绍仁以及谢鹏、刘闯、李梅、张雨琪参与了本书的部分编写，在此一并表示感谢！另外本书获得广西科技大学博士基金启动项目"我国欠发达地区人才引力提升策略研究"（编号：03081577）资助，在此表示感谢！

潘清泉

2017 年 9 月 26 日